MATTHIAS HORX
Das Megatrend-Prinzip

MATTHIAS HORX

Das Megatrend-Prinzip

Wie die Welt von morgen entsteht

Deutsche Verlags-Anstalt

1. Auflage
Copyright © 2011 Deutsche Verlags-Anstalt, München,
in der Verlagsgruppe Random House GmbH
Alle Rechte vorbehalten
Grafiken: Peter Palm, Berlin
Typografie und Satz: Brigitte Müller / DVA
Gesetzt aus der Dante
Druck und Bindung: GGP Media GmbH, Pößneck
Printed in Germany
ISBN 978-3-421-04443-3

www.dva.de

Inhalt

**Finale
Der langfristig komplexe Trend**   **289**

Einleitung

Seit ich denken kann, versuche ich herauszufinden, was die Welt vorantreibt und wie die Zukunft funktioniert. Ist alles nur ein bizarrer Zufall, der uns Homo sapiens auf einen »unbedeutenden Planeten am Rande einer mittelmäßigen Galaxie« (der Astrophysiker Stephen Hawking) abgesetzt hat? Gibt es in der Entwicklung der menschlichen Zivilisation einen Großen Plan, eine Blaupause, einen Sinn, den wir dechiffrieren können?

Oder lassen sich wenigstens beschreibbare Kräfte ausmachen, die die Welt vorantreiben und in eine bestimmte Richtung verändern?

Was wird passieren, in der langen, langen Zeit, in der wir tot sind?

Ist es die Technik, die vorgibt, was morgen geschieht? Dann müssten wir, getreu den Träumen unserer Jugend in den sechziger und siebziger Jahren, eigentlich längst in Raumstationen leben und fröhlich mit Atomautos durch eine ewige Freizeit düsen. Oder uns in virtuelle, unsterbliche Wesen verwandelt haben. Oder demnächst verwandeln.

Vielen Menschen erscheinen andere Varianten des Morgen inzwischen viel plausibler: der Untergang zum Beispiel, das Scheitern der Zivilisation. Sie sind überzeugt, dass alles in einer Art Superkrise enden muss. Sieht man nicht überall die Zeichen an der Wand? Das beliebteste Doppelwort in den Medien lautet heute »Noch nie!«. Noch nie lebten Menschen in einer Zeit so durchgreifender Veränderungen, alarmierender Verunsicherungen, unaufhaltsam beschleunigten Fortschritts. Noch nie war die Menschheit so bedroht durch Naturkatastrophen, Atomunfälle, Terrorismus, Tsunamis, Klimaextreme, Bürgerkriege, Finanzkrisen, Euro-Krisen, Rohstoffverknappungen und so fort ...

In der Formel vom »Noch nie« findet sich das, was wir in der Zukunftspsychologie (ja, eine solche Disziplin gibt es) »Gegenwartseitelkeit« nennen. Wer möchte nicht in einer exklusiven Schlüsselzeit leben? »Wohl dem, der in bewegten Zeiten lebt«, sagen sogar die harmonieverbundenen Chinesen. Aber im Vergleich zur sozialen und materiellen Welt, in der unsere Vorfahren lebten, ist unsere Epoche wahrscheinlich gar nicht so prekär und gefährlich, wie die Alarmismus-Gurus und Apokalypse-Propheten es uns weismachen wollen. Untergangsglaube, Angstmachen, Zuspitzung um jeden Preis sind zu einem Riesengeschäft geworden. Kein Wunder, angesichts einer Medienlandschaft, in der Tausende von Funk- und Fernsehkanälen um die rare Ressource Aufmerksamkeit konkurrieren. Womit könnte man besser Aufmerksamkeit generieren als mit Übertreibung, Untergangsgeraune, nie dagewesenen Gefahren?

Dieses Buch ist für all jene geschrieben, die sich nicht ins apokalyptische Bockshorn jagen lassen wollen. Es spürt vielmehr den Kontinuitäten nach, die uns in die Zukunft begleiten, und handelt von der Robustheit und Verlässlichkeit der menschlichen Entwicklung. Von jener (dynamischen) Stabilität, die ausgerechnet durch Wandel entsteht.

Diesem Aspekt können wir uns am besten durch Megatrends nähern. Jene massiven, lang andauernden Triebkräfte des Wandels, die gesellschaftliche, soziale, ökonomische Systeme transformieren. Von der Verstädterung über die Individualisierung bis zur Verschiebung der Altersstrukturen. Von der Globalisierung über die Bildung bis zur »Vernetzwerkung« unserer Welt durch das Internet.

Wer den Begriff »Megatrend« hört, denkt zunächst an gewaltige Kräfte, die wie Tsunamis über uns hinweg rollen, alte Gewohnheiten zertrümmern und keinen Stein auf dem anderen lassen. Aber nichts ist falscher als das. Megatrends wirken langsam und graduell. Sie verändern unsere Welt von innen heraus, als Entwicklungsagenten des Morgen, das zugleich ein komplexeres Gestern ist. Sie sind »konservativ« und »progressiv« zugleich. Ihre rekursive Dynamik gilt es zu entschlüsseln, um Zukunft zu verstehen.

Doch Megatrends ergeben keinen »Sinn«, wenn wir nicht verstehen, worauf sie einwirken und woraus sie entstehen. Die ökonomischen, politischen, kommunikativen Systeme, die sich zu dem verdichten, was wir »Gesellschaft« nennen. Aber auch die Systeme der Natur, der Evolution selbst. In der klassischen Ordnung der Wissenschaften gibt es hierfür jeweils eine eigene, separate Disziplin: Ökonomie kümmert sich um Wirtschaft, Soziologie um das Gesellschaftliche, Biologie um Naturprozesse. Human- und Naturwissenschaften bleiben in aller Regel getrennt. Aber genau hier liegt das Problem, da partikulares Denken von dem, was vor uns liegt, nur »Bahnhof versteht«. »Die Welt ist ein reichhaltiges, vielgestaltiges, verwobenes Gefüge aus vielen Erklärungen und Erklärungsebenen, die integriert werden müssen, um zur Grundlage für effiziente Voraussagen und Handlungen zu werden.« So formuliert es die Systemforscherin und Biologin Sandra Mitchell in ihrem wunderbaren Buch »Komplexitäten«.[1] Es sind vor allem drei neue »Schnittstellen-Wissenschaften« die uns bei diesem Integrationsversuch helfen können:

Die *soziale System- und Spieltheorie*. Mitten im Kalten Krieg entwickelten Supernerds wie John von Neumann, Thomas Schelling und John Nash die Grundlagen einer Disziplin, die die Interaktionen von Menschen als »fortlaufende Spiele« begreift. Zunächst nur in militärischen Planspielen angewandt, hat die Spieltheorie seitdem gewaltige Fortschritte gemacht. Heute lassen sich ganze soziale Systeme im Rahmen von computergestützten Modellen simulieren. Wie große Gruppen von Einzelwesen in bestimmten Kontexten agieren, wie sich Krisen und Kooperationen entwickeln, ist inzwischen kein Buch mit sieben Siegeln mehr.

Die *Kognitionspsychologie*, neuerdings im Verbund mit der Hirnforschung, handelt von der Frage, wie Menschen ihre Umwelt »codieren« – und welche Entscheidungen und Handlungen daraus folgen. Die Pioniere Daniel Kahneman und Amos Tversky zeigten schon vor zwanzig Jahren, wie unhaltbar die Vorstellung eines ausschließlich rational handelnden Menschen ist. In unserem Hirn läuft eine ständige Musterbildung ab, indem Meme (kulturelle Informationseinheiten, analog zu Genen) und Ängste, Erwartung und Vermeidung gegeneinander abgewogen werden. Die Muster »produzieren« Zukunft, indem sie durch Erwartungshaltungen selbsterfüllende Prophezeiungen erzeugen.

Die erweiterte *Evolutionswissenschaft*. Seit Charles Darwin vor zweieinhalb Jahrhunderten die Grundprinzipien der Evolution beschrieb, hat dieser Begriff eine schwierige Karriere hinter sich. »Darwinismus« bedeutet auch heute noch in den Köpfen vieler Menschen einen Kampf auf Leben und Tod, bei dem immer nur eine Seite gewinnen kann. Aber die Welt basiert auf Co-Evolution, nicht auf Überlegenheit und Unterwerfung. Mit ihren zwei Hauptzweigen, der evolutionären Psychologie und der evolutionären Systemwissenschaft hilft, uns die neue Evolutionswissenschaft, Menschen als »kooperierende Überlebenswesen« zu begreifen. Warum und auf welche Weise wir Schönheit präferieren, Reichtum und Status anstreben, aber auch Empathie empfinden, wie ökonomische Krisen eskalieren, Firmen prosperieren oder sich eine schreckliche Krankheit wie Krebs entwickelt, unterliegt letztlich evolutionären Prozessen.

An den Schnittstellen dieser drei Metadisziplinen entsteht heute eine ganzheitliche Weltwissenschaft des Wandels. Ich nenne sie auch evolutionäre Prognostik, eine Disziplin, die sich aus den Teildisziplinen der Trend- und Zukunftsforschung zusammensetzt und diese mit den drei genannten Systemwissenschaften kombiniert.

Nach einem Bonmot von Malcolm Gladwell gibt es einen grundlegenden Unterschied zwischen einem Geheimnis und einem Rätsel. Ein Rätsel können wir durch simple Information lösen. Ein Geheimnis hingegen ist keine Frage der Information, sondern des Kontextes, des Bewusstseins. Um ein Geheimnis zu verstehen, müssen wir uns selbst und unsere Wahrnehmungsmuster verändern.

Das Geheimnis der Zukunft können wir nur lösen, wenn wir die richtigen Fragen stellen: Worauf können wir bauen? Worauf vertrauen? Wo liegen nicht nur die Brüche, sondern die Kontinuitäten der Geschichte? In diesem Buch möchte ich die Melodie hörbar machen, die Vergangenheit und Zukunft verbindet.

Wien, Sommer 2011

ERSTER TEIL

Das Geheimnis des Fortschritts

Fortschritt ist das Werk der Unzufriedenheit.

JEAN-PAUL SARTRE

Fortschritt wird von faulen Menschen voran-
getrieben, die nach bequemeren Wegen suchen,
etwas zu erledigen.

ROBERT A. HEINLEIN

Man muss sich nämlich darüber im Klaren sein,
dass es kein schwierigeres Wagnis, keinen zweifel-
hafteren Erfolg und keinen gefährlicheren Versuch
gibt ... als eine neue Ordnung einzuführen.

NICCOLÒ MACHIAVELLI

1 Im Orbit

Das Fenster mit der besten Aussicht auf die Welt befindet sich auf
einer Umlaufbahn in einer Höhe zwischen 350 und 460 Kilometern
über der Erde. Es besteht aus sechs in konischem Winkel um ein
rundes 80-cm-Bullauge angeordneten Glasflächen aus supergehär-
tetem Borosilikatglas, massive acht Zentimeter dick, versehen mit
schließbaren Kevlar-Stahlblenden gegen Mikrometeoriten. Die
Cupola genannte Konstruktion, mit einem Durchmesser von rund
zwei Metern, ist seit 2009 die Aussichtskuppel der internationalen
Raumstation ISS. Gebaut wurde sie zumindest zum Teil auf Initiative und hartnäckiges Drängen der Astronauten – als einziger
»Luxus« in einer ansonsten kargen, funktionalen Umgebung.

Die ISS zieht mit rund 25 000 Kilometern pro Stunde auf ihrer
leicht elliptischen Bahn um die Erde, also etwa 21-mal so schnell
wie der Schall. Im Orbit merkt man allerdings wenig von diesem
Tempo. Die Erdoberfläche zieht in beinahe derselben gemächlichen
Weise vorbei, wie man es in einem Flugzeug auf Reiseflughöhe
erlebt. Nur dass man keine Autobahnen sehen kann. Und dass die
Tiefdruckwirbel wie zarte Pinselstriche oder mächtige Spiralen tief
unter einem liegen.

Sechzehnmal innerhalb von 24 Stunden erlebt die ISS-Besatzung
einen Tag- und Nachtwechsel – einen rasend schnellen Sonnenauf-
oder -untergang. Die Erde erscheint aus der niedrigen Umlaufbahn
schon als echte Kugel. Dabei entspricht die Distanz zur Oberfläche
gerade einmal der Strecke, die wir bei einem Ausflug in die Berge
zurücklegen.

Die Astronauten sehen die Welt aus einer radikal anderen Perspektive, wie sie nur wenigen Menschen vergönnt ist. Dieses Erleb-
nis hinterlässt einen tiefen Eindruck, für den jemand den Begriff

»Overview-Effekt« fand. Es ist ein schönes Bild für den fundamentalen Wandel der Wahrnehmung, der immer dann stattfindet, wenn man ein System als Ganzes aus der Ferne betrachtet.

Rund 60 Prozent der Zeit fliegt die ISS über dem Meer, einer blauen, grauen, manchmal spiegelnden Oberfläche mit eingebetteten Grüntönen, ornamentiert von Wolkenwirbeln und Wetterfronten. In diesem Gemisch aus H_2O, organischen Substanzen, Salzen und Mineralien, begann vermutlich vor zwei, drei Milliarden Jahren unter damals noch völlig anderen Umweltbedingungen Leben.

Weitere 20 bis 30 Prozent, also ein volles Viertel der Umlaufzeit befindet sich die Raumstation über nahezu unbewohntem Gebiet. Wüsten und Halbwüsten. Eisflächen und Tundra. Die endlosen Waldgebiete Nordkanadas und Sibiriens. Die Geröll- und Grasländer des zentralasiatischen Kontinents. Die Savannen und Dschungel Afrikas. Die Wüsten und Gebirge und ausgedehnten Tropenwälder Südamerikas und Südostasiens.

In diesen Landschaften hat sich, trotz der planetaren Dominanz des Menschen, trotz einer erdumspannenden technischen Zivilisation, in den letzten zehntausend Jahren kaum etwas verändert. Diese Landschaften in den klimatischen Grenzbereichen des Planeten – den Übergängen von Wasser zu absoluter Trockenheit, von Wärme zu andauernder Kälte – waren immer schon dünn besiedelt.

In der Nacht wird man auf den großen schwarzen Flächen nur vereinzelt kleine Lichtflecken glimmen sehen.

Dörfer im Regenwald, kleine Hütten in Tälern, Lager aus Reisig an Flussläufen, Nomadenzelte in kargen Landschaften. Rund 5000 indigene Völker und Stammesgesellschaften gibt es heute weltweit, mit rund 300 Millionen Menschen in 76 Staaten. Nur ein kleiner Teil lebt noch in einer echten nomadischen Lebensweise. Dort, wo die Natur kaum etwas hergibt, keine fruchtbaren Böden existieren, die Biodiversität nicht sehr hoch ist, auf abgelegenen Inseln oder Hochebenen, wo keine Rohstoffe gefunden wurden oder wo der Dschungel undurchlässig und lebensfeindlich ist, hat sich erstaunlich zäh eine Lebensweise erhalten, die höchst effektiv nutzt, was die Umwelt an Kalorien hergibt. Das Stammeswesen der Jäger und Sammler.

»Nur Stämme werden überleben«, hieß ein Bestseller in meiner Jugend, der Ära der großen Zivilisationskritik, in der sich die Probleme eines industriell erschlossenen Planeten deutlich am Horizont abzeichneten. Die Poster, auf denen Indianer vor Sonnenuntergängen von der Sünde des Weißen Mannes sprechen, der die Natur verdirbt und die Seele der Welt schändet, hängen bis heute in den Zimmern Jugendlicher. In vielen Gesprächen, im Fernsehen, selbst in den Kommentaren kluger Menschen hört man einen »Ton des Abschieds«. Gibt es nicht seit uralter Zeit eine Prophezeiung, dass die »Zivilisation« – oder das, was wir dafür halten – an sich selbst zugrundegehen muss? Und mehren sich nicht die Zeichen dafür, dass sie sich im 21. Jahrhundert erfüllen wird?

Zeichen der Zivilisation

Nur zwischen zehn und 20 Prozent ihrer Umlaufzeit überquert die ISS Landschaften, die sichtbare Spuren der menschlichen Bemühungen aufweisen, Natur zu nutzen. Plantagen, geforstete Wälder, riesige Getreidelandschaften, die Reisterrassen und Teeplantagen des Fernen Ostens. Geordnete, gezähmte, dirigierte Natur. Das sind die Spuren der nächsten Stufe der menschlichen Entwicklung: der agrarischen Zivilisation. Westeuropa etwa besteht zu 40 Prozent aus landwirtschaftlich genutzter Fläche, die sich bis tief nach Russland erstreckt. Im mittleren Westen des nordamerikanischen Kontinents reichen die Weizen-, Soja- und Maisfelder fast über das gesamte Sichtfeld der Raumstation, im brasilianischen Bundesstaat Mato Grosso haben sich Viehweiden und Sojaplantagen zu Kontinentgröße ausgeweitet. Selbst an einigen Stellen der Sahara sieht man riesige, kreisrunde Flächen im Sand: Felder, auf denen mit Grundwasser Kulturpflanzen angebaut werden.

Agrarische Kulturtechniken haben im Lauf der Geschichte die unterschiedlichsten Sozialformen hervorgebracht, angefangen von den frühen Hochkulturen im Nahen Osten bis zu den vorindustriellen Gesellschaften auf allen Kontinenten. Das Leben spielt sich, wie bei den Jägern und Sammlern, im Rhythmus der Natur ab, nur dass es nicht mehr der Zug der Tiere ist, sondern Niederschlag und Temperatur, die den Jahresrhythmus vorgeben. Agrarische Gesellschaften sind noch empfindlicher gegenüber den Naturkräften als Jäger und Sammler. Ihre Bevölkerungszahl ist höher – fleißige Hände werden auf dem Feld gebraucht und müssen sich um die Alten kümmern. Jede Fehl- und Missernte kann zu ernsthafter Not führen. Anders als die Nomaden können Bauern nicht einfach fortziehen, wenn die Natur – oder menschliche Konkurrenten – sie bedrängen.

Innerhalb nur eines Jahrhunderts – des zwanzigsten – hat sich jedoch eine Form der Landbearbeitung ausgebreitet, die nicht mehr viel mit dem Bauerntum zu tun hat. Riesige Mengen von Proteinen werden immer effektiver auf immer größeren Flächen erzeugt. Der industrielle Landbau war es, gestützt auf die Segnungen der fossilen Energieträger, der in vielen Regionen der Erde die Menschen einerseits vom Land vertrieb, ihnen andererseits in den Städten eine verlässlichere Ernährungsgrundlage lieferte.

Die bäuerliche Lebenskultur, die jahrtausendelang die kulturellen Muster der Menschheit mehr und mehr dominierte, hinterließ viele Spuren in unseren Gewohnheiten, in unseren Memen, den kulturellen Zeichensystemen, mit denen sich Menschen verständigen und synchronisieren. »Wo kommst Du her?«, ist die erste

Frage, die wir einem Unbekannten stellen – obwohl diese Auskunft in einer hypermobilen, digitalen Kultur eigentlich völlig belanglos sein müsste. Unsere Ideen von Identität, von Wurzeln und Natur, sind in der agrarischen Welt unserer Vorfahren geformt worden. All das ist nur scheinbar unwesentlich geworden. Neuerdings scheint sich die Frage des Ortes sogar zu verstärken. Im »Bio-Zeitalter«, legen wir wieder Wert darauf, wo eine Pflanze, ein Tier gewachsen ist. Welche Hände einen Gegenstand geformt haben. Wir interessieren uns wieder für Stammbäume. Der Mensch ist und bleibt ein territoriales, ein erdgebundenes Wesen.

Das glitzernde Band

Zwischen fünf und 15 Prozent der Erdoberfläche sind bedeckt von dem, was Außerirdische bei ihrem ersten Besuch ohne aufwendige Analysen als Tätigkeit einer technoiden Spezies ausmachen könnten: Städte. Bald 60 Prozent der rund 7 Milliarden Menschen ballen sich auf nur drei Prozent der festen Erdoberfläche, in immer größeren urbanen Konglomeraten. Wie Muster geschmolzenen Bleis erstrecken sich die Stadtgebiete über Küstenregionen und entlang von Flussläufen, bilden Flecken in den Kontinentalmassen, überwuchern ganze Halbkontinente. Wie filigrane, fraktale, organische, zellulare Strukturen strecken sie ihre Fühler aus in alle Richtungen. Ihre wahre Pracht entfalten diese Gebilde jedoch erst, wenn die Sonne hinter dem Planeten verschwindet und die kalten Sterne des Weltraums sichtbar werden. Unter der Cupola entfaltet sich dann ein beeindruckendes Schauspiel, das selbst die kühl technisch ausgebildeten Astronauten zu andächtigem Schweigen bringen kann. Die Städte glitzern wie Diamanten und erhellen in Dunst und Wolken selbst die höheren Atmosphärenschichten. Und diese Organogramme des menschlichen Lebens wachsen schnell, sie wuchern förmlich: In China entstanden allein in den letzten zehn Jahren Dutzende Riesenstädte mit über zehn Millionen Einwohnern, wo bis vor Kurzem nur Reisfelder lagen. Städte, deren Namen Europäer womöglich noch nie gehört haben: Tianjin, Shenyang, Hefei, Chengdu, Chongqing, Harbin, Nanjing, Taiyuan …

entwickeln, das Funktionieren von Institutionen, Gewaltenteilungen, Arbeitsteilungen, versagt auf allen Ebenen.

Was unsere Astronauten sehen, ist ein Panorama der verschiedenen Stadien und Evolutionsmöglichkeiten der Menschheit, von zwei, womöglich drei Transformationen, die in Wellen über den Planeten laufen – ungleichzeitig und doch mit erstaunlicher Kontinuität. Ist die technische Turbo-Zivilisation, das große Leuchten, nur eine Zuckung, ein temporäres Aufschäumen, wie es der Astrophysiker Stephen Hawking trocken formulierte? »Menschen sind einfach ein chemisch-biologischer Schaum auf der Oberfläche eines typischen Planeten, der einen typischen Stern in den Randbezirken einer typischen Galaxie umkreist.«

Woran erinnert uns dieses leuchtende Schauspiel, das unsere Sendboten in der Umlaufbahn überschauen? An organische Strukturen, das Wachsen von Zellen, die Entwicklung von Nervenfasern, die den Planeten umfassen. Ist das der Anfang von etwas, das weitergehen wird, Tausende, womöglich Millionen Jahre in die Zukunft? Oder sind komplexe technische Zivilisationen zwangsläufig zum Scheitern verurteilt? Und alles wird wieder in der Nacht der Lagerfeuer enden?

2 Wege des Wohlstands

Mitten in den endlosen Wasserwüsten des Pazifik, 3000 Kilometer nordöstlich von Australien, liegt die Insel Nauru. Auf dem Satellitenbild sieht das Eiland, das gerade einmal 21 Quadratkilometer umfasst, wie ein leicht eingedrückter Pfannkuchen aus. Nauru war bis vor Kurzem das reichste Land der Welt. Dabei hat die Insel durchaus schwere Zeiten durchgemacht. Sie wurde im Laufe ihrer Geschichte von Fremdmächten regelrecht »durchgereicht«. Zuerst besaßen die Engländer die Hoheit, von 1888 an die Deutschen. Seit 1914 verwalteten die Australier die Insel. Von 1942 bis 1945 war sie von Japan besetzt. Bis zur endgültigen Unabhängigkeit 1968 verwalteten erneut die Australier dieses »Paradies des Vogelkots«.

Vogelkot war es nämlich, der den erstaunlichen Reichtum der Naruer begründete. Vogelkot, der sich in Tausenden von Jahren in ein wertvolles Mineral verwandelte: Phosphat. 15 Meter dick war die Schicht, die bis vor einigen Jahrzehnten fast die ganze Insel bedeckte. Auf Nauru kam es in nie gekannter Reinheit vor. Phosphat spielt eine wesentliche Rolle beim menschlichen Energiestoffwechsel und für den Knochenaufbau. In der Landwirtschaft dient es als Grundlage für Dünger. Und Sprengstoffe kann man mit seiner Hilfe ebenfalls produzieren. Jedes Jahr wurden auf Nauru rund eine Million Tonnen abgebaut. Das war nicht schwer. Man konnte den Stoff einfach mit Baggern auf Mulden laden. Oder mit der Schaufel in Eimer füllen.

Der Reichtum, der im Laufe der sechziger und siebziger Jahre über die Naruer hereinbrach, war ungeheuerlich. »Paradiese, gibt's die?«, fragte 1973 die »Bild«-Zeitung – und gab mit leicht neidischem Unterton selbst die Antwort: »Eines bestimmt. Auf dieser

Insel braucht man keinen Finger zu rühren.« Die Steuern wurden komplett abgeschafft, und die rund 10 000 Insulaner lebten von Transaktionen des (verstaatlichten) Phosphats.

Fünf, sechs Autos besaß nun jeder Nauruer. Die Straßen waren perfekt geteert, allerdings ständig zugeparkt. Denn die Bewohner ließen, wenn einer der Straßenkreuzer oder Riesenjeeps einen Defekt hatte, das Auto einfach stehen. Und kauften sich ein neues. Und fuhren aus lauter Langeweile Karussell rund um die Insel.

Irgendwann reinigte der Staat auch noch auf seine Kosten die privaten Toiletten seiner Bürger. Der Besuch in den vier Kinos der Insel wurde kostenlos. Die Regierung schuf eine gutbezahlte Stelle nach der anderen, stellte Hunderte Polizisten ein, obwohl es kaum Kriminalität gab. Die Nauruer gründeten eine eigene Fluglinie, die den pazifischen Luftraum erobern sollte, Air Nauru, deren Maschinen allerdings kaum besetzt waren. Die Mini-Großmacht kaufte in Australien Luxushotels und ganze Stadtviertel auf, baute 1977 in Melbourne den höchsten Büroturm und investierte weltweit Milliarden in dubiose Finanzgeschäfte.

Als das Phosphat in den neunziger Jahren zur Neige ging, war die Insel mit protzigen Villen im amerikanischen Stil übersät, in denen die Nauruer vor riesigen Fernsehern saßen. Achtzig Prozent waren übergewichtig, und jeder Dritte hatte Diabetes. Die Nauruische Regierung musste sich etwas einfallen lassen. Aber eine Regierung gab es eigentlich nicht, nur eine nepotistische Struktur aus miteinander befreundeten »Verwaltern«. Allein zwischen 1998 und 2002 erlebte die Insel 17 Regierungswechsel. Ein kompliziertes Verwaltungssystem, eine hybride Mischung aus polynesischer Basisdemokratie, englischem Verwaltungswesen und repräsentativer Bananenrepublik, blockierte alle ernsthaften Maßnahmen.

So wurde Nauru ein Paradies für Geldwäscher und Steuerflüchtlinge. Kasinos eröffneten, Bordelle sprossen aus dem Strand. Erst auf internationalen Druck widerrief die Regierung im Jahr 2003 rund 450 Lizenzen für dubiose Banken, die als Geldwaschanlagen funktionierten. Das Land verkaufte Pässe für 15 000 Dollar, unter anderem an zwei weltweit gesuchte Terroristen. Für 30 Millionen

Das Geheimnis des Fortschritts

Dollar baute die Insel schließlich eine Art Gefängnis für afghanische Flüchtlinge, die in Australien gestrandet waren. Asylantenknast gegen Bezahlung.

»Nauru ist eine Insel aus Scheiße«, wird im »Spiegel« ein australischer Anwalt zitiert. »Sie sieht aus wie Scheiße, und sie riecht wie Scheiße, aber wenn Sie Geschäftssinn haben, können Sie in diesem Land ganz schnell eine ganze Menge Schotter verdienen.«[1]

Wohlstand kommt und geht auf seltsamen Wegen. Nur eines ist sicher: Der Grundrohstoff besteht nicht aus Atomen. Schätze im Boden allein machen nicht unglücklich oder übergewichtig. Allerdings: Sich allein auf Schätze im Boden zu verlassen, führt oft geradewegs in den Ruin.

Der planetare Reichtum

Seit dem Jahr 1800, dem Beginn der industriellen Revolution in Europa, hat sich die Bevölkerung der Welt versechsfacht, von 1,2 auf fast sieben Milliarden Menschen. In dieser Zeit hat sich das mittlere Pro-Kopf-Einkommen (angepasst an die Kaufkraft) verneunfacht. Der »Gesamtreichtum« hat sich also um den Faktor 54 erhöht.[2]

Nehmen wir eine etwas kürzere Spanne. 1955, das Jahr meiner Geburt. Vergleichen wir eine statistische »Durchschnittsfrau« damals und heute, im vollen Bewusstsein der Beschränktheit dieses Unterfangens. Eine Welt-Frau verfügt seit dieser Zeit über dreimal mehr Einkommen (zweieinhalbmal mehr eigenes Einkommen, der Rest ist Familieneinkommen), hat dreimal mehr Kalorien zur Verfügung und lebt rund ein Drittel länger, als vor einem guten halben Jahrhundert. So gut wie alle Lebensumstände haben sich verbessert: Ihr Risiko, an Mord, Kindbettfieber, Unfällen, Naturkatastrophen, Fluten, Hunger, Kriegen, Malaria, Masern oder anderen Krankheiten zu sterben, hat sich deutlich verringert. In jedem ihrer Lebensabschnitte besteht zudem eine verminderte Wahrscheinlichkeit, Krebs, Schlaganfall oder einen Herzinfarkt zu bekommen. Die Chance, dass sie einen höheren Schulabschluss hat als 1955, liegt bei 90 Prozent. Ihre Chance, Zugang zu Telefonen, Fernreisen, einer

22

Spültoilette und einem Fahrrad zu besitzen, hat sich immerhin vervierfacht.

Der erste berechtigte Einwand lautet, dass dies ja nicht für alle Frauen auf der Welt gilt. Es ignoriert die Tragödien. Er vernachlässigt die Verlierer. Aber auch, wenn man die armen Länder auf dem Planeten seit 1955 verfolgt, ist es schwer, wirkliche Verschlechterungen zu finden. Nur in sechs Ländern (von knapp 200, die es heute auf der Welt gibt) sank das mittlere Einkommen – in Afghanistan, Haiti, Kongo, Sierra Leone, Liberia und Somalia. Die Lebenserwartung ging in drei zurück (Zimbabwe, Swaziland, Birma), in einigen, wie Russland und Turkmenistan, ging sie bis vor einigen Jahren zurück, steigt aber derzeit wieder an.

Wenn wir den so genannten HDI als Grundlage nehmen, den Human Development Index, der nicht nur das Einkommen misst, sondern auch Bildungszugang, Frauenemanzipation, Gesundheit und Demokratiestatus eines Landes, finden wir dort etwa zehn Länder, die ihren Status seit einem halben Jahrhundert kaum nennenswert verbessert haben oder sogar ein Stück nach unten abrutschten. Etwa 20 Länder durchlaufen einen »Entwicklungsknick«, aus dem sie sich derzeit wieder erholen – meist Peripherie-Länder der ehemaligen Sowjetunion und einige ehemals sozialistische Länder in Afrika und Asien.

Erstaunlich, wie anders unsere Wahrnehmung des Wohlstands heute ist. Im Jahre 1955 hieß es in deutschen, englischen und amerikanischen Zeitungen immer wieder hymnisch, dass »die Menschen es noch nie so gut hatten wie in der modernen Welt«. Man stelle sich eine solche Zeile in einer heutigen (westlichen) Zeitung vor!

Ein (westlicher) Durchschnittverdiener in der Zeit meiner Geburt, überwiegend ein Mann, hatte einen geringeren Lebensstandard als heute ein Hartz-IV-Empfänger. Fließend warmes Wasser, eine Toilette in der Wohnung, ein Telefon, ein Fernseher, ein Kühlschrank – all dies war im Jahrzehnt meiner Geburt in einem Mittelschichthaushalt noch keine Selbstverständlichkeit. Rund 20 Prozent der europäischen Haushalte auf dem Land hatten damals keine Elektrizität.

Im städtischen China, das 1955 in bescheidenen Ansätzen existierte, verfügen heute 90 Prozent der Menschen über den »Luxus« von Kommunikations- und Mediengeräten wie Handy und Fernseher. Vor einem halben Jahrhundert besaßen selbst Parteifunktionäre kaum private Kommunikationsmittel.

Patrick Caron, Forschungsleiter des Zentrums für Internationale Zusammenarbeit in der Agrarforschung (CIRAD) in Paris, bezeichnet es als große Überraschung, dass sich in Afrika die Getreideerträge von 1961 bis 2003 verdoppelt haben. Mitte der 1960er Jahre mussten in Entwicklungsländern noch 57 Prozent der Menschen mit weniger als 2200 Kalorien pro Tag auskommen, Ende der 1990er waren es nur noch zehn Prozent.[3]

Es ließen sich noch zahlreiche weitere Beispiele anführen. Die Meldungen über stille oder graduelle, bescheidene oder drastische Wohlstandsgewinne sind robust und vielfältig. Auch wenn es immer noch Inseln von Hunger und Elend geben mag – die Riesenwelle der Entwicklung, die die Welt erfasst hat, verbessert Schritt um Schritt, Schicht für Schicht, Region für Region die Lebensverhältnisse. Das kann uns Hoffnung geben und macht uns doch gleichzeitig schon wieder Angst. Aber wie kommt es eigentlich dazu?

Die Pfade des Wohlstands

Schauen wir uns also die Entwicklung von Wohlstand genauer an. Um sie linear darzustellen, benutzen wir Hans Roslings Weltdatenmodell Gapminder.[4] »Wohlstand« erscheint hier als Ergebnis aus dem Zusammenspiel zweier Größen: des kaufkraftbereinigten Einkommens pro Person, also des rein materiellen Wohlstands, und der mittleren Lebenserwartung, die Schlüssel ist für die allgemeine Qualität des Lebens. Auf welchen Wegen haben die einzelnen Länder und Regionen des Planeten sich in diesem Koordinatensystem bewegt?

Schweden, der Inbegriff des Wohlfahrtsstaates und heute eines der wohlhabendsten, zivilisiertesten, »fortschrittlichsten« Länder der Erde, wurde keineswegs in einer geraden Linie zu jenem modernen Volksheim, das nur wenig Armut und Elend kennt (auch wenn die grausamsten Verbrechen gern in schwedischen Krimis begangen werden).

Praktisch das gesamte 19. Jahrhundert hindurch, als England und die Niederlande bereits stabile Zuwächse an Lebenszeit und Einkommen verzeichneten, kam es in Schweden zu drastischen Einbrüchen der Lebenserwartung, zu Hungersnöten und tödlichen Epidemien. Solche Desaster hat es immer wieder gegeben. Nach einer Legende aus dem 16. Jahrhundert kamen Könige und Räte nach der großen Hungersnot um 1540 zu dem Schluss, dass jeder zehnte Bürger das schwedische Heimatland verlassen und auswandern müsse, da zu wenig Nahrung für alle vorhanden sei. Die Hungersnot von 1866 bis 1868 in Nordschweden und Finnland, verursacht durch Ernteausfälle und lange Winter, forderte etwa 270 000 Tote. Die Linie der schwedischen Wohlstandsentwicklung verläuft bis ins 20. Jahrhundert hinein chaotisch. Erst von 1900 an verstetigt sich der Wohlstandsfortschritt, mit einem Einbruch um 1918. Seitdem strebt Schweden enorm schnell nach oben – weit vor anderen Nationen erreichte es einen Massenwohlstand, aus dem kaum jemand ausgeschlossen war. Besonders auffällig ist die Diagonalität der schwedischen Wohlstandskurve in der zweiten Hälfte des 20. Jahrhunderts: Lebenserwartung und mittleres Einkommen entwickeln sich parallel (eine kleine »Wohlstandsdelle« entsteht in der Wirtschaftkrise zu Beginn der neunziger Jahre).

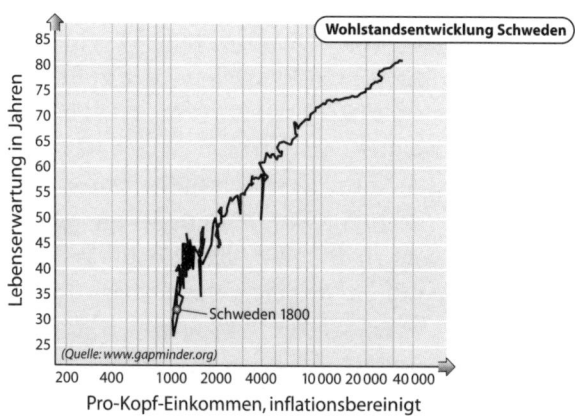

Die Schweden lebten immer schon in einer herausfordernden Natur mit kurzen Ernteperioden. Das kalte, raue Land bot in der vortechnischen Agrargesellschaft nur unsichere Nahrungsgrundlagen für die Bevölkerung. Aber gerade weil die Umgebung so harsch war, entwickelten sich in den skandinavischen Gesellschaften schnell Inseln der Kooperation, die sich auf die Gesellschaft als Ganzes ausbreiteten. Eine wichtige Rolle spielen dabei kulturelle Faktoren. Das Einzelgängertum ist in der skandinavischen Kultur zwar ausgeprägt (viele lebten ja tatsächlich alleine auf versprengten Höfen oder Hütten), aber es ist durch gegenseitige Hilfsbereitschaft abgesichert. Allein kann man die harten Winter nicht überleben. Zusammenhalt und Solidarität der schwedischen Gesellschaft, ihr starker Familiensinn, geprägt und verstärkt durch den religiösen Pietismus, bot Schweden zu Beginn der Industriellen Revolution einen enormen Vorteil.[5] Die Technisierung kam vergleichsweise schnell voran, und es gab weniger soziale Auseinandersetzungen und politische Krisen als in anderen Ländern. Das Sozialstaatsmodell ist unmittelbarer Ausdruck einer Solidarkultur, in der kirchliche Institutionen ursprünglich eine wichtige Rolle spielten.

Anders verläuft die Wohlstandsentwicklung in Deutschland. Hier ist die Geschichte von wiederkehrenden Krisenereignissen geprägt, die die ganze Gesellschaft erschütterten. Die beiden Weltkriege führen zu »Elendsschleifen« in der Wohlstandsentwicklung – Einkommen und Lebenserwartung sinken über ein, zwei Jahrzehnte, der Wohlstandsprozess dreht sich zeitweise um. Eine ähnliche Schleifenentwicklung findet sich nur noch in einigen afrikanischen Ländern wie etwa Zimbabwe und in China wieder, wo die Kulturrevolution das Land um Jahrzehnte zurückwarf.

Die deutsche Kultur ist von einem starken Schwanken zwischen Individualismus und Kollektivismus geprägt. Die Ursache findet sich in der enormen kulturellen Spannung dieser Gesellschaft. Deutschland war immer eine vielgestaltige »Multikultur«, geprägt von Einwanderungswellen und Identitätskrisen. Der deutsche Nationalstaat wurde viel später gegründet als der britische, französische oder russische. Die Exzesse des Nationalsozialismus lassen

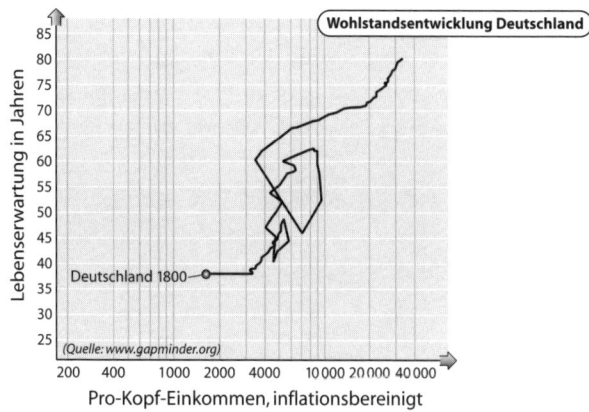

sich auch als Versuch einer »gewaltsamen Homogenisierung« lesen, ausgetragen mithilfe mörderischer Ideologien und Feindbilder.

Die ewige »German Angst« hat in dieser kollektiven Brucherfahrung sicherlich auch ihren Ursprung. Das Vertrauen in die Kraft der Zivilgesellschaft war lange Zeit keine Spezialität der Deutschen. Das ambivalente Verhältnis zum Staat lässt diesen gleichzeitig als große Mutter, von der man alles verlangen kann und muss, und als Moloch, der den »kleinen Mann« unentwegt bedroht, erscheinen. Überhaupt ist die Konstruktion des »kleinen Mannes« eine deutsche Spezialität; kein Engländer, Franzose, Amerikaner, Japaner würde sich diese Selbstdefinition zu eigen machen.

Im Vergleich dazu muss das Beispiel Vietnam verblüffen. Auch dies ist ein durch lange Kriege mit gewaltigen Zerstörungen geprägtes Land. Aber der Vietnamkrieg hinterlässt auf dem Wohlstandspfad noch nicht einmal eine Delle in der Lebenserwartung – er war, trotz aller Grausamkeiten, eher ein Guerillakrieg, der die Nahrungsmittelversorgung weitgehend intakt ließ. Vietnam tätigte außerdem während der Kriegszeit massive Investitionen in die Volksgesundheit – und kompensierte so statistisch die Kriegstoten.

Bemerkenswert ist die Geradlinigkeit, mit der hier eine bitterarme, über Jahrhunderte kolonisierte Gesellschaft ihren Gesamtwohlstand vor allem in der jüngsten Zeit erhöht. Ein wichtiger Faktor könnte dabei die gerade durch Kriegs- und Kolonialerfahrung gestärkte innere Einheit sein. Unabhängig vom politischen Modell, egal ob Kommunismus oder Kapitalismus, ist das Land von der Erfahrung des gemeinsamen Widerstands geprägt.

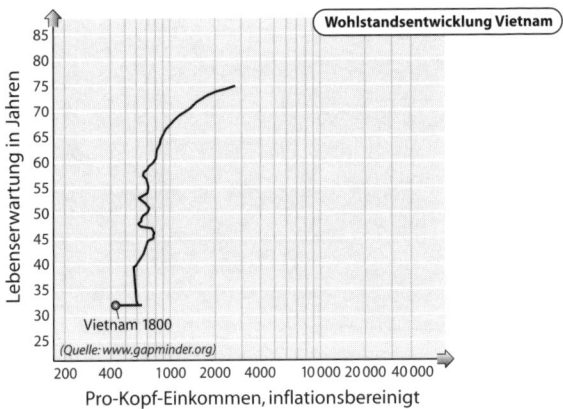

Im 19. Jahrhundert war Russland ein Elendsland, mit zyklischen Hungerkatastrophen, die große Teile der Bevölkerung dahinrafften. Die Zarenherrschaft verschlimmerte das Problem durch brutalste Formen der Leibeigenschaft. Russland ist dank seiner schieren Größe ein Land großer Gegensätze. Es verfügt einerseits über enorme Rohstoffmengen, aber die für die Landwirtschaft nutzbaren Wachstumsperioden sind in weiten Teilen des Landes kurz, die Winter lang, und die Flüsse eignen sich nicht für Mühlenbau. Regionale Autonomie ist unter diesen Bedingungen nur sehr schwer herstellbar. Alle Infrastrukturen in Russland müssen gigantisch sein, und deshalb spielt ein oligarchischer Zentralstaat immer eine (fatal) dominierende Rolle.

Ähnlich wie in Nauru führten die natürlichen Ressourcen eher zu Korruption und Spaltung der Gesellschaft. Die Eliten bedienten sich im zentralistischen Zugriff, der Mangel an Zivilgesellschaft führte zu einer gewaltbereiten Misstrauenskultur. Der Kommunismus verschlimmerte diese Situation, erst nach dem Zweiten Weltkrieg kam es zu einer langsamen Stabilisierung. Die Kurve des Wohlstands zeigt hier die charakteristische Steilheit einer ökonomischen Stagnation bei Verlängerung der Lebenszeit. Nach dem Ende der Diktatur geht das Land durch eine Krisenschleife, scheint sich in den letzten Jahren aber wieder auf dem Pfad des Wohlstandsgewinns zu begeben.

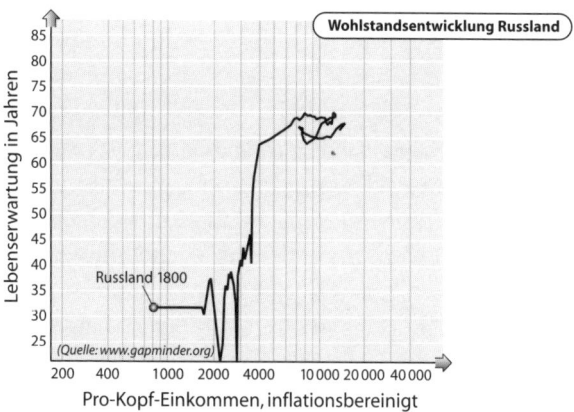

Ein interessantes Beispiel bieten Haiti und die Dominikanische Republik, Nachbarländer auf der Antilleninsel Hispaniola, deren Wohlstandskurven doch ganz unterschiedliche Entwicklungen zeigen. Beide Länder haben eine gemeinsame Wurzel in der Kolonialisierung der Insel durch die Spanier. Die Geschichte Haitis, das die westliche Hälfte Hispaniolas umfasst und sich als erstes Land in Lateinamerika selbsttätig vom Kolonialismus befreite, ist geprägt von Ausbeutung, Korruption und Sklaventum. Nachhaltig belastet bis ins 20. Jahrhundert hinein durch hohe Reparationszahlungen an die einstige Kolonialmacht Frankreich, schaffte es Haiti nie zu einer halbwegs stabilen wirtschaftlichen und politischen Verfassung. Hinzu kommen Erdbeben und Wirbelstürme, die die spärliche Infrastruktur immer wieder zerstören.

In seinem »Law of Evolutionary Potential« analysiert der Historiker Elman Service 1960 die kollektiv-psychologischen Auswirkungen langer Unterdrückungsphasen. Besatzungen und Repressionen wirken wie eine kollektive Traumatisierung, die die Hoffnungs- und Vertrauenspotenziale beschädigen.[6] Haitianer haben nicht viele positive Erfahrungen mit sich selbst und ihren Mitmenschen machen können. Ihr Glaube an die Zukunft ist brüchig geworden. Diese Einstellung wirkt auf die alltäglichen Handlungen zurück: Man kümmert sich eher um die eigene Gruppe, ums unmittelbare Überleben.

Die Dominikanische Republik liegt auf derselben Insel in derselben Klimazone, teilt eine ähnliche Kolonialgeschichte und erlebte ebenfalls zahlreiche politische Wirren und Interventionen von außen, wurde aber nach der Unabhängigkeit nicht durch Reparationszahlungen gelähmt und nimmt in der Neuzeit einen anderen Wohlstandskurs. 1967 macht die Kurve der Dominikanischen Republik einen deutlichen Sprung nach rechts oben – Richtung Wohlstand. Nach einem Bürgerkrieg beginnt 1965 eine Phase der Demokratisierung, aus der im Lauf der vergangenen Jahrzehnte eine funktionierende Ökonomie entsteht – ohne die massive Korruption, wie sie in Haiti herrscht. Nur ein Faktor der Bedingungen, unter denen Menschen leben – die politische Verfasstheit –, kann den Wohlstandsprozess entscheidend beeinflussen.

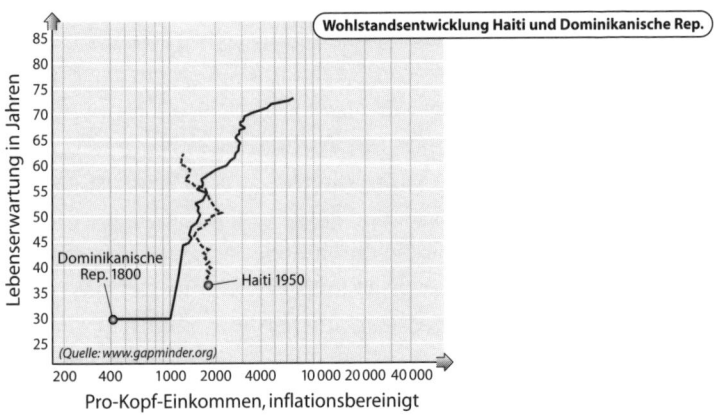

Der holprige Weg

Die Entwicklung des Wohlstands, das haben wir gesehen, verläuft nur selten auf geraden Pfaden. Der holprigste Weg – Schwedens Auf und Ab zu Beginn der Industrieära – führt am weitesten hinauf in den verstetigten Wohlstand. Scheinbar fragile Gesellschaften erweisen sich manchmal als robuster, als wir denken. Und scheinbar starke, mächtige Länder vollziehen in bestimmten historischen Turbulenzen eine »Rolle rückwärts«, was an ihrem langfristigen Wohlstandserfolg aber wenig ändert.

Obwohl wir auf einem Planeten enormer Ungleichzeitigkeit leben, scheint es doch so etwas wie eine Ur-Kraft zu geben, die in eine ganz bestimmte Richtung drängt. Wie unterschiedlich die Kulturen sein mögen – fast überall entwickeln sich irgendwann Geldwirtschaft, Handel, ein Bankensystem. So gut wie in allen Kulturkreisen setzen sich Menschen vor Fernseher, wenn welche laufen. Viele Grunderfindungen – der Speer, das Heu, das Pulver, der Pflug – wurden unabhängig voneinander in verschiedenen Zeiten und Regionen gemacht. In jedem einzelnen Land konfigurieren sich die Kräfte des Fortschritts auf andere Weise. Einige haben gute Voraussetzungen, andere schlechte. Einige machen aus schwierigen Voraussetzungen einen stetigen Prozess. Andere, siehe Nauru, verspielen ihre Vorteile. Die Karten sind zwar ungleich verteilt. Aber das heißt nicht, dass das Ergebnis vorbestimmt ist.

Die gute Nachricht: Es gibt keinen statischen »Teufelskreis der Armut«. Jedes Land, jede Region verfügt über einen Kern der Kooperation, eine Kraft, die in Richtung Fortschritt, Komplexität und Wohlstand führen kann. Auch und gerade unter schwierigen Bedingungen können sich Vertrauenskulturen entwickeln. Auch ohne Rohstoffe kann man der Armutsfalle entkommen. Aus schrecklichen Krisen kann Stärke erwachsen. Es gibt kein Land, das »strukturell zum Elend verdammt« ist.

»Nachholende« Wohlstandsprozesse können bisweilen sogar dynamischer sein als die Pfade der Wohlstandspioniere. Die Linien der asiatischen Staaten zeigen einen gradlinigeren Verlauf, was

zum Staat. Für Fukuyama ist soziales Kapital entscheidend für das Wohlergehen einer Wirtschaftsstruktur.[7]

Vertrauen senkt die »Transaktionskosten« von Gesellschaft und Ökonomie, es macht sie von innen her produktiv. Man braucht nicht jedes Mal einen Schlägertrupp, wenn man ein Geschäft abschließen möchte. Man muss nicht immer einen Anwalt mitbringen, wenn man sich mit einem Fremden unterhält. Man muss nicht an jeder Ecke Bakschisch zahlen. Misstrauensgesellschaften müssen eine Unmenge Grenz- und Transferkosten aufbringen: Rechtsanwälte. Vermittlungsverfahren. Schmiergelder. Kosten für Straflager und Geheimdienste und Spitzel und deren Kontrolleure. Exzessives Controlling ruiniert über kurz oder lang jedoch jede Bilanz. Das gilt für Firmen, für Beziehungen zwischen Individuen wie für ganze Kulturen.

Vertrauen verhindert eine allzu starke Zersplitterung der Gesellschaft in autonome Kulturen. Verhalten wird vorhersagbarer. Vertrauen führt zu spontaner Sozialisation. Ob dies in der freiwilligen Feuerwehr oder in der Genossenschaftsbank, beim gemeinsamen Betreiben eines Tempels oder der Pflege des Trachtenbrauchtums geschieht, ist zweitrangig.

Nach Norbert Elias ist der Zivilisationsprozess ein Prozess der Zentralisierung und Internalisierung. Der Einzelne wird vom Chaos des Lebens, den Wirrungen des gewaltsamen Schicksals entlastet, indem er Verantwortungen nach »oben« abgibt – an Institutionen wie den Staat. Gleichzeitig verinnerlicht er kulturelle Normen und kooperative Verhaltensmuster. Wenn dieser Doppelprozess gelingt, erhöht sich die gesellschaftliche Komplexität – eine Transformation in höhere Arbeitsteilungen entsteht, und damit wächst Wohlstand.

Wohlstand lässt sich als sicherer Zugriff auf existenzielle Lebensgüter definieren. In einer weiteren Drehung auch auf immaterielle Güter wie Gesundheit, Sicherheit, Selbstbestimmung. Und in der nächsten Steigerungsstufe wird Wohlstand ein Synonym für Wohlergehen oder zumindest für die Chance darauf: als Zugang zu Sinnstiftung, Selbstausdruck, Kultur. In den neuen Wohlstandsmodellen wird nicht umsonst der »Glücks-faktor« als neuer Indikator erforscht. Glück im Sinne von Lebens-gestaltung, nicht als »Fun und Genuss«. Das ist die Zukunft des Wohlstands. Ein noch unbeschriebenes Blatt, das wir in diesem Jahrhundert füllen werden, wenn der Wohlstand eine Perspektive haben soll.

Der Superzyklus

Wie stabil ist Wohlstand, wenn er einmal »ausgebrochen« ist? In einer Zeit, in der wir von Verlustängsten geschüttelt werden, scheint dies die Frage aller Fragen zu werden.

Weniger als zehn der heute 190 Länder auf dieser Erde haben in den letzten Jahrzehnten Wohlstandsverluste erlitten. In diesen Ländern ist nicht nur ein Bankensystem zusammengebrochen, son-dern in einem langen historischen Prozess so ziemlich alles schief-gegangen, was schiefgehen konnte. Wir alle kennen das Resultat: Hungersnöte, Flüchtlingslager, zerfallende Regierungen, Städte und Hoffnungen.

Doch im Gesamtbild sind das eher Strudel, Turbulenzen in einem mächtigen Strom. Die mächtigen Kräfte der Globalisierung treiben den Wohlstandsprozess immer weiter in jeden Winkel der Erde. Die Prophezeiung, die man im Krisenjahr 2009 in jeder Zei-tung lesen konnte – die Finanzkrise sei das endgültige Ende der Globalisierung, nun würden vor allem die Schwellenländer durch den Kollaps der Industrienationen auf den Stand von Armuts-gesellschaften zurückgeworfen –, erfüllte sich nicht im Geringsten. Im Gegenteil. China, Indien, Brasilien und andere Länder setzten zu einem beispiellosen Aufstieg an.

Allen Befürchtungen zum Trotz leben wir im größten globalen Prosperitäts-Boom aller Zeiten. In den letzten 200 Jahren gab es drei Phasen hoher wirtschaftlicher Aktivität, mit überdurchschnitt-lichen Wachstumsraten, für die manche, die in zyklischen Bewe-gungen denken, den Begriff »Superzyklen« verwenden. Phasen, die viele Millionen Menschen aus der Armut in den Wohlstand kata-pultierten.[8]

1870 bis 1913 – In der »Gründerzeit« wurde Europa zur ersten dynamischen industriellen Wirtschaftsregion, damit entstand die Grundlage des europäischen Wohlstands.

1946 bis 1973 – Das Wirtschaftswunder brachte Massenproduktion und Massenwohlstand zu allen Schichten in der westlichen Welt, vor allem Amerika erlebte einen ungeheuren Aufschwung, unser heutiges Mittelschicht-Gesellschaftsmodell entstand.

2000 bis 2030 – Die Turbo-Industrialisierung erschließt den Massenwohlstand für die Schwellenländer und schafft echte – nicht mehr nur westlich dominierte – Global-Märkte. Die Urbanisierung und Technisierung großer Volkswirtschaften in Asien und Südamerika erzeugen einen gewaltigen Investitionsboom, der durch steigende Konsumausgaben in diesen Ländern finanziert wird.

Wenn das System der gegenseitigen ökonomischen Kooperation einmal gezündet hat, ist Wohlstand ein sich selbst verstärkender Prozess. Denn es ist eben nicht nur der abstrakte Markt, der den Fortschritt schafft, sondern eine Koproduktion verschiedener menschlicher Systeme, die alle etwas in den Korb der dynamischen Kohärenz zu legen haben. Unternehmenskultur, Familie, Verein, Vereinigung, Kooperationen, marktnahe und marktferne Verbindungen zwischen Menschen. Im Internetzeitalter kommen vielfältige Formen von Netzwerken hinzu. Diese Superkooperation der menschlichen Kultur erzeugt eine zivilisatorische Resilienz, die wir in diesem Buch ergründen wollen. Doch zunächst müssen wir uns kurz mit einem hartnäckigen Mythos auseinandersetzen, der uns den nüchternen Blick auf die Zukunft verstellt: dem Untergangsmythos.

3 Der Untergangsmythos

Der junge Oswald Spengler war ein ängstliches Kind mit großer Phantasie und starkem Geltungsdrang. 1880 als Sohn eines Postsekretärs im Harz geboren, erinnerte er sich an seine Jugend als eine »durch Kopfschmerzen und Lebensangst geprägte Zeit«. Von 1899 an studierte er in Halle Naturwissenschaften und Pädagogik. Als er 1908 eine Gymnasiallehrerstelle in Hamburg angeboten bekam, erlitt er schon beim Anblick des Schulgebäudes einen Nervenzusammenbruch. So wechselte er in einen der ältesten und lukrativsten Berufe der Menschheitsgeschichte. Er wurde Apokalypseprophet.[1] Oswald Spengler sollte später über sich selbst schreiben:

> »Wenn ich mein Leben betrachte, ist es ein Gefühl, das alles, alles beherrscht hat: Angst. Angst vor der Zukunft, Angst vor Verwandten, Angst vor Menschen, vorm Schlaf, vor Behörden, vor Gewitter, vor Krieg. … Angst vor Bindung, vor Weibern (sobald sie sich ausziehen). Ich habe nie den Mut gefunden, das anderen zu zeigen.«[2]

Wie für einen Großteil seiner Generation bedeutete der Erste Weltkrieg für Spengler einen euphorischen Ausbruch von Gefühlen – dem eine tiefe Traumatisierung folgen sollte. In einer Denkschrift an Kaiser Wilhelm bezeichnete er den Kriegseintritt als »größten Tag der Weltgeschichte«. Umso mehr traf er mit dem Werk, für das er berühmt werden sollte – »Der Untergang des Abendlandes« –, die Zeitstimmung des Jahres 1918. Er gab der traumatischen Niederlage des Deutschen Reiches, dem Grauen des Krieges einen höheren Sinn. Er machte das Trauma erträglicher, indem er es in einen »höheren Geschichtszusammenhang« einordnete.

»Wir Deutschen«, so Spenglers Diskurs, »sind Opfer eines gewaltigen Dramas, das sich über alle Geschlechter und Äonen in der Weltgeschichte stets wiederholt.« Die Weltgeschichte wird beherrscht von zyklisch auf- und absteigenden »Hochkulturen«. Diese Kulturen beginnen in einem Zustand erleuchteter, erhabener Reinheit, dem Ideal des Mythos. Dieser Mythos wird durch die profanen Kräfte der Rationalität, der Ökonomie, der »inneren Korruption« zur Zivilisation. Und damit ist der Untergang unausweichlich. Denn »Zivilisation« war für Spengler, ebenso wie »Politik«, ein Negativbegriff, eine morbide Gegenkraft zu allem »Heiligen« und »Heroischen« und »Erhabenen« und »Archaischen«.

Acht Hochkulturen zog der Prophet Spengler zum Beleg seiner heroischen Zyklentheorie heran:

1. die ägyptische Pyramiden-Kultur unter Einschluss der kretisch-minoischen Kultur
2. die babylonische Kultur, seit ca. 3000 v. Chr.
3. die indische Kultur, seit 1500 v. Chr.
4. die chinesische Kultur, seit 1400 v. Chr.
5. die Antike, also die griechisch-römische Kultur
6. die arabische, auch frühchristliche und byzantinische Kultur, seit Christi Geburt am östlichen Mittelmeerrand
7. die mexikanische Kultur, seit ca. 200 n. Chr.
8. die abendländische Kultur, seit 900 n. Chr. in Westeuropa, später auch Nordamerika.

Die Dauer dieser »Hochnationen« setzte Spengler mit einem Jahrtausend an – das Diktum des »Tausendjährigen Reiches« stammt aus dieser Quelle. Doch obwohl sich die Nationalsozialisten kräftig aus seinem Fundus bedienten, hielt sich Spengler von Hitler fern. Er starb vor Beginn des Zweiten Weltkriegs, 1936, im Alter von nur 56 Jahren den Tod der Übersensiblen: plötzliches Herzversagen. Mit dem aktuellen Populismus teilt er die Ansicht, dass die Moderne ein »Zerfalls- und Verschmutzungsprozess« ist.

Spenglers Zyklendenken war keine Ausnahme – und blieb auch nicht auf den deutschen Kulturraum mit seinem Hang zum wagnerianischen Pathos beschränkt. Der Historiker Arnold Toynbee nahm den Niedergang des englischen Imperiums zum Anlass, in seinem Monumentalwerk »A Study of History« (1934 bis 1954; die deutsche Fassung erschien unter dem Titel »Der Gang der Weltgeschichte«) ähnlich deterministische Geschichtsbilder zu verbreiten. Und erst in jüngerer Zeit gab Paul Kennedy mit »The Rise and Fall of Great Powers« (1987, deutsch »Aufstieg und Fall der großen Mächte«) einem vergleichbaren Zukunftsbild Nahrung.

Heute trifft man an jeder Ecke, an jedem Stammtisch, in jeder Talkshow auf waschechte Spenglerianer – obwohl kaum jemand diesen Traktat im Original gelesen haben dürfte. Verschwörungstheorien wuchern, und bisweilen führen sie zu bizarren Taten wie zuletzt der des norwegischen Killers Anders Breivik, der von einem »europäischen Imperium« träumte, das sich gegen »den Islam« behaupten müsse. China wächst? Der Westen ist auf dem Weg in den Untergang, man sieht's ja in Europa! Die deutsche Bevölkerung schrumpft? Die Kopftücher werden uns überschwemmen! Die Jugend spielt zu viele Videospiele? Der Anfang vom Ende! Irgendetwas lässt uns fest daran glauben, dass jedem Aufstieg zwangsläufig ein Abstieg folgt. Und dass »Zivilisation« ein völlig unhaltbarer, prekärer, eigentlich unmöglicher Zustand ist.

Der Sog der Ruinen

Wer jemals die Maya-Pyramiden besichtigt hat oder durch Angkor Wat, die Hauptstadt der untergegangenen Khmer-Kultur, gelaufen ist, kann sich dem Untergangspathos nur schwer entziehen. Gewaltige Tempelanlagen, durch deren mit erotischen Friesen bedeckte Mauern lastwagengroße Wurzeln wuchern. Riesige Bewässerungssysteme, von denen nur noch die Grundmauern stehen. »Die Möglichkeit, dass eine ganze Zivilisation sterben könnte, verdoppelt unsere eigene Sterblichkeit«, formulierte einst Santo Mazzarino.[3] Wenn wir Ruinen besichtigen, spüren wir nicht nur der Vergangenheit nach. Wir betrachten unsere Zukunft. Wir vergleichen die Ruinen von damals mit den Hochhäusern von heute.

Zunächst sollten wir wissen, dass wir die Überreste einer ganz bestimmten Zivilisationsart inspizieren – der Pyramidalkulturen.

Bei den meisten zerbröckelnden Großbauten handelt es sich um die Überreste zentralistischer Sklavenwirtschaften, die ihre inneren Konflikte nur durch ständige Gewaltherrschaft und dauerhafte Expansion lösen konnten. Wenn es einen Grund des Scheiterns gab, dann war es gerade der »Urmythos« – der zu immer größeren und teureren Kult- und Monumentalbauten führte und schließlich den Ruin besiegelte.

Auch mit den berühmten 1000 Jahren ist es so eine Sache. Das ägyptische Reich dauerte in mehreren Phasen über 3000 Jahre, das assyrische existierte hingegen nur 130 Jahre. Die Blütezeit von Byzanz umfasst eine Kernzeit von 240 Jahren. Die arabisch-islamische Kultur dominierte Europa 246 Jahre. Das Osmanische Reich war immerhin 330 Jahre dominant. England »ruled the waves« rund 250 Jahre (mit einer kleinen Unterbrechung, als Napoleon den Engländern die Stirn bot). Das amerikanische »Imperium«, das sich derzeit angeblich im unweigerlichen Niedergang befindet, ist dagegen mit einer Lebensdauer von einem guten halben Jahrhundert eher ein Säugling.

Die Geschichte, wie Mark Twain anmerkte, wiederholt sich nicht, aber sie neigt dazu, sich zu reimen. Aus diesem Reimen ein »ehernes Gesetz« zu machen ist typisch menschlich, aber falsch. In der sechstausendjährigen Geschichte Chinas oder Japans, in der wechselhaften Historie Europas wimmelt es von Auf- und Untergängen, von Umzügen vom Hauptplatz in den Hinterhof, von Metamorphosen von Stadt- zu Zentral- zu dezentralen Staaten und wieder zurück. Das alte Griechenland ähnelte in vieler Hinsicht eher der konfusen EU von heute – es war ein loser Vielstaatenverbund, der sich immer wieder im Kampf gegen die Perser verbündete und zerstritt. Die Han-Dynastie, die China um Christi Geburt regierte, war vergleichbar mächtig wie die Tang-Dynastie (um 700) und die Ming-Dynastie (Chinas »Nahezu-Moderne« um 1400) – eine Kultur, drei zeitlich voneinander weit getrennte Blütezeiten. Geschichte ist eben kein homogener, auch kein kurvilinearer Prozess, in dem das Auf und Ab in sauberen Phasen vorgesehen ist. Wie sagte Winston Churchill so schön? »Die Zukunft ist ein verfluchtes Ärgernis nach dem anderen!«

Wenn wir auf Ruinen herumklettern, übersehen (oder vergessen) wir gerne, dass wir oft in unserem Leben durch äußerst lebendige »Ruinen« gehen. Viele großartige Städte sind auf den Trüm-
mern ihrer selbst errichtet. Warum bauten die Londoner nach der
großen Feuersbrunst im Jahre 1666 ihre Stadt wieder auf, obwohl
dieser Brand wie viele Stadtbrände des Mittelalters praktisch keinen Balken auf dem anderen gelassen hatte? Warum kann man
heute in Lissabon und San Francisco Straßenbahn fahren, obwohl
beide Städte durch verheerende Erdbeben untergingen, oder in
Dresden die Frauenkirche besichtigen und im Zwinger Kaffee
trinken? Warum in Hiroshima auf einen lebendigen Markt gehen,
anstatt nur die Gerippe der im Feuersturm zerstörten Bauten zu
besichtigen? Weil die Geschichte weitergeht. Weil Menschen zäh
sind, hartnäckig und erfindungsreich. Weil Verlust zur Kontinuität
der Geschichte gehört.

Schweden war im 17. Jahrhundert eine kontinentale Seemacht.
Belgien und Holland und Portugal, nicht zuletzt Spanien bildeten
im Spätmittelalter Weltmächte. England war im 18. Jahrhundert,
neben Holland, das reichste Land der Welt, ein Pionier der Industriellen Revolution. Sind Schweden, Belgien, Niederlande, Portugal, England »untergegangen«? England mag heute nicht mehr als
imperiale Macht existieren – wie Toynbee es voraussagte. Aber
das »Englische« blüht umso mehr – Teetrinken bei Regen, Angel-
sport und Gartenkunst schätzt man nicht nur in England. Kulturen
gehen nicht »unter«, wenn die staatlichen Organisationsformen
sich verändern. Die griechische Kultur wurde von der römischen
absorbiert. Die lateinische Sprache brachte eine ganze kontinentale Sprachevolution in Gang. Das Weiße Haus in Washington ist
das Abbild einer römischen Villa, das Capitol heißt nicht umsonst
so. Die jüdische Kultur wurde im Laufe der Jahrtausende viele
Male an den Rand des physischen Untergangs gedrängt – was ihr
womöglich gerade jene Vitalität und Universalität verlieh, die wir
an ihr so bewundern.

Der Vorteil der Rückständigkeit

»Das Problem ist nicht, dass Staatsgebilde zusammenbrechen (das tun sie dauernd), sondern dass sie so lang andauern«, meint der Historiker David Phillips.[4] Der »Untergang« (West-)Roms, quasi das Urmeter Spenglerianischer Logik und aller Untergangsgesänge, brachte das »dunkle« Mittelalter mit sich, die Herrschaft der Barbarei und der Hexenverfolgung. So die offizielle Geschichtsschreibung. Doch das Mittelalter war eine erfindungsreiche, vitale, vielfältige Epoche. Im europäischen Mittelalter wurden die Grundlagen für die Moderne gelegt – mit dem Buchdruck, der Mühlenwirtschaft, dem Manufakturwesen und vielen anderen Erfindungen. Die zahlreichen autonomen Klöster entwickelten innovative Wirtschaftsmodelle. Die Soziostrukturen der »Freien Stadt« konnten nur entstehen, weil kein imperiales, kaiserliches Reich mehr jede Stadt zur Garnisonsstadt degradierte. Wäre das Imperium der Römer ein »ewiges Reich« geblieben, hätte die Entwicklung gesellschaftlicher Komplexität, die schließlich zur Renaissance führte, nie stattgefunden.

Auch die »Barbarei der Barbaren« entstammt zu erheblichen Teilen einer verzerrten Geschichtsdarstellung. Als die Vandalen ins Römische Reich einfielen, bewahrten Reitervölker aus dem Norden vieles, durchmischten manches und adaptierten eine Menge.[5] Die Mongolen errichteten im Steppengürtel, der den eurasischen Kontinent zwischen Jenissei in Sibirien und dem österreichischen Burgenland durchzieht, ein ganzes »Imperium«. Sie eroberten das imperiale China und (fast) das Japan der Shogune und gründeten sogar eine multikulturelle Großstadt, Karakorum. Ihre Kulturform war grausam im Krieg, aber tolerant im Frieden. Sie hatten keine Vision imperialer Herrschaft, und sie zerstörten weniger Kulturen, als dass sie – wie der Wind die Blütenpollen – diese in alle Welt trugen. Die Mongolen waren womöglich die ersten echten Globalisierer Eurasiens.

Der Historiker Ian Morris brachte diese »kreative Zerstörung« so auf den Punkt:

»Soziale Entwicklung erzeugt Gewinner und Verlierer, neue aufsteigende Klassen, neue Beziehungen zwischen Männern und Frauen, Alt und Jung. Neue Kerne des Fortschritts entstehen, wenn diejenigen, die zu einer bestimmten Zeit unterlegen waren, durch den ›Vorteil der Rückständigkeit‹ das Heft in die Hand nehmen können. Wenn Gesellschaften größer, komplizierter und schwerer zu verwalten werden, entwickeln sie eine immer größere Bedrohung auch für sich selbst. Hier liegt das Paradox: Soziale Entwicklung erzeugt dieselben Kräfte, die sie unterminieren.«[6]

Hätte man die von Rom unterjochten Völker im Jahre 350 n. Chr. abstimmen lassen, ob sie das Römische Reich behalten oder abschaffen wollten – was wäre das Ergebnis gewesen? Die vielen »primitiven« Stämme und Kulturen des eurasischen Kontinents hätten den Büttel der Legionen mit Sicherheit gerne gegen jene Rückständigkeit getauscht, aus der sich später das Europa der Vielfalt entwickeln sollte ...

Wenn Kulturen »ewige Pyramiden« zu bauen beginnen, ist dies in der Tat nicht von großer Dauer. Aber das hat womöglich einen höheren Sinn. Nicht die »Dekadenz« ist es, die Zivilisationen beendet (jede Gesellschaft trägt immer einen bestimmten Dekadenz-Anteil in sich). Auch nicht der »Ökonomismus«. Sondern das sture Festhalten an Dogmen, die Erstarrung der Herrscherkaste. Der Untergang lauert genau in jenem »Mythos«, denn heroische Mythen verhindern die Lernfähigkeit. Es ist die Adaptivität, die über die Kontinuität eines Gesellschaftsmodells entscheidet, nicht die »ehernen Gesetze von Werden und Vergehen«.

Niedergang und Wiederauferstehung

In seiner opulenten Studie »The Collapse of Complex Societies« bietet uns der Anthropologe Joseph A. Tainter ein stimmiges »energetisches« Modell von Zivilisationskrisen.[7] Warum kommt es tatsächlich bisweilen vor, dass große, zentralistische Systeme zu weniger komplexeren Ordnungen zerfallen? Um das zu verstehen, müssen wir von folgenden Prämissen ausgehen:

1. Menschliche Gesellschaften sind in ihrem Wesen problem-
lösende Organisationen.
2. Soziopolitische Systeme benötigen Energie für ihre Selbsterhal-
tung, ihre »Wartung« und Weiterentwicklung.
3. Die gesteigerte Komplexität einer Gesellschaft erfordert stets
höhere »Selbsterhaltungskosten«, der Energieaufwand steigt
exponentiell.
4. Investitionen in soziopolitische Komplexität erreichen irgendwann den Punkt sinkender Grenzerträge.

Tainters Analyse zivilisatorischer Zusammenbrüche geht davon
aus, dass eine Gesellschaft auf Umweltherausforderungen mit
der Steigerung von Komplexität reagiert. Komplexitätssteigerung
bedeutet, dass immer differenziertere Rollen und Kontrollmecha-
nismen eingeführt werden, um ein Herrschaftssystem oder eine
Nahrungsmittelversorgung oder ein »Imperium« zu garantieren.
Energiebedarf und Aufwand wachsen. Ab einem gewissen Punkt
entkoppeln sich die Kosten vom Nutzen. Kleine Verbesserungen
erfordern immer umfangreichere Maßnahmen, die Grenzerträge,
das heißt der Nutzen der Maßnahmen, sinken.

Die alten »großen Reiche« basierten in ihrem ökonomischen Kern
auf zentralisierter Kommandolandwirtschaft (»große agrarische
Bürokratien« nennt sie der Historiker John Darwin[8]). Das Bewässe-
rungssystem der Khmer in Angkor Wat wurde, während die Bevölkerung wuchs, immer ausgedehnter und komplizierter, bis es bei der
kleinsten Störung zusammenbrach. Die Landwirtschaft West-Roms
konnte irgendwann die Produktivität nicht mehr mit dem Mehr-
import von Sklaven regeln, denn durch die Expansion wurden die
Wege, auf denen Sklaven und Güter transportiert werden mussten,
immer länger. Die Kosten für den Bau und Erhalt der Straßen ruinierten schließlich die römische Ökonomie. Es war enorm teuer, Trans-
porte über große Distanzen abzuwickeln, und neue Technologien,
die das effektiver hätten lösen können, waren nicht in Sicht. Ebenso
wenig wie eine neue Gesellschaft jenseits der Sklavenwirtschaft.

1400 Jahre nach dem Fall des Römischen Reiches wurde in Amerika nach einem Bürgerkrieg die Sklaverei abgeschafft. Gerade das

machte Amerika langfristig zu einem Imperium – denn nun musste der neue Kapitalismus auf neue Technologien setzen, statt auf billige Arbeitskraft, auf Innovationen statt auf Gewalt, auf Demokratie statt zentralistische Planung…

Das Gesetz der »sinkenden Grenzerträge« besagt, dass Zivilisationen tatsächlich irgendwann an Komplexitätsgrenzen geraten. Ein System, das an diesen Kipppunkt gelangt, muss sich neu erfinden. Es braucht grundlegend neue Technologien, Organisations- und Sozialsysteme. Viel öfter, als wir glauben, gelingt diese Neuerfindung – und eine neue historische Epoche beginnt, oder wir haben es ohnehin eher mit fließenden Übergängen als mit katastrophischen Brüchen zu tun, man betrachte nur die Geschichte der Maya oder der Khmer in Kambodscha, die entgegen den populären Anschauungen keine linearen Untergangsgeschichten erlebten.[9]

Von Reichen und Renaissancen

Am Strand unweit des Kurbadeorts Binz auf Rügen findet sich eine der eindrucksvollsten Ruinen eines tausendjährigen Reichs. Acht Kilometer lang ziehen sich die Überreste von Prora an der Küste entlang, einer größenwahnsinnigen Ferienstadt, deren Rohbau die Nazi-Organisation »Kraft durch Freude« in den Jahren 1936 bis 1939 in den Ostseesand setzte, bevor der Krieg die Bauarbeiten stoppte. 10 000 Arbeiterfamilien und »Volksgenossen« sollten hier von 1940 an den Sommerurlaub verbringen. Teile des Gebäuderiegels dienten später der Roten Armee als Übungsplatz und verwandelten sich in skelettierte Ruinen. Ein immerhin ein Kilometer langer erhaltener Teil beherbergt heute pittoreske Pensionen, kreative Kleingeweberbetriebe und bunte Jugendherbergen.

Wer durch die Kiefernwälder an dem gewaltigen Bauwerk entlangwandert, bekommt noch einmal eine dumpfe Ahnung von dem, was die Nazi-Ideologie für viele Menschen so anziehend machte. Prora war eine gigantische Wellness-Anlage für »Volksgenossen«. Gesundheitsbäder und tempelähnliche Strukturen sowie eine Kulturhalle im griechisch-römischen Stil sollten das Zentrum bilden. Unterhaltungsdampfer, auf denen der Berliner

Arbeiter samt Familie mit Tanzmusik und Delikatessen verwöhnt wurde, sollten direkt an einer großen Kaianlage anlegen. Brot und Spiele, im XXL-Format.

Wer mit »Spengler-Brille« am Strand von Rügen entlangwandert, für den erzählen die Ruinen nur von einem gewaltigen Scheitern. Sie wirken wie ein Menetekel zukünftiger Ereignisse, wie eine Niederlage, die uns in die Zukunft verfolgt. Aus anderem Blickwinkel betrachtet ist es jedoch eher ein Lehrstück über den Segen des Untergangs. Deutschland, ein Kulturland wie die anderen europäischen Nationen, war vor gerade einmal sieben Jahrzehnten eine tyrannische Barbarei. Als diese im Grauen des Zweiten Weltkriegs zu Ende ging, glaubte niemand, dass aus Deutschland mehr werden könnte als eine rückständige Ackerlandschaft. Aber die Geschichte schrieb eine andere Story. Aus den Ruinen entstand eine neue, moderne, weltoffene Gesellschaft.

Nicht nur die Zukunft ist ungewiss, auch die Vergangenheit ist alles andere als »sicher«, denn ihre Interpretation unterliegt mentalen Projektionen und ideologischen Mustern. In der Erzählung vom programmierten Untergang finden wir mit unseren Lebensängsten Halt und Entlastung: Es ist ja ein Naturgesetz, wir können nichts dafür! Die Wirklichkeit ist in mancher Hinsicht banaler und vielleicht auch erschreckender: In menschlichen Kulturen finden ständig Aufstiege, Krisen und Untergänge, Neuorganisationen statt. Die Geschichte der Zivilisation ist ein Tasten und Suchen, ein Stolpern und Irren, und manchmal, eher selten, lässt dieser Prozess auch begehbare Ruinen zurück.

Wäre es da nicht schön, wenn wir die Zukunft aus der Vergangenheit berechnen könnten, in einer goldenen Regel vom Kommen und Gehen, vom Auf und Ab? Aber so einfach ist es nicht. Die Welt wandelt sich nach subtileren Gesetzen.

In unseren Geschichtsbüchern und ängstlichen Hirnen geistert derweil Spengler weiterhin als ewiger Untoter herum und mit ihm die Verachtung für die »kalte« Zivilisation mit ihren ewigen Kompromissen und Profanitäten.

4 Der Tanz der Evolution

Im Jahr 1982 schrieb Tom Peters, ein talentierter McKinsey-Berater, zusammen mit seinem Kollegen Robert Waterman den Business-Weltbestseller »In Search of Excellence«.[1] Mit dieser Analyse der wahrhaft brillanten Unternehmen Amerikas begründete Peters seinen Ruf als globaler Management-Guru, der beantworten konnte, was eine Firma wirklich zukunftsfähig macht. Zu den Brillanz-Kriterien gehörten Innovationsstärke, technische Meisterschaft, operative Effektivität, ein »erleuchtetes Management«, ein einmaliges Wertschöpfungsmodell und eine starke Vision. Peters und sein Team untersuchten 43 amerikanische Großunternehmen, die Anfang der achtziger Jahre die Lokomotiven der amerikanischen Wirtschaft repräsentierten. Dazu gehörten erfolgreiche Giganten wie US Steel, mit fast einer Viertelmillion Mitarbeitern, oder die Computerfirma Atari, die im brandneuen Videospielmarkt die Poleposition besetzte.

Mitte der achtziger Jahre, kaum zwei Jahre nach Erscheinen des Buches, war rund ein Drittel der Superkonzerne, die Peters und Waterman ausgemacht hatten, in ernsthaften ökonomischen Schwierigkeiten. Ein Jahrzehnt später war rund die Hälfte der geschilderten Firmen entweder unbedeutend, aufgekauft oder nicht mehr am Markt. Wer kennt heute noch Giganten wie Pullmann oder Singer, die Anfang der Achtziger zweistellige Milliardenumsätze erzielten? Wer kann sich heute noch an Worldcom und Enron erinnern, einst in allen Wirtschaftsmagazinen als Leuchttürme globaler Brillanz gefeiert?

All diese Unternehmen hatten das, was im Allgemeinen als besonders signifikantes Merkmal der Zukunftsfähigkeit gesehen wird: eine Vision. Auf Business-Konferenzen kommt man ohne »Vision« kaum

aus. Meistens fällt das Wort in Symbiose mit dem Wort »zukunftsfähig«, neuerdings geht es vor allem um »nachhaltige« Visionen.
Zukunftsforscher (ich spreche aus eigener Erfahrung) werden erst
gar nicht auf die Bühne gelassen, wenn sie nicht irgendeine (es ist
in der Tat nicht so wichtig, welche) »Vision« verkünden.

Aber genau eine »Vision« könnte das süße Gift sein, das Firmen
umbringt.

Sehen wir uns die »Top 500« der einzelnen Länder und Kontinente an, wird schnell deutlich, dass die Volatilität großer Firmen
kein Privileg Amerikas ist. Zwischen fünf und zehn Prozent aller
Firmen verabschieden sich jährlich vom Markt, werden aufgekauft
oder fallen so tief in den Rankings, dass sie eher in der B-Liga spielen. Und das Rad scheint sich immer schneller zu drehen. Microsoft
war noch vor Kurzem der unangefochtene Weltchef der Computer-
Entwicklung, Apple und Google hingegen Freak-Klitschen am
Rand einer mächtigen Mainstream-Industrie. Nokia beherrschte
bis gerade einmal vorgestern den weltweiten Handymarkt. Von
den rund 40 weltweit agierenden Pharmakonzernen, die um die
Jahrtausendwende den Medikamentenmarkt dominierten, existiert
heute nur noch etwa ein Drittel – die meisten wurden von Konkurrenten aufgekauft. Ein Riesenkonzern wie die Fotofirma Kodak ist
heute nur noch eine Nostalgiemarke.

Wie kann es sein, dass eine Wirtschaft, in der ständig gigantische Großunternehmen regelrecht pulverisiert werden, überhaupt
existieren kann? »Kontinuität« und »Innovation« scheinen sich in
seltsamer Weise zu widersprechen. Um dieses Stabilitätsparadox
zu erklären, brauchen wir andere Modelle als die der Management-
Gurus oder der »Visionslogik«. Wirtschaftliche Zukunft entsteht
offenbar weniger aus Kontinuitäten als aus Brüchen, Abweichungen, Fehlern. Woran, zum Teufel, erinnert uns das?

Ist Evolution (immer) langsam?

Evolution funktioniert nach dem blinden Prinzip von Varianz und
Selektion. Ihr treibendes Element ist der Irrtum. Im Code der
DNA entstehen kleine Übersetzungsfehler. Ein Basenpaar wird

ausgetauscht oder fällt plötzlich weg. Ein Gen wird beim Auslesen unterdrückt oder aktiviert. So entsteht eine Mutationsvariante. So entstehen Millionen Varianten, von denen die meisten jedoch sofort wieder von der Umwelt aussortiert werden. Einige wenige Varianten erweisen sich als in irgendeiner Weise vorteilhaft für das Individuum, das damit seine evolutionäre Fitness erhöhen kann. Es kann in seiner Umwelt besser überleben, sich besser fortpflanzen und vermehren. So entsteht eine neue Art.

Evolution ist ein unendlich langsamer, gradueller Prozess, der über Millionen Jahre neue Spezies hervorbringt. So hat man es gelernt. Aber Evolution muss nicht immer langsam sein. Bei wei-ßen Faltern in England veränderten sich die Farbpigmente inner-halb weniger Generationen von weiß zu schwarz, als der Ruß der industriellen Ära die Baumstämme schwarz färbte. Kaum verrin-gerte sich die Umweltbelastung wieder, wurde dieser Prozess wieder revidiert – heute sind die meisten Falter wieder weiß. Bei Barschen im Victoriasee entstanden neue Varianten in weniger als tausend Jahren (was übersetzt auf das Tempo der Wirtschaft etwa einem Konjunkturzyklus entspricht). Guppys evolutionieren verschiedene Farben, die sie für Raubtiere sichtbar oder unsichtbar machen – oder eben nicht –, innerhalb von nur zehn Generationen.[2]

Evolution kann also, wenn es darauf ankommt, richtig Gas geben. Warum das so ist, hat mit der genetischen Latenz zu tun. Die Möglichkeit des weißen Falters ist in der DNA von schwarzen Faltern »abgelagert«. Und umgekehrt. Auch früher schon gab es immer mal wieder schwarze Falter (so wie es schwarze Schwäne und Schafe gibt). Die jeweilige »Überlebensfarbe« wird durch die Umwelt lediglich schneller ausgelesen.

All dies geschieht jedoch nicht (wie es uns unser kontroll-sehn-süchtiges Hirn immer wieder vorgaukelt) mit Absicht und geplant. Mit Visionen oder Zielen hat die Evolution nichts am Hut. Der Mensch ist nicht das »Ziel« der Evolution, sondern nur ihr Ergebnis. Evolutionäre Prozesse bieten immer nur Hier-und-jetzt-Lösungen: Spezies und Individuen überleben in der jeweiligen Umweltsitua-tion – oder eben nicht.

Wie weit lassen sich Strukturen der Evolution auf das Werden und Vergehen von Organisationen in der Wirtschaftswelt übertragen? Märkte funktionieren ähnlich wie Biotope. Firmen ähneln Organismen, die mit ihrer (Markt-)Umwelt auf vielfältige Weise kommunizieren. Viele Strategien der Natur finden wir in der Wirtschaft zumindest als Analogie wieder. Symbiose. Kopie. Konkurrenz. Synergie. Dominanz. Nische. Spezialisierung.

In den letzten Jahrzehnten waren praktisch alle ökonomischen Theorien – auch die »idealistischen« im Sinne von Tom Peters' Brillanz – von deterministischen Modellen geprägt. State of the Art der Ökonomie war die EMH, die Effective Market Hypothesis (Effizienzmarkthypothese), der zufolge Märkte immer effektive Gleichgewichte und reale Bewertungen erzeugen. Der GAU, den die Ökonomen in der Finanzkrise erlitten, war umso größer, je mehr sie auf diesen »Mechanismus« vertrauten.

Roman Frydman und Michael Goldberg, zwei amerikanische Ökonomen, haben dagegen die Imperfect Knowledge Economics (IKE, so viel wie: auf unvollkommenem Wissen basierende Ökonomie) entwickelt.[3] Märkte, so Frydman und Goldberg, sind zu komplex, um Voraussagen zu treffen. Marktmechanismen werden von einem bestimmten Punkt an rekursiv, die Bewertungen des Marktes beziehen sich auf Bewertungen von Bewertungen und so fort. Damit »explodiert« das alte Erwartungssystem, das hinter allen Vorhersagen steckt. Erwartungen formen nun die Märkte, und damit entsteht eine Turbulenz, die eigene Gesetze entwickelt. In dieser Turbulenz gelten die evolutionären Gesetze von Vielfalt und Auswahl.

Der Tunnel der Vision

Der Grund, warum »Vision« nicht funktioniert, liegt darin, dass sie das Gegenteil von dem bewirkt, was sie intendiert. Visionen sollen Zukunftssicherheit herstellen. Sie sollen ein Unternehmen ausrichten auf eine bestimmte Prognose, die als »lösungssicher« empfunden wird. Doch dadurch entsteht eine Tunnelsicht, die die Veränderungen der Umwelt, sprich der Märkte, ignoriert. Wenn ein Unternehmen genau weiß, wo es hin will, begibt es sich auf einen Schmalspurpfad in die Zukunft. Wenn es von Zielgerichtetheit nur so strotzt, verstößt es gegen ein entscheidendes evolutionäres Gesetz: Es verzichtet auf Rückkopplung und Varianz.

Varianz ist das, was verschiedene Möglichkeiten eröffnet. Dem Zufall sozusagen eine Chance gibt, sich zu realisieren. Vieles im Leben, auch im Geschäft, basiert letztlich auf Zufällen. Die wenigsten Innovationen werden »geplant«. Die meisten entstehen als Geistesblitze auf dem Klo. Als Abfallprodukte. Als Nischenideen, die sich plötzlich als gigantische Chancen erweisen.

Feedback oder Rückkopplung ist das, was den Kreis der Evolution schließt. Individuen, aber auch Organisationen, können aus Feedback (des Marktes, der Kunden, der Mitarbeiter) Erkenntnisse generieren, die ihnen Adaption ermöglichen – bewusste Evolution. Einem »visionären« Unternehmen ist Feedback aber eigentlich egal. Das Management weiß ja, wo es langgeht! Wenn etwas misslingt, haben es »die Kunden eben einfach noch nicht verstanden«. Oder »der Markt war noch nicht reif«. Und schon verabschiedet sich das Management auf den Golfplatz, meist mit einer satten Abfindung …

Genau das zeigen die Fallbeispiele der Tom Peters'schen »Brillanz«. Die großartigen Unternehmen, die auf dem besten Weg in die Zukunft waren, hatten ihr inneres Adaptionssystem weitgehend abgeschaltet. Sie scheiterten aufgrund ihres zur Planung geronnenen Erfolgs an der nächsten Spielregeländerung.

Samuel Becketts aufmunterndes Diktum: »Immer versucht. / Immer gescheitert. / Einerlei. / Wieder versuchen. / Wieder scheitern. / Besser scheitern«, kann man auch als Leitmotiv über das Konzept der nimmermüden Evolution schreiben. Die Evolution »fräst« aus den unendlichen Möglichkeiten, die die Zukunft bietet, eine Art Negativkopie heraus – ganz so, wie ein Bildhauer unentwegt etwas weglässt, um am Ende die Figur aus dem Stein zu »befreien«. Auf ähnliche Weise entwickeln erfolgreiche Unternehmen, aber auch Individuen und Gesellschaften, einen Pfad in die Zukunft aus Weglassen und Adaption.

Apple etwa musste mehrere Male in seiner Geschichte fast Konkurs gehen, um die Lektion zu lernen. Die Firma scheiterte unentwegt an der Vision des einfach zu bedienenden, schönen, »kreativen« Computers, der aber in der PC-Welt der neunziger Jahre praktisch keine Chance hatte. Die Strategie scheiterte so lange, bis das Management die Ebene der Betrachtung veränderte. Computer sind nicht nur Geräte, sondern Nutzungsformen. Software, technische Plattform und Inhalte müssen sich zu einem nahtlosen System verbinden, in dem Geräte nur Angelpunkte darstellen. Musik und Bild und Film funktionieren anders als »Daten«. Erst als der iPod die Art und Weise, Musik zu hören und zu organisieren, veränderte, entstand eine neue Kaskade der Computer-Evolution.

Was uns an diesem Unternehmen fasziniert, ist, dass es immer »am evolutionären Abgrund« operierte. Der religiöse Schauer, den die Firma mit dem Eva-Apfel bisweilen hervorruft, stammt aus dieser Quelle: entrückte Adaptivität. Apple ist eine evolutionäre Sekte. Was ist Religion jemals anderes gewesen als die Erfahrung: Wir werden erhört und erlöst?

Wirklich erfolgreiche Manager »steuern« ihr Unternehmen nicht. Sie organisieren Irrtümer, die das Unternehmen nicht beschädigen, und immer neue Experimente. Die erfolgreichen werden verstetigt.

Unternehmen sind auch keineswegs automatisch erfolgreich, wenn sie besonders innovativ sind. Das österreichische Unternehmen Red Bull hat das Getränk mit dem gleichen Namen weder erfunden, noch produziert es etwas Neues. Es hat nur eine neue Sprache gefunden, eine kommunikative Marketingnische ausgeformt. Und Chinas Wirtschaft war wachstumsstark, gerade weil sie sich auf das Kopieren westlicher Produkte konzentriert, ohne die »Transaktionskosten« der Demokratie zu zahlen. Man muss betonen: war. Die Geschichte bleibt, wie die Ökonomie und die Evolution, niemals stehen. Die nächste Runde wird China als evolutionäre Innovationsnation sehen, mit anderen Pfaden zum Erfolg als die westlichen.

Die evolutionäre Zivilisation

Moderne Zivilisationen können gerade deshalb stabil sein, weil in ihnen ständiges Scheitern herrscht, ein Kommen und Gehen von Ideen, ein ständiges Synthetisieren von Memen, den kulturellen Gedankenträgern und Musterbildungen. Stabilität entsteht durch dynamische Varianz, durch »Stolpern« statt durch Planen. Bedeutet dies nicht, dass wir als Prognostiker endgültig unsere Profession an den Nagel hängen können? Wenn Evolution nicht berechenbar, vorhersagbar ist, wenn alles im Grunde Evolution ist, wozu dann noch »Zukunftsforschung«?

Dass wir ein Ergebnis nicht vorherbestimmen können, heißt nicht, dass wir die Adaptionsfähigkeiten nicht erhöhen können. Und genau an diesem Punkt löst sich die Biologie wieder von der Menschenwelt. Menschen und menschliche Organisationen können tatsächlich durch Feedback lernen. Die Evolution kann dies nur durch die Extinktionsschleife.

Der Botaniker Jean-Baptiste de Lamarck entwickelte um 1780 seine Theorie der biologischen Adaption. Seine Theorie war damals in vielerlei Hinsicht plausibler, einleuchtender, verständlicher als die wenig später veröffentlichte Evolutionstheorie Darwins. Lamarcks Idee war simpel: Giraffen entwickeln lange Hälse, weil sie sich dauernd nach Früchten an hohen Bäumen strecken. Fortpflanzung übersetzt das Dehnen der Halswirbel auf die nächsten Generationen. Je mehr sich die Giraffen strecken, desto längere Hälse haben die Giraffenbabys.

Dagegen war Darwins Erkenntnis von der evolutionären Auslese viel verstörender, ja abstrakter. Kausalität erscheint uns immer logischer als Koinzidenz. Wir ziehen Wirkungslogik dem Systemverständnis vor.

Die neuere Biologie greift in gewisser Weise wieder auf Lamarck'sche Ideen zurück – wenn auch in einem anderen Verständniszusammenhang. Die Epigenetik zeigt uns, dass Gene nicht allein den Phänotyp, also das jeweilige Individuum bestimmen. Gene werden vielmehr durch Umweltbedingungen ausgelesen, aktiviert oder unterdrückt. Die »Expression«, das heißt die Art und Weise, wie die DNA die Eiweiße der Zellen produziert und einen Phänotyp schafft, ist innerhalb einer Spezies flexibler, als man denkt. Darwin hatte recht, aber der evolutionäre Prozess hat noch andere, moderierende Komponenten.[4]

Feedback spielt eine viel größere Rolle in der biologischen Evolution, als wir bislang glaubten. Und dies gilt auch für soziokulturelle Prozesse. Die Entwicklung des menschlichen Hirns erlaubt uns, adaptiv mit akkumuliertem Zufall umzugehen. Menschen können lernen, in hohen Komplexitäten die richtigen, oder zumindest die besseren, Entscheidungen zu treffen. Menschen können lernen, ihre Systeme (Gesellschaft, Wirtschaft, Kultur) durch adaptive Fitness robuster zu machen.

Aus dem »kalten« Blickwinkel der systemischen Evolution können wir Fortschritt und Wohlstand daher auch wie folgt definieren:

Fortschritt ist der Prozess, in dem durch Irrtum und Auslese, ergänzt durch menschliche Adaption, höhere Komplexität entsteht. (Was Komplexität ist und wie sie »funktioniert«, möchte ich im letzten Teil des Buches näher beschreiben.)

Wohlstand ist jener gesellschaftliche Zustand, in dem Individuen Irrtümer begehen können, aus denen sich Vorteile generieren lassen. Das gilt für unsere Entscheidung für Konsumprodukte ebenso wie für die Partnersuche, den Lebensort, den Beruf und vieles mehr (mehr dazu im Kapitel über den Individualismus). Deshalb ist eine entscheidende Bedingung für die Entwicklung des Wohlstands die Freiheit (der Wahl, der Lebensmuster, der »Lifestyles«). Freiheit basiert auf Vielfalt, denn ohne Vielfalt kann man nicht wählen. Und ohne Vielfalt entsteht keine Adaption durch Rückkopplung von Irrtümern.

Fitnesslandschaften

Stellen wir uns eine endlose Landschaft vor. Ein Raster, auf dem eine unendliche Anzahl von »Spielen« stattfindet. Ein bis an den Horizont reichendes Zellensystem, bei dem die einzelnen Zellen nur eine Null- oder Eins-Stellung kennen. Ein digitales Spielfeld ohne Grenzen. Eine Art Weltmaschine.

Im Jahr 1970 erfand der Mathematiker John Horton Conway das Computerspiel »Game of Life«. Seine Idee einer binären Evolutionslandschaft basierte auf der berühmten »Neumann-Maschine« – einem Computerprogramm aus den vierziger Jahren, erfunden von dem Mathematiker und Spieltheoretiker John von Neumann –, die bestimmte Operationen der Selbstreproduktion vornehmen konnte. Mit seiner Hilfe simulierte Conway einfache Algorithmen der Natur. Seine »zellulären Automaten« folgten noch recht einfachen Regeln. Etwa: »Eine Zelle mit weniger als zwei Nachbarn stirbt« (Unterpopulation). Oder: »Eine Zelle mit mehr als drei Nachbarn stirbt« (Überpopulation).[5]

Conways Spiel fasziniert bis heute. Aus einfachen Grundkonstanten und Ausgangspositionen entstehen erstaunlich komplexe Strukturen, und mit wenigen Veränderungen der Regeln wieder völlig andere Ergebnisse. Seit Beginn der neunziger Jahre, als leistungsfähigere Rechner zur Verfügung standen, entwickelte sich eine ganze Disziplin der agentenbasierten Modellierung (agent based modelling), die sich langsam, aber sicher zu einer Art Weltsimulationstechnik ausweitet. Agentenbasierte Modelle erlauben es, dynamische Prozesse nachzuspielen, indem man nicht nur Regeln anwendet, sondern auch Entscheidungssituationen simuliert. Die einzelnen Agenten können mit einem »Eigensinn« programmiert werden, der die Ergebnisse entlinearisiert: Man weiß vorher nicht, was am Ende herauskommt. Wie in der Evolution.

Wissenschaftler wie Robert Axelrod nutzten solche Verfahren, um das berühmte »Gefangenendilemma« durchzuspielen. Der Philosoph Daniel Dennett simulierte die Entwicklung ganzer wissenschaftlicher Modelle. Werke wie »Artificial Adaptive Agents in Economic Theory« (Künstliche adaptive Agenten in der Ökonomischen Theorie)[6] wandten die Technik auf Marktentwicklungen an. Mit agentenbasierten Modellen kann man die Bewegung von Ameisen simulieren, die ihren Weg zum Bau finden. Oder das Verhalten von Landwirten in Naturschutz- und Wassereinzugsgebieten analysieren. Oder Staus durchdringen. Oder Meinungsvarianz-Entwicklung bei Krisen und Katastrophen darstellen. Womöglich sogar das Entstehen von Terrorzellen. Neuerdings lässt sich auch die Entstehung von Krebszellen im Organismus simulieren. In jüngster Zeit wachsen agentenbasierte Modelle immer mehr in den »Realraum« hinüber, als Schnittstelle dienen das Internet, die sozialen Netzwerke, die gewaltige Datenproduktionen in Echtzeit ermöglichen.

Als kleinste Einheit dieser simulierten Evolution fungieren so genannte »Bots«, das sind Zelleneinheiten und -verbünde, die nach bestimmten vorgegebenen Regeln funktionieren. Diese Regeln kann man ziemlich »evolutionsnah« gestalten. Ein Beispiel:

»Dupliziere dich, wenn du auf zehn schwarze Felder triffst« (Teilungsregel).

»Erzeuge Distanzen zu Bots, die deutlich größer sind als du« (Fluchtregel).

»Verschmelze mit Zellen, die eine Varianz von größer als 1 und kleiner als 2 zu dir selbst haben, und erzeuge eine Zufallsdrittkopie« (Fortpflanzungsregel).

Setzt man das Spiel in Gang, entwickeln sich sogleich Strukturen, die an biologische Prozesse erinnern. Einfache Zellverbände beginnen, sich oszillierend zu bewegen. »Fresszellen« inkorporieren andere Zellverbände. »Runner« bewegen sich über weite Strecken, Fäden von »Konnektoren« bilden sich aus.

Im weiteren Verlauf entwickelt unser imaginäres Spielfeld so gut wie immer Cluster. Große Flächen, auf denen fast nichts passiert, stehen verdichteten Ballungsgebieten gegenüber. Hier steigt die Komplexität der interagierenden »Bots«, hier »stapeln« sich Prozesse, hier wird »Nahrung« produziert. Die Rückkopplungen verdichten sich. Das Simulationssystem entwickelt Adaptivität. Bald lässt sich daraus eine Art Fitnesslandschaft erkennen.

Überführt man diese Fläche in die dritte Dimension, entstehen überall dort, wo sich besonders viele Bots tummeln, in den Verdichtungen der Komplexität, Berge und Plateaus. Oben auf diesen Bergen befinden sich die evolutionär erfolgreichen Strategien. Die Bots, die sich erfolgreich vermehrt und vervielfältigt und dabei variiert haben. Türme der adaptiven Komplexität erheben sich auf

Fitness   Eine Fitnesslandschaft

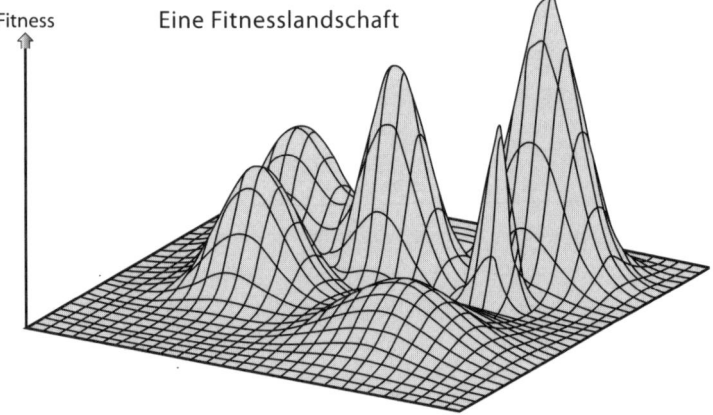

Ebenen der Monotonie, in denen so gut wie gar keine Strukturen entstanden sind.

Wäre unser imaginäres Fitnessgebirge die »Natur«, dann symbolisierten die Gipfel erfolgreiche Spezies. Ein Gebirgszug sind die Vögel. Ein besonders großer Rücken die Insekten. Ein kontinentaler Gebirgszug die Pflanzenwelt. Ein steiler, großer Berg die menschliche Spezies.

Wäre unsere Fitnesslandschaft »die Wirtschaft«, dann stünden die Gipfel für einzelne große Firmen, zusammengefasst zu Branchen. In den Tälern häufen sich die Pleiten, an den Berghängen die Unternehmen, die »gerade so durchkommen«. Und ganz obenauf tummeln sich die derzeitigen Marktführer. Diese Spitzen können jedoch schnell erodieren.

Was die Astronauten in der Beobachtungskuppel der ISS erblicken, ist nichts anderes als eine Fitnesslandschaft der menschlichen Spezies. Die leuchtenden Städte entsprechen den Gipfeln der Komplexität, der menschlichen Kooperation, in Form der technischen Zivilisation. In den höher gelegenen Tälern finden sich die Nischen der Bauernkulturen, die in entlegenen Gegenden durchaus erfolgreich überdauern. In den »Schluchten« finden sich die wenigen Stammeskulturen, die aufgrund ihrer hohen Spezialisierung und Angepasstheit eher in evolutionären Nischen »festsitzen«.

Nie ist diese Landschaft statisch. Aber ihre Veränderungen finden in Schüben statt. Momentan, im Aufstieg der Schwellenländer, bilden sich an den Bergflanken riesige Plateaus, aus denen sich irgendwann noch höhere Gipfel des Wohlstands auftürmen können. Die Fitnesslandschaften der Menschheit verändern sich nach dem Prinzip des durchbrochenen Gleichgewichts (»punctuated equilibrium«), das auf den Evolutionsbiologen Ernst Mayr zurückgeht. In der Evolutionsgeschichte können sich durchaus längere Phasen eines nahezu statischen Gleichgewichts herausbilden. Doch irgendwann, durch die Veränderung des Klimas, eine besonders erfolgreiche Spezies oder durch akkumulierte Zufälle, beginnt eine Phase verstärkter Mutation. Täler wölben sich plötzlich nach oben. Neue Gipfel falten sich auf.

In einer solchen Phase beschleunigter Entwicklung befinden wir uns derzeit. Aber das heißt nicht, dass dies immer so bleiben muss. Im Prinzip ist Evolution langsam, zäh, selbstgenügsam. Schneller Wandel passiert nach Äonen von kaum wahrnehmbaren langsamen Verschiebungen.

Eine endlose Geschichte von Wiederholung, unterbrochen durch Zufall. Man könnte den vollständigen Zukunftsnihilismus ausrufen. Die Zukunft ist ein chaotisches Rätsel! Wir können rein gar nichts über das Kommende aussagen!

Das ist die zentrale Fragestellung der systemischen Zukunftsforschung: Können wir, wenn wir schon nicht das exakte Ergebnis der sozioökonomischen Evolution voraussagen können, wenigstens die Kräfte definieren, die hier am Werke sind? Gibt es Wirk-Prinzipien, die die »drei Übergänge«, in denen sich die Menschheit bis heute befindet – von der tribalen zur agarischen zur industriellen Gesellschaft –, auf einer tieferen Ebene erklären und verknüpfen? Ja, es gibt sie. Große, mächtige Kräfte, »driving forces«, die sich auf erstaunliche Weise als robust, kontinuierlich, hartnäckig, ja geradezu verlässlich herausgestellt haben. Rote Fäden aus der Vergangenheit, Scheinwerferkegel in die Zukunft. Die Megatrends.

ZWEITER TEIL

Die Macht der Megatrends

Die supergescheiten Futuristen irren meistens, weil sie fälschlicherweise glauben, dass sich technologische Neuentwicklungen in schnurgerader Richtung bewegen. Das tun sie nicht. Sie bewegen sich vielmehr in unregelmäßigem Auf und Ab, in Wellen und manchmal sogar in Sprüngen.

JOHN NAISBITT

Nichts kann existieren ohne Ordnung. Nichts kann entstehen ohne Chaos.

ALBERT EINSTEIN

Wir sind umgeben von Kräften, die uns tragen, entlasten und befreien.

TYPISCHER SATZ EINER KIRCHLICHEN PREDIGT

5 Was sind Megatrends?

Ich werde mich wohl immer an den Moment erinnern, an dem das Wort *Megatrend* zu einem ironischen Running Gag wurde. Es war Mitte der neunziger Jahre. Wir, das heißt eine kleine Gruppe von Journalisten, Designern, Quer- und Andersdenkern, hatten mit unserer Agentur »Trendbüro« die deutsche Marketingszene aufgemischt. Unser Plan – an dem wir meist grandios scheiterten – war es, Firmen mithilfe beobachtender Soziologie zu innovativeren, sinnvolleren, zum Beispiel ökologischeren Produkten zu bewegen. Wir wollten gesellschaftliche Wandlungsprozesse, die wir Trends nannten, in die Wirtschaft zurückspiegeln.

Leider interessierten sich damals viele Firmen nicht besonders für gesellschaftliche Phänomene. »Trends« zählten vor allem im Marketing. Als schlagkräftige Verkaufsargumente.

In der Verwaltungszentrale eines großen Lebensmittelkonzerns amerikanischer Prägung in der Nähe von Frankfurt fand ein Kreativ-Workshop zur »Zukunft der Snack-Produkte« statt. So hatte es jedenfalls im telefonischen Vorgespräch geheißen. Es ging um jene Schokoriegel, Müsliriegel, Knusperschnitten und andere Süßwaren, die man in Massen an jeder Tankstelle erstehen kann. Mit solchen Produkten lässt sich ein Haufen Geld verdienen, denn sie kosten in der Herstellung fast nichts. Für den menschlichen Körper wirken sie mit ihrem astronomischen Fett- und Zuckergehalt eher toxisch. Aber wer fragt schon danach, wenn im Laufe einer langen Autofahrt der Blutzuckerspiegel absackt?

Ich war mit einer Reihe von Beobachtungen und Thesen zur Zukunft der Ernährung ausgerüstet. Die Wellness- und Gesundheitswelle. Der wachsende Bio-Markt. »Health Snacking« nannten wir unseren Lieblingstrend, den wir mit zahlreichen Beispielen aus der globalen Konsumwelt dokumentierten. Mit japanischen Algensnacks. Poppig verpackten Apfelstückchen für Kids. Gesundheitskeksen aus Hongkong.

In dem kleinen, fensterlosen Seminarraum waren in Reihen Muster aus bedruckter Folie und tausend verschiedenen Materialien auf einem Tisch ausgebreitet. Drumherum standen drei Herren in Business-Anzügen und zwei eher stumme Vertreter der zuständigen Werbeagentur, beide mit Ziegenbärten und im damals unvermeidlichen Neunziger-Jahre-Men-in-Black-Outfit (schwarzer Anzug, schnurähnlicher Schlips, Sonnenbrille auch bei Neonlicht).

Der Marketingdirektor der Abteilung Snack- und Convenience-Produkte, ein kleiner Mann mit Hornbrille, eröffnete die Veranstaltung mit folgenden Worten: »Herr Horx wird uns nun produktrelevanten Input geben zu den neuesten Megatrends im Verpackungsdesign von Snacking-Produkten im Jahr 2010!« Genau mit diesen Worten sagte er es. Und setzte sich mit sehr ernster Miene hin und wartete auf meine Präsentation.

Was, zum Teufel, ist ein Megatrend? Instinktiv verlangt der Begriff nach prophetischem Tremolo. *Megatrends!* Man denkt an ein dröhnendes Monster, das am Horizont auftaucht und die Erde erschüttert, während es einen seeehr langen Schatten wirft.

Allzu oft ist das Monster allerdings ein Scheinriese.

Der Begriff »Megatrend« ist auf vielfältige Weise korrumpiert. Erstens verwenden wir »mega« einfach als Verstärkungswort, als Synonym für Übertreibung. Ein »Mega-Event« zeichnet sich häufig vor allem durch extreme Lautstärke oder besonders viele kreischende Groupies aus. »Mega« heißt irgendwie geil, steil, obertoll. Und »Trend« ist das, was man morgen schon wieder vergessen hat.

Zweitens ist der Begriff von Funktionalisierungen jeder Art umlagert. Megatrends sind begehrt, weil sie einen opportunistischen Reflex auslösen. Sie docken an unserer Angst an, etwas zu verpassen. Was ist schöner, als ein Megatrend, den man in Verkaufsgesprächen nutzen kann! *Lieber Herr Kunde, Sie wollen doch sicher nicht vom Strom der Geschichte links liegen gelassen werden!* Deshalb wurden »Megatrends« zuallererst vom Marketing aufgegriffen – und so lange gedreht und gedrechselt, bis sie in jede Verpackung passten.

Im Internet findet man unter dem Stichwort bei drei Millionen Einträgen zuoberst den »Megatrend zum Energiesparen«, für den rund 800 Firmen ihre Dienste anbieten. Gleich dahinter verkündet ein lässig an ein Porsche-Chassis lehnender Börsenguru: »Ein geheimer Megatrend kann Ihr Vermögen verdoppeln! – 5 Megatrend-Aktien mit Erfolgsgarantie« – macht nur 5500 Euro. Es folgen die Megatrends »Drucken vom Smartphone«, »Videotelefonie« und »Klein ist das neue Groß«. Eine radikale Splittergruppe beklagt den »kapitalistischen Megatrend zur Armut«. Andere heißen Sie willkommen auf ihrer Plattform »Der Megatrend des Herzens«. Dann seltsame kryptische Mitteilungen: »American Megatrends Announces Aptio®4.x Support for the New AMD Embedded G-Series Processor«.

Kein Wunder, dass die meisten Menschen, die mit dem Begriff Megatrend konfrontiert werden, etwas reserviert wirken. Soll ihnen da etwas verkauft werden? Neugierigen Geistern drängt sich die Frage auf: Wer macht eigentlich die Megatrends?

Unser Hirn denkt – eigentlich ganz vernünftig – in Verursacherkategorien. Wir sind es gewohnt, die Welt nach Interessen zu scannen. Hinter diesem Misstrauen steckt eine alte Erfahrung: Deutungsmacht hat immer etwas mit Interessen zu tun. Wer sagen kann, wo's langgeht, kassiert ab.

Irgendwo, in einem Keller oder in den Wolken, muss es womöglich eine Megatrend-Zentrale geben, von der aus diese finsteren und unheimlichen Kräfte gesteuert werden. Vermutlich ähnelt sie der raketenbewehrten Pappmaschee-Zentrale von einem der Finsterlinge aus den James-Bond-Filmen. Womöglich sagte schon der gute alte Goldfinger in seinem sächsischen Bariton: *Richten Sie die Megatrend-Kanone auf Berlin, New York und Peking! Mister Bond, wir lassen jetzt die Puppen tanzen!*

Die Ursprünge

Im Jahre 1984 baute John Naisbitt, ein rothaariger Hüne mormonischen Glaubens, der als stellvertretender Bildungsminister unter John F. Kennedy und als Berater von Präsident Lyndon B. Johnson gearbeitet hatte, in den USA ein kleines, aber äußerst erfolgreiches Dienstleistungsunternehmen auf, das »Urban Research Institute«. Es belieferte amerikanische Lokal- und Regierungsbehörden mit verdichteten Informationen über Trends in der städtischen Entwicklung der USA. Die Art und Weise, wie die Daten gesammelt wurden, war denkbar unspektakulär: Eine Schar von Studenten durchsuchte Printmedien auf Meldungen aus den Bereichen Demographie, Kriminalität, Schulwesen, Verkehr, Energie und so fort. Da es in den sechziger und siebziger Jahren weder das Internet noch vernetzte Statistikdatenbänke gab, waren vergleichende Informationen über politische und soziale Entwicklungen praktisch nicht verfügbar. Naisbitt lieferte mit seinen Dossiers wichtiges Material für die Entscheidungsfindung in Regierungsbehörden, Unternehmen oder Stadtverwaltungen. Man konnte nun die Maßnahmen in Houston mit den Erfolgen in Los Angeles vergleichen. Das war das ursprüngliche Wesen von Trendinformationen: Sie machten es möglich, ein vergleichendes Bild zu zeichnen.

Irgendwann begann Naisbitt, sich in seinen Papierbergen zu langweilen. Im Lauf der Jahre entdeckte er immer mehr zusammenhängende Muster jenseits der spezifischen Interessen seiner Kunden. Muster, die die Welt verbinden. Er nannte sie »Megatrends« oder, wie sein Kollege, der Zukunftsforscher Alvin Toffler, »Big Shifts«. In seinem Ur-Werk »Megatrends«, einem Weltbestseller mit einer Auflage von neun Millionen Exemplaren aus dem Jahr 1980, definierte Naisbitt folgende zehn Megatrends:

- von der Industrie- zur Informationsgesellschaft,
- von der Technologie- zur Kommunikationsgesellschaft,
- von der Nationalökonomie zur Weltwirtschaft,
- von kurzfristig zu langfristig,
- von zentralisiert zu dezentralisiert,
- von der institutionalisierten Amtshilfe zur Selbsthilfe,

- von der repräsentativen zur partizipatorischen Demokratie,
- von Hierarchien zu Netzwerken,
- von Norden nach Süden,
- von entweder/oder zu sowohl/als auch.[1]

Sind das wirklich »Trends«? »Von entweder/oder zu sowohl/als auch« – das klingt wie ein Kalenderspruch. »Von zentralisiert zu dezentralisiert« hört sich an wie eine Wunschvorstellung, so alt wie die Hoffnung auf weniger Steuern. Naisbitt schrieb, dass die »amerikanische Wirtschaft auf kurzfristige Geschäftsziele setzt, dass sich dies aber demnächst ändern wird«. Diese These könnte man umstandslos auch heute noch vertreten.

Im Jahr 1990 erschien die Fortsetzung »Megatrends 2000«, verfasst gemeinsam mit seiner damaligen Frau Patricia Aburdene. Thema waren diesmal folgende Entwicklungen:

- der globale Ökonomieboom der 1990er,
- der Trend zu Kunst und Kultur,
- der Freie-Markt-Sozialismus (Sozialdemokratisierung der Welt),
- globale Lebensstile/kultureller Nationalismus,
- der Aufstieg des pazifischen Raums,
- der wachsende Frauenanteil in Führungspositionen,
- das Zeitalter der biologischen Wissenschaft,
- die religiöse Renaissance,
- der Triumph des Individuums.[2]

Auch das kommt uns seltsam bekannt vor. Sind Megatrends womöglich ewige Prozesse? Mit dem Anteil von Frauen in Führungspositionen, mit der Individualisierung, der Biotechnik, der religiösen Renaissance und dem Aufstieg Chinas beschäftigen wir uns noch heute. Erste Vermutung: »Megatrend« ist eine glitzernde Folienverpackung für das, was jeder weiß und irgendwie vermutet. Zweite Vermutung: Megatrends sind eigentlich gar keine »Trends« im klassischen Wortverständnis von »etwas wird immer mehr«. Es handelt sich vielmehr um Strukturveränderungen in menschlichen Organisationssystemen.

Fake-Megatrends: Wie man die Spreu vom Weizen trennt

Wenn ein Fondsberater den Begriff »Megatrend« benutzt, ist dies zunächst ein gutes Verkaufsargument. Besonders beliebt ist hier der »Megatrend Rohstoffe«, in den man dringend investieren soll. Am besten in unseren wunderbaren Supercap Raw Material Fonds mit nur 20 Prozent Ausgabeabschlag! Steigen Sie noch heute ein, bevor es zu spät ist!

Aber gibt es den »Megatrend Rohstoffe« wirklich? Wenn man bösartig sein will: In der Steinzeit war dieser Trend durch einen Hang zu Steinen gekennzeichnet. Im Bronzezeitalter war die Bronze ein heißer Anlagetipp. Und gab es nicht einen »Megatrend zu Rohstoffen« schon bei den alten Römern, die Gold und Silber sehr schätzten und Wasser auf Aquädukten in die Städte transportierten? Im 16., 17. und 18. Jahrhundert ging es weiter, mit Kautschuk, Petroleum, Eisen. Und wieder Gold, weshalb früher ganze Kontinente für europäische Königshäuser in Liquiditätsschwierigkeiten erobert wurden. Waren außerdem nicht Wälder im Mittelalter die Zentren des Megatrends Holz? Megatrends sind noch keine Megatrends, weil viele Teilnehmer eines Spiels, in dem Falle des Geld-Spieles, in die gleiche Richtung rennen …

Sehen wir uns noch den »Megatrend Nachhaltigkeit« an. Keine Konferenz, kein Firmenreport, keine Politikerrede, die ohne das N-Wort auskäme. Das N-Wort ist eine universell einsetzbare semantische Wunderwaffe, die zudem einen Heiligenschein trägt. Im Firmenbericht einer großen Versicherung kann man »Nachhaltigkeit« schon deshalb behaupten, weil das Ergebniswachstum seit drei Jahren andauert, demzufolge »nachhaltig« ist. Atomkraftwerke waren bis vor Kurzem noch »nachhaltig«, weil sie wenig CO_2 produzieren. Amerikanische Immobilienaktien galten in Bankberichten als »nachhaltig«, weil es sich ja um sicheren Grund und Boden handelte – sind Sachwerte nicht immer schon als solide bekannt gewesen? Ganz zu schweigen von griechischen Staatsanleihen …

Wenn alle über eine Sache reden, heißt das noch lange nicht, dass wir es mit einem Trend zu tun haben – es handelt sich da meist eher um kopierte Meinungen. Der »Megatrend Nachhaltigkeit«

wäre erst ein echter Megatrend, wenn wir eine anhaltende, reale Bewegung in Richtung auf langfristigere Strategien, CO_2-Reduzierung, Recycling-Kreisläufe und so weiter diagnostizieren könnten. Können wir das? Man kann sich darüber streiten. Aber die Gefahr der beliebigen Behauptung ist groß.

Die Ein-Prozent-Regel

Megatrends sind, wenn sie ihren Namen verdienen wollen, zunächst einmal langfristig. Aber wie langfristig? Nehmen wir die Globalisierung: Hier haben wir echte Schwierigkeiten, überhaupt einen Anfangspunkt festzulegen. Beginnt Globalisierung mit der Entdeckungsfahrt des Kolumbus im 15. Jahrhundert und der nachfolgenden Eroberung Amerikas? Mit der Etablierung der Gewürzroute zwischen Asien und Europa? Oder eigentlich schon vor 2000 Jahren mit der Seidenstraße, dem ersten interkontinentalen Handelsweg, und der Via regia, der Handelsstraße quer durch Europa? Oder vielleicht schon von rund 90 000 oder gar 150 000 Jahren, als unsere Vorfahren in zwei großen Wellen aus Afrika auswanderten, um in mehreren Kaskaden alle Kontinente zu besiedeln?

Unbestritten ist: Globalisierung hat sowohl auf ökonomischer wie auf kultureller Ebene in den letzten Jahrzehnten einen deutlichen Beschleunigungs- und Steigerungseffekt erlebt. Die Anzahl der Punkte, die durch ein Netz an Kommunikation, Handel, Tourismus miteinander weltweit verbunden sind, hat sich massiv erhöht.

In der Globalisierung konvergieren technische (Internet, Schiffs- und Flugverkehr, Weltraumfahrt), politische (UNO, globale Konflikte) und mentale (holistisches Bewusstsein, Multikulturalismus) mit ökonomischen Entwicklungen. Der Trend ist damit komplex oder »mehrschichtig verwoben«. Und das ist eine weitere wichtige Voraussetzung für einen echten Megatrend.

Die Globalisierung war und ist auf ihrem langen Weg immer wieder mit »Turbulenztrends« konfrontiert worden. Der dominante räumlich-kulturelle Ordnungstrend seit dem späten 18. Jahrhundert ist der Nationalismus. Die Organisation von Staat, Wirtschaft und Gesellschaft in nationalen Einheiten, die mitunter in starker Konkurrenz zueinander stehen, prägte seither die Welt. Aber heißt das, dass Globalisierung den »Nationalismus-Trend« aufhebt und ablöst? Eher war und ist Nationalität ein integraler Bestandteil der Globalisierung. In manchen Teilen der Welt erleben wir heute, wie sich zum ersten Mal funktionierende Nationalstaaten bilden, und erst dadurch entstehen auch handlungsfähige – und das heißt globalisierungsfähige – Strukturen. Nationenbildung bedeutet also nicht das Gegenteil von Globalisierung.

Auf lange Sicht wird die globale Welt jedoch nicht mehr durch den Nationalstaat, sondern durch »Neo-Regionen« strukturiert. Die »wahre« globale Welt besteht aus Regionenbündeln. Hier zeigt sich ein inneres Paradox, von dem noch die Rede sein wird.

Wer Trends behauptet, muss ihren Verlauf messen können. »Count or forget.« Eines der klassischen Beispiele ist der demographische Wandel. Der Megatrend Alterung (oder demographischer Wandel) lässt sich in der Tat statistisch darstellen und über einen längeren Zeitraum verfolgen – und das macht dieses Phänomen zu einem realen Megatrend. In rund 80 Prozent aller Länder der Erde sehen wir seit rund zwei Jahrhunderten einen kontinuierlichen Anstieg der Lebenserwartung um im Mittel 12 bis 15 Wochen pro Jahr. Das macht pro Jahrzehnt gut zwei Jahre aus. Das scheint nicht viel, aber über einige Jahrzehnte verändert es das menschliche Leben enorm. Die statistische Ausweitung der Lebenszeit hat Auswirkungen auf alles. Unsere Wertesysteme. Unser Gesundheitssystem und damit unsere Ökonomie. Unsere Biografien. Unsere Arbeitswelt. Unsere Selbstbilder, ja sogar unsere Werte. Hier zeigt sich der ubiquitäre Charakter der Megatrends, ihre Tendenz, in viele Lebensumstände und Sphären gleichzeitig einzugreifen.

Und dann gibt es noch einen weiteren scheinbar paradoxen Effekt, der Megatrends auszeichnet. Müssten solche Groß-Wandlungsphänomene nicht rasend schnell sein, weil sie so umfassend funktionieren? Eben nicht! Gerade weil es sich um die fundamentalen Wandlungsprozesse handelt, können sie nur langsam sein. Gut Ding will Weile haben, sagt der Volksmund. Eine gute Faustregel lautet: Echte Megatrends haben eine Durchschnittsgeschwindigkeit von rund einem Prozent pro Jahr. Einige Beispiele hierfür:

Die Verstädterung der Welt (Megatrend Urbanisierung) schreitet mit einem Tempo von rund einem Prozent pro Jahr voran. Bis circa 1980 war es eher ein halbes oder ein drittel Prozent, mit dem sich die Welt von einer agrarischen in eine städtische verwandelte. 1910 lebten nur zehn Prozent in Städten. Aber dann gewann der Prozess an Dynamik. Wohnten 2008 50 Prozent aller Menschen in Städten, werden es nach den heutigen Dynamiken im Jahr 2035 rund 75 Prozent sein.

Die Erwerbsbeteiligung der Frauen, ihr Einkommen und ihr Anteil an Management-Positionen steigen pro Jahr um rund ein Prozent, wenn man ein Mittel aller Gesellschaften bildet. Das gilt seit etwa 20 Jahren, auch für islamische Kulturen. Es schließt Rückschläge ein, die aber langfristig wieder ausgeglichen werden. Deshalb ist der Megatrend Frauen ein echter Blockbuster des Wandels.

Der Wandel der Arbeit (»Megatrend New Work«) vollzieht sich durch ein allmähliches Ansteigen von komplexer Wissens- und Kreativarbeit. Kommunikation, Diversität und Wissen spielen eine immer größere Rolle. Aber auch dieser Wandel ist langsam, graduell, er geht in unterschiedlichen Sektoren der Wirtschaft unterschiedlich schnell voran. Wenn man alle Daten berücksichtigt, die wir über die langsame Transformation zur »Wissenökonomie« zur Verfügung haben, dann ergibt sich auch hier ein mittleres Tempo von etwa einem Prozent. Die Anzahl der Wissensarbeiter in den Industrienationen steigt etwa in diesem Tempo. Auch der Anteil der »untypischen Arbeitsverhältnisse«, im weiten Spektrum vom Einzel-Kreativen bis zum Billiglohnjob, hat sich in den letzten Jahrzehnten ungefähr im Ein-Prozent-Tempo erhöht.[3] In den Firmen verschieben sich Anteile von den primären (Produktions-)Tätigkeiten zu den sekundären (Verwaltung) zu den tertiären (Innovation, Marketing, Kommunikation etc.) um etwa diesen Faktor: ein Prozent. Das klingt nach langsamem Wandel. Tatsächlich kommt es aber bisweilen zu einem kaskadenhaften Schub in Richtung auf Flexibilisierung und Tertiarisierung der Arbeitswelt.

Auch der Megatrend Bildung bewegt sich mit gemächlichem, aber robustem Tempo durch die Weltgeschichte. Die Anzahl der sekundären und tertiären Bildungsabschlüsse weltweit steigt pro Jahr um rund ein Prozent, und das schon seit vielen Jahren und auf allen Kontinenten. So machten etwa Mitte der sechziger Jahre rund 13 Prozent aller 18- bis 20-Jährigen in Deutschland das Abitur, heute sind es knapp 40 Prozent, eine Steigerung um 27 Prozentpunkte in 45 Jahren (in Skandinavien und Kanada liegt die Hochbildungsrate bei den Jüngeren schon bei 70 Prozent). In Indien stieg die Alphabetisierungsrate bei Frauen zwischen 1982 und 2007 von 26 auf 54 Prozent, in Nigeria zwischen 1990 und 2007 von 44 auf 64 Prozent.[4]

Der Anteil der erneuerbaren Energien am Gesamt-Energie-Aufkommen, ähnlich wie der Anteil von Bioprodukten an den Gesamtprodukten, steigt pro Jahr im Durchschnitt um ein Prozent. (Megatrend Neo-Ökologie).

Die Anzahl der Internet-User steigt global jährlich um etwa ein Prozent (Megatrend Konnektivität).

Gerade die letzte Zahl mag erstaunen und zum Widerspruch reizen. Hat sich das Internet nicht in den letzten Jahren rasend schnell ausgebreitet, von null auf 100 in kurzer Zeit?

Die 11 Megatrends des Zukunftsinstituts:

Globalisierung	New Work – Wissensarbeit
Frauen	Neue Bildung
Individualisierung	Gesundheit
Alterung	Neo-Ökologie
Urbanisierung	Konnektivität
Mobilität	

Man darf sich nicht täuschen lassen. Viele Prozesse sind langsamer, als man denkt, wenn man die Messmethode qualitativ erweitert. In den Wohlstandsnationen hat sich das Internet in den letzten 20 Jahren zu einem zentralen Medium entwickelt, aber keineswegs zum alleinigen. Es schauen immer noch mehr Menschen Fernsehen, als aktiv das Internet nutzen – im Sinne eines voll interaktiven Wissensmediums. Passiver Medienkonsum ist zäher, als gemeinhin angenommen, und das Lesen von E-Mails macht einen noch nicht unbedingt zu einem Einwohner der digitalen Welt. Zwar haben in Deutschland heute 70 Prozent der Haushalte einen Internet-Zugang. Aber eine genauere Nutzeranalyse zeigt, dass bis heute, Stand 2011, kaum 30 Prozent die vollen Möglichkeiten des Netzwerk-Mediums erschließen – vom Blog über die sozialen Netzwerke bis zum Einkaufen im Netz. Der Rest ist irgendwie »digitaler Dilettant« oder gehört zu den fast 30 Prozent der »Digitalverweigerer«, die dem neuen Medium komplett entsagen. Die mittlere Internet-Verweildauer pro Bürger in Deutschland liegt bei rund eineinhalb Stunden pro Tag. Der mittlere Fernsehkonsum konstant bei über drei Stunden.

Fundamentale neue Technologien, das zeigt uns die Geschichte, breiten sich nur langsam aus, wenn mit ihrem Gebrauch neue Kulturtechniken verbunden sind. Auch das Automobil brauchte fast ein Jahrhundert, um in den Industrieländern zu einem von so gut wie jedem Erwachsenen bedienbaren Transportmedium zu werden. Das Tempo einer technischen Entwicklung ist also auch von Soziotechniken abhängig, von den kulturellen Verhaltensmustern und Gewohnheiten. Die Einführung des Farbfernsehens zum Beispiel ging tatsächlich sehr schnell vonstatten, weil die Menschen den medialen Konsum über Radio und Schwarzweißfernsehen schon gewohnt waren (sich vor eine flimmernde Kiste zu setzen beherrschten zudem schon unsere Ur-Vorfahren – damals nannte man das »Herd-« oder »Lagerfeuer«). Und weil man neben Sendern nur Empfänger aufstellen musste – die Infrastruktur war relativ einfach zu bewerkstelligen. Aber das Internet fordert eine ganz andere kognitive Leistung von seinen Nutzern – es ist nicht nur ein Download- sondern auch ein Upload-Medium.

Alle Trends verlaufen in einer klassischen Sigmoid-S-Kurve. Sie brauchen lange Zeit, um »abzuheben«. Im mittleren Teil beschleunigen sich diese Kurven, im oberen entschleunigen sie sich. Megatrends haben meist eine sehr lange Anlaufzeit und dann eine sehr langgestreckte mittlere Phase, die ein Jahrhundert umfassen kann.

Doch mit dieser sehr einfachen Darstellung werden wir, wie wir noch sehen werden, den Megatrends nicht wirklich gerecht.

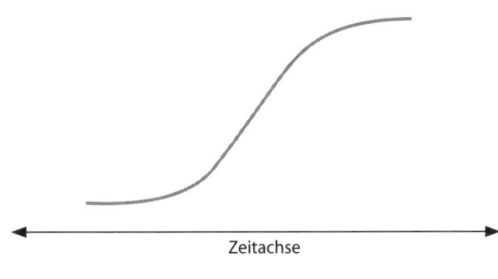

Zeitachse

Die klassische S-Kurve

Die Kriterien im Überblick

Megatrends unterscheiden sich also in einigen signifikanten Punkten von anderen, partikularen oder in sonstiger Weise begrenzten Trends. Hier noch einmal zusammengefasst die wichtigsten Unterscheidungsmerkmale:

Langfristigkeit: Ein ordentlicher Megatrend fällt nicht über uns her, er entwickelt seine Wirkmacht über eine »Inkubationsphase«, die mehrere Jahrzehnte dauert. Seine »Aktivzeit« erstreckt sich meistens über ein Jahrhundert.

Verwurzelung: Megatrends haben tiefe historische Wurzeln, die bis an den Ursprung der Menschheitsgeschichte zurückreichen können. Diese archaischen Kräfte werden durch heutige Umstände und Umwelten »aktualisiert« und verstärkt.

Ubiquität und Komplexität: Megatrends sind niemals nur in Teilbereichen, Branchen oder Spezialgebieten sichtbar. Wie bei einem Wurzelrhizom bilden sie »Zeigerpflanzen« in allen menschlichen Sphären aus. Sie führen zu Veränderungen in der Lebenswelt, der

Ökonomie, dem Konsum, der Politik. Sie beeinflussen auch mentale Bereiche wie Werte, innere Orientierungen und Ähnliches. Megatrends verknüpfen verschiedene Sektoren des Gesellschaftlichen, Politischen, Ökonomischen auf neue Weise.

Globalität: Megatrends haben immer eine globale Tendenz. Das heißt nicht, dass die Entwicklungen auf der ganzen Welt synchron verlaufen. Der Megatrend Frauen oder die Urbanisierung sind natürlich in verschiedenen Regionen des Planeten unterschiedlich ausgeprägt. Aber ihre Dynamik ist dennoch überall vorhanden. Man kann sich streiten, ob der »Megatrend Frauen« auch in Afghanistan geschichtsmächtig ist. Aber auch dort verändert sich die Rolle der Frauen deutlich und nachhaltig …

Robustheit: Megatrends lassen sich niemals durch eine Krise oder einen Rückschlag »aus der Bahn bringen«. Sie scheinen manchmal zu stagnieren oder sogar phasenweise in die gegenteilige Richtung zu marschieren. Aber das ist nur vorübergehend. Die zentrale Trendlinie bleibt intakt.

Langsamkeit: Megatrends haben zwar gelegentlich »Schubphasen«, aber à la longue gilt das Gesetz der Gradualität: Ihre Standardgeschwindigkeit liegt bei einem Prozent pro Jahr.

Paradoxalität: Der Begriff »Megatrend« suggeriert etwas Eindeutiges, Gradliniges, Unwiderlegbares, Lineares. Aber echte Megatrends bewegen sich in Form einer »seltsamen Schleife«, die sie gerade so interessant macht. Sie erzeugen immer einen oder mehrere Retro-Trends – Gegenbewegungen, konträre Drifts. Und aus diesen Retro-Trends entwickelt sich, im Dialog mit dem Haupttrend, eine »seltsame Schleife«. Dies ist der eigentliche Kern, das tiefere Wesen eines Megatrends: seine Nicht-Linearität.

Die seltsame Schleife

Der Begriff »Rekursion« bezeichnet in der Mathematik eine Operation der Rückbezüglichkeit. Eine Formel wird auf sich selbst angewandt oder erklärt sich durch sich selbst. Bei Megatrends findet etwas Ähnliches statt: Sie wirken auf sich selbst, indem sie sich – scheinbar – widerlegen.

Wenn auf einem Kongress vom »Megatrend Mobilität« die Rede ist, nicken alle mit den Köpfen. Jeder weiß, wovon die Rede ist. Wer würde bezweifeln, dass dies eine gewaltige Veränderung ist? Ein typisches »Immer mehr«-Phänomen. Immer mehr Menschen bewegen sich von A nach B. Immer mehr Güter und Waren werden in alle Himmelsrichtungen transportiert. Immer mehr Flugzeuge durchqueren den Himmel. Immer mehr Chinesen besitzen Autos!

Auf dieser Ebene der Betrachtung ist der Mobilitäts-Trend einfach nur linear. Aber kann ein »Immer mehr« immer noch mehr werden? Wo liegt die Grenze? Mobilität erzeugt zwangsläufig eine Nebenwirkung, einen paradoxen Gegeneffekt: Je mobiler wir werden, desto unbeweglicher werden wir auch. Wir stehen im Stau, weil alle sich in Blechgefährten bewegen wollen. Immer häufiger sitzen wir starr vor Bildschirmen, statt uns körperlich zu bewegen. Flugzeuge verbinden die Metropolen im Ein-Stunden-Takt. Aber bis wir am Flughafen sind, sind wir schon körperlich und seelisch deformiert, durch Stau und Stress und Lärm. Und dann stehen wir – auch ohne Sonderschneefälle und Vulkanausbrüche – Ewigkeiten in einer Schlange, an deren Ende wir unseren Körper und unser ganzes Gepäck wie auf einem Präsentierteller zeigen müssen. Wir werden sogar noch gezwungen, unsere Flüssigkeiten herauszurücken!

Man kann dies alles natürlich dem bösen Erbe und Geist Osama bin Ladens in die Schuhe schieben oder schlechter Planung oder dem miesen Management der Bahn. Man kann davon träumen, dass eines Tages Telematik, Teledildonik oder Teleportation endgültig freie Bahn garantieren. Mehr Mobilität muss her! Man kann aber auch begreifen, dass in steigender Mobilität selbst eine Art Rückwärtsschleife eingebaut ist.

Stimmt es wirklich, dass Menschen in der modernen Welt mobiler sind als »früher« oder in »primitiven« Gesellschaften? Sicher reisen wir über längere Distanzen – mithilfe von fossilen Energien lassen sich weite Strecken schnell zurücklegen. Aber unsere Vorfahren, die Jäger und Sammler, legten täglich viele Kilometer auf den eigenen Beinen zurück, während wir passiv in Gefährten hocken. Als Antwort darauf fangen wir an zu joggen.

In der Agrarkultur saßen die Menschen keineswegs immer gemütlich auf der Bank vorm Ofen, wie uns die idyllischen Biedermeier-Bilder vergangener Zeiten suggerieren. Man muss nur nach Afrika reisen, um zu sehen, wie der »Normalzustand« des Unterwegsseins in klassischen Marktgesellschaften aussieht: Die Straßen sind dort unentwegt voll von Menschen, die zig Kilometer pro Tag zurücklegen, mit dem Moped, dem Fahrrad, auf dem Esel, den Füßen, mit dem Bus ...

Die Vergangenheit ist viel stärker durch Mobilität geprägt, als wir glauben. Wanderungsbewegungen aufgrund von Hunger und Not oder wegen der Suche nach besseren Lebenschancen sind in die Oberfläche unseres Planeten regelrecht eingraviert. Noch im späten 19. Jahrhundert emigrierten rund 15 Prozent der Schweden, Iren, Schotten, Italiener – pro Jahrzehnt! Viel mehr Menschen als heutzutage verließen damals ihr Land, ihre Region, um sich dauerhaft woanders niederzulassen. Die Meinung, dass es »noch nie so viele Flüchtlinge und Migranten gab wie heute«, ist schlichtweg Unsinn. Eher ist das Gegenteil wahr: Noch nie konnten so viele Menschen an den Orten bleiben, wo sie sind.

Mitten in unserer ach so mobilen Kultur entstehen seltsame Formen immobiler Mobilität. Zum Beispiel im Fernsehsessel. Aber es entwickeln sich auch subtile Formen »rasenden Stillstands«. Wenn früher ein Mann (immer ein Mann) eine »Stelle« in Hamburg bekam, die Familie aber in München lebte, zog die Familie notgedrungen nach Hamburg um – ein einmaliger Akt von Mobilität, der danach neue Sesshaftigkeit ermöglichte. Heute würden Frau und Kinder auf ihren eigenen Jobs / Freundeskreisen / Heimatgefühlen beharren, und man nähme Pendeln in Kauf. Die Folge ist Scheinmobilität.

Immer mehr Menschen reisen zwar, aber sie lassen sich im Grunde auf nichts mehr ein. Mental bleiben sie in der gewohnten Umgebung. Neuerdings stehen sie mit ihrem iPhone oder einem ähnlichen Gerät vor einer Kirche und lassen sich einen Text vorlesen, den sie auch zu Hause hätten lesen können, beim Betrachten einer Postkarte. Rasende Unbeweglichkeit, Scheinortswechsel, Unterwegs-Cocooning.

Systemforscher haben herausgefunden, dass es ein optimales Bewegungsmuster gibt, das in einer Bevölkerung Vertrauen und Kooperation bei gleichzeitiger Innovationsbereitschaft hervorbringt. Bewegen sich die Menschen zu oft aus ihren Bindungen heraus, bleiben soziale Kontakte brüchig. Sind sie zu statisch, entwickeln sich Erstarrungen des Sozialen – in entlegenen Tälern, wo man seit 100 Generationen zusammenhaust, ist die Innovationsrate nicht besonders hoch. Erfolgreiche Wohlstandskulturen, so lautet die Vermutung, werden sich immer auf ein bestimmtes Maß von Mobilität selbstorganisiert einpendeln.[5]

Es kommt also darauf an, auf welcher Ebene, aus welchem Blickwinkel wir Mobilität betrachten. Mobilität ist mit der Zurücklegung der Strecke von A nach B, also der rein physischen Dimension, nur oberflächlich erklärt. Echte Mobilität ist im Grunde eine Kulturtechnik, die aus Flexibilität, Kritikfähigkeit, Toleranz und Wandlungskompetenz besteht. Sie verbindet innere Mobilität mit der Fähigkeit, die räumliche Position zu ändern, wenn es sinnvoll ist. Wer wahrhaft mobil ist, muss nicht mehr dauernd hektisch herumrennen. Er spielt das Spiel auf einer höheren Ebene.

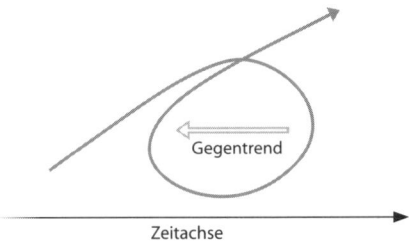

Die rekursive Schleife: Aus Megatrend und Gegentrend entsteht eine komplexere Synthese.

In dieser Schleifenbewegung findet sich das eigentliche Geheimnis, das tiefere Wesen der Megatrends – ihre Tiefendimension, die sie von »normalen« Trendbewegungen unterscheidet. Während »simple« Trends einfach »mehr« werden, sind Megatrends so mächtig, dass sie Gegenbewegungungen provozieren. Aber das ist nicht das Ende der Geschichte:

- Globalisierung löst Identitäten und räumliche Zuordnungen auf. Umso mehr suchen wir nach Heimat, Zugehörigkeit, Konstanz. Irgendwann wird aus beiden Komponenten ein »glokales« Lebensgefühl, das beide Pole miteinander vereint.

- Das Internet verbindet uns rund um die Uhr mit anderen Menschen – aber wie organisieren wir jetzt die Konzentration, die Ungestörtheit, das Kontemplative, das reale Soziale? Früher oder später entsteht eine »selektive Konnektivität«. Wir kombinieren das Beste beider Welten.

- Wir wollen (die meisten Männer auch), dass Frauen mehr Einfluss in der Gesellschaft ausüben können. Aber selbst Frauen fürchten sich davor, und sie sind nicht gewillt, zu allen Bedingungen Karriere zu machen oder Einfluss auszuüben. Durch den »Megatrend Frauen« verändert sich die Struktur der Macht selbst.

Wie die Drift der Kontinentalplatten ständig neue Landschaften formt, transformieren die Megatrends die Topographien, aus denen heraus sie entstanden sind. Neues reagiert mit hochgewirbeltem Alten zu einem »erlöst Neuen«. Kraft und Gegenkraft reagieren nach dem uralten Prinzip von These, Antithese, Synthese. Man kann es auch in der etwas verquasten Prosa der Systemtheorie ausdrücken: Megatrends sind operative Agenten, die durch Paradoxien höhere Komplexität erzeugen!

6 Die neue Globalisierung

Ein elektrischer Toaster nimmt in unseren Haushalten nicht gerade einen Ehrenplatz ein. Als eher profanes Low-Tech-Produkt unterliegt diese Gattung einem besonders schnellen Preisverfall, je mehr die Globalisierung fortschreitet. Der örtliche Elektromarkt verkauft ein simples Exemplar schon für rund 20 Euro. Es gibt die alten Dinger mit den Klappseiten, die wir noch aus unserer Kindheit kennen, ideal zum Fingerverbrennen. Manche ticken. Manche klingeln. Die teuren spucken das Brot mittels einer Feder nach oben aus – plooinng. Andere schweigen still, bis ihr Inhalt zu Kohle geworden ist. Die Flaggschiffe, die an die gute alte Zeit der stromlinienförmigen Autos erinnern, aus Aluminium und mit drei Auswurfschlitzen für XXL-Formate, können auch schon einmal mehrere 100 Euro kosten. Man kauft sie sich gerne als Junggeselle – Toaster sind der schnellste Weg zur warmen Mahlzeit – und rümpelt sie in einem Familienhaushalt eher in die unteren Fächer, bevor sie von den pubertierenden Kindern wieder für grauenhafte Kalorien-Experimente mit laufendem Käse hervorgeholt werden.

Wie aber wird ein Toaster hergestellt? Am Fließband in China, denkt man sofort. Und allzu schwierig kann das nicht sein.

Thomas Thwaites, ein Kommunikationsdesigner am Royal College of Art in London, hat ein interessantes Experiment gemacht. Er hat versucht, einen Toaster zu bauen. Mit Materialien, die »man in der Gegend so findet«.[1] Mit dem Wissen und Können eines normalen Menschen.

Thwaites nahm zunächst einen real existierenden Toaster auseinander. Und zählte rund 200 Komponenten, selbst beim billigsten Modell. Dann analysierte er die globalen »Zutaten« dieses simplen Geräts. Kupfer. Eisen. Nickel. Ein asbestähnliches Material mit

dem Namen »Mica«, um das die Heizdrähte gewickelt sind (unent-
flammbar, hitzeresistent). Plastik für eine Menge anderer Details
und Komponenten.

Thwaites reiste in eine Eisenmine in Wales und förderte mithilfe
eines netten Bergmanns tatsächlich einen Klumpen Eisenerz zutage.
Diesen bearbeitete er erst mit einem Haarföhn, dann mit einem
Asbestofen in Kombination mit einem Laubsauger (zur Erzeugung
von Temperaturen oberhalb von 400 Grad). Schließlich konnte er
in einem Mikrowellen-Ofen ein Stück Eisen von der Größe einer
Münze gewinnen.

Beim Plastik ging es nicht viel einfacher. Seine Versuche, statt
Erdöl Kartoffelstärke zu verwenden, führten nur zu Schimmelbil-
dung. Öl verbrannte. Schließlich schmolz Thwaites Plastiktüten
von einer nahen Müllkippe ein und formte daraus einen nach Plastik aussehenden (und riechenden) flachen Klumpen.

Kupfer gewann er durch Elektrolyse und Abwasser aus einer
Kupfermine. Er schaffte es, mithilfe einer Drahtziehmaschine, die
man bei der Schmuckproduktion verwendet, ein paar Drähte herzustellen.

Sein Toaster sah nach einem halben Jahr intensiver Arbeit und
Recherche schließlich aus wie ein angebrannter Geburtstagskuchen
aus einer obszönen Kunstausstellung. Beim ersten Betriebsversuch
nahm er eine Batterie als Energiespender. Der Toaster wärmte
das Brot ein wenig an. Als er danach das Ding an das Stromnetz
anschloss, zerschmolz und explodierte es gleichzeitig. Ende des
Experiments.

Thwaites' Experiment ist ein wunderbarer Versuch, Globalisierung nachzuspielen. Ein Toaster, so einfach er auch sein mag, ist
Ergebnis eines gigantischen Verknüpfungsprozesses, der sich seit
Tausenden von Jahren abspielt. Dabei treffen viele, viele Menschen
aufeinander, die in arbeitsteiligen Funktionen jeweils das, was sie
am besten können und worüber sie verfügen, miteinander austau-
schen, optimieren und koordinieren. Rohstoffe aus allen Kontinenten kommen zum Einsatz. Fertigkeiten von Bergleuten, Technikern, Maschinenbauern, Prozessspezialisten, Arbeitern, Lageristen,

Spediteuren. Drahtziehern, Formenbauern kommen zum Einsatz. Verkehrsmittel, Verteilsysteme, Frachtkontingente werden genutzt. Über Generationen akkumuliertes Wissen. Wie man aus Erzen biegbare Metalle macht, haben unsere Vorfahren in vielen mühsamen Schritten herausgefunden.

Wer koordiniert diese unzähligen Planungsprozesse, Arbeitsschritte, Investitionen, den Austausch von Wissen? Auch wenn die Firma, die den Toaster herstellt, der Dirigent sein mag: Der Toaster ist das Produkt eines »blinden« Prozesses der Selbstkoordination, die der gute alte Adam Smith in seinem Werk schon vor 250 Jahren als Prinzip der »unsichtbaren Hand« beschrieb. Sämtliche an diesem Spiel Beteiligten handeln aus Eigennutz. Aber das Ergebnis ihrer Zusammenarbeit ist erstaunlich, ja geradezu wundervoll. Geröstetes Brot ist, wer wollte das bezweifeln, eine Errungenschaft der Zivilisation.

Das unbeschriebene Blatt

Falls der neue Star und Guru der Globalisierung, Hans Rosling, recht hat, wissen wir über die Globalisierung weniger als Schimpansen.

Hans Rosling ist ein wuseliger, witziger Statistik- und Gesundheitswissenschaftler aus Stockholm, der an den weißhaarigen Professor in »Zurück in die Zukunft« erinnert, der ständig mit weißem Kittel und wehenden Haaren durch die Zeitzonen rast, um die (von ihm selbst mitverantworteten) Paradoxien zu verhindern. Auch Hans Rosling ist von einer Mission getrieben. Er möchte, dass wir die Welt in ihrem Wandel verstehen. Dass wir Informationen in ihren Zusammenhängen begreifen, nicht nur in ihren Erregungskomponenten.

Zu diesem Zweck hat er »Gapminder« entwickelt – ein dynamisches Datenbank-System, auf dem sich die Entwicklungswege aller Nationen und Regionen der Erde in animierten Grafiken nachvollziehen lassen. Aller Fortschritt – oder Rückschritt – in den fundamentalen Parametern der Wohlstandsentwicklung, von Gesundheit, Lebenserwartung, Armut, Demokratie, materiellem

Besitz, Geburtenraten, Tuberkulosebefall und Scheidungsquote bis hin zu Zigarettenkonsum und CO_2-Ausstoß, lässt sich mit diesem Wunderinstrument darstellen und verfolgen.

Was wissen wir über die Globalisierung und ihre Folgen? Wie entwickelt sich unser Planet? Ab und zu macht sich Rosling, der auch schon mal auf offener Bühne ein Schwert verschluckt, um zu beweisen, »dass das Unmögliche möglich ist« (zum Beispiel die weltweite Armut zu überwinden), einen Spaß mit seinen Studenten. So legte er den Anwärtern, die internationales Gesundheitswesen studieren wollten, eine Liste vor:

»In diesen Vergleichspaaren ist die Säuglingssterblichkeit jeweils in einem Land doppelt so hoch wie im anderen. In welchem?

Sri Lanka oder Türkei?

Polen oder Südkorea?

Malaysia oder Russland?

Pakistan oder Vietnam?

Thailand oder Südafrika?«

Es sind die Länder, die man im inneren Koordinatensystem immer noch als »Dritte Welt« einordnet, in denen sich in den letzten Jahren die Säuglingssterblichkeit radikal verbessert hat. Sri Lanka hat heute eine halb so hohe Kindersterblichkeit wie die Türkei. Südkoreas Säuglinge sind besser dran als die in Polen. Malaysia schlägt Russland, Vietnam schlägt Pakistan, und in Thailand ist die Gesundheit der Kinder viel besser als in Südafrika.

»Meine Studenten wissen über die Welt und ihren Wandel viel weniger als Schimpansen«, sagt Rosling deshalb mit Schalk in den Augen. »Ihre Trefferquote liegt niedriger, als wenn ein Affe zufällig auf eine Tafel zeigen würde. Oder ich ihm zwei Bananen anbiete, von denen er zufällig eine aussucht.«[2]

Selten wurde ein Begriff in der Öffentlichkeit so heftig, emotional und polarisierend diskutiert wie Globalisierung. Sie ist entweder jener gloriose Welterlösungstrend, der uns alle zu einer geeinten Menschheit macht. Oder, weitaus häufiger, jene Teufelstendenz, die alle Menschen in den Orkus der hyperkapitalistischen Ausbeutung reißt. Die Unterschiede zwischen Reich und Arm immer grö-

ßer macht. Einen Keil in die Menschheit treibt. Alle Unterschiede
nivelliert. Die Umwelt zerstört.

Wussten Sie, dass die Geburtenrate in der Islamischen Republik
Iran heute auf dem Niveau von Schweden liegt?

Dass in Vietnam die Lebenserwartung so hoch ist wie in den
USA?

Dass in Botswana, einem afrikanischen Land, das mittlere Einkommen bei 13 000 Dollar liegt – eine Mittelschichtsgesellschaft
mitten in Afrika?

Dass sich die Anzahl der Kriegs- und Gewalttoten seit mehr als
einem halben Jahrhundert ständig verringert und seit Jahrzehnten
auf einem historischen Tief verharrt?

Dass die Anzahl der globalen Hunger- und Elendsmigranten
heute so niedrig ist wie noch nie in der Geschichte?

Vielleicht wollen wir das gar nicht wissen.

Globalisierung ist ein typisches Beispiel für den Cognitive-bias-
Effekt. Wir entwickeln eine weltanschauliche These, ein »Weltbild«, und dann selektieren wir nur noch Informationen, die dieses Weltbild bestätigen. Das klappt immer. Man muss ja nur die
Zeitung aufschlagen. Oder den Fernseher einschalten. Sich an den
endlosen Strom der ideologischen Vereinfachung, des medialen
Erregungsalarmsimus anschließen, der durch die Nervenbahnen
unserer medialen Welt pulsiert. Und der nur eine einzige Behauptung kennt: Es wird immer schlimmer!

Scherenspiele oder das Armutsparadox

Aber gibt es heute nicht viel größere soziale Unterschiede auf
dem Planeten? Ist die berühmte soziale Schere nicht tatsächlich
schrecklich weit aufgegangen? Das Einkommen der Reichen stärker gestiegen als das der Ärmeren? Und ist nicht die Globalisierung
daran schuld?

Würden wir die Schere mit den beiden meist gleich langen
Klingen, die sich eigentlich beim Öffnen der Schere gleichför-
mig spreizen, einmal auf die Wohlstandsentwicklung der Welt
projizieren, bekämen wir ein merkwürdiges Bild. Die eine Klin-

genspitze, die das untere Ende der Einkommensskala markiert, würde in der Tat an einem ähnlichen Punkt wie im Jahre 1955 stehen. Auch damals gab es viele Hungernde. Menschen, deren Einkommen gegen null ging, und die sich nicht in Subsistenz ernähren konnten. Prozentual zur Weltbevölkerung waren es allerdings deutlich mehr als heute. Sogar in absoluten Zahlen. (Nur gab es damals noch nicht in jedem Dorf Mitarbeiter der Vereinten Nationen oder von NGOs, die das Elend dokumentierten. Es gab keine 100 Fernsehsender, die über die Welt berichten oder berichten müssen, immer auf der Suche nach möglichst drastischen Bildern. Vor einem halben Jahrhundert war das Elend weitgehend unbeobachtet. Menschen litten, ohne dass dies Konsequenzen in den kognitiven Resonanzsystemen der Welt hatte.)

Der andere Schenkel der Schere würde einen Riesenschritt auf der Skala Richtung Reichtum tun. Gleichzeitig müsste man die ganze Schere stark vergrößern – wegen der gewachsenen Weltbevölkerung. Bei einer 15 Zentimeter langen Schere müsste man die eine Klinge nun auf fast einen Meter ziehen, um die Spreizung der Einkommen von 1955 bis heute zu symbolisieren.

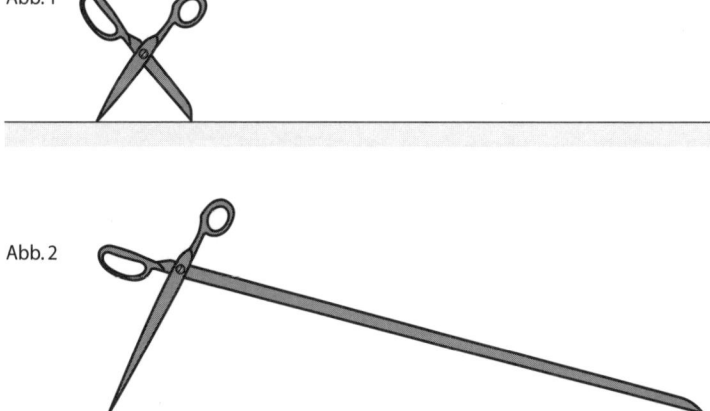

Abb. 1

Abb. 2

Das Scherenbild

Die eine Hälfte der Diagnose stimmt also: Die Welt ist »ungleicher« geworden. Denn der Abstand zwischen der linken und der rechten Scherenspitze ist eindeutig größer. Ist aber die Welt auch »ungerechter« geworden?

Nicht für alle, aber für den weitaus größten Teil der Menschheit gilt, dass das letzte halbe Jahrhundert (also meine Lebensspanne), ein Gewinnspiel des Wohlstands war. Ein Südkoreaner verdient heute 15-mal so viel wie sein Vater oder Großvater im Jahr 1955 (und ebenfalls 15-mal so viel wie sein nordkoreanischer Cousin). Ein durchschnittlicher Finne verdiente 1955 weniger als heute ein durchschnittlicher Botswaner. Der Anteil der Vietnamesen, die von weniger als zwei Dollar täglich leben, hat sich allein in den letzten 20 Jahren von 90 auf 30 Prozent verringert. Und noch viel mehr wiegt vielleicht, dass auch Frauen in Finnland, Vietnam, Südkorea, Indien und China jetzt sehr viel mehr eigenes Geld verdienen. Das bedeutet, dass sie ihren Partner aussuchen und notfalls auch verlassen können.

Die scheinbar paradoxe Tatsache der globalen Spreizung erklärt sich aus den Extremen. Einige hunderttausend Menschen weltweit verdienen heute aufgrund der Skalierungseffekte globaler Ökonomien viel mehr als die Reichen des Jahres 1970. Reiche Russen, Chinesen, Inder gab es bis vor ein, zwei Jahrzehnten praktisch überhaupt nicht. Allein deren gewaltiges Vermögen verschiebt heute die Gewichte der Wohlstandsstatistik und hat doch für die Einzelerfahrung wenig Auswirkungen (die Dagoberts von früher, die Rockefellers und Rothschilds des 19. und 20. Jahrhunderts, waren proportional zum Bevölkerungsdurchschnitt allerdings mindestens so reich wie Bill Gates oder Ingvar Kamprad von IKEA).

Die Tatsachse, dass der Abstand zwischen den ganz Reichen und den wirklich Armen größer ist, heißt aber trotzdem nicht, dass es »immer mehr Armut gibt«. Denn das ganze System des Einkommens verschiebt sich derweil in Richtung Wohlstand. Deshalb gilt das (scheinbare) Paradox, dass immer mehr Menschen wohlhabender werden, während die Ungleichheit steigt. Anders ausgedrückt: Der Trend zu mehr Gleichheit in der globalen Mitte und der Trend zur »Extremisierung der Ränder« existieren gleichzeitig.

Unser armes Hirn, das auf Entweder-oder-Modelle gepolt ist, mag solche Komplexitäten überhaupt nicht.»Die Reichen werden immer reicher« kann daher nur heißen: Die Welt wird immer ungerechter. Genau das aber wird die Welt nicht. Die ungerechte Armut, in der die Milliarden Menschen des Ostens lebten, verringert sich gerade. Die ungerechte Armut in Afrika mildert sich in vielen Regionen, wenngleich sicherlich nicht in allen.

In Skandinavien hat sich in den letzten zwanzig Jahren der Gini-Koeffizient (der Indikator für die sozialen Unterschiede) praktisch nicht erhöht. Diese Gesellschaften sind eher egalitär orientiert; Reichtum, Status, Aufstieg sind hier keine wirklichen Sehnsuchtsmeme. In den angelsächsischen Ländern stieg der Gini-Koeffizient stärker, in Deutschland von 0,27 auf 0,3 – auch nicht gerade ein Anzeichen für die völlige »Spaltung der Gesellschaft«. Aber ein guter Grund, darüber nachzudenken, wie wir die Polarisierungstendenzen bremsen können.

Was hat dies mit der Globalisierung zu tun? Viel. Globalisierung ist der Motor hinter beiden Effekten, dem steigenden Wohlstand und der zunehmenden Differenz. Globalisierung erzeugt jenes Skalensystem, in dem immer komplexere Arbeitsteilungen zu immer größeren Wertschöpfungen, damit früher oder später zu weltweit wachsendem Wohlstand führen. Vergleichbare Arbeit tritt nun nach den Marktgesetzen in eine globale Konkurrenz ein – und so sinken tendenziell die Löhne im unteren Bereich.

Globalisierung wirkt als kreative Zerstörung alter, eingesessener Systeme. So entstehen »Drittweltmärkte« in Ökonomien der ersten Welt. Und gleichzeitig Enklaven von Wohlstand und Reichtum in Armutsgesellschaften. Unser altes Modell »Hier wir Reichen – dort die Armen«, gerät gründlich durcheinander. Der Automobilarbeiter kann sich plötzlich im Urlaub von Billiglohnempfängern massieren und bedienen lassen, die ein Zehntel seines Lohnes für Zuwendungsarbeit verdienen. Die Welt ist nicht nur ungerecht, sie ist kreuz und quer verwirrend.

»Die Arbeitsteilung dürfte die produktiven Kräfte der Arbeit mehr als alles andere fördern und verbessern«, schrieb Adam Smith bescheiden. Der Wohlstand der Nationen – oder Regionen – entsteht durch die simple Tatsache, dass auf diesem Planeten immer mehr Menschen für immer mehr Menschen arbeiten. Mit ihren Ressourcen, ihrem Wissen, ihrer Kompetenz, ihrem Können. Nichts anderes ist Globalisierung – in ihrem ursprünglichen, ökonomischen, aber auch in ihrem höheren, symbolischen Sinn. Wir sind zunehmend voneinander abhängig, verwoben in ein einziges Schicksalsgeflecht. Und genau das ist es, was uns Angst macht.

Der verwirrte Geist

»Nichts Besseres weiß ich mir an Sonn- und Feiertagen / als ein Gespräch von Krieg und Kriegsgeschrei / wenn hinten weit in der Türkei / die Völker aufeinander schlagen.« So dichtete Goethe in »Faust I«. Man kann sich den behaglichen Bürger längst vergangener Zeiten vorstellen, wenn er sich im Sessel am Kamin zurücklehnte, um in einer raschelnden Zeitung Geschichten über Wochen zurückliegende Ereignisse zu lesen, die mit ihm nicht das Geringste zu tun hatten. In dieser Phase der Globalisierung, vor der Erfindung von Echtzeitmedien, war alles längst vorbei, wenn man davon erfuhr. Heute rückt es uns medial sofort auf den Leib.

Der Bürger im sonntäglichen Lehnstuhl war nicht einfach ein Ignorant. Er war Realist. Wenn er sich aufregte, ängstigte oder engagierte, änderte sich an seiner oder der Lage der Welt nicht das Geringste. Die »weite Welt« war vor der großen Vernetzung grundsätzlich autonom, sie existierte in einem anderen Zeitkontinuum. Bis – zum Beispiel – die Eisenbahn dies alles änderte. Das damit verbundene Schwindelgefühl drückte schon Heinrich Heine aus: »Mir ist, als kämen die Berge und Wälder aller Länder auf Paris angerückt. Ich rieche schon den Duft der deutschen Linden; vor meiner Tür brandet die Nordsee.«[3]

Unsere mentale Konstitution ist durch jene Äonen geprägt, in denen ein starkes »operatives Wir« überlebensnotwendig war. Menschen sind aggressiv soziale Wesen mit hoher Kooperationsfähigkeit, die seit Urzeiten in großfamiliären Gruppen leben und »Seite an Seite« gegen Eindringlinge und verheerende Naturkräfte kämpfen.

Wer ist in der globalisierten Welt unser »Nächster«, für den wir eintreten? Die kognitive Entscheidungslast, die wir zu verarbeiten haben, steigt. Der Coping-Mechanismus[4] ist ständig überdehnt. Globalisierung schafft eine neue Kultur der Gereiztheit und Überreiztheit. Fukushima, Libyen, Kairo, Palästina, Tunesien, Lampedusa: Globalisierung bedeutet – in ihrer radikalen elektronischen Echtzeiterweiterung – eine ständige Informationshandlungskrise. Was geht mich etwas an? Wo liegen die Grenzen meines Tuns? Wollen wir wissen, wie es aussieht, wenn eine Cruise Missile sich einem Ziel nähert, bevor sie mit tödlicher Wirkung explodiert? Genau das sehen wir jetzt im Fernsehen, rund um die Uhr, und es macht uns verrückt. Die Folge ist jene Hysterisierung der Öffentlichkeit, die ständig zwischen Erregung, Ignoranz, Jammern, Anklage, Forderung, Moralismus und Zynismus hin- und herschwankt. Krise ist überall. Die Welt geht unter. »… Es ist dies das Zeitalter der Angst, weil die elektrische Implosion uns ohne Rücksicht auf ›Standpunkte‹ zum Engagement und zur sozialen Teilnahme zwingt«, schrieb der magische McLuhan schon 1965 in seinem Buch »Die magischen Kanäle«.

Als der deutsche Soziologe Ulrich Beck im Jahr 1986 das Buch »Risikogesellschaft« veröffentlichte, war einer jener süffigen Welterklärungsbegriffe geboren, die sich im Sprachgebrauch durchsetzen, weil sie einfach verdammt gut klingen. Die globale Moderne, so Becks gierig aufgenommene Grundthese, produziert unentwegt gesteigerte Risiken für das Individuum. Auch wenn das gar nicht stimmt – unsere heutige Welt ist so sicher und friedlich wie keine vor ihr –, ist unser medial entzündetes Hirn doch nur allzu bereit, es zu glauben. Derartiger Informationsüberfluss erzeugt auf Dauer die Gewissheit, dass alles immer schlimmer wird. Kombiniert mit unserem inzwischen soliden Hedonismus wird der apokalyptische Spießer zur zentralen Figur unserer Zeit. Getrieben von Ängsten, geschüttelt von ständigem Verlustgefühl, weder willens noch fähig zu Veränderungen, sehnt er sich nach der glorreichen alten Zeit zurück. Auch wenn es diese nie gab.

Sehnsucht nach Grenzen, Sehnsucht nach Grenzenlosigkeit

Schon in der melancholischen Biedermeier-Erzählung »Nachsommer« des Romantikers Adalbert Stifter, erschienen 1857, wird die Globalisierung als dunkle, irritierende Drohung am Horizont der Weltgeschichte gezeichnet:

> »Jetzt kann sich eine kleine Landschaft mit dem, was sie hat, was sie ist, und was sie weiß, absperren: bald aber wird es nicht mehr so sein, sie wird in den allgemeinen Verkehr gerissen werden. Dann wird, um der Allberührung genügen zu können, das, was der Geringste wissen und können muss, um vieles größer sein als jetzt. Die Staaten, die sich dieses Wissen zuerst erwerben, werden an Reichtum und Macht und Glanz vorausschreiten, und die anderen sogar in Frage stellen können.«

In diesem Zitat findet sich alles, was wir als »Heimatgefühl« kennen, im Widerspruch zum Menetekel des Universellen. Eine Sehnsucht nach Abgrenzung, die nicht in Frage gestellt werden kann. In der ruppigen Variante entsteht so Aggression gegen den »Nestflüchtling«, der sich einbildet, dieses stille Tal verlassen zu können. Oder gegen den Fremden, der die Idylle stört.

Grenzen sind sinnvoll. Sie markieren die Ränder von Prozessen, von Wahrnehmungen, von Systemen. Es klingt absurd: Erst wo Grenzen existieren, können Menschen sich entfalten. Erst durch Differenz entsteht die Möglichkeit des Gemeinsamen. Charles Darwin, der die Entwicklung des Menschen zum Homo globalis schon vor 150 Jahren als evolutionäres Schicksal voraussah, meinte dazu:

> »Während die Menschen in der Zivilisation fortschreiten, und kleine Stämme in größere Einheiten verschmelzen, sagt ihnen die Vernunft, dass sie ihre sozialen Instinkte und Sympathien auf alle Menschen ausdehnen sollten, selbst wenn sie persönlich nicht mit ihnen bekannt sind. An diesem Punkt gibt es nur eine künstliche, überwindbare Barriere, die uns von den Sympathien für alle Nationen und Ethnien trennt.«[5]

Können wir lernen, die »künstliche, überwindbare Barriere« zu überwinden, von der Darwin spricht? Oder braucht es erst ein »Projekt«, von dem Nietzsche im »Zarathustra« im Sinne eines offenen Geheimnisses schrieb: »Tausend Ziele gab es bisher, denn tausend Völker gab es. Es fehlt das eine Ziel. Noch hat die Menschheit kein Ziel. Aber sagt mir doch, meine Brüder: Wenn der Menschheit das Ziel noch fehlt – fehlt da nicht auch – sie selbst noch?« (»Von tausend und einem Ziele«).

Immerhin: Die Institutionen der globalen Welt sind in den letzten Jahren und Jahrzehnten still und konstant gewachsen, internationale Organisationen, die helfen, einvernehmliche Lösungen innerhalb der gesamten Weltgemeinschaft zu finden, die Rechtsstaatlichkeit Stück um Stück auf planetarer Ebene zu realisieren, Krisen zu entschärfen und Völkermord zu verhindern.

Der internationale Gerichtshof in Den Haag hat viel zu tun – aber ist das nicht eher ein gutes Zeichen? Der Libyen-Konflikt brachte, nach der gemeinsamen Anstrengung im Kosovokrieg, einen weiteren Durchbruch – und eine Novität. Zum ersten Mal in der Geschichte verabschiedete der Sicherheitsrat gerade noch rechtzeitig eine Handlungsoption, Russland, China, Indien und Brasilien enthielten sich, aber sie stimmten nicht mit Nein, als der Sturm auf Bengasi bevorstand. Wenig später verhalfen französische Gruppen zudem einem Wahlsieger an der Elfenbeinküste zur legitimen Macht und stoppten ein Massaker. Der Kampf gegen die noch vorhandenen Bastionen der Barbarei hat in den letzten Jahrzehnten zweifelsohne Fortschritte gemacht. Trotz aller Mühsal, trotz Unzulänglichkeiten, Halbherzigkeiten sind wir auf dem Weg zur Weltpolizei.

Einerseits bemühen wir uns also, über die Grenzen hinweg zu globaler Gemeinsamkeit zu finden. Auf einer anderen Ebene gibt es ganz gegenläufige Bewegungen, da pflegen wir einen neuen »Lokalismus«, ohne deshalb grundsätzlich das globale Projekt in Frage zu stellen. Unsere Ernährung ist heutzutage wie keine andere menschliche Kulturhandlung von den Globalisierungsströmen geprägt. Gigantische Mengen von Schweinehälften, Schafskoteletts, Sojaderivaten, Kakao- und Kaffeebohnen, Zucker, Mais, Bananen fließen rund um den Planeten. Einst lokale Produkte haben sich über den ganzen Erdball verbreitet. McDonald's und Pizza, Cola und Energy Drinks gibt es inzwischen an jeder Ecke zwischen Tahiti und Timbuktu.

Aber tief in unserem Inneren sind wir nicht zufrieden, trotz oder wegen dieser Kalorienschwemme. Der alte Jäger, Sammler und Bauer in uns will wissen, was auf den Tisch kommt. Wir sind auf der Suche nach Lebensmitteln, die nicht mit dem hohen Preis der industriellen Abwertung der Natur verbunden sind. Das eröffnet ein gewaltiges Marktsegment für Regionalprodukte. Aber längst geht es nicht mehr nur um Produkte, sondern um die ganze Kultur, die mit unserer Nahrung verbunden ist.

»Locavoren« nennt man in den Metropolen der Welt jene Menschen, die sich der regionalen Nahrung verschrieben haben – und mit ihr eine Kultur der Entschleunigung und Essensbeziehung betreiben. Wir wollen das Schwein kennen, das wir essen! Das Gemüse hat einen Namen! In Italien ist die »Slow Food«-Initiative inzwischen zu einer etablierten Bewegung geworden. In amerikanischen Großstädten sprießen »Local Farmers Markets« aus dem Boden – eine Synthese aus Selbstversorgung und organisierter Nahversorgung. In Europa ist Gärtnern wieder in – großstädtische Schrebergarten-Areale beleben sich mit völlig neuen Zielgruppen. Wer heute im Tiefflug über Berlin fliegt, sieht Gemüsegärten auf den Dachterrassen, auf denen nicht nur Marihuana gezogen wird. Wenn es eine Trendbranche gibt, dann ist es das »Urban gardening«.

Es ist eine mental globalisierte, mit dem Internet, der Popkultur, der Multikulturalität aufgewachsene Generation, die diese biologische Re-Lokalisierung betreibt. Was bedeutet dies für die nächste Stufe der Globalisierung?

Die neue Krümmung

Eratosthenes von Cyrene berechnete bereits im dritten Jahrhundert v. Chr. den Erdumfang – mit 40 000 Kilometern. Die Kugelgestalt der Erde war den Griechen demnach bekannt, und dieses

Wissen ging auch im Mittelalter nicht verloren. Weltdarstellungen in Form eines Globus sind allerdings in Antike und Mittelalter sehr selten. Im Jahre 1477 schuf Donnus Nicolaus Germanus, ein in Florenz lebender Kartograph deutschen Ursprungs, im Auftrag von Papst Sixtus IV. den ersten Erdglobus der Neuzeit. Globusmacher wurden danach frühe »Globalisierer des Geistes«, sie schufen eine symbolische Form für ein neues Bewusstsein. Es entstand so etwas wie eine frühe globale Industrie. Nürnberg wurde um 1500 zu einem Zentrum der europäischen Globenherstellung. Der älteste erhaltene dort gefertigte Globus ist der 1492 von Martin Behaim geschaffene »Erdapfel«, der heute im Germanischen National-museum in Nürnberg steht.

Das Symbol der Kugel, auf der wir leben, breitete sich in der Folgezeit weiter in den Köpfen aus. Bald wurde der Globus in begüterten Haushalten zu einem begehrten Statussymbol, das an exponierter Stelle präsentiert wurde. Spätestens die Mondreisen in den sechziger und siebziger Jahren, die vielleicht keinen wissen-schaftlichen Super-Zweck hatten (sie waren wohl eher Auswüchse des Rüstungs- und Systemwettlaufs zwischen Ost und West), haben das Bild der blauen Erde dann endgültig in unseren kollektiven Speichern festgesetzt.

Wie flach ist die Erde heute tatsächlich – im Sinne einer nivellie-renden Globalisierung? Stimmt das Bild von Thomas Friedman, der in seinem Buch »Die Welt ist flach« von 2006 die totale und absolute Gleichzeitigkeit aller ökonomischen Prozesse postulierte? Pankaj Ghemawat von der IESE Business School in Barcelona ist einer der wenigen Wissenschaftler, die sich dieser Frage skeptisch und nüch-tern genähert haben. Seit ungefähr einem Jahrzehnt versucht er, sich im Stakkato der Glorifizierer und Verdammer der Globalisie-rung mit einer »neuen Nüchternheit« Gehör zu verschaffen. Seine schlichte Botschaft lautet: Wir leben allenfalls in einem Zeitalter der Proto-Globalisierung.

Viele Indikatoren der Globalisierung sind in der Tat verblüffend dürftig, wenn man sie in nüchternen Zahlen ausdrückt – und nicht gerade den Stahlexport zum Maßstab nimmt.[6]

Nur zwei Prozent der Studenten der Welt studieren außerhalb ihres Landes.

Nur drei Prozent aller Menschen leben außerhalb ihres Geburtslandes.

Nur sieben Prozent der globalen Reismenge werden ex- beziehungsweise importiert.

Nur sieben Prozent der Direktoren der 500 amerikanischen börsennotierten Unternehmen im S&P-Index sind Ausländer.

Nur ein Prozent aller amerikanischen Firmen hat Auslandsaktivitäten aufzuweisen.

Auslandsinvestitionen bilden nur neun Prozent aller weltweiten Investitionen.

Nur 20 Prozent aller Aktien werden von Ausländern gehalten.

Nur 20 Prozent aller Internet-Datenströme überqueren Grenzen.

Nur 25 Prozent aller weltweiten Flüchtlinge leben außerhalb ihres Landes oder ihrer Region. Die meisten Flüchtlinge aus den Entwicklungsländern gehen in Entwicklungsländer.

Ungefähr ein Viertel aller amerikanischen und europäischen Unternehmen, so Ghemawat, haben in der Finanzkrise von 2008 ihre Lieferketten verkürzt und sich auf heimische Ressourcen besonnen – der Fukushima-Unfall in Japan hat diesen Prozess vermutlich noch einmal beschleunigt. Viele »Merger« über Grenzen hinweg sind wieder gelöst worden. Unternehmerische Globalstrategien sind gescheitert, wenn sie die lokalen Unterschiede nicht integrieren konnten. Der Versuch von Mercedes, mit Chrysler zu fusionieren, scheiterte kläglich, weil »die eitelkranken Motorenbauer sich hassten und das Management sich nur noch mit texanischem Whiskey betrank«, wie mir ein Mitarbeiter einmal verriet. Nokia versuchte ein Jahrzehnt lang, mit aller Macht in den japanischen Handy-Markt einzudringen, bevor es kapitulierte. Das Gerücht, die Welt würde von einer Handvoll superglobalen Unternehmen übernommen, ist Unsinn. Die Konzentration in den globalen Schlüsselbranchen ist von 1950 bis 1990 ständig gefallen. Durch den Aufstieg Chinas und Indiens wird sich eher noch mehr Vielfalt in der Weltwirtschaft entwickeln – und mehr Konfliktstoff womöglich auch.

Ein weiterer Verdacht gegenüber der Gobalisierung lautet: totale Gleichmacherei. Und in der Tat: Wer könnte die Boutiquenmeile von Lissabon von der in Shanghai oder Istanbul unterscheiden, wenn er nachts mit verbundenen Augen dorthin teleportiert worden wäre? Ein Starbucks an jeder zweiten Ecke, dazwischen Nike, Zara und Sony – der globale Konsumstil ist Realität.

Aber auch dieses Bild täuscht. Hinter der standardisierten Fassade verbergen sich immer neue Differenzierungen. McDonald's serviert vegetarische Burger in Indien und Chili-Varianten in Mexiko. Dort nutzt Coca-Cola Rohrzucker statt Maiszucker wie in den USA. Man mag das für marginale Unterschiede halten. Aber dass der Popsender MTV in Indonesien fünfmal am Tag zum Gebet Richtung Mekka aufruft, ist ein bisschen mehr als das.

Statt an ihrem Ende stehen wir also erst am Anfang der Globalisierung. Die bestand bislang eher darin, die kulturellen und wirtschaftlichen Regeln des Westens nach Osten und Süden auszudehnen. Jetzt werden die Ströme der Globalisierung in der anderen Richtung zu fließen beginnen, wie dies ja im Übrigen auch früher schon der Fall gewesen ist: von Ost nach West und bald auch von Süden nach Norden. Dass diese Entwicklung nicht nur eine Eroberung oder einen Flüchtlingsstrom bedeutet, sollten wir bald beginnen zu verstehen. Der Aufstieg Asiens ist der endgültige Aufbruch ins Globale, das ist die schwer zu begreifende Botschaft des 21. Jahrhunderts. Was kann uns dabei helfen, mit den Ängsten vor einer wahrhaft globalisierten Welt umzugehen?

Die glokale Welt

Als der italienische Innovator Guglielmo Marconi Ende des 19. Jahrhunderts die ersten Botschaften mittels Radiowellen verschickte, war die Krümmung der Erde altbekannt. Umso größer war die Verblüffung, als in Marconis Experimenten mit Langwellen immer wieder das »Eiserne Gesetz der Entfernung« außer Kraft gesetzt wurde. Eigentlich ist die Reichweite von Radiowellen durch die Erdkrümmung auf etwa 50 Kilometer begrenzt. Aber die Wellen waren auch noch jenseits des Horizonts zu empfangen! Es dauerte noch bis ins 20. Jahrhundert, um zu verstehen, dass bestimmte Luftschichten und Wolkenformationen Radiowellen reflektieren und sie um weite Teile des Planeten herumlenken können.

So ähnlich funktioniert Glokalisierung. Sie ist eine intelligentere, subtilere Form der eher groben, flachen Globalisierung, die wir bislang gewohnt sind. Sie verzichtet auf die falsche Sentimentalität der Rückwärtsgewandtheit, weil sie weiß, dass sie dort nirgendwo ankommen wird. Aber sie misstraut auch der Nivellierungseuphorie. Die Welt muss nicht entweder flach oder rund sein. Sie kann beide Zustände zugleich annehmen, den globalen und den lokalen. Wir können die Krümmung überwinden – und trotzdem einen Horizont haben. Oder: Wir können Globalisierung aushalten, wenn wir uns auf neue Weise auf das Lokale beziehen. In der Sprache der Poesie: Wir können Wurzeln und Flügel haben.

Die glokale Welt entsteht in dem Maße, in dem die riesigen taylorisierten Wertschöpfungsschleifen, die sich heute über den Planeten ziehen, ihre ökonomische Effektivität und Hebelkraft verlieren. Im energiekritischen Zeitalter steigen die Energiekosten, die für den Transport von Gütern und Produkten nötig sind. Ebenso rapide wachsen die Arbeitskosten in den Schwellenländern. Chinas Löhne stiegen in den letzten Jahren um zwölf Prozent jährlich! Wenn diese Tendenz sich fortsetzt, würde ein chinesischer Facharbeiter im Jahre 2020 drei Viertel eines amerikanischen oder europäischen verdienen.

In einer komplexeren, vielschichtigeren Welt sind glokale, dezentrale Netzwerke deutlich robuster als jene zentralisierten Just-in-time-Konfigurationen, in denen winzige Einzelteile um den ganzen Planeten gekarrt werden. Produktionsformen, die sich aus lokalen, stabilen Ressourcen – von Arbeit, Ideen, Materie – bedienen, wo immer dies sinnvoll ist, die aber dennoch eingebunden sind in einen größeren Kontext, können besser mit Störungen umgehen. Auch die politischen Strukturen ändern sich. Politik der Zukunft wird stärker Lokalpolitik, Stadtteilpolitik, Regionalpolitik. Hier – und nur hier – kommt es zu einer Rekonstitution des Politischen, in der Idee der lokal verankerten Zivilgesellschaft.

Vielleicht ist die glokalisierte Welt schon näher, als wir glauben. Ihre symbolische Vorhut wird von einem Sport gebildet, der in der globalen Welt einen gigantischen Aufschwung erlebt hat und der durch und durch professionalisiert, kommerzialisiert, global kapitalisiert wurde. Und der trotzdem auf eine geheimnisvolle Weise bodenständig geblieben ist.

Im Fußball kann der alte Wir-Mensch, der für die Seinen kämpft, seine Energien schadlos einsetzen. Wir zittern und bangen und haben ein klares Koordinatensystem für Sieg und Niederlage. Wir können siegen, ohne den Gegner zu vernichten, werden geschlagen, ohne das Leben zu verlieren. Fußball ist unglaublich regional und zugleich grenzenlos. In China etwa gibt es riesige Fanclubs für englische Fußballvereine. Millionen Migranten in der Welt jubeln mit ihrem Verein, auch wenn sie 10 000 Kilometer entfernt leben und schon seit zwanzig Jahren nicht mehr »zu Hause« waren. Diese Spannung zwischen Globalität und lokal verwurzelter Anhänglichkeit macht Fußball zum augenfälligsten und schönsten Massenritual der Glokalisierung.

7 Der Megatrend Frauen

Auf einer grünen Hochebene in 3000 Meter Höhe, am Rande des Himalaja im südwestlichen China, in einem Eck, das an Birma, Laos und Vietnam grenzt, lebt das knapp 10 000-köpfige Volk der Mosuo. Seit Tausenden von Jahren haben die Frauen in der Mosuo-Kultur das Sagen. Sie sind körperlich stark, stets bunt und schön gekleidet. Und sie regieren die Gesellschaft in jedweder Hinsicht. Die Mosuo kennen keine Institution mit dem Namen »Ehe«. Im Zentrum des Beziehungslebens steht das serielle Liebhabertum, die sogenannte »Besuchsbeziehung«, wobei die Frauen die Männer auswählen – für eine Nacht, für mehrere, manchmal auch für das ganze Leben. Im Alter von 13 Jahren erhalten Mosuo-Mädchen eine eigene Schlafkammer – und das Recht auf Sex. Wenn eine Mosuo-Frau einen Mann gut findet, weil er schön anzusehen ist und »eine gute Seele hat«, bittet sie ihn in ihr Bett. Dauert die Liaison an, hängt der Liebhaber seinen Hut symbolisch an die Wand neben der Tür. Möchte die Frau das Verhältnis beenden, hängt sie den Hut außen an die Hütte. Eifersucht existiert bisweilen, wird aber eher als soziales Versagen interpretiert. Die Männer sagen: »Eine Türe schließt sich, zehn Türen öffnen sich.« Die analoge Redensart der Frauen lautet: »Geht ein Mann, so kommt dafür ein anderer.« Lebenslange Bindungen und Besitzansprüche zwischen Mann und Frau gelten eher als störend für die Harmonie.[1]

Bevor Heerscharen von Späthippies in Richtung Himalaja aufbrechen, müssen wir mit einigen Missverständnissen aufräumen: Die Mosou-Gesellschaft ist kein Hort der Libertinage. Es handelt sich im Gegenteil um eine extrem traditionale Kultur, wenngleich mit ungewohnter Rollenverteilung. In jedem Haushalt übt das weibliche Oberhaupt, »Ah mi« genannt, die Entscheidungsmacht aus. Nur gebärfähige Frauen haben einen eigenen Schlafraum. Erwachsene Männer und Jugendliche von 14 Jahren an müssen auswärts schlafen, in den Betten der Frauen sind sie nur geduldet. Die Männer, die die schwereren körperlichen Arbeiten vom Schlachten bis zum Hausbau verrichten, nächtigen daher in Gemeinschaftsräumen der Großfamilien oder in Hütten auf den Weiden, auf denen die Yaks grasen, die Basis der lokalen Landwirtschaft.

Alle Markterträge werden dem Haushalt der Frauen gutgeschrieben, abzüglich kleiner Geschenke für die Liebhaber. Auf diese Weise entwickelt sich über Generationen ein bescheidener, aber konstanter Wohlstand. Es gibt keine Männer, die das Geld verspielen, vertrinken, durch Waffen oder Autos verpulvern, weil die Männer über das Geld gar nicht verfügen – sondern nur über ihre Arbeitskraft oder ihre erotische Attraktivität. Werden Kinder geboren – die Frauen beherrschen allerdings viele Formen der Verhütung, auch der modernen –, wachsen sie bei der Mutter auf. Der Mann hat keine geregelte finanzielle oder soziale Verpflichtung. Seine Fürsorge ist dennoch gefragt – sie richtet sich aber weniger auf seine leiblichen Kinder, sondern zumeist auf die Kinder seiner Schwestern und Kusinen.

Die Mosuo sind keineswegs die einzige feministische Kultur auf der Erde. Die Naxi, die ebenfalls in den Ausläufern des Himalaja leben, die Naga in Südindien, der Pawnee-Stamm in Nordamerika, auch einige afrikanische Stämme weisen ähnliche Sozialstrukturen auf. In vielen halbnomadischen Kulturen entsteht schon deshalb eine weibliche Dominanz, weil die Männer ständig unterwegs sind – und ihre eigene soziale Welt bilden.

Dies führt zu spannenden Fragen: Wenn feministische Kulturen tatsächlich existieren – warum sind sie dann so selten? Und wie sieht die Zukunft dieser Gesellschaften aus? Werden die Mosuo-Frauen irgendwann mit Porsche besitzenden Han-Chinesen über alle sieben Berge davonfahren? Schon heute werden die Mosuo-Dörfer immer häufiger von männlichen Gaffern und Touristen belagert, die gehört haben, dass die Frauen dort »leichtfertig« sein sollen. Aber genau das sind Mosuo-Frauen nicht. Sie sind nur wählerisch.

Wenn es stimmt, dass die Frauen in vielen Gesellschaften sich aus traditionellen Rollenmustern befreien und stärker an Einfluss gewinnen, in Wirtschaft und Politik zunehmend in Führungspositionen aufsteigen, konsequenter und flächendeckender an der Bildung teilhaben, kurz, wenn es den Megatrend Frauen tatsächlich gibt – und alle Daten und Fakten, egal ob wir die Bildungs- oder Erwerbsindikatoren messen, die Trends bei der Anzahl der Frauen in Führungspositionen oder politischen Ämtern, aber auch die öffentliche Meinung in vielen Ländern der Erde sprechen dafür[2] –, dann ist die Frage, wohin er uns führt. Ins tibetische Hochland? Oder in eine ganz andere, noch unbekannte Lebenslandschaft?

Der kleine Unterschied

Wenn wir wissen wollen, wohin die Reise geht, kommen wir nicht umhin, noch einmal die Grundfrage aufzuwerfen: Was unterscheidet Männer und Frauen? Tausende von Büchern sind bereits über diese Frage aller Fragen geschrieben worden. Millionen Talk- und Witzshows bieten mal billige, zum Schenkelklopfen und Grölen einladende, manchmal auch nachdenkliche Antworten. Selbst innerhalb des Feminismus ist der Streit nicht beendet, im Gegenteil. Sind es die männlichen Machtstrukturen, die die Geschlechterdifferenzen konstruiert haben? Sind die Mann-Frau-Unterschiede nur Halluzinationen, Wahrnehmungsstörungen, kulturelle Konstrukte, die uns unser patriarchal verseuchtes Hirn suggeriert, und Jungs wollen »eigentlich« ebenso gern mit Puppen spielen wie Mädchen? Oder sind die Gene und Hormone für unüberwindbare Unterschiede verantwortlich, die Mitgift der Evolution?

Wenn man – wie meine halbe Generation – viele Jahre versucht hat, Kinder quer zu den Geschlechterrollen zu erziehen, überkommen einen zumindest milde Zweifel an der Gleichheitsthese. Wer erlebt hat, wie die kleine Lena ihre Spielbagger abends schlafen legte, zudeckte und ihnen ein Lied vorsang, obwohl nichts in Lenas Kinderzimmer rosa oder flauschig oder sonst wie feminin designt war, der gerät ins sanfte Grübeln. Wer als genuiner Pazifist zwei aufgeweckte Jungs ohne allzu großes Kindheitstrauma ein halbes

Elternleben vom ewigen Tschaka-Tschaka-ballabum abzubringen versuchte, nur um sie mit 16 im Land der Ego-Shooter verschwinden zu sehen, kapituliert irgendwann vor der Unmöglichkeit, das Gleichheitsgebot umzusetzen.[3]

In der menschlichen Entwicklung spielen Hormone ohne Zweifel eine prägende Rolle. Autismus, so hat der Entwicklungspsychologe Simon Baron-Cohen nachgewiesen, hat mit einem hohen Testosteronlevel in einem frühen Stadium der Embryonalentwicklung zu tun – ist also eigentlich eine Extremform der Männlichkeit. Hohe Testosteronwerte korrelieren demnach negativ mit dem Maß der Empathiefähigkeit.[4] Umgekehrt leiden auch Frauen, deren ganzes Leben darum kreist, dass sie von Männern begehrt werden wollen – die vom Schminktisch ihrer Pubertät nicht mehr loskommen –, unter einer hormonellen Extremsteuerung.

Simon Baron-Cohen hat in seinen Langzeit-Untersuchungen bestätigt, dass Frauen hinsichtlich der Empathiefähigkeit deutlich besser abschneiden. Ihr Empathiequotient (EQ), der über die Fähigkeit Auskunft gibt, mit anderen Menschen mitzufühlen, ist im Vergleich zu den Männern auf einer Skala zwischen 1 und 6 fast um einen ganzen Punkt nach oben verschoben. Männer hingegen »scoren« auf einer Skala, die über die Fähigkeit zur Mustererkennung und Abstraktion Auskunft gibt, ungefähr einen Punkt höher als die Frauen.[5]

Die kanadische Entwicklungspsychologin Susan Pinker behauptet, dass Männer und Frauen sich in vielem ähneln, aber an den Rändern unterscheiden – dort, wo es um Extrembegabung und extreme Risikobereitschaft geht.[6] Wieso sind die Nobelpreisträger immer noch zu 90 Prozent männlich, wenn doch Frauen überall auf der Welt die Männer in Sachen Bildung überholt haben? Männer, so Pinker, haben eine »polarisierte Verteilungskurve« ihrer Fähigkeiten. Es gibt sehr viel mehr außerordentlich leistungsschwache, dumme, gestörte, asoziale Männer als Frauen. Aber es gibt eben auch mehr Extremsportler, Extremleister und unruhig-narzisstisch-kreativ-verrückt-geniale Männer. Wobei »mehr« relativ ist. »Mehr« bedeutet vielleicht nur vier oder fünf »Extremisten« pro tausend.

Was statistisch nicht sehr relevant erscheint. Doch es sind gerade diese wenigen »Extremmänner«, die den kleinen Unterschied riesig aussehen lassen. Im Terrorismus wie bei den Nobelpreisen. Frauen sind, so könnte man Susan Pinkers Erkenntnis zusammenfassen, im Durchschnitt einfach normaler. Ihre Fähigkeiten, Talente, Lebensausrichtungen bewegen sich überwiegend in einem eher mittleren Verteilungsspektrum. Männer hingegen verstärken ihre Extremtalente zusätzlich durch Wettbewerb untereinander. Dadurch werden männliche Spitzenleistungen regelrecht gezüchtet. Dieser »Hang zu Extremen« hat allerdings seinen Preis – Männer leben ungesünder, gewalttätiger, kürzer und in vieler Hinsicht psychisch labiler als Frauen.

Von allen Theorien über die Geschlechterdifferenz ist dies die nüchternste und plausibelste: Ja, es existieren im Durchschnitt kleine Unterschiede zwischen Mann und Frau. Die kleinen Unterschiede werden je nach Kultur verstärkt oder gedämmt. Im schönen Schweden sind sie durch eine entsprechend getrimmte Soziokultur inzwischen fast unbedeutend. In einer brüllend heißen Wüstenregion, die jahrtausende von Clan-Nomaden bewohnt wurde, bleiben die harten Kontraste zwischen Männer- und Frauenrollen auch noch in klimatisierten Hochhäusern intakt.

Die Ausgangsunterschiede zwischen Mann und Frau lassen sich letztlich auf die Evolution zurückführen. Hunderttausende von Jahren gingen vor allem Männer auf die Jagd, während die Frauen im Umfeld der Behausung Pflanzen und Wurzeln sammelten und die Kinder und Tiere hüteten. In vielen Kulturen gingen zwar auch Frauen jagen und die Männer »kümmerten« sich, aber menschliche Säuglinge sind ein aufwendiges Geschäft. Um sie aufzuziehen, benötigt man die Fähigkeit, auszugleichen, zu moderieren, vorausschauend zu planen. Das erzeugt eine gewisse mütterliche Spezialisierung. Männer entwickelten hingegen eine etwas andere körperlich-seelische Konstitution. Ihr endokrines System hat eine Art Turbogang, der sie befähigt, Gefahrensituationen besser zu bewältigen, indem sie in kürzerer Zeit höhere Leistungen abrufen können.[7]

Ein paar tausend Jahre agrarischer Domestizierung haben dieses System nicht abschaffen können. Aber »Kultur«, in welcher Form auch immer, moderiert und modifiziert die Unterschiede in der einen oder anderen Weise. Unter bestimmten Umweltbedingungen werden weibliche Eigenschaften mächtig, unter anderen männliche Fähigkeiten verstärkt. Das größte Problem der menschlichen Kultur war immer der »männliche Überschuss«. Wo Menschengruppen sich in Konflikten, Rivalitäten, Unsicherheiten befanden, wurde das kämpferisch-männliche Element verstärkt. Kämpfende Männer prägen in der Tat die Geschichte. Aber was passiert mit diesen Energien, wenn die Gesellschaft friedlicher, kooperativer, globalisierter wird? Wenn Handel und Wandel die historische Normalität bilden, anstelle von Krieg, Kampf und Konflikt? Dann wird das Erregungssystem männlicher Prägung ein Problem.

... und sein Gegenteil

Versuchen wir es noch einmal völlig politisch unkorrekt: mit Klischees. Sortieren wir »männliches« und »weibliches« Verhalten einmal entlang klassischer Attribute:

Männlich: dominant, zielorientiert, logisch, aktiv, risikofreudig, konfliktsuchend, kausal, taktisch, konkurrenzbetont, strategisch, rational, aggressiv, egoistisch.

Weiblich: fürsorgend, vorsorgend, passiv, absichernd, umsichtig, vorsichtig, ausgleichend, emotional, netzwerkend, sozial.

Wenn man diese Liste »aus der Ferne« betrachtet, scheint sie stimmig. Kennen wir alles. Schaut man sie sich jedoch aus der Nähe an, werden die Dinge seltsam unscharf. Können Frauen nicht auch aggressiv und zielorientiert sein – nur mit anderen Mitteln? Handeln Männer als Broterwerber und »Businessmen« oder auch als Väter nicht ebenfalls verantwortungsbewusst, ja sogar hoch emotional? Frauen verhalten sich immer wieder dominant, konfliktsuchend, konkurrenzbetont – nicht zuletzt, wenn sie es müssen, etwa beim Kindererziehen. Männer netzwerken, deshalb sind sie ja gerade so erfolgreich: weil sie das Drahtziehen gelernt haben!

Und haben Frauen nicht als stärkste Wählergruppe jahrelang den Supermacho Berlusconi an der Macht gehalten?

Sehen wir uns dazu zwei Wortwolken an, die das Vorkommen von Schlüsselwörtern in den Titelzeilen zweier amerikanischer Zeitschriften über drei Jahre hinweg darstellen. »Maxim« ist ein Magazin für Männerfreuden aller Art, »Cosmopolitan« eine traditionsreiche Frauenzeitung.[8] Welche Wortverteilung gehört zu welcher Zeitschrift?

Die obere Wolke gehört zu »Cosmo«, die untere zu »Maxim«. Sex kommt in »Cosmopolitan« noch öfter vor als bei den Jungs von »Maxim«. Ist das Emanzipation? Oder Korruption durch das Schweine-Patriarchat? Wer in die Zeitschriften hineinliest, wird noch verwirrter. »Cosmopolitan« propagiert, nüchtern betrachtet, einen knallharten weiblichen Sexismus, gepaart mit egoistischem Hedonismus. Unverhohlen wird zum Vernaschen und Verführen von Männern aufgerufen, nach dem Motto »Frauen sollten sich nehmen,

was sie kriegen können, vor allem ihren Orgasmus!«. Die Texte dieses
»naughty-Kultes« werden von selbstbewussten Frauen geschrieben
und von weiblichen Chefredakteuren bestellt. Sind Frauen wirklich
so anders als Männer, wie es die Rollenklischees, auch die politisch
korrekten, uns heute vormachen wollen? Nehmen wir das Beispiel
»Multitasking«. Frauen, so geht die Legende, können besser »mehrere Dinge gleichzeitig jonglieren« – schließlich haben sie das in
ihrer historischen Mehrfachbelastung als Kindererzieher und Haus-
manager plus Berufstätige gelernt. Inzwischen hat sich allerdings
herausgestellt, das echtes Multitasking, also die Fähigkeit, mehrere
Dinge tatsächlich im selben Augenblick zu tun, weder wirklich
möglich ist, noch produktiv – und das gilt für beide Geschlechter.
Das menschliche Hirn ist einfach nicht in der Lage, mehrere Dinge
effektiv parallel auszuführen. Er wird immer langsamer, wenn es
mehrere Dinge gleichzeitig tun muss. Und neigt zum Versagen.[9]

Ein andere Überzeugung: Frauen sind kommunikativer als Männer. Matthias Mehl von der University of Arizona fand in einer
breiten Studie heraus, dass (amerikanische) Männer an einem Tag
im Schnitt 15 700 Wörter benutzen, Frauen 16 200 – nicht gerade ein
signifikanter Unterschied.[10] Marion Eals und Irwin Silberman von
der Universität York wiesen in einer Studie nach, dass Frauen tatsächlich 60 bis 70 Prozent mehr Gegenstände memorieren können,
die sie in einem Raum vorfinden – eine Fähigkeit, die sie auch zum
Beurteilen eines Mannes bei der Partnerwahl benutzen.[11] Das lässt
sich zurückführen auf die größere Ausprägung des frontalen Kortex bei Frauen. Bei Männern hingegen ist der parietale Kortex aus-
geprägter, in dem die Orientierungsfunktionen konzentriert sind.
Frauen haben im Durchschnitt einen etwas größeren Hippocam-
pus – das Gedächtniszentrum –, Männer jedoch eine etwas größere
Amygdala – das Erregungs- und Angstzentrum des Gehirns. Der
limbische Kortex, der die Emotionen reguliert, ist bei Frauen etwas
größer, ebenso wie die Verbindungsbrücke zwischen den Hirnhälf-
ten, das Corpus callosum.[12]

Soziales und kooperatives Verhalten, so lautet eine verbreitete
Überzeugung, ist genuin weibliches Verhalten. Warum aber verhal-

ten sich dann Frauen in vielen beruflichen und privaten Situationen eher konkurrenzbetonter als Männer? Weil Männer in Jahrhunderten des Machterhalts Kooperation und Kompromiss im Sinne gemeinsamer (Karriere-)Ziele geübt haben. Das Problem mit dem »sozialen Verhalten« ist zudem, dass nicht klar ist, worauf es sich bezieht. Wenn Mütter auf Klassentreffen in der Schule ihre Sprösslinge glorifizieren und die Kinder der anderen Mütter denunzieren, dann handeln sie in der Tat sozial. Im Sinne der kleinsten sozialen Kampfeinheit, der Familie.

Mad Men, Mad Women

»Mad Men«, eines der großen Kultprodukte des neuen amerikanischen Serienfernsehens, zeigt uns eine Welt, in der Männer unentwegt rauchen und ordentlich trinken, Auto fahren und unglaublich zynisch sind. Dabei sehen sie auch noch gut aus in ihren meist taillierten Anzügen. Frauen sind derweil naiv und/oder verführerisch. Sie kämpfen mit dem Haushalt, der Mutterschaft, den unzuverlässigen Typen, um ihre berufliche Würde, um fundamentale Rechte wie Abtreibung und Verhütung. Beide Geschlechter kämpfen eigentlich unentwegt – gegen- und miteinander.

Wer die Serie etwas länger verfolgt, erlebt plötzlich eine Art Gender-Rollback. Man findet diese Rollenverteilungen plötzlich plausibel, ja geradezu faszinierend. Viele, auch Frauen, sagen: »Man sehnt sich fast nach einer solchen Zeit zurück, als man einfach noch Mann oder Frau sein konnte.« Oder: »Was für ein Drama, was sich da abspielt, aber ein wunderbares!«

So wünschenswert wir reale Gleichheit zwischen Mann und Frau auch moralisch finden, so schwer tun wir uns emotional mit ihr. Und das hat seine Gründe. Wenn Männer und Frauen gleich sind, so unsere dumpfe Ahnung, gibt es weniger spannungsreiche, poetische, erotische Momente im Leben.

Unterschiede sind nicht nur spannend, sie sind auch praktisch. Die nüchterne Wahrheit ist: Klare Rollenteilung macht das Leben einfacher, eindeutiger, prägnanter – und wohl auch glücklicher. Unterschiede reduzieren die schreckliche Kompliziertheit des

Lebens. Wer jemals in einem Haushalt mit striktem Gleichheitsgebot gelebt hat, weiß, wie ermüdend das Aushandeln jedes Hand-
griffs sein kann. Man kocht stümperhaft, dilettiert beim Organisieren – und sinkt abends zusammen todmüde ins Bett. Gut sind
wir immer nur als Spezialisten. Gleichheit schafft Stress. Differenz
schafft Kompetenzen.

In der Jäger- und Sammlerkultur, unserer wahren Herkunft,
waren Männer und Frauen zwar unterschiedlich, aber auch gleich-
rangig. Ihr jeweiliger Beitrag zum Überleben war existenziell. Eine
Demütigung oder Abwertung des einen Geschlechts konnte sich
eine solche Gesellschaft um den Preis des Überlebens gar nicht
leisten. In der agrarischen Welt standen die Frauen auf den bäuer-
lichen Höfen »ihren Mann«. Es gab Arbeitsteilung, aber Produktion
und Reproduktion waren praktisch nicht getrennt. Großfamiliäre
Strukturen verwischten die Machtgrenzen; selbst wenn es einen
»Patriarchen« gab, waren es doch oft die Frauen, die Entscheidungen trafen, verantworteten und »durchzogen«.

Der Evolutionspsychologe Roy Baumeister hat in seinem Buch
»Is There Anything Good About Men?« die soziale Ko-Evolution
zwischen Männern und Frauen so erklärt:

> »Die Männer haben die Frauen nicht unterworfen. Vielmehr blieb
> die weibliche Sphäre in etwa das, was sie immer war, während
> sich die männliche Sphäre mit ihren weiten und flachen sozialen
> Beziehungen allmählich als immer erfolgreicher erwies. Weil
> immer mehr Wissen angesammelt wurde, entwickelten sich
> Religion, Kunst, Literatur, Wissenschaft, Technik – all das ent-
> stand aus der männlichen Sphäre heraus. Die weibliche Sphäre
> blieb für andere wichtige Dinge verantwortlich, vor allem für die
> Aufzucht der nächsten Generation und die Erhaltung der Art.«[13]

Die traditionelle Geschlechterordnung ist nicht von den Männern
erfunden worden, auch nicht von den Frauen nur »ertragen«. Sie
hat sich in einem langen Adaptionsprozess entwickelt – und dabei
immer an neue (Produktions-)Verhältnisse angepasst. Die kleinen

Unterschiede, die die Evolution uns mit auf den Weg gegeben hat, wurden in unterschiedlichen Umwelten unterschiedlich ausgelesen. Dabei entstanden vielfältige Modelle von Mann-Frau-Arbeitsteilungen, die wir nicht verstehen können, wenn wir sie vorschnell als »unemanzipativ« denunzieren.

Behandeln moderne Gesellschaften die Geschlechter gleicher als traditionelle? Aber klar, würde man sofort sagen. Im Hinblick auf formale Rechte mag das stimmen. Aber nicht im kulturellen Verhalten. Eine Studie aus dem Jahr 2008 unter dem Titel »Why can't a man more be like a woman?«[14] lieferte ein irritierendes Ergebnis. In »gebundenen« Gesellschaften (des agrarischen oder indigenen Typs) sind die Rollendifferenzen eher gering ausgeprägt. In Indien, Botswana, selbst Simbabwe erwiesen sich Männer im Durchschnitt als kooperativer, fürsorglicher, vorsichtiger, gefühlsbetonter als ihre Geschlechtsgenossen im Westen (sofern kein Bürgerkrieg herrscht). Auch in islamisch geprägten Kulturen konnte dieser Effekt festgestellt werden. In den westlichen Ländern gab es hingegen viel mehr Extremcharaktere: überzogen weiblich auftretende Frauen, enorm machomäßig agierende Männer.

Preisfrage: Wo gibt es mehr Ingenieurinnen, in den USA und Europa oder in Saudi-Arabien? Man ahnt es schon: In den arabischen Ländern gibt es weit mehr weibliche Ingenieure und Techniker als in westlichen Ländern. Freie Berufswahl führt erstaunlicherweise zu einer Re-Polarisierung der Berufsbilder. In der westlichen Welt wollen die meisten jungen Frauen oder Mädchen weibliche »Sinnberufe« ergreifen – Tierärztinnen, Friseusen oder Sozialarbeiterinnen oder gleich Model und Popstar. Diese Jobs und Berufe sind entweder schlechter bezahlt oder völlig überfüllt. In den konservativen arabischen Ländern müssen Frauen hingegen alle Optionen nutzen, um aus dem klassischen Lebensentwurf auszubrechen. Entweder sie stehen ganz und gar ihren Mann, oder sie dienen einem. Dieser Mangel an Wahl befördert, auf paradoxe Weise, die reale Emanzipation.

Im Verhältnis untereinander gilt für beide Geschlechter die Regel des Grenznutzens: Wenn eine bestimmte genderspezifische Verhaltensweise den eigenen (Liebes-, Reproduktions-, Eroberungs-) Interessen nutzt, wird sie präferiert, verstärkt und kultiviert. Wenn androgyne Strategien erfolgversprechender erscheinen, werden diese bevorzugt, und Männer machen auf »metrosexuell«. Wird übertriebene Weiblichkeit belohnt, nutzen Frauen sie zur Emanzipation. Lady Gaga weiß genau, was sie tut. Männer wie Frauen benutzen letztlich Coping-Strategien, bei denen die Männer nur scheinbar die besseren Karten haben.

Wenn wir die Zukunft des Geschlechtervertrages – sprich das Ergebnis des Megatrends Frauen – verstehen wollen, müssen wir also vier hartnäckige Dogmen überwinden:

1. Männer sind besser.
2. Es gibt keinen Unterschied.
3. Frauen sind besser.
4. Die Zukunft gehört der Gleichheit.

Transgender-Helden

Yvonne Buschbaum war um die Jahrtausendwende eine erfolgreiche Stabhochspringerin. Sie siegte in vielen deutschen Wettbewerben und nahm erfolgreich an Europa- und Weltmeisterschaften und einmal an den Olympischen Spielen teil. Sie liebte Frauen. Und sie hatte das Gefühl, im falschen Körper zu leben. 2007 begann sie eine Hormonbehandlung und ließ sich schließlich operieren.

Im Herbst 2010 saß Balian Buschbaum, wie er seither heißt, mit Dreitagebart, muskulösem Brustkasten und tiefer Stimme in der Talkshow von Markus Lanz. Buschbaum, der inzwischen auch ein Buch über sein Leben veröffentlichte, war zu diesem Zeitpunkt ein »neuer Mann« in einem doppelten Sinn. Er hatte eine Geschlechtsumwandlung unmittelbar hinter sich. Aber auch eine Erfahrung in seinem Leben, die andere Männer nicht haben. Eine Frau zu sein.

Die Sendung mit Balian Buschbaum, der freizügig über seine erotischen Erfahrungen und die Funktionsweise seines Neo-Penis berichtete, war ein unglaublicher Erfolg. Körbeweise Post und serverweise Mails veranlassten die Talkshow-Redaktion, eine zweite Sendung zu machen. Balian Buschbaum erwies sich als witziger, kluger, für sein Alter geradezu weiser Gesprächspartner. Auf Frauen – fast jeden Alters – übte er eine unglaubliche Faszination aus. Und er wusste auch, warum. »Ich habe anderen Männern die Erfahrung voraus, dass ich weiß, wie eine Frau fühlt – von innen!«, sagte er offen in die Kamera und lachte sein Dreitagebart-Lachen. Mit wie vielen Frauen er denn schon seit seiner Operation geschlafen habe? Noch ein Lachen. Mit weniger, als man vielleicht denkt.

Ein männlicher Mann mit weiblicher Sensibilität und einem stahlharten Riesenpenis als neues erotisches Idol! Das sollte uns zumindest zu denken geben. Das Paradox der Feminisierung besteht – analog zum Globalisierungsparadox – in einer zunehmenden Gleichzeitigkeit von Differenz und Gleichheit. Wo Rollen frei wählbar werden, werden sie keineswegs homogener, sondern differenzierter. Die Zukunft gehört der selbstgewählten Ungleichheit, dem Rollenspiel. In Zukunft werden wir mehr Diven, Prinzessinnen, Dornröschen statt weniger haben. Mehr Machos – aber sicher andere Machos. Es wird Patriarchen geben, aufgetakelte Tussis und »Supermoms« und dazwischen jede Menge Androgyne, Metrosexuelle und chauvinistische Lesben. Es wird mehr Andogynität und mehr »Eindeutigkeit« geben. Und vor allem wird all das nicht mehr lebenslang gelten, als eine Rolle fürs Leben.

Eine friedlichere Welt?
Der Megatrend Frauen hat viele Gesichter, sogar verschleierte. Seine tiefen Wahrheiten, sein produktives Paradox verstehen wir nicht, wenn wir uns entlang der alten normativen Fragen bewegen, etwa: »Wie soll die Quote aussehen?« Es geht um die Frage, ob das »weibliche Element« qualitativ etwas verändern wird in Staat, Gesellschaft, Politik.

Dass Frauen auf einem unaufhaltsamen Vormarsch in die Macht- und Einflusspositionen der Gesellschaft sind, lässt sich jeden Tag aufs Neue beobachten. Vor allem in den mächtigen Schwellenländern werden die Karten neu gemischt. In China sind Chefinnen weit verbreitet. In Indien ist dies (noch) nicht der Fall, dort jedoch, wie auch in den arabischen Ländern, steigt die

Anzahl der Frauen in den Verwaltungs- und mittleren Politikpositionen schneller. Die Weltbank schätzt, dass das Einkommen der Frauen in den nächsten fünf Jahren bezogen auf den ganzen Globus um ein Drittel steigt, während das der Männer um nur einige magere Prozentpunkte zunimmt. Immer mehr Länder werden von Frauen regiert, nicht nur Deutschland, auch die Riesenländer Argentinien und Brasilien haben derzeit weibliche Regierungschefs. Aber der Megatrend Frauen ist vor allem in den ganz alltäglichen Bereichen sichtbar und wirkt auf den subtilen Ebenen der Deutungsmacht. Eltern in der westlichen Welt wünschen sich heute, anders als früher, überwiegend ein Mädchen statt einem Sohn. Die Idee, dass junge Frauen »so schnell wie möglich unter die Haube müssen«, ist in Nordamerika wie Europa schlichtweg nicht mehr gesellschaftsfähig.

Eine »weiblichere« Welt muss nicht schöner, harmonischer, netter, friedlicher sein als eine Welt der harten Kerle. Der letztlich siegreiche Feldzug gegen Gaddafi im Jahr 2011 wäre sehr wahrscheinlich nicht zustande gekommen, hätten nicht drei kluge, netzwerkende Frauen alle Register gezogen (im Zusammenwirken mit einem sehr männlichen französischen Intellektuellen, Bernard-Henri Lévy). Hillary Clinton, die amerikanische Außenministerin, stand im Frühjahr 2011 so lange vor der Tür des Oval Office, bis der eher zögerliche Barack Obama die Bomber in letzter Minute ins Mittelmeer schickte. Ihre beiden Freundinnen Samantha Power (Sicherheitsberaterin im Weißen Haus) und Susan Rice (UN-Beauftragte der USA) formulierten und erzwangen in nächtelangen Sitzungen die Libyen-Resolution des Weltsicherheitsrates, die nicht nur eine Flugverbotszone, sondern auch Luftangriffe auf Gaddafis Truppen erlaubte. Nur deshalb wurde ein Massaker in Bengasi verhindert.

Frauen sind anders. Sie üben Gewalt aus anderen Gründen als Männer aus. Wenn Frauen in den Krieg ziehen, wollen sie in der Regel etwas verhindern. Zum Beispiel, dass Männer sich gegenseitig (und Frauen und Kinder) umbringen. Frauen werden eher aus Sorge aggressiv.

Das uralte Spiel zwischen Mann und Frau wird also mit Sicherheit nicht zugunsten der Frauen beendet, wie es viele verunsicherte Männer fürchten, die eine Ära der »Frauenherrschaft« heraufziehen sehen. Es geht in eine neue Schleife, in der sich die Elemente des Weiblichen und des Männlichen neu mischen. Männer entdecken ihre weiblichen Elemente und Frauen ihre männlichen. Aber Frauen spielen, wenn es ihnen zum Vorteil gereicht, auch offener und radikaler mit ihren weiblichen Attributen, genau wie die Männer ihre Männlichkeit herausstellen. Das Ergebnis dieses Prozesses ähnelt dem Differenz-Paradox der Globalisierung auf einer anderen Ebene. In der Mitte, also dort, wo die Alltagskultur das Liebes- und Partnerschaftsverhalten regelt, aber auch den Umgang mit Geld und Macht moderiert, wird die globale Gesellschaft tatsächlich androgyner. An den Rändern ähnelt unsere neue Multi-Gender-Welt eher einem dichten Dschungel mit unglaublich vielen Abweichungen, Nischen, exotischen Extremen, buntem Gefieder, Geschrei und Geschnatter. Männer und Frauenrollen individualisieren sich – und folgen damit einem weiteren zentralen Veränderungsmuster unserer Kultur.

8 Individualisierung – das Abenteuer Selbst

Wandert man in Frankfurt am Main den Fluss entlang nach Osten, gegenüber dem neu aufragenden Bankenturm der Europäischen Zentralbank, findet man unweit des Restaurants Gerbermühle – hier soll Goethe einige Monate geliebt und geschrieben haben – in einem kleinen Park am Flussufer ein seltsames Denkmal. Ein Sockel steht dort, einfach nur ein Sockel aus rotem Sandstein. Auf der Vorderseite prangt in klassizistischer goldener Gravur das Wort »ich«. Das Podest ist von hinten über drei Steinstufen betretbar. Auf einer kleinen Plakette an der Seite ist zu lesen: »Jeder Mensch ist einzigartig. Das gilt natürlich auch für alle Tiere. Halten Sie es fest für immer. Hier.«

Paare, Passanten, Jogger, Banker, Spaziergänger mit und ohne Hund gehen vorbei, stutzen, wundern sich, kichern ... Wer ist denn ICH? Hat der wirklich gelebt? Wie kann man nur ICH heißen? War das ein Vor- oder ein Nachname?

Ach wo, das ist doch nicht ernst gemeint!

Soll man sich wirklich hier draufstellen?

Warum nicht? Fühlst du dich nicht wichtig?

Angeber!

Einige trauen sich, die Plattform zu erklimmen. Kinder, Paare, Passanten. Unsicher stehen sie oben, wackeln mit den Schultern, stecken die Hände in die Taschen und schauen über den grauen Industriefluss auf die Hafenanlagen. Manche recken die Faust – venceremos. Andere den Mittelfinger. Manche versuchen sich in der Hocke, in Rodin-Denker-Pose.

Guck nicht so komisch! Entspann dich!

Wie soll denn das gehen?

Weißt du nicht, wer du bist?

Keine Ahnung! Ich bin viele!

Wie um alles in der Welt soll Individualisierung ein Megatrend sein? Schon die Wortkombination wirkt absurd und irgendwie unnatürlich: Megatrend Individualisierung. Sind wir nicht immer Individuen, weil wir uns abheben, unterscheiden, eben keinem Trend folgen?

Auf einer weiteren Betrachtungsebene scheint das Phänomen statistisch banal: Sind wir nicht alle schon deshalb Individuen, weil unsere knapp 25 000 Gene uns eine jeweils andere Nase, Haarfarbe, Körpergröße verleihen, weil Finger, Lippen, Füße, Daumenabdrücke immer etwas Unverwechselbares haben? Wie soll das einen »Trend« konstituieren? Aber hören wir überdies nicht seit mindestens 200 Jahren von einer Phalanx von Kulturkritikern, dass »der Mensch immer anonymer, vermasster, gleichförmiger« wird?

Über Individualität lässt sich kaum ohne Vorbehalt sprechen. In Moraldiskursen dient das Wort gern als Vorwurfsvokabel. »Selbstverwirklichung« scheint für alle Probleme der Welt verantwortlich: Scheidung, Finanzkrisen, muffige Nachbarn, Atomunfälle und Global Warming. Wenn Menschen endlich nicht als Individualisten, sondern als wahre Wir-Wesen handeln würden, dann wäre alles gut. Welch ein monströser Irrtum!

Der Gruppenegoismus

Carsten De Dreu, ein niederländischer Psychologe, ist Spezialist auf dem Gebiet der Erforschung des »Kuschelhormons« Oxytocin. Diese Substanz bildet so etwas wie ein Gegenmolekül zu den »Kampfhormonen« wie Adrenalin, Testosteron und Dopamin, die uns wach und aktiv machen, unsere Konflikt- und Leistungsbereitschaft steigern. Oxytocin wird im menschlichen Körper ausgeschüttet, wenn Menschen sich in Komfortsituationen begeben. Liebe zwischen Paaren, zwischen Mutter und Kind, aber auch entspanntes Vertrauen zwischen Menschengruppen ist immer begleitet – oder verursacht – von Oxytocin-Kaskaden, die aus dem Hypothalamus gesteuert werden. So wirksam ist die Substanz, dass Zukunftsforscher wie Jeremy Rifkin sie als eine Art Grundstoff für eine »empathische Zivilisation« auserkoren haben. Sollte man einen so wunderbaren Stoff nicht gleich ins Trinkwasser geben, wie kariesvorbeugende Fluoride?

Leider könnte dies erhebliche Nebenwirkungen verursachen. Als De Dreu seinen Probanden unter Oxytocin-Einfluss Bilder von Fremden zeigte – unbekannte Menschen mit anderer Hautfarbe –, beurteilten sie diese deutlich negativer als ohne Kuschelhormon. Sie waren weitaus schneller bereit, Aggressionen anderer gegenüber den Fremden zu akzeptieren oder gutzuheißen, ja sogar zu fordern![1]

Menschen sind in ihrer anthropologischen Grundprägung in der Tat Egoisten – aber Gemeinschaftsegoisten. Wir agieren altruistisch und kooperativ gegenüber jenen Menschen, mit denen wir verwandt sind oder die wir als »die unsrigen« definieren. Dieser Sippenimpuls ist so stark, dass er auch in Situationen auftritt, in denen es kein unmittelbares Kriterium gibt, wer in welches »Lager« gehört.

Schon in den fünfziger Jahren machte Muzafar Sharif, einer der Pioniere der Verhaltensforschung, Experimente mit Jugendlichen, die er in bestimmten, scheinbar harmlosen Freizeitsituationen bei Gruppenbildungen beobachtete. Bei seinem berühmten »Camping«-Experiment bildete er zwei Gruppen aus einer Anzahl sozial heterogener Jugendlicher auf einem Campingplatz. Die »Rattlers« und die »Eagels« bekämpften sich innerhalb weniger Tage im wahrsten Sinne bis aufs Messer, obwohl es nur um so scheinbar unbedeutende Dinge wie Vereinsflaggen und »Ehre« ging. Am Ende des Experiments hatten die Gruppen völlig unterschiedliche Organisationsformen, Rituale, Symbole entwickelt. Die einen waren hierarchisch, die anderen egalitär. Die einen argumentierten mit Moral und Glaube, die anderen mit Rationalität.[2]

Dieser tief verankerte Kollektivmechanismus hat seinen Grund in der spezifischen Überlebensstrategie des Homo sapiens. Menschen sind weder gut gepanzert, noch besonders schnell, noch haben sie besonders entwickelte Krallen oder Schneidezähne. Zum Überleben sind sie auf Kommunikation und Kooperation mit Artgenossen angewiesen. Die Nachkommen bleiben lange hilflos und pflegebedürftig. Weder können Mütter für ihre Kinder allein genügend Ressourcen erobern, um die langen ersten Jahre der Kindheit zu überstehen (selbst in modernen Gesellschaften ist das sehr schwer), noch können Kinder während der ersten Jahre ohne Eltern oder Elternersatz auskommen. Alle Untersuchungen zeigen, dass soziale Isolation im Kindes- oder Säuglingsalter nicht nur Traumata hervorruft, sondern sogar das Hirn schädigt.[3] Das menschliche Bewusstsein wird nicht im Schädel produziert, sondern in einem sozialen Netzwerk.

Wir sehen unserem Gegenüber sehr schnell an, ob er »zu uns« gehört oder »zu den anderen«. Das »Handlungszentrum« im Gehirn wird innerhalb von Sekundenbruchteilen aktiviert, wenn Mitglieder einer Ethnie jemanden der gleichen Ethnie erblicken, dem Schmerz zugefügt wird. Bei Menschen mit anderer Hautfarbe oder Gesichtszügen dauert die emotionale Reaktion hingegen viel länger, und die Reaktion ist schwächer ausgeprägt.[4] Der Fachausdruck für diesen Rudel-Egoismus lautet »group selfishness« – und meint genau das: Egoismus und Wir-Gefühl sind eng miteinander verwoben. Wir sind Egoisten nicht, weil wir Individuen sind. Egoismus ist im gleichen Maße ein Gruppenphänomen!

Waren die Teilnehmer an einem Reichsparteitag der National-sozialisten Egoisten? In ihren Adern floss jedenfalls eine gefährliche Mischung aus Adrenalin und Oxytocin. Das emphatische Volks-Wir war bereit, Elend über die Welt zu bringen – und sich der eigenen Gruppe gegenüber umso fürsorglicher und solidarischer zu verhalten. Alle Massenverbrechen der Geschichte basieren auf diesem Paradox der »selektierten Empathie«. Das selbstlose Wir produziert eine Sicht der Welt, die nahtlos mit der Abwertung aller anderen verbunden ist.

Im Licht dieser Erkenntnisse müssen wir Individualität womöglich etwas anders bewerten. Der Individualist löst sich aus seinem Kollektiv-Egoismus heraus und beginnt eine Reise. Er begibt sich auf ungesichertes Terrain ganz im Sinne eines Abenteurers. Er wagt es, die Welt auch ohne den verführerischen und bergenden Schutzschild des Wir zu erfahren und zu ertragen.

Die Kultur des Zweifels

Die amerikanische Publizistin Elizabeth Gilbert hat mit ihrem auto-biografischen Roman »Eat, Pray, Love« so etwas wie eine moderne Bibel der Selbsterfahrung und Selbstwerdung geschrieben. Eine Art Grundbuch der modernen Individual-Kultur.

Am Anfang der Handlung verlässt sie ihre marode gewordene Ehe, um sich sechshundert Seiten lang nur um die eigenen Gefühle und die eigene Wahrnehmung zu kümmern. Beten. Essen. Lieben. Alles dreht sich um die Selbsterfahrung. Aber dies ist eine Schleifenbewegung, am Ende der Reise ist sie wieder bereit für eine neue Liebe.

In »Committed«, einem erzählerischen Essay über Bindung und Heirat, besucht Gilbert Jahre später mit ihrem neuen Partner ein Dorf der Hmong, einer ethnischen Minderheit in den Bergen Vietnams. Dort beschreibt sie eine Kultur, in der weder Zweifel an der eigenen Rolle noch Individualität das Leben bestimmen. Sie spürt dabei ihren eigenen nostalgischen Sehnsüchten nach Bindung, nach Unbedingtheit und Eindeutigkeit nach:

»Die Lebensauffassung der Hmong-Familien lässt sich nicht auf den Punkt ›Du bist wichtig!‹ bringen, sondern auf ›Deine Rolle ist wichtig!‹ Jeder in diesem Dorf schien zu wissen, dass es Aufgaben im Leben gibt – Aufgaben, die Männer zu erledigen haben, und Aufgaben, die Frauen zu erledigen haben. Und jeder muss sein Bestes geben, damit diese Aufgaben erfüllt werden. Wenn dies geschieht, kannst du beruhigt schlafen gehen, mit dem Wissen, dass du eine gute Frau oder ein guter Mann bist.«[5]

In der Verwunderung, in der Sehnsucht, die die passionierte Individualistin Elisabeth Gilbert hier gegenüber einer traditionalen Gesellschaft zeigt, manifestiert sich unsere innere Ambivalenz, ja das ganze Dilemma des Individualismus. Wir werden immer mehr »Eigene«. Wir treffen immer mehr eine individuelle Wahl. Aber um uns selbst als »eigen« zu spüren, brauchen wir ein Gegengewicht. Wenn es keine Norm mehr gibt, an der man zweifeln, gegen die man rebellieren kann – woran macht man dann die Kriterien des Eigenen fest?

Individualisierung, so scheint es, führt irgendwann ins Leere. In die Einsamkeit. Und genau hier zeigt sich die »seltsame Schleife« des Megatrends Individualisierung.

Leben in Knappheit – wie es bis vor Kurzem für die überwiegende Anzahl der Menschen Normalität war – bringt Individualität eher als Zufall und Randerscheinung hervor. Schon in der Steinzeit beharrte wahrscheinlich ein Mammutmaler darauf, das Ocker ganz anders auf der Höhlenwand zu verteilen als seine Zeitgenossen. Menschen sahen zum Himmel auf und erkannten sich in ihrer Eigenheit und das Wesen ihrer Existenz. In der feudalen Gesellschaft schätzte man Exzentrik »bei Hofe« als Unterhaltung – bis sie störend wurde und man den Hofnarr in den Kerker warf. Sonderlinge und Abweichler werden in jeder Dorfgemeinschaft bis zu einem gewissen Grad geduldet – solange sie keine Kosten verursachen oder die kollektiven Gewissheiten allzu sehr irritieren.

Individualität als breites gesellschaftliches Motiv beginnt jedoch erst in der Wohlstandsgesellschaft. Erst wenn der Mangel überwunden ist, wird »Individuation« zur sozialen Technik, zum gestaltbaren Prozess. Ihre Heimstatt ist eine Kultur der Wahl. Wenn man nicht heiraten muss, um zu Hause ausziehen zu können. Wenn man den Bildungsweg wählen kann. Den Wohnort. Den Beruf. Den Partner. Wählen muss. Dann beginnt Individualität, die Menschen zu formen.

Aber Individualisierung ist eben nicht nur ein Resultat von Wohlstandsgewinnen, sondern auch eine Kulturtechnik. Sie bedingt und bedeutet, dass wir uns selbst nicht nur als Ursache von Erfahrungen, sondern auch als Objekt von Veränderungen sehen. Individualismus, also ein »Hang zum Selbstgefühl«, kann schon dort entstehen, wo wir uns als »Andere und Eigenständige« empfinden. Aber wahre Individualisierung fängt erst dort an, wo wir beginnen, uns selbst zu formen und zu verändern. Aber wie weit ist das überhaupt möglich? Und unter welchen Bedingungen gelingt es?

Die Propaganda des Ich

Spätestens seit der Renaissance schauen Menschen nicht mehr nur durch Altarbilder in eine transzendente Welt. Sie betrachten auch sich selbst, sehen in einen Ich-Spiegel, der zunächst die Kunstform des Porträts annimmt. Die sitzenden, ruhenden, dem Betrachter zugewandten Menschen der Künstler des 15. und 16. Jahrhunderts faszinieren uns heute noch. Die uns offen anblickenden Gesichter stellen eine historisch neue und einmalige Frage: Wer bin ich – und wie unterscheide ich mich von allen anderen?

Die erste heiße Phase des Individualisierungstrends beginnt Mitte des 19. Jahrhunderts, im »Zeitalter der Biografien«. Menschen werden mit ihren inneren Konflikten und Entscheidungsnöten geschildert. Eine Literatur der Innenwelt entsteht. Im klassischen »Tugend-Roman« wird Individualität noch als temporäre Abweichung von Bindungsprozessen chiffriert, wonach Läuterung und Rückkehr folgen. Die »Sturm und Drang«-Literatur handelt vom Abbau eines emotionalen Überschusses durch persönliche Katharsis. Ganze Heerscharen von Protagonisten wenden sich nach pubertären »Irrungen und Wirrungen« einem nüchternen und bescheidenen Leben zu; sie werden »vernünftig« und passen sich schließlich in die ihnen bestimmten sozialen Rollen aus Einsicht ein. Die klassischen Entwicklungs- und Reise-Romane wie Goethes »Wilhelm Meister«, das Ehedrama der Effi Briest, die Irrungen und Wirrungen der Brontë-Sisters lassen das Ende schon offener. Aufbrechen, um zurückzukehren, wird abgelöst von Aufbrechen, um woanders anzukommen.

In den fünfziger Jahren des 20. Jahrhunderts wird der Rebell, der Außenseiter und Abweichler schließlich zur neuen Leitfigur – nicht zufällig geschieht das in der ersten Phase des Massenwohlstands. Besonders das Medium Film ergreift nun bedingungslos Partei für das rebellische Ich. In Filmen wie »Denn sie wissen nicht, was sie tun«, »Easy Rider« oder »The Wild One« wird das Jugend-Ego, das allen Normen entflieht, gefeiert. Moderne Helden verlassen nun völlig den Orbit der Konventionen. Kaum ein Film hat diesen Prozess so radikal und visionär inszeniert wie Stanley Kubricks »2001 – Odyssee im Weltall«. Der junge, obercoole Astronaut entkommt dem irdischen Spießertum durch Millionen Kilometer Distanz. Um am Ende seiner Reise der Unsterblichkeit zu begegnen. Weggehen, um zu transzendieren.

Vom Ende der sechziger Jahre an gibt es praktisch kein Drehbuch, keine Choreografie, keinen Fernsehfilm, keinen Jugendroman, in dem der Einzelne, der Außenseiter, der Rebell nicht den moralischen Sieg davontragen würde. Es beginnt die Ära der Querköpfe, Knorrigen, Kautzigen, Widerborstigen, der Neinsager, Zweifler, Freaks, der Andersartigen, Perversen und Interessanten. Anpassung ist schlecht, Anderssein gut. Man vergleiche »Hanni und Nanni« mit »Pippi Langstrumpf«. Man lese den »Kleinen Prinzen« oder Michael Ende oder »Harry Potter«. Man sehe die »Sendung mit der Maus« oder »Sesamstraße«. »Sei Du selbst!« ist das große, allgegenwärtige, durchdringende, fast schon totalitäre Mantra unserer Tage.

Auf seltsame Weise ist Individualität heute ein Kollektivphänomen. Jeder will ein Individualist sein, auch der, der bei Aldi einkauft und mit tausend Leuten auf die Kreuzfahrt geht.

Der Soap-Effekt

»Für meinen Chef eine Enttäuschung. Für meine Alten der falsche Vater. Für mich der reinste Segen!« So lautete der Text auf einer doppelseitigen Anzeige in einer großen deutschen Illustrierten im Jahr 2011. Gezeigt wird eine Frau in deutlich mittlerem Alter – um die 40 –, die mit einem süßen Baby schmust. Ihrem Baby. Gleich vier Normen werden hier bewusst verletzt. Das Heiratsgebot. Das Junge-Mütter-Gebot. Das Du-sollst-die-Eltern-ehren-Gebot. Das Du-sollst-Kinder-nicht-als-Selbstverwirklichung-missbrauchen-Gebot. Man stelle sich diese Anzeige vor einem halben Jahrhundert vor! Die Botschaft der Ichwerdung ist längst in der Mitte der Gesellschaft angekommen.

Der amerikanische Autor Steven Johnson hat in seinem Buch »Everything Bad Is Good for You« die Spiegelungsfunktion der »Trivialmedien« herausgearbeitet. Vor allem das vielgescholtene Massenmedium Fernsehen, so Johnson, ist in Wahrheit ein Individualisierungs-Generator. In einer wunderbaren Reportage der Zeitschrift »National Geographic« wird dieser Effekt am Beispiel des sozialen Wandels in Südamerika beschrieben. In jenen urbanen Regionen Brasiliens, wo die Einschaltquote für die Telenovelas, die typischen südamerikanischen Herz-und-Schmerz-Serien, besonders hoch war, fiel die Geburtenrate innerhalb nur eines Jahrzehnts ins Bodenlose, während das Heiratsalter der Frauen gewaltig anstieg. Aus den traditionellen Acht-Kinder-Familien wurden in historisch einmaliger Geschwindigkeit jene Ein- bis Zwei-Kind-Mittelschichtfamilien, die den Kern der neuen Individualkultur bilden. In den Telenovelas wird, ähnlich wie in den Bollywood-Filmen, all das dramatisch verarbeitet, was die Kulturtechniken der Individualisierung ausmacht: Wohlstand, Aufstieg, Karriere (auch der Frauen), Ausbruch aus engen sozialen Verhältnissen, Konsum, Eigensinn. Hier entstehen die Rollenmodelle der selbstbewussten Frauen, die sich für einen Mann und gegen eine Familie, oder umgekehrt, entscheiden, die sich durchkämpfen gegen Widerstände und Vorurteile. Hier wird die romantische Liebe als Gegenentwurf zu den Traditionsbindungen der Großfamilie gefeiert.[6]

Massenkultur und Individualisierung schließen sich nicht aus – im Gegenteil. Warum sind die »Royals«, die königlichen Familien, in einer säkularen und eher demokratischen Welt immer noch so beliebt? In diesen Familien wird uns ein immerwährender Konflikt zwischen sozialem Status (Wir, Pflicht, Repräsentanz) und den abweichenden Impulsen des Ich (Normalsein, Fremdgehen, Lustprinzip) vorgespielt. Ob sich die junge Kate protokollkonform verhält, ob Prinz Soundso an Depressionen leidet und eine Liaison beginnt, ob das Fürstenpaar sich liebt oder aneinander leidet, interessiert uns als Symboldrama, um das eigene Verhalten zu reflektieren. Die Royals zeigen uns Individualisierungsprobleme live und in Farbe: wie aus Traditionen Entscheidungszwänge werden, aus Normen Dilemmata, aus Gewissheiten Probleme.

Der Ursprung dieser Funktion der Massenmedien liegt in unserer sehr menschlichen Lust am Beobachten unserer Mitmenschen. Das Fernsehen macht im gigantischen Stil möglich, was wir seit Jahrmillionen an Lagerfeuern getan haben: schauen, was die anderen tun. Was wird im »Proll-TV«, in den Schrei- und Versöhnungs-Shows des Nachmittagsprogramms anderes gezeigt als Individualisierungstechniken? »Hannas Freund hat sie betrogen – soll sie ihm verzeihen?« »Darf man die beste Freundin anlügen?« Millionen Menschen sehen zu, wenn Hilka und Gerhard ihr Eheproblem vor laufender Kamera aussortieren, wenn Lastwagenfahrer Udo gesteht, er stehe auf SM-Sex, seine Frau möge das aber nicht. Und die Moderatorin summt: »Ihr müsst schon eure Gefühle zeigen lernen, wenn ihr weiterkommen wollt!«

Die größte Vorabendserie im deutschen Fernsehen, die »Lindenstraße«, ist eine einzige Schulungsanstalt für Ich-Techniken. In dieser Spiegelwelt wohnen »ganz normale« Familien mit Kindern und Doppelnamen – die Beimer-Schillers, Beimer-Zieglers und Zenkers – sowie auch Paare ohne Kinder und dazu Wohngemeinschaften. Es gibt eine Arztpraxis, das griechische Restaurant »Akropolis« und einen Supermarkt. In der angrenzenden Kastanienstraße befinden sich das Pralinengeschäft »Kakao«, das italienische Feinkostgeschäft, das »Café Bayer« und das Reisebüro »Träwel und Iwends«. In der

entgegengesetzt angrenzenden Ulrike-Böss-Straße ein Kinocenter
(»Astor«), ein weiteres Café und ein Friseursalon. Es geht um Kiffen
und Pubertät, um Scheidung und Ehebruch, um Ausländer und
Inländer, Gewalt und Friedensbewegung, um Schwulsein und Krankheit, um Ausbruch, Einbruch, Abbruch, Trennung. Also um alles,
was nicht mehr funktional, normal, harmonisch, kollektiv verläuft.
Plötzlich verführt die brave Ehefrau den biederen Nachbarn, und
die beiden werden im Hausflur vom Sohn in flagranti erwischt. Eine
böse Scheidung ist die Folge, über die alle unentwegt räsonieren und
mitleiden. Die Scheidung führt zu einem anderen, schwierigen, aber
womöglich glücklicheren Leben. Jeder in diesem narrativen Universum hat unentwegt »Arbeit am Selbst« zu leisten. Gleichzeitig ist die
Lindenstraße aber eine Straße der Hoffnung. Auch eine Behinderung
ermöglicht ein erfülltes Leben. Tröstlicher und plastischer kann die
Botschaft der Individualisierung nicht daherkommen.

In den letzten Jahren kommen, besonders aus den USA, neue
Serien auf den Fernsehmarkt, die die Zurschaustellung der Indiv-
dualität noch ein Stück weiterdrehen. Ihre Helden überschreiten
die Grenze zum Borderline-Dasein. Tara, die multiple Persönlichkeit aus »Taras Welten«. Der Autist Max aus »Parenthood«. Der
neurotische Forensiker »Dexter«. Der drogendealende Lehrer aus
»Breaking Bad«. Sind wir nicht alle ein wenig verrückt auf unserem
Weg zum Selbst?

Kulturelle Unterschiede

Wenn in Tokio jemand einen anderen in der U-Bahn anrempelt,
steigt der Adrenalinlevel des Betroffenen kaum. Wenn dasselbe
in New York, Berlin oder Paris passiert, gehen die körperlichen
Alarmsirenen an.

Wenn in Japan ein Atomkraftwerk explodiert, steigt in deutschen
Wohnzimmern der Blutdruck. Anders in Japan. Die Japaner haben
in einem jahrhundertelangen Kulturprozess gelernt, dass »Katastrophe« bedeutet, Ruhe zu bewahren. Nach Hause zu gehen. Reis
zu kochen. Und besonders hilfsbereit zu sein und fürsorglich zu
den Nachbarn.

Das Verhältnis zwischen Gruppe und Einzelnem wird in verschiedenen Kulturen sehr unterschiedlich definiert, jede entwickelt eine eigene Auffassung von Individualität. Das hat nicht nur mit Wohlstand und »Entwicklungsstand« zu tun. Die islamische Kultur bewertet Individualität auch dort anders, wo wirtschaftliche Prosperität herrscht. In der asiatischen Kultur gilt der Rebell nur etwas, wenn er ein ausgezeichneter Kung-Fu-Kämpfer ist – und den Bösewicht bestraft, damit die »ewige Ordnung« zurückkehrt. Innerweltlichkeit wird durch Ritualisierung, nicht durch Rebellion und Konflikt ausgedrückt. Grob vereinfacht: Im Westen konstituiert sich die Gesellschaft aus dem Individuum. Im Osten das Individuum aus der Gesellschaft. Solche Prägungen haben tiefe anthropologische Wurzeln, sie wurden über Hunderte von Generationen eingeübt und verinnerlicht. Und doch unterliegen auch solche Gesellschaften in der modern-medialen Spiegelungskultur dem Wandel und mit ihnen das Verständnis von Individualität.

Wer in Tokios Innenstadt unterwegs ist, begegnet schrillen Äußerungen von Individualität, die uns narzisstisch-überzogen oder auch sehr intim vorkommen, in Japan aber vor allem einen Bruch mit Uniformität und Tradition bedeuten. Jugendliche mit weiß gemalten Gesichtern, als wären sie Gothic- oder Punkanhänger, phantasievolle bis phantastische Verkleidungen – bei denen die Männer auch mal pinkfarbene Röcke anhaben.

Die Sehnsucht nach Eigenheit und Eigensinn, nach dem Erfahren des Selbst, ist ein universeller menschlicher Code. Tempo und Art der Prozesse, die sie hervorrufen, mögen völlig unterschiedlich sein. Trotzdem finden wir schon in alten Wikinger-Liedern Muster der Selbstreflexion, die sich in modernen Konsumgesellschaften zur Selbstfindungs-Psycho-Literatur verdichten. Etwas in der menschlichen Grundkonstruktion treibt uns immer wieder über die Grenzen des »Wir« hinaus, in einen Bereich, in dem nur wir allein gegen den großen Drachen kämpfen können. Nur »wir« ganz allein.

Das multiple Ich

Der Evolutionspsychologe Robert Kurzban zeigt in seinem Buch
»Why Everyone (Else) is a Hypocrite«[7] (Warum jeder – außer mir –
ein Heuchler ist) auf, warum viele Menschen, auch und gerade
kluge Menschen, niemals völlig konsistent handeln. Wir wählen
grün und fahren große Autos, wir lieben Treue und begehren
dennoch, wir schimpfen auf Politiker wie die Rohrspatzen und
erwarten von der Obrigkeit allen nur erdenklichen Komfort. Wir
glauben, dass die Menschheit verloren ist, weil jeder zu viel verbraucht, und geben auf der Autobahn richtig Gas. Und vor allem:
Wir merken noch nicht einmal, wie bigott wir eigentlich sind!

Das menschliche Gehirn ist von der Evolution nicht als kon-
sistente, statische Einheit konstruiert worden. Die verschiedenen
limbischen, kognitiven Erregungs- und Speichersysteme sind ent-
wicklungsgeschichtlich in verschiedenen Phasen und für bestimmte
Zwecke entstanden. Angstwahrnehmung, Bildverarbeitung, Gier,
Wollen, Gefühl, »Sinnproduktion«, all das ist in unterschiedlichen
Hirnzentren und -arealen untergebracht. Diese »Module«, so nennt
Kurzban die Repräsentanten der multiplen Hirnlogik, befinden sich
in einem ständigen Streit:

Hirn 1 an Körper: »Steig in dieses wunderbare Auto und gib Gas,
das wird dir guttun – ich versorge dich mit Endorphinen!«

Hirn 2 an Hirn 1: »Bist du verrückt? Willst du den Planeten vernichten und deine Nachkommen töten?«

Hirn 3: »Das könnte aber auch ein paar PS mehr haben und von
einer anderen Marke sein, damit du im Konkurrenzkampf einen
Vorteil erlangst und dich besser fortpflanzen kannst.«

Hirn 4: »Fortpflanzung ist idiotisch. Zu viel Energieaufwand.
Verschieben wir auf später!«

Was wir »Persönlichkeit« nennen, ist in Wirklichkeit ein Streit-
gespräch. Im günstigsten Fall ein Konzert. Meistens eine Kako-
phonie. Wann hört das auf? Nicht, wenn wir endlich »uns selbst
gefunden haben«. Sondern wenn wir tot sind. Wir sind nicht nur
viele. Wir sind ich, weil wir viele sind! Bewusstsein ist nichts als
eine seltsame Schleife der Selbstbeobachtung unseres Hirns. Jeder

von uns führt diese Auseinandersetzungen in sich den ganzen Tag hindurch, und wenn er es nicht tut, ist es vermutlich nicht sehr anregend, mit ihm umzugehen. Genau diese »Multiphrenie« macht unser menschliches Wesen aus. Im Endeffekt können wir auch nur über Moral streiten, weil wir diese Widersprüchlichkeit besitzen. Und am Ende ist die Idee eines »integrierten Ich«, die Grundidee aller Psychologie, allenfalls eine Not- und Hilfskonstruktion. Es geht vielmehr darum, das Ich-Orchester spielen zu lassen, ohne vor möglichen Misstönen davonzulaufen.

Das Selfness-Prinzip

Zu einer reifen, erwachsenen Individualität benötigen wir Kulturtechniken, die ich hier als »Selfness-Kompetenzen« bezeichnen will. Dabei sind folgende Schritte besonders wichtig:

Den eigenen Schatten verstehen: Jeder Mensch bekommt von seinen Eltern einen »Goldenen Topf« mit auf den Weg. Einen Lebenskredit an Zuneigung, Vertrauen, Zuwendung. Ist dieser Topf allzu klein oder durch Paradoxien vergiftet, durch Schicksalsschläge beschädigt, wächst man mit einem »Paket der Angst« auf. Niemand (oder kaum jemand) wird von innerer Unsicherheit verschont, von Brüchen der Seele, die Folge früher bedrohlicher Erfahrungen sind. Bei vielen Menschen nimmt diese Verletzung das Ausmaß eines Traumas an. Ohne Arbeit am Selbst wird diese Verletztheitserfahrung zu einem schwierigen, manchmal gefährlichen Erbe für die Um- und Nachwelt. Durch Neurosen, durch Machtausübung, durch passive und aktive Aggression läuft der »kompensatorische Mensch« Gefahr, seine Mitmenschen zu schädigen. Fast alle Vergewaltiger und Mörder wurden in ihrer Kindheit missbraucht oder misshandelt. Kindheitsverletzungen werden normalerweise auf die eigenen Kinder übertragen – und dadurch ewig perpetuiert.

Das eigene Element entwickeln: In der zweiten Stufe geht es um jene geheimnisvolle Substanz, die unser inneres Wesen ausmacht. Das, worin unsere wirkliche Sehnsucht liegt. Die Kraft, die uns als Individuum von allen anderen unterscheidet. An diesem Punkt geht es eben nicht mehr nur um Wahrnehmung und Selbstdefinition. Sondern um Handeln. So wichtig Selbstreflexion sein mag, auf Dauer können wir unser authentisches Ich nur im Handeln finden. In einer Kunst, die nur wir so beherrschen. In einem Beruf, der ganz zu uns gehört. In einer Berufung für eine höhere Aufgabe, in die wir unsere Energie stecken. In einem realisierten Talent.

Emotionen zu Gefühlen transformieren. Nach António Damásio, dem derzeit wohl bekanntesten Kognitions- und Hirnforscher, unterscheiden sich Emotionen von Gefühlen. Emotionen sind durch die Evolution geformte Abläufe in unseren endokrinen Systemen; automatisierte Programme, die uns zu Handlungen der Vermeidung oder des Gewinns veranlassen sollen. Angst, Wut, Scham, Ekel. Gefühle hingegen sind emotionale Wahrnehmungen in Korrelation mit Gedanken, Wertungen, Einordnungen. Individualisierung bedeutet als »mentale Kulturtechnik«, dass wir unsere Emotionen in eine Selbstwahrnehmung einbetten, einhegen, ohne sie zu »überwinden« oder nur zu »kontrollieren«. Reife Individualität bedeutet zum Beispiel, dass ich Angst empfinden kann, ohne »Angst zu sein«, oder Wut empfinden kann, ohne diese Emotion absolut zu setzen. Wenn man so will: Gefühle sind bewusste Emotionen. Die Umformung von Emotion und Gefühl ist so etwas wie die Grundtechnik der Individualisierung.

Die Choreografie schreiben: Individualisierung bedeutet, seine Entscheidungen zu verantworten. Und Entscheidungen schließen immer andere Optionen aus. »Wie schade, dass man die wichtigsten Entscheidungen des Lebens, Beruf und Lebenspartner, nicht am Ende des Lebens trifft«, formulierte einst George Bernard Shaw. Aber »richtige« Entscheidungen wird es nie geben. Wir können jedoch eine Haltung entwickeln, die die Nichtreversibilität anerkennt, aber das Scheitern und auch den Zufall zulässt: »Ich habe geheiratet, diesen Job angenommen, mich scheiden lassen. Ich habe Antworten auf meine Fragen bekommen, aus denen sich neue Fragen ergeben. Heute stehe ich an diesem Punkt und werde versuchen, zu verstehen, was das bedeutet …«

Das Netzwerk formen: Individualität heißt schließlich, die Bedeutungen der sozialen Bindungen zu verstehen. Jeder Mensch hat ein Netzwerk, das ihn am Leben erhält. Dieses Netzwerk existiert selbst, wenn die Personen, die seine Knotenpunkte bilden, tot oder nicht anwesend sind. Individuen sind wir nur im sozialen Raum, in der Rückkopplung mit anderen – andernfalls sind wir Monaden, isolierte Einheiten, die keine Vorstellung von sich selbst entwickeln können. Individualisierung besteht in einem Schleifenprozess. Weggehen – und ankommen. Weggehen, um anzukommen. Sich lösen, um sich zu binden.

Aber verfügen Menschen über genügend Selbstveränderungsfähigkeiten? Sind »wir« überhaupt in der Lage zu jener Kulturtechnik, die Individualisierung im Kern ausmacht: erfolgreiche Lebenssteuerung? Der Standard-Negativsatz lautet: Sind wir nicht alle in einer immer komplizierter werdenden Welt als Individuen völlig überfordert?

In Wahrheit ermöglicht uns erst eine »komplizierte Welt« den Prozess der Selbstfindung. Denn eine einfache, unkomplizierte, nicht widersprüchliche Welt würde uns noch nicht einmal auf den Gedanken kommen lassen, dass wir andere werden könnten! Das Missverständnis – und die Überforderung – entsteht immer da, wo ein elitärer Individualismusbegriff entsteht. Das Ziel von Individualisierung kann nicht das alte, heroische Ich-Ideal sein, worunter man ehedem einen »konsistenten Charakter« verstand, ausgestattet mit »stählernem Willen« und dem Anspruch, allezeit vollständig über Entscheidungsgewalt zu verfügen.

Der Woody-Allen-Kosmos deutet uns die Individualisierung als eine ständige Folge von Irrungen. A. hat sich in E. verliebt, weil sie sich von F. nicht geliebt fühlt, E. aber treibt es mit einer alten Freundin von ihr, der sie gerade einen lebenswichtigen Gefallen getan hat. Der unzufriedene Ehemann X. schaut aus dem Fenster sehnsuchtsvoll auf die schöne Nachbarin im roten Kleid; als er sie in einem Slapstick-Drama erobert hat, zieht er bei ihr ein. Nur um dann, von der anderen Seite des Hofes sehnsuchtsvoll auf seine Ex-Ehefrau zu schauen. Individualität, so wird uns hier suggeriert, ist die Verwandlung des Lebens in eine Abfolge tragikomischen Scheiterns. Da in der modernen Welt der Freiheit alles eine Entscheidungsfrage wird, spielt der Zufall schließlich die entscheidende Rolle. Wo wir alles entscheiden können und müssen, bleibt am Ende immer nur die Sehnsucht nach dem, was gerade nicht ist. Denn jede Entscheidung macht unwiderruflich eine andere zunichte. Dagegen hilft nur der Humor. Humor bringt uns mit der Welt wieder ins Reine. Humor ist in der Tat die womöglich wichtigste Selfness-Technik. Wer Humor hat, kann die ewigen Widersprüche der Welt erlösen, indem er sie auf eine höhere Ebene transformiert – die der Gelassenheit.

Die Paradoxie der Individualisierung lässt sich also nur durch Re-Kombination überwinden. Alle Menschen, unabhängig von ihrer Kultur, werden von zwei grundlegenden psychologischen Bedürfnissen angetrieben: Verbundenheit und Autonomie. Individualisierung kann aber nicht das Eine zugunsten des Anderen auflösen. Egoismus und Narzissmus sind letztlich missglückte Individualisierungen, denn als genuin soziale Wesen können wir das eigene Wesen nur im Spiegel der Anderen erkennen. Das Ich benötigt ein Wir, um sich zu finden. Umgekehrt benötigt ein echtes Wir – etwa in der Liebe – ein starkes Ich. Deshalb ist der Megatrend Individualisierung Bedingung und Grundlage für den vielleicht wichtigsten aller Megatrends. Wir nennen ihn Connectivity – die große Verbundenheit.

9 Das neue Altern

Als Trendforscher beschäftigt man sich tagein, tagaus mit Trend-
linien, die in »LURO-Logik« (»Links Unten nach Rechts Oben«)
verlaufen. Etwas wird mehr. Aber oft erweisen sich die Trendannahmen, die aus solchen Datenreihen folgen, als trügerisch
oder zumindest unvollständig. Es geht um den Ausschnitt der
Betrachtung. Ab einem gewissen Punkt werden alle Geraden zu
Kurven. Ab einem gewissen Sättigungsgrad haben die linearen
Trends einen »Tipping-Point«, einen Punkt, an dem die Entwicklung kippt.

Wirklich alle?

Ein wichtiges soziokulturelles Phänomen scheint dieser Faustregel einstweilen zu trotzen: die statistische Lebenserwartung.
Jedes Jahr steigt die Lebenserwartungszeit, also die Spanne, die
ein durchschnittliches Leben umfasst, im Durchschnitt um 8 bis
12 Wochen. Die Kurve, die sich daraus ergibt, ist keine Kurve, sondern eine Gerade. Eine brettgerade Gerade. Seit über einem Jahrhundert. Und kein Anzeichen einer Krümmung ist in Sicht.

In 186 von den (derzeit) 194 Ländern der Erde ist dies der Fall.
Auch in bitterarmen Ländern wie Mali, Sudan, Äthiopien, dort
von einem niedrigeren Niveau ausgehend. Die einzigen Ausnahmen bilden die Sonderfälle der »Failed States«, Kongo etwa oder
Somalia, oder Länder mit »speziellen Problemen«, wie Russland.
In Südafrika wirken der Aids-Effekt der Steigerung von Lebenserwartung entgegen und wohl auch die Gewaltprobleme dieses
Landes. In Russland scheinen schlechter Wodka und die polarisierte Gesellschaft der Grund dafür zu sein, dass Männer in
den letzten Jahrzehnten einige Jahre Lebenserwartung verloren
haben.

Jedes Jahr werden also auf unserem Lebenskonto einige Wochen gutgeschrieben. Aus subjektiver Sicht lässt sich dieses Phänomen mit dem »Verschobener-Horizont-Syndrom« illustrieren. Ein männlicher Erwachsener von 40 Jahren hat heute (2010) eine Lebenserwartung von 74 Jahren. Also noch 34 Jahre vor sich. Während er altert, rückt jedoch sein statistischer Todeszeitpunkt weiter in die Ferne. So dass sein statistisches Todesalter bei rund 84 Jahren liegen wird. Er stirbt »im Durchschnitt« also nicht im Jahr 2044 (wie es die Lebenserwartung zu seinem Geburtszeitpunkt nahelegen würde), sondern 2054. Er bekommt zehn Jahre Bonus. Jedes Jahr, das vor ihm liegt, «dehnt« sich zu einem Jahr und etwa zweieinhalb Monaten.

Würde sich die Entwicklung fortsetzen – und dafür spricht mehr, als man denkt –, wird die Hälfte der im Jahr 2010 Geborenen 99 Jahre alt werden![1]

Die meisten Menschen finden diesen Trend nicht wirklich positiv. Denn es kommt ja nicht darauf an, wann wir sterben. Sondern wie wir leben. Ein Lebensalter von 100 Jahren scheint bisher jeden-

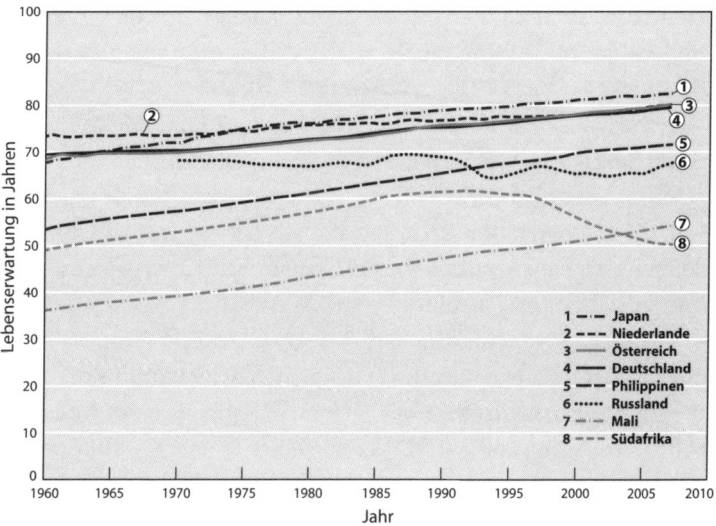

Die durchschnittliche Lebenserwartung in ausgewählten Ländern im Zeitverlauf (Quelle: data.worldbank.org)

falls nicht besonders erstrebenswert, das Bild des eingeschränkten, gebrechlichen 100-Jährigen ist übermächtig.

Aber es gibt ja auch statistische und systemische Einwände gegen diese Prognose. A trend is a trend – but when does it bend? Was könnte den Trend zur stetigen Verlängerung der Lebensspanne beenden?

1. *Systemische Krankheiten.* Muss nicht die Zunahme von Zivilisationskrankheiten wie Diabetes, Übergewicht, Koronarkrankheiten (summiert unter »metabolisches Syndrom«), Krebs die statistische Lebensspanne irgendwann rückläufig machen? Schließlich lesen wir immer wieder Horrormeldungen über eine ständig dicker werdende, zivilisationskranke, multimorbide Bevölkerung. Doch erstaunlicherweise finden sich für diesen Effekt kaum Anzeichen. In vielen Wohlstandsländern sinken heute sogar die Herztodrate oder die Häufigkeit des Schlaganfalltods, obwohl der Anteil der Übergewichtigen steigt. Für einige schwerwiegende Krankheiten, wie etwa Krebs, gibt es (langsam) bessere Überlebenschancen. Menschen in Wohlstandsgesellschaften überleben offenbar auch ihre Zivilisationskrankheiten immer länger, während in den Schwellenländern durch einfache medizinische Verbesserungen noch starke Zuwächse bei der Lebenserwartung möglich sind.

2. *Kriege und Kulturzusammenbrüche.* Kriege können die Lebenserwartung statistisch nach unten drücken – allerdings nur für eine gewisse Zeit und in einem oft viel geringeren Ausmaß als vermutet. Nach Friedensschluss setzte die statistische Lebenserwartung in den meisten Fällen wieder dort an, wo sie ohne Krieg gelegen hätte. Anders sieht es im Fall eines Genozids aus.

Die Frage, wie wahrscheinlich Kriege mit vielen Millionen Toten oder planetare Giga-Naturkatastrophen in der Zukunft sind, kann hier nicht beantwortet werden. Statistisch ist jedoch der Kriegstod seit vielen Jahren auf dem Rückzug. Terroristische Konfliktformen haben, selbst wenn man gravierende Ereignisse annimmt, eher wenig Einfluss auf die kollektive Lebenserwartung. Stetig sinkt die Anzahl der Menschen, die durch menschliche Gewalt ums Leben kommen, und das ist seit vielen Jahrzehnten so.

In den boomenden Schwellenländern, in denen die meisten Menschen auf diesem Planeten leben (vor allem China, Indien, Brasilien, Türkei, Indonesien), liegen die Lebenserwartungen heute nur noch drei bis sechs Jahre unter dem Niveau Europas (und fast gleichauf mit den USA). Wirtschaftskrisen müssten apokalyptische Ausmaße annehmen, um die Lebenserwartung zu beeinflussen. Ein mäßiger Rückgang des Bruttosozialprodukts hat sogar, wie jüngste Erfahrungen aus der Finanzkrise zeigen, einen eher positiven Einfluss auf das Gesundheitsverhalten in den Wohlstandsnationen. In Wirtschaftskrisen wird weniger Alkohol getrunken (erstaunlicherweise), mehr zu Fuß gegangen und mit dem Fahrrad gefahren. Und mehr zu Hause gekocht.

3. »*Die Umwelt*«. Viele Annahmen der vergangenen Jahre postulierten lebensverkürzenden Folgeschäden der Umweltverschmutzung. Diese Befürchtungen haben sich nur in wenigen regionalen Ausnahmen bestätigt. In den Industrieländern der ersten Stunde, in denen die Schlote längst nicht mehr rauchen, verbessert sich die Schadstoffbelastung von Wasser und Luft enorm, die viel zitierten »Supergifte« scheinen weniger toxische Wirkung zu haben, als in der Zeitung stand. Ausnahmen sind heute asiatische Großmetropolen, über denen ein Smog-Schleier hängt wie über London und Paris vor 100 Jahren. Doch die Investitionen in grüne Technologien werden auch in Indien und China greifen. Technologien für Wasser- und Luftreinhaltung stehen heute in einem viel breiteren Ausmaß zur Verfügung als zu Beginn der (europäischen) Industrialisierung. Selbst in indischen Slums lebt man heute länger als in den Hinterhöfen von Berlin oder London im 19. Jahrhundert, was vor allem mit dem Zurückdrängen epidemischer Krankheiten zu tun hat.

4. *Die Erreichung eines »natürlichen Plateaus«*. Schließlich könnte der Anstieg der menschlichen Lebenserwartung schlicht durch eine natürliche Grenze gebremst werden. Über ein gewisses Maß ließe sich die Lebenszeit einer Population einfach nicht steigern. Von da an würde die Bevölkerung nur noch kränker und morbider. Gesetze zur Freigabe der »Alterseuthanasie« würden diskutiert,

und viele würden den freiwilligen Suizid um die 90 einem Siechtum vorziehen.

Die »natürliche Lebensgrenze« – bis dorthin kann man seine vier Gliedmaßen, wenn man Glück, gute Gene und eine robuste Natur hat und am richtigen Ort lebt, noch ganz gut beieinander haben – liegt nach dem heutigen Stand der medizinischen Wissenschaft bei etwa 115 Jahren. In diesem Alter haben sich die Telomere – Abschnitte an den Chromosomenenden, die diese bei der Replikation vor dem Verlust von Genen schützen – auch bei den Zählebigen erschöpft. Es mag zwar gelingen, immer mehr Menschen an diese Grenze heranzuführen. Und es wird immer einzelne Ausreißer geben – Methusalem-Pioniere, die neue Altersrekorde brechen. Aber wir müssen uns eingestehen: Die Helden der Langlebigkeit sind nicht allzu schön anzusehen, wenn sie zitternd auf ihren 115. anstoßen. Niemand möchte sterben. Aber niemand möchte so alt werden. Wenn man ehrlich ist.[2]

Das Überlebens-Prinzip

Alte, auch sehr alte Menschen gab es immer schon. Selbst in den Jäger- und Sammlergesellschaften fanden sich Methusalems. Im Kontext der alten, der tatsächlichen Risikogesellschaft – vergleicht man sie mit heutigen Lebensrisiken – waren diese Alten Überlebende. Sie hatten schlichtweg Glück, dass Krankheiten, Verletzungen, Mord und Totschlag sie nicht getötet haben. Sie konnten sich irgendwie »durchschlängeln«.

In der modernen Gesellschaft wird dieses Durchschlängeln zu einer größeren Bewegung. 5000 Menschen feiern im Jahr 2011 ihren 100-jährigen Geburtstag in Deutschland, gegenüber rund 500 im Jahre 1960. In Frankreich sind es sogar 15 000. Gemessen an den Alterskohorten der heute 90-Jährigen und der nach wie vor linearen Sterbestatistik werden es im Jahr 2050 50 000 sein, für Frankreich schätzt man eine Zahl von 180 000![3]

Die Altersforschung sagt uns, dass es so genannte »stabile Plateaus« im Alterungsprozess gibt. Wir verfallen nicht kontinuierlich, sondern in Schüben. Zwischen 60 und 75 erleben viele Menschen einen relativ langsamen Rückgang ihrer körperlichen Fähigkeiten, abhängig von ihren geistigen und körperlichen Aktivitäten. Wenn man erst mal die 90 erreicht hat und gut beieinander ist, kann dieser Zustand durchaus viele Jahre anhalten. Etwa die Hälfte der Hundertjährigen ist gesundheitlich stabil. Man hat dann die Krankheiten überlebt, die einen bis dahin umbringen könnten. Jede kommende Krankheit wird einen allerdings mit höherer Wahrscheinlichkeit umbringen als alle anderen zuvor.

Kollektive Alterung ist also das nüchterne Ergebnis eines multifaktoriellen »Überlebenstrends«, der durch Hygiene, bessere Ernährung, mehr Sicherheit und Frieden, durch medizinische Fortschritte und allgemeine Verbesserungen der Lebensumwelt entsteht. Kinder verhungern – abgesehen von Krisengebieten und den nach wie vor ärmsten Ländern der Erde – nicht mehr, und sie sterben auch so gut wie nicht mehr an Komplikationen und Krankheiten. Da gegen viele Krankheiten geimpft wird, führen Kinderkrankheiten in geringerem Maß zu Folgeschäden, durch die man im mittleren Alter einer simplen Grippe oder einer Lungenentzündung zum Opfer fällt. Ein komplexes, eingespieltes Gesundheitswesen verhindert unentwegt, dass wir vor der Zeit das Zeitliche segnen – rund um die Uhr, unter erheblichem Kostenaufwand. Schwere Infektionskrankheiten werden seit rund einem halben Jahrhundert durch Antibiotika frühzeitig beendet. Viele Krankheiten, die das Leben radikal verkürzten – etwa das Kindbettfieber, die Tuberkulose, der Wundbrand –, sind heute nahezu ausgerottet. Um 1900 starben Menschen in Europa noch überwiegend an Epidemien – Pocken, Grippe, Diphtherie, Cholera, Typhus –, die auch in Friedenszeiten grassierten.

Wenn man steinalt werden will, sollte man eine Frau sein, einen regelmäßigen Lebenswandel haben und in einer stabilen sozialen Umwelt leben, weniger essen als der Durchschnitt, sich körperlich bewegen und in seiner Kindheit länger auf die Schule gehen. Denn diese Verhaltensweisen wirken risikomindernd.

Alterung ist nichts anderes als das biografische Resultat konstanten Wohlstands. Betrachten wir einmal historische Fotos von Marktplätzen oder Menschenmengen. Immer blickt man in lückenhafte Zahnreihen und auf schwarze Zahnstummel. Noch in den sechziger Jahren hatte praktisch jedes Kind einen breiten Kariesbefund (ich erinnere mich an schreckliche Zahnarztsitzungen). So gut wie kein Erwachsener hatte einen vollen Zahnstatus. Heute haben 70 Prozent aller Kinder kein Karies mehr, und ein volles Gebiss ist bis ins Alter so etwas wie ein sozialer Zwang – auch wenn es künstlich hergestellt ist. Es gibt allerdings nach wie vor sieben bis zehn Prozent Kinder mit einem sehr schlechten Zahnstatus – der dem der Mehrheit der Jugendlichen in den sechziger Jahren entspricht. Gesunde Zähne haben, wie viele Studien beweisen, für die lange Lebenserwartung enorme Bedeutung.

Ein weiteres Beispiel: das Rauchen. Ein Leben lang eine Packung Zigaretten pro Tag kostet einen Erwachsenen durchschnittlich rund neun Jahre Lebenszeit, und ungefähr weitere zehn Jahre mit eingeschränkter Lebensqualität. Die Massenkrankheit COPD ist das, was man als Raucher normalerweise erleidet, wenn es nicht der Lungenkrebs ist – eingeschränkte Atemfähigkeit. In den Jahren seit 1965 ist die Raucherquote in den Industrieländern rapide gesunken – in den USA hat sie sich bei den Männern auf ein Viertel reduziert, in Zentraleuropa auf ein Drittel. Obwohl heute mehr Frauen rauchen, ist diese Tendenz ungebrochen. Rauchen ist in den letzten Jahren plötzlich uncool geworden, und allein das hebt die mittlere Lebenserwartung um weitere Jahre.

Monotone »Maloche« in giftiger Umgebung war noch vor einem halben Jahrhundert ein typisches Männerschicksal. Wer heute in einer Fabrik arbeitet, muss ungleich weniger Schadstoffe einatmen als seine Kollegen 20, 50 oder 100 Jahre zuvor. Wer Wasser aus dem Wasserhahn trinkt, wird sich mit sinkender Wahrscheinlichkeit vergiften. Unsere Nahrung ist, allen periodisch wiederkehrenden Skandalen und Infektionsfällen zum Trotz, freier von Giftstoffen, schädlichen Keimen, Pilzen, Bakterien als jemals zuvor. Auch das spielt eine Rolle: Die Anzahl der tödlichen Verkehrsunfälle in Deutschland (West) ging von fast 21 000 im Jahr 1970 auf unter 4000 im Jahr 2010 zurück, bei mehr als einer Verdoppelung des Fahrzeugbestandes.[4]

Weitere lebensverlängernde Faktoren: Allmählich mehren sich die Anzeichen für einen Wandel im individuellen Gesundheitsverhalten. Ausdauersport nimmt zu, Joggen gehört zum Standardverhalten aufwärts strebender Mittelschichten. Zugenommen hat auch die gesundheitsbewusste Ernährung. Vergleicht man den durchschnittlichen Speiseplan eine Westeuropäers im Jahre 1970 mit dem von heute, stellt man erstaunt fest: Wir essen gesünder! Dass der Anteil von (krebserregenden) Räucherwaren, schlechten Kohlehydraten, fettem Fleisch und Alkohol sich reduziert hat, während der Salat-, Frucht-, Gemüseanteil gestiegen ist, merken wir nicht, weil problematische Nahrungsmittel früher kaum registriert wurden. In den sechziger Jahren kam häufig fettes Fleisch auf den Teller, zum einen, weil es kein anderes gab und zum anderen, weil »deftig« eine Pflicht der Nachkriegshausfrau war. Meine Großmutter definierte Butter als »gesund«, was nicht besonders verwundert angesichts der Lebensmittelknappheit im Krieg und in der unmittelbaren Nachkriegszeit. Vieles, was wir im heutigen Ernährungsverhalten als »ungesund« codieren, ist im Vergleich zu früheren Ernährungsformen völlig in Ordnung. Ein Hamburger widerspricht nicht ausgeglichener Ernährung, wenn man nicht jeden Tag drei davon mit einer Extraportion Fritten isst. Der Megatrend Gesundheit steht erst an seinem Anfang, aber wir können davon ausgehen, dass er in den nächsten Jahrzehnten zulegen wird.

Komprimierte Morbidität

Warum sind wir trotz aller guten Nachrichten nicht in der Lage, die Verlängerung des Lebens als einen Fortschritt, als Zugewinn zu feiern? Warum bilden in jeder Geschichte, jedem Feature, jeder Dokumentation über die Alterung Rollstuhl und Rollator den zentralen Schlüsselreiz? Warum wimmelt es von Diskussionen über »Alterskriege« und »Altersvereinsamung«, »Altersarmut«, »Krieg der Generationen«, »Vergreisung« und »Überalterung« und wie die Sturmgeschütze der negativen Betrachtung eines der wunderbarsten und erstaunlichsten Trends unserer Tage noch alle lauten mögen? Allenfalls unterbrochen von dummen Reportagen über »Sex im Alter«, was auch nicht richtig heiter macht ...

Der wahre Grund liegt in einem falschen, linearen Modell, mit dem wir unsere Zukunft betrachten. Man nennt dies auch die »Ceteris-Paribus-Falle« (»Wobei die übrigen Dinge gleich bleiben«). Oder auch den Kontextirrtum. Beim Kontextirrtum schreiben wir eine Entwicklung, die wir aus der Vergangenheit kennen, in die Zukunft weiter, ohne zu reflektieren und zu verstehen, wie sich durch diese Veränderung die Kontexte, die Umgebungen (mit-)verändern. Wir gehen schlicht davon aus, dass Alter in Zukunft »so sein wird wie früher«. Und früher war es eben – verstärkt durch mediale Wahrnehmungsauslese – schrecklich, alt zu sein.

Ist es tatsächlich wahr, dass eine zunehmende Lebensspanne die Morbiditätsspanne erhöht? Also jene Lebenszeit verlängert, die wir als Behinderte – Alzheimer, Demenz, Bettlägerigkeit, also alle Horrorerscheinungen des hohen Alters – verbringen werden?

Natürlich, sagt jeder. Wie soll es anders sein? Wer älter wird, wird kränker! Sehen wir doch jeden Tag! Altern ist nichts für Feiglinge!

In früheren Gesellschaften war »Altersmultimorbidität«, das Vorhandensein mehrerer Krankheiten und Behinderungen, die Norm, nicht die Ausnahme. Alte Menschen waren fast immer gebrechlich, eingeschränkt, es war das Wesen des Alters. Greise »siechten« in ihren letzten Lebensphasen dahin (oft wurde, in den agrarischen Kulturen, auch etwas nachgeholfen beim Sterben). Aber die verschiedenen Zustände der Eingeschränktheit im Alter wurden völlig anders bewertet. Dass man krumm, siech und dumm wurde, war normal, akzeptiert, allgegenwärtig. Wenn man heute in südeuropäische Dörfer fährt, kann man diese Lebenswelt noch in ihren Ausklängen besichtigen. »Bucklige Frauen« sind dort nach wie vor alltäglich. In der modernen Welt mit ihren Kriterien der Mobilität und Autonomie ist aber jede Eingeschränktheit per definitionem eine Behinderung, Leid, Elend, ein Skandal. Das stellt das Altern unter den Generalverdacht des Verlusts.

Die statistische Wirklichkeit ist auch hier eine andere, sie bezeugt das Paradox des Altwerdens: Im statistischen Schnitt wird jeder einzelne 70-Jährige eine geringere Zeit der Altersbehinderung – vom Nicht-mehr-gut-laufen-Können bis zur Demenz – erleben als 70-Jährige in früheren Zeitaltern. Trotzdem werden alle zusammen mehr Demenz-Zeit »produzieren« – einfach weil die statistische Wahrscheinlichkeit des Altwerdens immer weiter steigt. Kurz gesagt: Die Behindertenjahre pro Mensch sinken. Die Behinderten-Jahre der Gesamtgesellschaft steigen.

79 Prozent der heute 60-Jährigen empfinden ihren Gesundheits- und Geisteszustand als gut oder sehr gut. Das finden auch immer noch 74 Prozent der 70-Jährigen. Vor 20 Jahren lagen die Werte um zehn Prozentpunkte schlechter. Studien in den USA zeigen, dass die Krankheitsanfälligkeit im Alter doppelt so schnell zurückgeht wie die Sterblichkeit. Das bedeutet: Wir verschieben den Beginn von schweren Krankheiten und Behinderungen immer weiter ans Lebensende, und zwar doppelt so schnell, wie wir unseren Tod hinauszögern. Dieses Phänomen lässt sich unter dem Stichwort der »Compressed Morbidity« zusammenfassen – wir bleiben länger fit, um dann schneller zu sterben.[5]

Das Altern der Gesellschaft ist ein gutes Beispiel für einen Megatrend, der sich nur »erlöst«, wenn wir unsere inneren Wahrnehmungssysteme, unsere kognitive Matrix verändern und unser Verhalten neuen Voraussetzungen anpassen. Wie war das gleich? Megatrends verändern die Spielregeln des Systems, aus dem sie entstanden sind.

Das neue Altersglück

»Denn der unaufhaltsame, sich von Tag zu Tag beschleunigende Verfall der Bevölkerung, die Überalterung unserer Gesellschaft, die graue Revolution wird das Antlitz Europas stärker verändern als die französische, die russische oder die osteuropäische Revolution, wird größere gesellschaftliche Veränderungen anrichten als der Erste und Zweite Weltkrieg zusammen.« So schrieb, nein trompetete es der Chefredakteur der deutschen »Wirtschaftswoche« in einem Editorial heraus. Pathos pur, gemischt mit dem üblichen medialen Alarmismus, ohne den offensichtlich kein Journalist mehr auskommt. Fehlt noch die Feststellung: Die Alterung schlägt ein wie ein Atomkrieg. Zersplittert uns wie eine Splitterbombe. Macht uns zu grauem, grünem Schleim.

Es gibt aber auch ganz andere Möglichkeiten, auf das »Phänomen« zu schauen.

Ältere sind glücklicher als Jüngere. Die allermeisten Menschen altern erfolgreich, in dem Sinne, dass sie mit steigenden Jahren auch einen Zugewinn an Lebensqualität empfinden.[6]

Wenn Menschen jung sind, sind sie zumeist voller Hoffnungen, Ideale, Wünsche, Elan, Idealismus, Pläne. Sagt man. Aber schon diese Aussage stimmt so heute nicht mehr, und vielleicht hat sie noch nie gestimmt. Jüngere fürchten sich, Anforderungen nicht gerecht zu werden. Sie fürchten sich, befeuert durch die Angst-Medien, vor der Zukunft. Hinzu kommt: In einer Kultur, in der alles irgendwie in Ordnung geht, die Eltern selbst noch den Revoluzzerstatus pflegen, kann man noch nicht einmal ordentlich provozieren und revoltieren.

Im mittleren Alter, das man früher für die »Blüte des Lebens« hielt, fällt dann die Zufriedenheitskurve rapide ab. In der Phase zwischen 35 und 50 ist eine neue biografische Stressphase entstanden, der »middle age stress« oder die Rushhour des Lebens. Der Grund liegt in der Kompliziertheit der Lebensentscheidungen, die sich in diesem Alter häufen, in der Ambivalenz der verschiedenen Lebensmuster und Modelle. Im Jonglieren zwischen Erwerbsarbeit und Familie. Dem Austarieren der Partnerbedürfnisse und Geschlechterrollen. In der immer schwieriger erscheinenden Erziehung der Kinder. Den Problemen beruflicher Mobilität. Entscheidungen häufen sich – für die wir aber immer weniger allgemeingültige Kriterien finden. Individualisierungsstress eben.

Diese Kurve des Wellbeings, des Lebenswohlergehens, scheint eine exakte Umkehrung jener Lebenskurve, die wir in der Vergangenheit verinnerlicht haben in der Beschreibung der »Sieben Lebensalter«. Im 19. Jahrhundert wurde die Alterungkurve stets als eine Parabel mit einem Zenit in der Mitte dargestellt: Aufstieg in den ersten drei Lebensjahrzehnten, bis zum Zenit in der

Lebensmitte im Alter von 40 Jahren, dann ein scharfer Abstieg, der ins Grab führt.

Die subjektive Wellbeing-Kurve verläuft inzwischen wie ein U oder V: mit einem Einbruch in der Lebensmitte und einem »Aufstieg ins Alter«, der bis nahe an den Tod heranführt. Erst in den allerletzten Lebenswochen, im Fall schlimmer Krankheiten, verlieren Menschen ihren Lebensoptimismus. Und auch dort nicht alle!

Im Alter erleben wir eine Schwächung unserer Potenziale, aber auch eine Schärfung unserer Fähigkeiten. »Kristalline Intelligenz« ersetzt die fluide Intelligenz der Jugend. Wir wissen öfter, was wir wirklich wollen und können, wo wir im Leben stehen, sprich, unsere Selfness steigt. Wenn wir akzeptieren, dass die Optionen im Alter enger werden, sinkt auch die Ambivalenz gegenüber Entscheidungen; wir quälen uns weniger mit dem, was sein könnte, müsste, sollte. Innenwelt und Außenwelt synchronisieren sich. Laura Carstensen, Psychologin an der Stanford University, nennt diesen Faktor »die spezifisch menschliche Fähigkeit, die persönliche Sterblichkeit zu erkennen und den eigenen Zeithorizont zu gestalten«. Das Altern bedeutet einerseits den Tod der Ambition und andererseits die Geburt der Akzeptanz.[7]

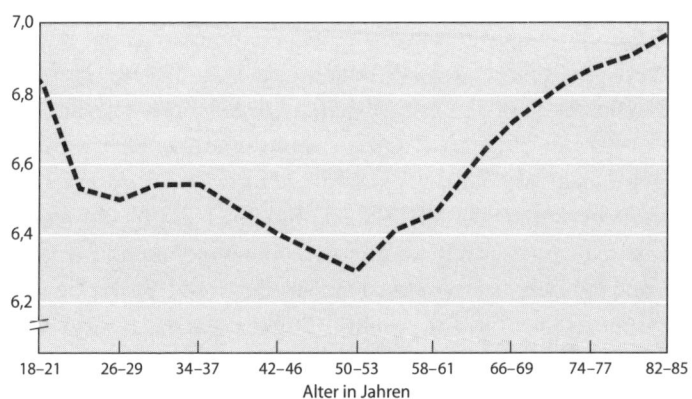

Quelle: Arthur Stone, »A Snapshot of the Age Distribution of Psychological Well-Being in the United States« (Proceedings of the National Academy of Sciences)

Das Lebensgefühl von Amerikanern nach Lebensabschnitten auf einer Skala von 1 bis 10

Entscheidend für das Lebensglück ist der Coping-Faktor: Jedes Bewältigen von Hürden, jede gemeisterte Herausforderung führt zu einer Ausschüttung von Belohnungsendorphinen. Im Alter lernen wir womöglich, unsere Endorphinkaskade besser zu steuern und uns gegen störende Überreize zu schützen. Wer aufhört, unrealistische Ziele erreichen zu wollen, entspannt sich. Wer nicht jeden Tag eine irre Party feiern muss, feiert besser. Was sagte noch der amerikanische Philosoph William James? »Wie angenehm der Tag doch ist, wenn wir aufhören, jung sein zu wollen – oder schlank.«

Die polychrone Biographie

Im industriellen Zeitalter existierten zwei klassische Wendepunkte im Leben: die Heirat, die regelmäßig zwischen 20 und 25 stattfand (danach galt man schnell als »Hagestolz« oder »alte Jungfer« oder war schlichtweg nicht attraktiv genug für den Heiratsmarkt), und – bei Männern – das Rentenalter, der Eintritt in den Nichterwerb, sowie bei Frauen die Menopause. Alle diese Einschnitte beendeten etwas – mit negativer Bilanz. Sie waren ein Verlustgeschäft. Selbst die Heirat wird bis heute oft als ein Abschluss wahrgenommen, weniger als ein Beginn – die bizarren Junggesellenrituale »kurz vor Toresschluss« zeugen davon.

Beide »Demarkationslinien« verschieben sich gegenwärtig, und sie verlieren gleichzeitig ihre Bedeutung. Das mittlere statistische Erstheiratsalter in den europäischen Großstädten liegt heute an oder über der 30-Jahres-Grenze – wenn überhaupt noch geheiratet wird, dann also nahezu ein Jahrzehnt später, mit entsprechend mehr Lebenserfahrung und Selbstkompetenz. Es gibt immer noch Männer, die mit 55 »in Rente« gehen. Aber zunehmend auch mehr, die mit 70 noch – gerne – arbeiten, weil Arbeit für sie eine intrinsisch motivierte, selbstgewollte Tätigkeit darstellt und sie sich weitgehend von entfremdeter Lohnarbeit verabschiedet haben. Man braucht kaum noch zu betonen, dass diese »Selbstmotivierten« die längste aktive Lebensphase haben, dass sie am gesündesten von allen Gruppen altern. Und am meisten Sex im Alter haben.

James W. Vaupel, einer der bekanntesten Altersforscher, schätzt, dass die individuelle Alterung nur zu 25 Prozent von den Genen bestimmt wird. Der Altersverlauf ist fluid, flexibel, voller Überraschungen und fast kaum vorhersagbar. Frauen, die ihr erstes Kind erst mit 34 bekamen, lebten seiner Beobachtung nach am längsten. Wer als Mann mit einer sechs Jahre jüngeren Partnerin zusammenlebt, hat die höchste Lebenserwartung – bei noch größerem Unterschied verliert sich dieser Faktor wieder.

So verschieben sich die Phasen des Lebens in der Langlebigkeitsgesellschaft in mehrerlei Hinsicht.[8]

1. Verkürzte Juvenilität: Die Pubertät beginnt früher, die Kindheit endet entsprechend schon mit zwölf Jahren (anstatt mit 14 oder 15, wie früher).

2. Verlängerte Postadoleszenz oder »Odysseejahre«: Zwischen Pubertät und die Festlegung auf einen Lebenspartner, Berufswahl, Familiengründung schiebt sich eine lange Experimentierphase, in der mit Jobs, Ausbildungen, Wohnorten, Partnerschaften, Beziehungen, Liebschaften jongliert wird.

3. Die bereits erwähnte »Rushhour«: Um die 30 beginnt jener Lebensabschnitt, in dem sich der Konflikt zwischen Erwerbsarbeit, Liebe und Familie verstärkt – der Stress nimmt zu, Entscheidungen stehen an, die gerne hinausgezögert werden.

4. »Selfness-Phase«: Während sich in der alten Industriegesellschaft in dieser Phase zwischen 40 und 50 eher die tradierten Statusrollen verfestigten, aus Frauen »Muttis« und aus Männern »Herren« wurden, beginnt nun ein verstärkter Individualisierungs- und Selbstfindungsprozess.

5. »Zweiter Aufbruch«: In einem Alter zwischen 50 und 65 werden die verpassten Chancen bilanziert und, etwa durch neue Berufsherausforderungen, Reisen oder Partnerschaften, kompensiert. In diesem Abschnitt kommt es auch zur Übernahme gesellschaftlicher Verantwortungen, Ehrenämtern, Engagements in der Politik oder Wirtschaft: Sinnfindung jenseits der traditionellen Erwerbsarbeit.

6. Weisheitsphase: Zwischen 70 und 80 Jahren kommt es zur Entscheidung zwischen einer weiteren mentalen Entwicklung

oder Greisentum und frühem Tod. Auch mit Einschränkungen und Gebrechen, selbst mit schlechten Gewohnheiten lässt sich durchaus im hohen Alter noch Staat machen – der Vielraucher Helmut Schmidt sitzt im Rollstuhl und mischt in der Weltgeschichte mit.

Aus dem geordneten Lebenslauf alter Prägung mit seinen schicksalhaften Abläufen und Wendepunkten ist ein vielfältig verschlungener Weg geworden. Wir treten ins Zeitalter der polychronen Biografie ein. Keiner ist mehr so alt, wie es in seinem Geburtsschein steht. Manche erleben im Alter von 60 ihre eigentliche Pubertät. Manche fangen mit 30 an, schnell zu vergreisen, wachsen aber mit 50 nach einer saftigen Lebenskatastrophe wieder auf. Kein biografisches Muster ähnelt mehr dem anderen.

Das Treppenmodell

Alle sieben Jahre, so sagen die Anthroposophen, verändert sich der Klang des Lebens. Lassen wir uns nicht auf genaue Jahreszahlen ein. Es können auch 15 Jahre sein oder fünf. Aber im Laufe unseres Lebens ersteigen wir eine Art Treppe (die korrekte Darstellung wäre eigentlich eine Spirale; mehr dazu im letzten Teil). Auf dieser Treppe gibt es nicht nur Initiationen, wie in der traditionellen Gesellschaft, sondern Transformationen auf eine höhere Komplexitätsebene, die einhergehen mit einer Erweiterung, Umformung, Wandlung der Persönlichkeit. Es beginnt mit der Symbiose zwischen Kind und Eltern, führt über die Loslösung im Verlauf der Pubertät zu einer Phase der Autonomie. Schließlich beginnt die »Beziehungszeit«, in der wir unsere Generativität einlösen (oder unsere Sozialität durch gesellschaftliche, berufliche Verantwortungen). Wenn die Kinder älter werden oder wir durch berufliche Herausforderungen gereift sind, können wir noch eine Stufe höher gelangen, in einen Rollenstatus, in dem wir unsere Erkenntnisse und unser Wissen an die Gesellschaft weitergeben, Meme tradieren. Wenn alles gutgeht, mündet dieser Weg in einen Zustand der Weisheit, in dem wir uns ablösen können von den Funktionalitäten, in denen wir gebunden waren.

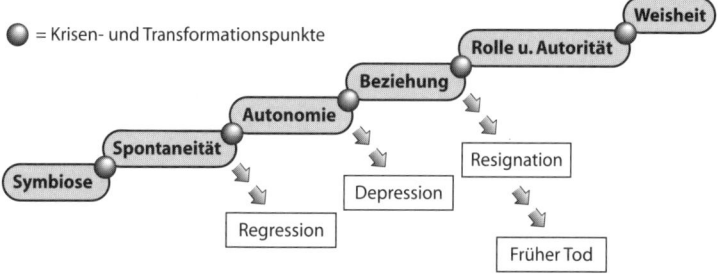

Die Treppe der Lebensentwicklung

Natürlich kann man jederzeit aus diesem Modell aussteigen. Und das tun auch viele Menschen. Man kann die Übergänge, die immer auch Krisen darstellen, vermeiden, negieren, übergehen, hinauszögern. An jedem Komplexitätssprung wartet eine Möglichkeit zur Regression. Manch einer oder eine kommt nie von zu Hause los, bleibt ein ewiges Kind. Man kann Partner als Fürsorger umcodieren (Frauen als Mütter und Männer als Väter) oder sich weigern, eine erwachsene, verbindliche Beziehung einzugehen – ein weitverbreitetes Phänomen. Man kann sich durch eigenes Verhalten in eine Gesundheitskrise manövrieren und früh sterben. Regression ist immer möglich. Und viele Menschen machen Gebrauch von dieser Option.

Dieses Entwicklungsmodell definiert Alterung nicht als Niedergang und Verlust, sondern als einen Evolutionsprozess. Hier findet sich auch der »Link« zwischen Alterung und Individualisierung: Erst eine erweiterte Lebensspanne gibt uns die biografischen Räume und Experimentierfelder, in denen wir unserem Leben eine perspektivische Choreografie geben können, die zu uns selbst führt.

Odysseejahre und Weisheitskultur

Halten wir fest: Anders als noch vor 50 Jahren sind die Lebensläufe heute weit individueller, bestimmte Lebensphasen haben sich aufgrund der soziokulturellen Verhältnisse verschoben, und wir müssen den Prozess der Alterung keineswegs nur als

Geschichte des Verlusts lesen. Damit hängt auch das Empfinden des Alters beziehungsweise das altersgemäße Verhalten zusammen und das, was man als »Downaging« beschreibt. Der Begriff besagt, dass unsere »Sozialalter« heute zehn oder 15 Jahre unter denen der traditionellen Gesellschaft liegen. Wer heute 50 ist, verhält sich wie ein 40-Jähriger vor 30 Jahren. Wer 60 ist, wie ein 50-Jähriger. Wer die 60 erreicht hat oder die 70, entdeckt einen seltsamen Effekt: Er schaut aus einem alternden Körper ganz jung in die Welt.

Kennen Sie das?

Wenn wir die Theorie der Memetik ernst nehmen, entstehen kulturelle Veränderungen immer durch »Ansteckungen«. Werte, Normen, Mythen wandeln sich in menschlichen Gemeinschaften durch infektiöse Effekte. Könnte es sein, dass wir uns mit einem neuen Bild des Alterns in Zukunft gegenseitig anstecken? Oder noch radikaler gedacht: dass wir sogar biologisch anders altern, wenn unser Bild des Alterns sich ändert?

Auf den ersten Blick scheint das esoterischer Quatsch zu sein. In unseren Zellen tickt eine programmierte Uhr, die sich wenig davon beeinflussen lässt, wie wir uns fühlen oder was wir denken. Wirklich? Die Psychologin Ellen Langer machte Anfang der achtziger Jahre ein Experiment mit 70- bis 80-jährigen Männern, die in eine Zeit 22 Jahre früher »versetzt« wurden. Ernährung, die Musik, die Zeitungen, alles wurde exakt den späten fünfziger Jahren angepasst. Man hörte sich die Radioreportagen eines Football-Spiels der damaligen Zeit an, man sah einen Film aus dem Jahr 1959. Der Gesundheitszustand der Probanden wurde vorher und nachher gemessen. Nach einer Woche in der Vergangenheit waren sie biologisch gemessen um die zehn Jahre jünger. Sie hörten besser, hatten beweglichere Gelenke, einen besseren Blutdruck, ihr Körper straffte sich und ihr IQ verbesserte sich. Auf Fotos sahen die Probanden deutlich jünger aus.[9] Nun könnte man den Ausgang dieses Experiments auch als simple Regression interpretieren. Aber wir sollten uns fragen, ob sich dieser Juvenilitätseffekt nicht nutzbringend ins Leben einbauen lässt.

Könnte eine neue Alterskultur den Alterungsprozess substanziell verändern?

Zwei Lebensabschnitte sind hier entscheidend: zum einen die Odysseejahre, jene Phase, in der wir herumexperimentieren, ohne uns auf einen Lebenspartner oder einen Beruf oder einen endgültigen Wohnort festzulegen. Entscheidend ist, wie bewusst wir diese Phase durchleben und gestalten.

In den Odysseejahren üben wir den Umgang mit Versuchungen, Abgründen, Stürmen, Freundschaft und Verzweiflung, hoher See. Richard Settersten und Barabara Rey, zwei amerikanische Soziologen, nennen diese Phase »Adultolescence«. Lehr- und Wanderjahre, die eine enorme Auswirkung auf die ganze weitere Biografie haben. Wer in seiner Jugend wie Odysseus »zu Schiff« war, trifft Entscheidungen unter ganz anderen Voraussetzungen. Er hat sich Wahlmöglichkeiten geschaffen. Er weiß eher, zwischen welchen Optionen er sich entscheiden soll.

Die Möglichkeit, seine eigenen Kräfte, Horizonte und Optionen auszuloten, ist historisch neu. Sie ist der eigentliche Luxus der Wohlstandsgesellschaft. Man erkennt Menschen, die eine Odysseezeit erlebt haben, an einem anderen Selbstbewusstsein. Sie denken und fühlen multiperspektivisch. Sie haben Entscheidungen unter verschiedenen Möglichkeiten getroffen. Sie haben sich bewusst für einen Lebenspartner entschieden. Sie haben ihrem »Element«, in dem sie aufblühen, ihren Fähigkeiten lang und hartnäckig nachgespürt. Unter ihnen gibt es überdurchschnittlich viele Kosmopoliten, Kreative und Unternehmer-Typen (im Sinne des Lebens-Unternehmertums, das sich von Ökonomie nicht einschüchtern lässt).

Weisheit kann das Alter an einem entscheidenden Punkt relativieren, und damit sind wir bei dem zweiten entscheidenden Lebensabschnitt. Weisheit besteht nicht darin, alles endlich »ganz genau zu wissen« – das ist im Zweifelsfall Altersstarrsinn. Weisheit besteht in dem Willen und der Möglichkeit, nicht immer recht haben zu müssen. Den Zweifel zu umarmen, ohne der Gleichgültigkeit Tür und Tor zu öffnen. Mit Weisheit können wir jener fatalen Kreisbewegung entgehen, mit der wir in der ersten Hälfte unseres Lebens versuchen, in unserem Kopf Modelle zu schaffen, die die Welt abbilden, um in der zweiten Hälfte verzweifelt und vergeblich zu versuchen, die Welt unseren einmal gewonnenen Modellen anzupassen. So beschrieb der Neurowissenschaftler Bruce E. Wexler in »Brain and Culture« den Prozess des »falschen« Alterns, des Alterns zum Tode hin.[10] Wir können aber auch jenem gerontologischen Wahn entkommen, der uns vorgaukelt, das Alter wäre der einzig richtige Ort für »Tenorsaxophonkurse, Sprachkurse, Töpferkurse, Kochkurse, Tanzkurse, Lebenssinnkurse, Buschtrommeln an der Volkshochschule«, wie Sven Kuntze in seinem Buch »Altern wie ein Gentleman« schrieb.[11]

Ein weise gewordener Mensch kann sich gegen das Elend des Alters in einem gewissen Grade immunisieren. Im Zustand der Weisheit kommt es ihm weniger darauf an, was wir wissen, sondern wie wir Wissen in Beziehung setzen. Weisheit kann die Tröstungen der Religion durch Neurowirklichkeit ersetzen. Und durch soziale Bindungen, die in die Zukunft weisen. Weisheit bedeutet, wie William James es formulierte, »die Kunst, zu wissen, was man ignorieren kann«. Und der Inder Jiddu Krishnamurti nannte Weisheit »die höchste Form der Offenheit gegenüber dem Realen«. Durch Weisheit verbinden wir uns mit der Zukunft, wenn wir unsere Einsichten mit den Kommenden teilen.

Ganz weit am Horizont sehen wir eine Gesellschaft, die durch Weisheitsmeme gesteuert ist und in der sich immer mehr Menschen lebenslang geistig umformen, bis zur höchsten Komplexität. Bis dahin mag es noch dauern. Aber machen wir uns einstweilen auf den Weg.

10 Die große Urbanisierung

Steht man in der Morgendämmerung auf dem Namsan-Hügel und blickt auf Seoul hinab, sieht man kein Ende der Stadtlandschaft. Bis an den Horizont reihen sich die Riegel der Hochhäuser auf den Hügeln nördlich und südlich des breiten, gemächlich fließenden Han-Flusses, bis die Siedlungsmassen in den »urban sprawl« der Vororte übergehen. Auf achtspurigen Autobahnschneisen fließt der Verkehr quer durch die Häuserkonglomerate, durchquert in Tunneln die wenigen Grüngebiete der Stadt, ein ständiges Rauschen und Raunen liegt in der Luft.

Der Park, der an den Hängen des Hügels liegt, ist sauber wie eine botanische Versuchsanstalt. Bei Sonnenaufgang picken Hundertschaften von Frauen und Männern im Rentenalter mit spitzen Stöcken auch das kleinste Kaugummipapier zwischen den kräftigen alten Kiefern auf. Ein Programm der Stadtverwaltung für rüstige und willige Alte, die nicht allein zu Hause hocken wollen, entlohnt durch sozialen Kontakt und eine warme Suppe. Auf den Spielplätzen, auf denen merkwürdige Geräte stehen, die eher an Bodybuilding-Maschinen erinnern als an Kindervergnügen, absolvieren Männer und Frauen zwischen 80 und 90 mit asiatischer Disziplin ihr Gymnastikprogramm.

Seoul hat, wenn man den Großraum mit den Satellitenstädten dazurechnet, knapp 22 Millionen Einwohner, fast die Hälfte der südkoreanischen Bevölkerung lebt in der Megalopolis. Das Land urbanisierte sich nach 1945 in atemberaubendem Tempo, und Seoul wuchs so rasant wie kaum eine andere Stadt auf der Welt. Die Metropolregion von Tokio, der größten Stadt der Welt, umfasst heute 35 Millionen Einwohner. Aber während Tokio nach dem Krieg schon über 11 Millionen Einwohner besaß, war Seoul im

Jahre 1952 ein Ruinenfeld, gerade einmal 600 000 Einwohner lebten hier. Zweimal wurde die Stadt im vielleicht grausamsten Krieg der Neuzeit, dem Koreakrieg, von kommunistischen Truppen besetzt, die sich in der alten Kaiserstadt festsetzten. Brutale wochenlange Häuserkämpfe und amerikanische Artillerie sorgten dafür, dass beinahe kein Stein auf dem anderen blieb. Bis auf wenige Reste wurden alle historischen Bauten zerstört. Bei ihrem Rückzug über die spätere Demarkationslinie entführten die Nordkoreaner die Hälfte der Bevölkerung.

Seoul ist, gerade deshalb, eine moderne Stadt. Schnell und ungeordnet am Reißbrett entworfen, gewuchert entlang der ungeheuren Ströme eines explosionsartig wachsenden Autoverkehrs und einer enorm erfolgreichen Export-Ökonomie, ist die Stadt Ausdruck der naturwüchsigen, brutalen Dynamik des industriellen Städtebaus. Trotzdem erinnert die Topografie auf verblüffende Weise an europäische Urbanformen. Das beginnt mit den katholischen Kirchen auf jedem zweiten Hügel – 25 Prozent der Seouler sind Katholiken, die Stadt ist religiös multikulturell und dennoch ethnisch weitgehend homogen. Ein dichtes U-Bahn-Netz und ein preußisch funktionierender öffentlicher Nahverkehr, inzwischen zum großen Teil mit Wasserstoffbussen betrieben, machen die Stadt zu einem Mekka für urbane Organisatoren. Seouls Bevölkerung hat eine der höchsten Bildungsraten der Welt, zwei Drittel der Bewohner verfügen über Breitband-Internet mit Download-Geschwindigkeiten, von denen die Bewohner Londons, New Yorks oder Berlins nur träumen können.

»Umwelt« ist inzwischen das Megathema in der Megastadt. Ein junger, engagierter Bürgermeister, Oh Se-hoon, der seine Inspirationen aus dem grünen Europa, seine Entschlossenheit aber aus dem asiatischen Organisationssinn bezieht, hat eines der ehrgeizigsten grünen Stadtsanierungsprogramme initiiert. Er kann sich dabei auf zivile Tugenden berufen, die in anderen wildwüchsigen Städten rar sind. Die Recyclingquote ist mit Sicherheit noch höher als in Tuttlingen im Schwabenland. Seouls Bürger sind kooperativ, diszipliniert und in typisch asiatischer Weise obrigkeitsfreundlich.

Der Cheonggyecheon-Fluss im Zentrum der Stadt, im Zuge der Automobilisierung mit einer hässlichen Betonrampe für den Autoverkehr zugedeckt, wurde freigelegt und dient heute als grüne Freizeitader. Am Han-Fluss, der wie in so vielen gewucherten Städten eher als Gelegenheit zur Entsorgung des Abwassers genutzt wurde, entstehen riesige Grünareale für Sport und Naturerleben sowie schwimmende »Solarinseln«. Hinzu kommen ambitionierte Kulturprojekte, wie das 2011 eingeweihte Designzentrum der Architektin Zaha Hadid, ein riesiger organischer Walfisch, auf dessen Dach man in einem Park spazieren gehen kann.

Der urbane Mythos
Städte sind, wie man so schön sagt, die Wiege der Menschheit. Aber sie sind auch die Nuss, die die menschliche Zivilisation ständig knacken muss. Als sich im Delta des Euphrat vor rund 8000 Jahren die ersten Siedlungsballungen mit mehr als 10 000 Einwohnern bildeten, mussten sich die Menschen etwas einfallen lassen. Das Zusammenleben von Individuen, die sich nicht mehr kennen können, benötigte neue soziale Organisationsformen: Institutionen, Architekturen, die den Einzelnen entlasten und gleichzeitig disziplinieren. Wer in Städten lebt, braucht so etwas wie Polizei, Verwaltung, Gerichtsbarkeit. Und Tempel oder Kathedralen.

Jericho und Babylon sind die ersten »Metropolen«, von denen uns die Geschichtsschreibung Zeugnis gibt. Der historische Mythos dieser Ur-Städte transportiert noch viel von dem Skandalon, das mit dem Städtischen seit jeher verbunden ist. Mit Bildern des Exzesses, des »Unnatürlichen«, der Völlerei und Sünde, der geistigen und moralischen Entfremdung »von den Wurzeln«. Städte riefen die ganze Geschichte hindurch Phantasien von ihrem Niedergang wach, vom katastrophalen Zerfall der ihnen innewohnenden Komplexität.

Fritz Langs mythologischer Film »Metropolis« zeigt die Stadt als seelenlose Massen- und Klassengesellschaft, in der Maschinen und Bösewichte regieren (und schöne Helden durch mystische Frauenwesen gerettet werden müssen). »Blade Runner« eröffnete den Reigen der Zukunftsvisionen, in denen Technologie zur finalen Elendsentfremdung führt. In »Eyes Wide Shut«, dem letzten Kubrik-Film, bildet die Stadt eine ewige Kulisse für Dekadenz, Begierden, Irrwege der Seele. Die Metaphern und Handlungsstränge folgen immer wieder den gleichen Mustern:

1. Die Stadt verwirrt ihre Bewohner: Sie führt zu einer Missinterpretation von Zeichen und Kommunikationen, weil sie dem menschlichen Maß nicht entspricht.

2. Die Stadt führt zu Spaltungen und Mutationen: Die Fremden, die »Lemuren«, übernehmen irgendwann die Macht. Die Armen und »Mutanten« wimmeln in der Kanalisation wie Ratten, sie zerstören die Stadt »von unten«.

3. Die Stadt ist der Hort übermäßiger Macht. Oben in den Hochhäusern sitzen die Schmarotzer und die Verderber des Menschlichen. Unten kämpfen brave Familien um ihr Überleben.

4. Die Stadt befördert exzessives Verhalten. Ihre Bewohner sind drogensüchtig und geil, sie ist ein Ansteckungsort von Hurerei, Völlerei, Missbrauch und grenzenloser Geldgier.

5. Die Stadt macht krank. Sie befindet sich im Kriegszustand mit der Natur, und deshalb wird sie zusammenfallen und davongeschwemmt werden (hohe Türme fallen tief).

Man muss schon ein hartgesottener Ignorant sein, um hier nicht freudianische Urängste und unterdrückte sexuelle Phantasien zu wittern. Aber solche Bilder sind nicht nur harmlose Kulturabstraktionen. Nicht wenige Terrorregime erklärten die Stadt als solche zum Feind. Dschingis Khan, der multimobile Eroberer des eurasischen Kontinents, ließ die Städte zerstören, weil er nichts mit ihnen anfangen konnte. Bei ihrem Versuch, jedes urbane Element der kambodschanischen Gesellschaft »auszubrennen« und auf diese Weise zu einem dörflichen Steinzeitkommunismus zurückzufinden, brachten die Roten Khmer zwei Millionen Menschen um. Das Todesurteil lautete in vielen Fällen ganz einfach: »dekadenter Stadtbewohner«.

Das Thema, wie hoch wir bauen dürfen, ohne abzustürzen, verfolgt uns offenbar bis in die tiefsten Schichten unseres Unterbewusstseins. In so gut wie allen Katastrophenfilmen – und es gibt ja kaum noch andere – werden zuerst oder zuletzt lustvoll die Hochhäuser demoliert. Die Bilder des 11. September haben diese Urangst wieder beflügelt. Worauf gründet sich diese seltsame apokalyptische Ambivalenz, die Angstlust gegenüber dem verdichteten Leben?

Die Stadt und die Freiheit

Lange Zeit blieb das städtische Leben eine Ausnahmeerscheinung. Städte wuchsen und vergingen auch wieder, je nachdem wo sich die Handelswege kreuzten, ein weiser Herrscher oder ökonomischer Aufschwung plötzlich Ressourcen freisetzte. Städte waren »sagenhaft« und »wundersam« und »voller Sensationen«. Und meistens weit, weit weg.

Große Städte markierten das Zentrum eines Herrschaftsbereiches, hier residierte die Macht, die das ganze Land unterwarf. Zugleich waren sie Zentren religiöser Macht, in denen die Götter Manifestationen schufen. Zu Tempel und Palast gehört jedoch, als treibende Kraft und vibrierendes Herz, der Markt. Auf dem Markt waren die Herrschaftsverhältnisse zumindest teilweise aufgelöst. Märkte bilden den Kern der Kommunikation, durch die sich die menschliche Kultur entfaltet.

Waren die Städte der Antike eher Außenposten des imperialen Zentrums, die meist auf Sklavenwirtschaft bauten, entwickelten sich im europäischen Mittelalter erstmals »freie Städte«, in denen die Bewohner über ihr Gesetz zunehmend selbst zu entscheiden begannen. Die mittelalterliche Stadt lässt zum ersten Mal einen modernen Menschentypus erscheinen: den Stadtbürger. Es entstehen vielfältige Formen des selbstständigen Gewerbes – Basis des ökonomischen Aufstiegs und der Verbreiterung politischer Rechte, aber auch Grundlage einer Erwerbskultur, die die Leibeigenschaft langsam verdrängt. Städte bekommen nun einen »Geist«, der in vielen Facetten wahrgenommen, beschrieben und gepriesen werden kann. »Städte lassen sich an ihrem Gang erkennen wie Menschen«, schrieb Robert Musil im »Mann ohne Eigenschaften«.

Zu Beginn des 19. Jahrhunderts macht die einsetzende Industrialisierung die Städte zu gigantischen Bevölkerungsmagneten. Millionen von verarmten Bewohnern des ländlichen Raumes überfluten die Knotenpunkte der frühen industriellen Entwicklung auf der Suche nach Arbeit, Brot und Lebenschancen. Eine Stadt wie Wien verdoppelt ihre Einwohnerzahl von 1870 bis 1910 von 800 000 auf 1,7 Millionen Einwohner. Dieser Migrationsdruck führt zur völligen Überlastung der städtischen Strukturen. Elendsviertel und Slums wuchern, es entsteht jene Polarisierung der Klassen, die schließlich zum Versagen der Demokratie und den Katastrophen der Weltkriege beitragen sollte.

Die Stadt ist also über Jahrtausende immer so etwas wie ein großer Schmelzofen gewesen, in dem das Soziale, das Ökonomische und das Kulturelle umgeformt wurden. Die Industrialisierung fraktalisiert die Stadt in Funktionsräume und reißt die alten Quartiere der Handwerker und Händler auseinander: In einem Teil wuchern Fabrikareale, in einem anderen die Wohnquartiere, in denen die Kinderzahl wächst und die hygienischen Verhältnisse prekär sind. Die Eisenbahn verbindet nun die Metropolen, und entlang ihrer Gleise entwickeln sich Kleinstädte, Mittelstädte, Zentrumsstädte wie Perlen an der Schnur.

Doch die Stadt vermag auch, die Wunden, die ihr die Industrialisierung schlägt, erfinderisch zu heilen. Eine neue Generation von visionären Stadtplanern und Architekten verleiht den Großstädten um 1900 neuen Glanz. Das elektrische Licht erleuchtet die dunkelsten Gassen, riesige Kanalisationssysteme sorgen für mehr Hygiene, Straßenbahn und U-Bahn transportieren große Menschenmengen von und zur Arbeit, auch das viel geschmähte Automobil verbindet Peripherie und Zentrum. In entschlossenen, manchmal diktatorischen Operationen schlagen die neuen Stadtplaner, wie etwa der Pariser Präfekt Georges-Eugène Haussmann, breite Schneisen durch die eng bebauten Viertel.

Die Städte des Fin de Siècle und der frühen Moderne wachsen über das alte Elend hinaus, es entstehen neben den großzügigen »bürgerlichen« Stadtquartieren zahlreiche Arbeitersiedlungen, darunter solche im visionären Bauhausstil der zwanziger Jahre. Der soziale Gemeindebau in Wien bietet innerhalb von 30 Jahren einer halben Million Menschen einen nie gekannten Komfort: Toiletten, Warmwasser, Elektrizität. Auf der anderen Seite des Atlantiks künden die leuchtenden Hochhäuser der amerikanischen Metropolen von den utopischen Kräften des Urbanen, in dem sich unermesslicher Reichtum bildet, der allen Bürgern zugutekommen soll. Städte sind Träume, Fanale, Zielorte am Horizont, aber auch soziale Zentrifugen, in denen immer wieder bittere Armut und heroischer Reichtum neu gemischt und destilliert werden. Sie repräsentieren Brillanz – der Kultur, des Geistes – und gleichzeitig Nivellierung, Vermassung, kritische Kollektivität.

Wie Städte Zukunft schaffen

Bagdad war zwischen 800 und 1100 ein urbanes Wunder. Die abbasidischen Kalifen gründeten die Stadt im Jahr 762 dort, wo Karawanenrouten sich mit dem Wasserlauf des Tigris kreuzten. Die im Kern kreisrund konzipierte Stadt war von fruchtbarem Land umgeben, lag klimatisch günstig und besaß eine sichere Wasserversorgung. Bevölkerungsforscher gehen davon aus, dass Bagdad um das Jahr 1000 herum über eine Million Einwohner hatte und damit (neben dem chinesischen Xi'an) die größte Stadt der Welt war. Die Kalifen schufen die berühmten hängenden Gärten, die Sindbad und viele Mythen inspirierten. Aber sie akkumulierten auch Wissen. Bagdad sammelte in seiner Glanzzeit Schüler, Studenten, Mathematiker, Astronomen und Philosophen aus Abend- und Morgenland wie Perlen oder Goldschätze. Und stellte ihnen einen eigenen Palast zur Verfügung, das »Haus der Weisheit«. Alle wichtigen Schriften der Antike wurden ins Arabische übersetzt, von der »Physik« des Aristoteles bis zum Alten Testament, von den indischen mathematischen Schriften bis zu Hippokrates' »Aphorismen«. Zu Beginn des 9. Jahrhunderts schrieb der Philosoph Yaqub al-Kindi in Bagdad eine der ersten Abhandlungen über die Ökologie. Medizinisches Wissen kam von den Persern, Papierkunst aus China. Über fast ein Jahrhundert war Bagdad die unbestrittene Kapitale der Welt. Der Treibstoff hierfür waren Handel, Ideen, Toleranz und Offenheit, garantiert durch kluge und weitsichtige Herrscher.

Das zweite Beispiel ist New York. In den kulturkritischen Diskursen taucht die Stadt immer wieder als Metapher für das Scheitern der Moderne auf. »Gotham City«, das meint die korrupte, kriminelle Stadt, in der keine Bürger wohnen, sondern Marionetten und Verbrecher, in der keine zivile Gesellschaft, keine Nachbarschaft existiert, sondern nur Kommerz, Verfall und Vorteilsnahme. Dafür braucht es, wen wundert's, einen Super-, Spider- oder Batman, um das Böse aus seiner Zentrale in der Spitze eines Wolkenkratzers zu vertreiben.

In den siebziger Jahren sah es tatsächlich so aus, als würde die »Speerspitze aller Städte« scheitern. US-Präsident Ford weigerte sich, die bankrotte Stadt mit Staatsgeldern zu sanieren. Reportagen schilderten die Stadt als ein Kriegsgebiet – Bilder von Ruinen in der Bronx, die den Trümmerfeldern des Zweiten Weltkriegs ähnelten, gingen um die Welt. Die Mordrate in New York lag im Jahr 1990 bei fast 2500 Opfern pro Jahr.

Heute sind es, bei nochmals gestiegener Bevölkerungszahl, unter 400. New Yorks jüngste Geschichte zeigt, wie sich Städte wiedererfinden, neu »beseelen« lassen. Wie sie Krisen nicht nur überstehen, sondern sogar von ihnen inspiriert werden können. Als 2001 die von al-Qaida entführten Flugzeuge in die Türme des World Trade Center einschlugen, glauben viele, dass New York sich von diesem Anschlag nie mehr erholen würde. Aber seither ist ein neues Nachbarschaftsgefühl entstanden. Die Grundstückspreise sind erneut um 10 Prozent gestiegen. Immer noch, und immer wieder, zieht New York die Kreativen, die Einfallsreichen, die Optimisten der Welt an. Immer noch, vielleicht mehr denn je, ist die Stadt Symbol eines unentwegten Transformationsprozesses, in dem aus dem Niedergang eine Renaissance wird und in dem unter hohem sozialen Druck Brillanten von Kunst, Kultur und Innovation entstehen. Einst heruntergekommene Viertel wie Harlem und die Bronx werden saniert und erleben einen Prozess der Gentrifizierung.

Wie hat New York das geschafft? Ein Grund ist sicher die Null-Toleranz-Politik einer neukonservativen Stadtregierung, geführt von zwei unermüdlichen Exzentrikern, Robert Giuliani und Michael Bloomberg. Aber New York ist nicht nur auf den Felsen der Halbinsel Manhattan erbaut, sondern auch auf einer erstaunlichen Zivilgesellschaft, einem Geist der Hoffnung und Kooperation. Gute große Städte beziehen ihre Energie aus einem Kulturfaktor, der wieder und wieder denunziert worden ist und der dennoch den Kern der globalen Zivilisation bildet: Multikulturalität. Jene Energie, die entsteht, wenn man das Anderssein der anderen als Reichtum, nicht als Verlust empfindet.

Der urbane Turnaround
Der Megatrend Urbanisierung nahm erst vor rund 20 Jahren an Fahrt auf und wurde zu einem globalen Formungsphänomen. Die riesigen Agrarnationen Indien und China begaben sich auf denselben Pfad der Verdichtung und Verstädterung wie das Europa des frühen 20. Jahrhunderts. 2005 überschritt die Anzahl der globalen Stadtbewohner erstmals die 50 Prozent, und die Landflucht auf allen Kontinenten ist ungebrochen. Das verschiebt auch die ökonomischen Gewichte von den Nationalstaaten zu den urbanen Regionen: Heute erbringen 40 Stadtregionen zwei Drittel der Weltwirtschaftsleistung.[1]

Doch die Städte, die auf unseren Planeten wachsen, wuchern, blühen, vegetieren, sind so unterschiedlich, wie man es sich kaum vorstellen kann. Nehmen wir Singapur, eine relativ junge Stadt, an den kulturellen und ökonomischen Schnittstellen Südostasiens gelegen. In dieser Stadt liegt das Jahreseinkommen im Durchschnitt bei 60 000 Dollar, höher als in Deutschland und den USA. Raub, Mord, Kaugummis auf den Straßen, Rauchen in der Öffentlichkeit, aber auch Abtreibungen sind so gut wie unbekannt. Die Kriminalitätsrate liegt nahe null, die ethnische Vielfalt ist enorm hoch, die Lebensqualität einzigartig. Praktisch jeder in Singapur gehört zur Mittelschicht, Arbeitslosigkeit ist kein Problem – wer arbeitslos ist, wird sofort mit einem anstrengenden Job in der Stadtpflege versorgt. Eine autoritäre Stadtregierung, die alles für das Wohl ihrer Bürger unternimmt, jede Kippe auf der Straße streng bestrafen lässt, treibt den Prototyp der »kybernetischen Stadt« voran, in der nichts dem Zufall überlassen wird und alle Systeme ökonomisch und politisch optimiert sind. Eine Stadt als Verwaltungswunder, als Meisterwerk der Systemkunst. Böse Zungen nennen es »Disneyland mit Todesstrafe«.

Nehmen wir Dubai City, eine mithilfe von Lohnsklavenarbeit aus dem Wüstenboden gestampfte Megalopolis, Heimat des höchsten Gebäudes der Welt, des Burdsch Chalifa. Ein extrem polarisiertes, artifizielles Gebilde, erfunden und errichtet von einer feudalen Kaste, die um jeden Preis postindustrielle Modernisierung betreiben will. Eine wahrhaft globale Stadt, die kaum lokale Märkte kennt und deshalb von den Finanz- und Verkehrsströmen des Planeten abhängig ist, gleichzeitig aber von ihnen »befeuert« wird. Ist das überhaupt eine Stadt?

Nehmen wir Detroit. Die ehemalige Boomtown der Autoindustrie verlor in den letzten zwei Jahrzehnten rund die Hälfte ihrer Bewohner – eine Million Menschen! Größere Teile der Stadt liegen heute in Ruinen, die sozialen Probleme haben sich zugespitzt. Mittlerweile gibt es erste Anzeichen einer Erholung: Seit einigen Jahren steigt die Anwohnerzahl im Zentrum der Stadt wieder an, die Mittelschicht kehrt zurück, Bars, Cafés und Galerien öffnen dort wieder ihre Türen. Eine Rekonstruktion, wie sie auch in maroden Industriestädten wie Manchester und Liverpool gelang.

Schließlich Lagos. Eine riesige, in einem Sumpfdelta gebaute wilde Ansammlung von Hütten, in denen das nackte Elend herrscht, 70 Prozent der Einwohner von Lagos leben in Slums, die regelmäßig bei Regenfällen von den Fäkalien der Bewohner geflutet werden. Die Säuglingssterblichkeit und Rate der gewaltsamen Todesfälle ähnelt jenen in einem Kriegsgebiet. Die öffentliche Infrastruktur in Anspruch zu nehmen kommt einer Militärübung gleich: Von einem Ende der Stadt zum anderen muss man sich seinen Weg freikaufen, manchmal sogar freidrohen oder gar freischießen.

Aber neuerdings hat Lagos ein funktionierendes Bussystem. Mit Bussen aus Deutschland, die tatsächlich – weitgehend – pünktlich fahren. Auf wiedergewonnenem Land am Meer will man eine komplette neue Stadt bauen, Eko Atlantic, geplant für 250 000 Bewohner und 150 000 Arbeitsplätze. Die Stadtregierung unter Bürgermeister Babatunde Fashola hat mit einem ehrgeizigen Projekt die Eigentumsrechte von Millionen von Wohnungen und Hütten geklärt – die Einführung eines Grundbuchs verändert die Beziehung der Einwohner zu ihrer Stadt. Von 2007 bis 2008 fielen die bewaffneten Überfälle um satte 89 Prozent. Die Zahl der Morde halbierte sich – von 221 auf 94 (zwischen 2007 und 2010). Inzwischen bezieht die Stadt ihre Einnahmen nicht mehr aus obskuren Quellen der Korruption, sondern zu 70 Prozent aus eigenen Steuern. Der Anteil der Stadtbewohner mit Zugang zu frischem Wasser erhöhte sich von 30 auf immerhin 59 Prozent. 42 000 Jobs wurden im Bereich Umweltschutz und Müllabfuhr geschaffen. Betriebe wie Cafés oder Hotels wagen plötzlich einen Anfang. Parks sehen betretbar und sauber aus. Eine »Dickens-Stadt« erfindet sich neu.[2]

Auch einige andere afrikanische Problemstädte können heute Fortschritte verzeichnen, ebenso wie einige indische Metropolen, denen in den letzten Jahren eine deutliche Verringerung der klassischen Elendsslums gelang. Auch Teile der Favelas von Rio de Janeiro und São Paulo verwandeln sich in »normale« Wohnviertel.

Unsere Bilder von den »Elendsstädten« und ihrem unaufhörlichen Wuchern basieren auf Trendannahmen der siebziger und achtziger Jahre – doch vieles hat sich inzwischen verändert. Die Geburtenraten der Schwellenländer sind deutlich zurückgegangen, und damit verringerte sich der Bevölkerungsdruck. Ohne dass die Öffentlichkeit davon Notiz nahm, wurden die Prognosen über das dramatische Wachstum der Megastädte nach unten korrigiert. Experten wie David Satterthwaite vom Londoner International Institute for Environment and Development wiesen nach, dass die Annahmen über die »Explosion« vieler Städte in den Schwellenländern längst widerlegt sind. So rechneten die Vereinten Nationen für das Jahr 2000 mit mehr als 31 Millionen Einwohnern in Mexico City. Tatsächlich waren es ein Drittel weniger. Für andere Städte wurden die Schätzungen ebenfalls korrigiert: zum Beispiel für Rio de Janeiro (von 19,4 Millionen auf 10,6), Kalkutta (von 19,7 auf 12,7) und Seoul (von 18,7 auf 12,3 im eigentlichen Stadtkern). Viele große Städte schrumpfen oder stagnieren, darunter Metropolen wie Paris – und können, wenn sie den Prozess klug gestalten, ihren Bewohnern dadurch mittelfristig eine höhere Lebensqualität bieten.

Ein weiteres Negativgerücht ist heute widerlegt: die Gleichung »Stadt = Umweltkatastrophe«. Städte galten immer als Speerspitze der Vergeudung, der Umweltverschmutzung und des Energieverbrauchs. Ihr »Glitzern« und »Leuchten« wird nach wie vor als Metapher für Verschwendung benutzt. Müllberge, Smog und Krankheiten sind ihr Markenzeichen. Städtisches Leben, so sind wir Naturromantiker überzeugt, ist das Gegenteil von »ökologisch«.

Aber: Städte entlasten unter dem Strich die natürliche Umwelt, schon allein deshalb, weil sie den Siedlungsraum der Menschen komprimieren. Wenn wir alle Ballungsgebiete der Erde räumlich zusammenrücken, sind nur 3,5 Prozent der Erdoberfläche dicht bewohnt. Wenn wir die Menschen noch dazurechnen, die bis zum globalen Bevölkerungszenit in den Jahren 2050 bis 2060 dazukommen, und sie alle in Städte ziehen lassen, werden kaum mehr als 4,5 Prozent der bewohnbaren Landfläche der Erde bewohnt sein. Das lässt enormen Raum für Landwirtschaft, aber auch für Naturreservate und Biosphären-Projekte.

Generell und à la longue sind Stadtbewohner gesünder als Landbewohner. Sie sind auch glücklicher. Der Zufriedenheitsindex der Bevölkerung steigt mit der Urbanisierung. Wenn die Hälfte der Bevölkerung in Städten lebt, definieren sich 30 Prozent der Bevölkerung als glücklich, 17 Prozent als unglücklich. In Ländern mit über 50 Prozent ländlicher Bevölkerung fühlen sich 25 Prozent glücklich und 22 Prozent unglücklich.[3] Hungersnöte treten häufiger in ländlichen, abgelegenen Regionen auf. Städtische Lebensweisen führen langfristig immer zu einem Rückgang der Geburtenraten und einer Zunahme der mittleren Lebenserwartung – trotz Elendsquartieren.

Städte verbrauchen zudem weniger Energie und erzeugen weniger CO_2 pro Bewohner als das flache Land – jedenfalls dann, wenn es sich um verdichtete, gewachsene Städte handelt. Geoffrey West vom Santa Fe Institute in New Mexico fand heraus, dass die Verdoppelung einer bestimmten Stadtgröße zu einem 15 Prozent geringeren Energieverbrauch führt. Und ein Artikel des »New Scientist« vom November 2010 vermeldete, dass mit Ausnahme der chinesischen Metropolen wie Shanghai und Peking und einiger extrem weiträumiger Städte wie Houston, Texas, in allen Metropolen der Welt die Einwohner weniger CO_2 pro Kopf produzieren als die Landbewohner des entsprechenden Landes. Dies liegt unter anderem an der deutlich geringeren Kilometerzahl, die Stadtbewohner mit dem Auto zurücklegen. Der Benzinverbrauch sinkt mit der Dichte der Bevölkerung, was sich mit der beginnenden Elektromobilisierung fortsetzen dürfte.

Stadt und Dorf

Städte »entwurzeln« die Menschen – aber in der Stadt werden auch die Würfel des individuellen Schicksals neu gemischt. Die Stadt erzwingt und fördert kulturelle Integrationsleistungen: Die Bedingung ihrer Existenz ist eine Soziotechnik der Toleranz, die Unterschiede nicht nur zulässt, sondern kulturell überformt. Die Klagen über die »Anonymität der Großstadt« werden dennoch niemals abreißen. Doch »Anonymität« ist genau der Grund, weshalb Großstadtleben bereichernd ist – oder sein kann. Anonym sein heißt ja, nicht »erkannt« zu werden, im Sinne der Zuschreibungen, Einordnungen, Festlegungen, die wir in unseren familiären und sozialen Netzwerken erfahren. »Das Laster der Kleinstadt ist der Klatsch, das Laster der Großstadt Gleichgültigkeit.« Dieses Zitat von Tom Wolfe kann man auch anders interpretieren: Gleichgültigkeit kommt von »gleich gültig«, und das ist die Basis der Wahlmöglichkeiten. In einem Haus zu leben, in dem keiner den Nachbarn kennt, scheint im ersten Moment »unmenschlich«. Aber die Einzelnen sind nur selten wirklich allein. Sie entkoppeln nur ihre Bindungen, Emotionen, Freundschaften, Netzwerke vom physischen

Ort. Wer in einem Milieu lebt, in dem jeder jeden kennt, gerät in unausweichliche Konflikte, egal wie »gut gemeint« diese Nähe auch sein mag. Wohngemeinschaften mit ideologisch-kuscheligem Anspruch gehen nach kurzer Zeit in die Brüche. Jede Nachbarschaft, in der »viel gewollt wird«, ist krisenanfällig. Anonymität hingegen gestattet den zurückgelehnten, gelassenen, subjektiven Blick auf die vielfältige Welt der Menschen.

Die Stadt ermöglicht tausendfache Lebensnischen. Minderheiten und Abweichler, Kreative und Spinner, Bohemiens und Leistungsmenschen können hier nicht nur überleben, sondern gedeihen. Städte sind reich, weil in ihnen verdichtete Konkurrenzsituationen existieren. Jeder will den anderen übertreffen, jeder will ein Stück vom Kuchen der Aufmerksamkeit und Eitelkeit. Städte sind deshalb ökonomisch so erfolgreich, weil man in ihnen Reichtum demonstrieren kann, ohne ihn gleich abgenommen zu bekommen. Und weil die Anzahl der Verwandten, Freunde und Bekannten, die kommen, um ihren Anteil zu kassieren, meist geringer ist als in der guten alten Dorfgemeinschaft.

Ich selbst bin mein Leben lang zwischen Dorf und Stadt gependelt, weil ich auf keine der Welten verzichten wollte. Für die Stadt habe ich mich entschieden, als unsere Kinder ins schulpflichtige Alter kamen und wir eine Weile auf dem Land lebten. Uns fiel plötzlich auf, dass die Kinder auf dem Land meist stumm waren. Wenn sie uns besuchten, sagten sie kein Wort. Man musste sie regelrecht zwingen zu antworten. Währenddessen quasselten unsere Kinder unentwegt vor sich hin. Diese Peinlichkeit mussten wir beenden (inzwischen haben sich unsere Kinder in ganz normale, meist stumme, oft aber auch quasselnde Teenager verwandelt).

Aber das Land von heute ist nicht mehr das Land von gestern. Ältere, Wohlhabende, Familien ziehen wieder hinaus aufs Land, ein verändertes Land, das nichts mehr mit den sprichwörtlich dörflich-engen Strukturen zu tun hat. Ob am Alpenrand, in Cornwall oder Wales, in Umbrien, der Toskana, in Südfrankreich, Südschweden, Südtirol oder auf den Mittelmeerinseln, überall

haben sich in den vergangenen Jahrzehnten verstädterte Land-
formen entwickelt. Diese Landstriche zogen zunächst gebildete
städtische Urlauber als Zweitwohnungsbesitzer an. Nicht wenige
dieser »Zweitwohner« kommen dann saisonweise zum kreativen
Arbeiten in die Region. Sie renovieren verfallene Häuser, bringen
kaufkräftige Freunde mit, die das örtliche Gasthaus bevölkern,
misstrauisch beäugt von den stummen Anwohnern. Überall tau-
chen plötzlich WLAN-Anschlüsse in der oberen Leiste des Laptop-
Browsers auf, wenn man durch die Dörfer fährt. Im Zusammenspiel zwischen »Ansässigen« und »Zweitwohnern« bilden sich
neue kulturelle Angebote, blühen regionale Landwirtschaft und
örtliche Gastronomie. Der italienische Designer Andrea Branzi
erfand für diese »urbanisierte Ländlichkeit« den Namen »Agriconica« – eine Verschmelzung von »Agrikultur« und »Elektronik«.
Agriconica, so Branzi, koexistiert mit der vorhandenen Großstadt,
Kleinstadt oder Dorfgemeinschaft und soll, als Mittler zwischen
Stadt und Land, helfen, das Überleben der agrarischen Gesellschaft zu sichern, durch seine Verbindung mit hochentwickelten
städtischen Einrichtungen.

So wird sich die urbane Entwicklung in den kommenden Jahren
in einer seltsamen Schleife bewegen, analog zur »Glokalisierung«.
Wir werden vielerorts urban-dörfliche Lebensformen wachsen
sehen. Schrumpfen und langsam ausbluten wird der »urban sprawl«,
der meist gesichtslose Besiedlungsteppich, in dem sich die Städte,
häufig solche mit totem Kern, schier endlos ins Umland ausbreiteten. In den USA signalisiert die Immobilienkrise auch eine langsame
Abkehr von diesem Suburbia-Lebensmodell. Die renovierten und
ergrünten Stadtzentren ziehen wieder Alte und Familien mit Kindern an, die vorher an den Rand flüchteten. Auch in Europa ist der
Siedlungsbrei in den meisten Regionen zum Stillstand gekommen.
Gewinner sind verdichtete, überschaubare Mittelstädte mit hoher
Lebensqualität.

Greenopolis – die kreativ-grüne Stadt

Städte folgen bestimmten Gesetzen, deren Wirkungen wir mit mathematischen Methoden messen können. Eine Verdoppelung der Einwohner führt zu 15 Prozent mehr Einkommen pro Kopf, 15 Prozent mehr Innovationen, aber auch 15 Prozent mehr Kriminalität und sozialen Problemen. Wenn man diese »Nebenwirkungen« in den Griff bekäme, wäre Verstädterung unter dem Strich ein Gewinnspiel, weil auch die Infrastrukturen, die für eine Stadt mit doppelt so vielen Einwohnern benötigt werden, um 15 bis 20 Prozent (energie-)effektiver und billiger sind, als wenn die gleiche Population verteilt leben würde.[4]

Grüne Innovationen, kombiniert mit systemisch kluger Verwaltung, könnten diese Skalierungseffekte sogar noch verbessern. Städte der neuen Art entspannen sich auf vielfältige Weise und wenden sich von allzu radikalem Kommerz ab, der ihre Zentren in eine Kaufhauswüste verwandelte. Eine neue Generation von Stadtlandschaftsdesignern tritt auf den Plan.

Es ist noch nicht lange her, dass Soziologen und Modernisten die »Neue Ortlosigkeit« ausriefen. In einer Welt der elektronischen Verbundenheit sollte der Unterschied zwischen Stadt und Land keine Rolle mehr spielen. In Zukunft, so die Prognose, sei es egal, wo man lebe. Angeschlossen an das Internet könne man genauso gut in einem einsamen Schweizer Gebirgstal, in Alaska oder Bebra hausen – man bleibe ja per Bildschirm und Mail angeschlossen an die große weite Welt. Aber Menschen bleiben analoge Wesen. Und das Schleifenprinzip der Megatrends wirkt auch hier: Je mehr wir elektronisch kommunizieren, desto wichtiger wird der physische Ort. »Spiked World«, eine Welt mit Zacken oder Spitzen, nannte Richard Florida, der amerikanische Soziologe und Erfinder der »Kreativen Klasse«, 2008 jenen neo-urbanen Konzentrationsprozess, in dem einige Metropolen und Städte-Cluster eine große Magnetwirkung auf die Gebildeten, Kreativen und geistig Hungrigen ausüben.

Kreative Städte bauen auf das, was man mit dem Begriff Flair bezeichnet. Sie inspirieren ihre Bewohner durch Vielfalt. Sie besetzen die großen Themen der kognitiven Gesellschaft: Design. Geist. Kunst. Sie bilden Orte der Begegnung, der Inspiration, die über sich selbst herausweisen. Sie wirken als Ideenschmieden.

In kreativen Städten blüht ein urbanes Design, das Elemente aller Epochen, von der mittelalterlichen Marktstadt bis zur Bauhaus-Gartenstadt, neu kombiniert. Innenstädte sind nicht mehr nur Vorplätze für Konsumstätten, sondern Performance-Areale für Kunst und Kultur. Verwaltungs- und Bürogebäude sind nicht mehr nur »Sitzflächen«, sondern Kommunikationszentren mit ästhetischen Ambitionen. Hinzu kommen »Leuchtturmbauten« wie das Guggenheim-Museum in Bilbao oder das Einkaufszentrum Bull Ring in Birmingham, die als Kristallisationspunkt dienen können und das Selbstbewusstsein der Städte formulieren.

Kreative Metropolen entwickeln neue Varianten des Zusammenlebens. Das, was das Dorf auszeichnete – das Geflecht der Vereine, die Dorfkapelle, die Konfirmandengruppe, die Freiwillige Feuerwehr –, wird im Netzwerk-Zeitalter anders definiert. Gemeinschaftsgärten, Stadtteilinitiativen, Park-Kooperationen sind Treffpunkte der Städter. In manchen Städten entstehen beinahe dörflich geprägte Areale, »Cohousing Areas«, wie man sie in den USA nennt, verkehrsberuhigte, generationsübergreifende, solarbedeckte, energieoptimierte Siedlungen, die eine Mischung aus städtischer Distanz und ländlicher Nähe bieten.

Städte auf der ganzen Welt wirken als Innovationsmotor für umweltbewussteres Leben. Der Stadtmoloch Los Angeles hat sich eines der ehrgeizigsten »grünen Programme« vorgenommen. Ein Grüngürtel soll mithilfe zahlreicher Stadtteilgruppen aus den »Problemquartieren« quer durch die Megalopolis geschlagen werden. 150 000 Straßenlaternen erhalten LED-Ausstattung, Diesel-LKW werden im Stadtverkehr so gut wie verboten, 65 Prozent des Mülls in Zukunft recycelt.

1050 der 1200 Bürgermeister großer Städte in den USA haben sich der »Carbon Initiative« angeschlossen, nach der die CO_2-Emissionen ihrer Städte unter das Niveau von 1990 zurückgeführt werden sollen. Das brasilianische São Paulo stellt seinen städtischen Fuhrpark auf Biotreibstoffe um. Sämtliche Gebäude mit mehr als drei Badezimmern müssen mit thermischen Solaranlagen ausgestattet werden. Leuchtreklamen wurden bereits 2007 verboten. Istanbul will mit radikalen Programmen seinen Energiehunger und sein Verkehrschaos bekämpfen, durch völlig neue grüne Stadtteile, Energiegewinnung aus dem Bosporus und Ausbau der U-Bahn. In Stockholm legen heute die Einwohner 75 Prozent mehr Wege mit dem Fahrrad zurück. Kopenhagen will bis 2025 ganz ohne fossile Energieträger auskommen. Immer mehr Groß- und Mittelstädte nehmen die Energienetze wieder selbst in die Hand, um sich von zentralen Versorgungszwängen zu befreien.

Charter Cities

Im 12. Jahrhundert lag an der Küste Germaniens eine kleine Siedlung der Volksgruppe der Abodriten. Der Ort war befestigt, aber in ständiger Gefahr. Piraten trieben ihr Unwesen und überfielen jedes noch so kleine Schiff, das die Ostseeküste entlangfuhr, und bald jeden Karren, der sich auf den Weg nach Süden machte. In der Mitte des Jahrhunderts erlangte Heinrich der Löwe die Herrschaft über den Ort und das umliegende Gebiet. Er ließ den Führer der Piraten hinrichten – und gründete ein zweites Mal den Ort, aus dem eine der erfolgreichsten Handelsstädte des Mittelalters hervorgehen sollte: Lübeck. Heinrich führte Gesetze ein, die auch in den anderen Städten seines Machtbereiches galten, eine örtliche Gerichtsbarkeit, eine eigene Währung. Die Lage der Stadt auf einer kleinen Binneninsel an der Mündung der Trave machte sie bald zum idealen Umschlagplatz von Waren aus Russland, Skandinavien, Osteuropa, ja sogar aus England. Die Handelsleute hatten auf der Landseite Zugang zu den großen Märkten in Norddeutschland und darüber hinaus. Lübeck wurde zur wichtigsten Stadt der Hanse, dem nordeuropäischen Handelsbund. Sie zog Baumeister, Handwerker und talentierte Händler in Scharen an und wurde so etwas wie das Hongkong des 12. und 13. Jahrhunderts.

Tim Harford beschreibt in seinem Buch »Adapt«[5] das urbane Prinzip als Formel zur Schaffung von Wohlstand und Ordnung aus Chaos inmitten von Rückständigkeit. Städte sind Türme der Kooperation, die sich in Wüsten von Konflikt und Entlegenheit behaupten können. Auf heutige Verhältnisse übertragen wäre das so, als würde man in Somalia ein neues Lübeck errichten oder in Afghanistan ein Silicon Valley gründen. Und genau darum wird es in Zukunft gehen.

Der amerikanische Ökonom Paul Romer, ehemals Chefökonom der Weltbank, hat aus der Erkenntnis, wie segensreich Städte auch über ihre Mauern hinaus wirken können, die Bildung von so genannten »charter cities« vorgeschlagen. Um die Probleme der »failed states« zu lösen, so Romer, könnten wir doch einfach Brückenköpfe der globalen Urbanität in ihnen errichten, besagte »charter cities«, Städte mit besonderer, eigenständiger Verwaltung, unabhängig von der Regierung oder Nichtregierung des umgebenden Staates, ausgestattet mit moderner technischer Infrastruktur. Statt Entwicklungsgeld zu verpulvern, entstünden so vitale Knotenpunkte, als Starthilfe für Ökonomie und ziviles Leben des ganzen Landes.

In einem spektakulären Vortrag während einer TED-Konferenz[6] schlug Romer allen Ernstes vor, »Guantanamo zum neuen Singapur zu machen«. Unter der Verwaltung der Kanadier könne eine neue globale Stadt entstehen, durch die die verarmten Kubaner Zugang zu den Weltmärkten – und zu funktionierenden Organisationsmodellen – bekämen. Ähnliches könnte im Kongo, in Afghanistan, in Laos passieren. Man mag Romers Vorschlag ein wenig imperial finden – eine historische Logik hat er schon. Dass das Modell inzwischen bei der UNO debattiert wird, weist daraufhin, dass das Neo-Urbane in der Zukunft eine immer wichtigere Rolle spielt.

Auch in einer anderen Hinsicht: Ohne Zweifel befindet sich die westliche Demokratie in einer Krise. Die politische Klasse leidet unter dem Vertrauensverlust der Bürger. Doch die politische Entfremdung findet nicht auf allen Ebenen gleichermaßen statt. Betroffen ist vor allem der Nationalstaat, der in der globalen Politik unter Druck gerät beziehungsweise langsam überflüssig zu werden scheint. Was nationale Parlamente heute überhaupt noch zu melden und zu gestalten haben, ist für viele Bürger rätselhaft. Kommunalpolitik leidet, anders als nationale Politik, weit weniger unter dieser Legitimationskrise. Kommunalpolitik kann nie ideologisch, sondern immer nur konkret und pragmatisch sein, denn Stadtbewohner können das Resultat tagtäglich an ihrer Lebensqualität messen. Das gilt auch und gerade für große Städte, in denen man sich zur Bewältigung der Probleme kreative Lösungen einfallen lassen muss. Gewissermaßen die demokratische Basis bildet daher die Stadtgesellschaft, die Urbanokratie. Das Internet macht Transparenz und Partizipation auch bei einer Millioneneinwohnerschaft möglich, und das Engagement der Bürger ist im kommunalen Rahmen konkret und sichtbar. Der »Neue Urbanismus« bildet so den Nährboden der Netzwerk-Zivilgesellschaft, die die nächste Etappe der globalen Zivilisation hervorbringt.

11 Connectivity – Wie alles zusammenhängt

Könnte über Nacht alles plötzlich in eine ganz andere Richtung gehen? Anders gefragt: Kann man Megatrends stoppen?

Spielen wir ein Szenario durch: Freier Handel im Zuge der Globalisierung wird durch hässlichen Handelsprotektionismus ersetzt. Alle Wirtschaftsräume kämpfen gegeneinander. In Europa gehen die Schlagbäume wieder herunter; vorbei die Zeiten, in denen man ohne kontrolliert zu werden von Estland bis Portugal reisen konnte. Amerika schließt seine Grenzen für chinesische Produkte und entwickelt sich zu einem Imperium des Schreckens und der Angst. An den Alpen entsteht eine zweite Auffanglinie gegen die Millionen Armutsflüchtlinge, die aus Afrika zu uns strömen. Die Städte verwandeln sich in Elendsquartiere. Die Bürger verschanzen sich oder fliehen massenhaft aufs Land, um dort mit Subsistenzwirtschaft zu überleben. Die Krise der Rohstoffe, allem voran die Verknappung der fossilen Brennstoffe, führt zu einem Zerfall der komplexen globalen Ökonomie.

Ein solches Negativszenario nutzte der deutsche Regisseur Lars Kraume für seinen Untergangsfilm »Die kommenden Tage«, der im Jahr 2010 in den deutschen Kinos lief und aus der Welt des Jahres 2020 berichtet. Er erzählt die Geschichte von zwei Schwestern, die die Endzeit der Wohlstandszivilisation aus unterschiedlichen Blickwinkeln erleben. Der Film floppte, weil alles nicht nur deprimierend, sondern auf seltsam bizarre Weise unglaubwürdig wirkte. Linear gedacht.

Die Welt kennt kein Zurück. Oder doch?

Könnte das Bildungsniveau wieder fallen? Viele Beobachter halten das heute schon für Realität. Obwohl es allen Daten über die weltweite Bildungsentwicklung widerspricht.

Könnte die Lebenserwartung wieder schrumpfen? Möglich ist das durchaus. Aber es würde mit erheblichen gesellschaftlichen Auflösungserscheinungen einhergehen.

Ist es möglich, dass die alte industrielle Arbeitswelt ein Comeback erlebt? Dafür müssten wir eine Menge technologisches Wissen, organisatorische Vernunft, gekonnte Effektivität vergessen.

Stellen wir uns vor: Die »Chauvi-Union« von Deutschland, Spanien, Polen und sieben anderen europäischen Ländern verabschiedet Gesetze, die die Frauen zurück an den Herd bringen sollen. Überall entstehen neue Hausfrauenverbände, die sich um die »ordentliche Versorgung von Ehemännern« kümmern. Ist das möglich? Man soll nie nie sagen!

All das ist genauso möglich, wie dass morgen Kaugummi vom Himmel regnet, die Sonne zu einer Kaffeekanne wird und alle Menschen plötzlich sieben Finger an jeder Hand haben.

Die Megatrends sind keine zufälligen Phänomene, die aus irgendwelchen soziokulturellen Launen entstehen und dann wieder verschwinden. Sie sind vielmehr Ausdruck eines übergeordneten evolutionären Prinzips. Auf einer tieferen Ebene sind alle Megatrends verbunden und angetrieben durch einen weiteren Megatrend, den man vielleicht allerdings auch als Metatrend, als übergeordnetes Organisationsprinzip begreifen muss: Konnektivität.

Die verbundene Welt

Was bedeutet Konnektivität? Dieser Trend ist unzählige Male beschrieben worden. Aber fassen wir noch einmal zusammen:

- Die ökonomische Globalisierung verbindet immer mehr Teile, Regionen, Orte, Plätze, Menschen durch Handels- und Finanzbeziehungen miteinander.
- Kommunikationstechniken verbinden immer mehr Punkte auf diesen Planeten durch Erreichbarkeit und Informationsaustausch.
- Weltumspannende Medien verknüpfen immer mehr Kulturen miteinander und führen zu einer Art »globaler Kulturosmose«. Gewohnheiten gleichen sich langsam aneinander an, Konsumgüter ähneln sich immer stärker.

■ Interaktive Medien heben schließlich die Konnektivität auf eine neue Stufe. Neue Kommnunikationswege führen zu neuen Kulturtechniken. Jeder kann nicht nur empfangen, sondern auch senden. Es entsteht eine globale Netzwerkstruktur.

All das ist, als rein technischer Prozess, wie gesagt ein alter Hut – schon bei der Einführung des Telegrafen schwärmten die Kommentatoren von der »totalen Verbindung des Planeten« und der »Überwindung aller Grenzen«. Aber Konnektivität lässt sich eben nicht nur in den sozialen und ökonomischen Prozessen als eine Art Grund-Treiber-Prinzip diagnostizieren. Sie ist die zentrale Grundkonstante der Evolution, biologischer Systeme und Grundlage menschlichen Bewusstseins.

Die Chauvet-Höhle in Südfrankreich, die vor 22 000 Jahren verschüttet und so in ihrem damaligen Zustand konserviert wurde, illustriert eindrücklich das Erwachen des menschlichen (Selbst-) Bewusstseins durch Verknüpfung.[1] In der 1994 entdeckten Höhle fanden sich die wunderbarsten und schönsten Tierzeichnungen von Cro-Magnon-Menschen, die man sich nur vorstellen kann. Pferde, Löwen, Nashörner, Bären bewegen sich in einer Chroreografie, die an moderne Kunst oder an Comics erinnert. Auch seltsame Tiermenschen sind zu sehen. Was berührt uns so an diesen Zeichnungen unserer Urvorfahren? In ihnen spiegelt sich das tiefe Erleben der Verbundenheit mit der Welt. Es ist, als wollten unsere Vorfahren mit diesen Bildern zeigen, wie sehr sie die Welt als Ganzes verstanden. Als Netzwerk von Wirkungen und Wechselwirkungen, in das sie selbst eingebunden waren.

Wie entwickeln sich Organismen im Raum-Zeit-Kontinuum? Wie entstehen Planeten, Ozeane, Lebewesen, Intelligenz? Erstens durch Energie. Zweitens durch Austausch von Information. Doch beides ist nicht wirklich voneinander zu trennen.

James Gleick hat in seinem fulminanten Werk »The Information«[2] beschrieben, wie der Faktor Information immer wieder als Treiber von Kultur, Ökonomie und Innovation wirkte. Die drei Transformationen vom tribalen zum agrarischen zum industriellen Lebensstil lassen sich auf diese Weise viel besser verstehen. Sie sind nichts anderes als Produkte informationeller Verdichtungsprozesse, in denen Menschen lernen, auf komplexere Weise miteinander und mit der Umwelt zu kommunizieren.

Die Informationstheorie begann ursprünglich als eine Brückentheorie zwischen Mathematik und Nachrichtentechnik. Von da aus war es zum Computer nicht weit. Mittlerweile hat sie sich auf praktisch alle wissenschaftlichen Disziplinen ausgeweitet. Auch die Biologie ist heute im Kern eine Informationswissenschaft, nicht nur weil es Unmengen von Daten erfordert, einen Gen-Code zu »lesen«. Sondern weil Organismen selbst »informationelle Entitäten« sind. Gene transportieren Informationen und ermöglichen das Übersetzen in Proteine. Zellen kommunizieren durch Moleküle miteinander. In den Worten des Evolutionsbiologen Richard Dawkins: »Im Herzen des Lebendigen liegt kein ›Feuer‹, kein ›Funken‹; auch kein Atem. Es sind Informationen, Wörter, Anweisungen! ... Wenn wir Leben verstehen wollen, sollten wir nicht an lebendigen, pulsierenden Glibber denken, sondern an Informationstechnologie.«[3] Der Biophysiker Werner Loewenstein sieht Information als kosmisches Prinzip von Organisation und Ordnung.[4]

Selbst Zellen, so stellt sich heraus, haben ein (molekulares) Gedächtnis. Und in der sozialen Welt regieren die Meme, die nichts anderes sind als Informationen, die sich in Köpfen reproduzieren und replizieren – eine Idee, eine Mode, ein Muster, »Werte« oder »Weltbilder«. Meme funktionieren wie Infektionen in Menschengruppen, und je mehr sich die Verknüpfungslinien über unseren Planeten legen, desto schneller können Meme mutieren, desto reicher, komplexer, variabler, wird die menschliche Kultur.

Megatrends sind letztlich das Resultat dieses immerwährenden Konnektivitätsprozesses, in dem die menschliche Kultur die »große Vernetzung« der Natur nachvollzieht. Die Globalisierung verknüpft Tätigkeiten weltweit in der ökonomischen Sphäre. Mobilität tut das Gleiche auf der Ebene physischer Präsenz. Urbanisierung gruppiert das Alltagsleben von großen Menschenmengen an verdichteten Orten. Individualisierung, wenn wir sie richtig verstehen, verbindet »Ich« und »Wir« auf neue Weise. Bildung besteht im ständigen Neu-Verknüpfen von Symbolen in menschlichen Hirnen. »New Work«, also der Wandel der Arbeitswelt, entsteht durch wachsende Rückkopplung von Wissen und Anwendung – nichts anderes ist Produktivität. Durch den Megatrend Frauen können sich die weiblichen und männlichen Elemente unserer Kultur besser verbinden. Dass wir älter werden (können), ermöglicht neue Potenziale von Weisheit. Und Weisheit wiederum ist nichts anderes als »höher integrierte mentale Konnektivität«.

Sicher können diese Verdichtungs- und Verknüpfungsprozesse Rückschläge erleiden. Das Mittelalter zertrennte die langen Verbindungslinien über den europäischen Kontinent, die das römische Imperium geschaffen hatte. Aber nur, um neue Verknüpfungen des Wissens, des Geistes, der Kultur zu schaffen. In ungewissen Abständen werden wir erneut »Teilmittelalter« erleben, Zeit- oder Ortszonen, in denen die Entwicklung einen Rückschlag erleidet. Aber die Entwicklung als großes Ganzes wird dadurch nicht beeinflusst. Höchstens verzögert.

»Abschaffen« oder »stoppen« ließen sich die Megatrends nur alle miteinander, als ein theoretisch denkbares, aber praktisch niemals mögliches »Ende der Geschichte«, sprich Ende der Welt. Die Megatrends sind robust, vielleicht sogar »unbesiegbar«, weil sie Ausdruck eines viel tieferen evolutionären Prinzips sind. Der Komplexität.

Bevor wir uns im Schlusskapitel eingehender mit diesem Begriff beschäftigen, wollen wir zunächst versuchen, einen Blick in die nächste Zukunft zu werfen. Nehmen wir an, die Megatrends würden weiterwirken. In ihrer typischen Art würden sie langsam, aber stetig die Spiele verändern, auf denen unsere soziale, ökonomische, kulturelle Welt basiert. Hartnäckig würden weiterhin Trend- und Gegentrend-Phänomene auf neuen Ebenen integriert. Was wäre das Ergebnis? Welche Sprünge, Bruch- und Konfliktlinien lassen sich für die nächsten fünfzig Jahre ausmachen, wenn wir durch den halbtransparenten Spiegel der Megatrends nach vorne schauen?

DRITTER TEIL

Die nächste Welle

Meinen Wirtschaftswissenschaftlerkollegen muss
ich sagen: Betrachtet die Ökonomie als etwas immer-
während Werdendes, ein Feld, auf dem ständig neue
Arten sprießen, den Lebensunterhalt zu verdienen,
neue Arten, Werte und Vorteile durch Handel zu
schaffen, während alte aussterben. In der Ökonomie
wie in der Biosphäre geht es um die andauernde
Kreativität des Lebens.

STUART KAUFFMAN

Betrachten wir diesen Mann, wenn er aufwacht, und
begleiten wir ihn, bis er wieder schlafen geht. Malen
wir uns die Abfolge der für ihn angenehmen und
unangenehmen Eindrücke aus und überlegen dann,
was ein guter Tag für ihn wäre ... Dann wird man
nach den Bedingungen zu suchen haben, die diesen
guten Tag bewirken können.

BERTRAND DE JOUVENEL

Der Job des 21. Jahrhunderts liegt darin, Extreme
zu überwinden und Differenzierung zu lernen. Finde
das richtige Maß!

WOLF LOTTER

12 Kondratieffs Fall

Am 13. Februar 1928 zog ein Schneesturm über Moskau hinweg, der eisige Kälte und tonnenweise Schnee aus den Eismeeren nördlich Sibiriens mit sich brachte. Auf den Dächern hatte sich schon über Wochen ein meterhohes Gemisch aus Eis und verharschtem Schnee angesammelt, das die Balken im »Konjunkturinstitut« knarren ließ.

Nikolai Dmitrijewitsch Kondratieff trug einen alten, knöchellangen grauen Ledermantel aus Beständen der weißrussischen Armee. Sein Kinnbart war struppig, sein Aussehen ungepflegt; obwohl er erst 36 Jahre alt war, wirkte der Ökonom wie ein alter Mann. Auf seinem alten Eichenschreibtisch, der nahezu die gesamte Fensterfront umfasste, türmte sich gelbes, verblichenes Papier in großen Stapeln, die mit Gummibändern und Heftklammern zusammengehalten wurden. In der Ecke stand ein Feldbett, das am Gestänge rostige Flecken aufwies. Seit etwa einem Monat war dies sein Nachtlager. Seine Angestellten, zu guten Zeiten rund 30 Personen, waren seit Wochen nicht mehr aufgetaucht. Nur die Hausbesorgerin des Instituts schlief hinten, am Ende eines langen Ganges, auf einem Sofa in der Bibliothek, die Tausende von Bänden der Nationalökonomie, Geschichte und Mathematik enthielt.

Es war sechs Uhr morgens und noch stockfinstere Nacht. Schritte wurden im Treppenhaus hörbar, knallende, polternde Schritte. Krachend flog die Tür auf.

»Sind Sie Genosse Nikolai Dmitrijewitsch Kondratieff?«

»Das bin ich.«

»Kommen Sie bitte mit.«

»Der Grund?« Kondratieffs Stimme klang resigniert und unterwürfig.

»Eine politische Diskussion ist vonnöten.«

So könnten sich Szenen im letzten Jahr abgespielt haben, das Nikolai Dmitrijewitsch Kondratieff in Freiheit verbrachte. Nur wenige Zeitzeugen und Historiker haben sich mit der persönlichen Geschichte dieses ungewöhnlichen Mannes beschäftigt.[1] Im Juli des Jahres 1930 wurde Kondratieff als »Kulakenprofessor« zu acht Jahren Kerker verurteilt. Man warf ihm die Mitgliedschaft in einer (vom sowjetischen Geheimdienst erfundenen) »Bauernarbeiterpartei« vor. Selbst im Gefängnis, bei schlechter Gesundheit, schrieb er noch an fünf Büchern, von denen einige zumindest teilweise erschienen.

Nikolai Kondratieff – oder nach neuerer Schreibweise Kondratjew – wurde am 4. März 1892 als Sohn einfacher Bauern in Zentralrussland geboren. Das wissbegierige Kind wuchs zu einem glänzenden Autodidakten in vielen Fächern heran, von der Ökonomie über die Kunst bis zur Juristerei. Seine Eltern konnten sich die Gebühren für die höheren Schulen nicht leisten. 1911 machte er seinen Abschluss in Ökonomie – als externer Schüler mit außergewöhnlicher Begabung. Schon früh kam er mit der Polizei des Zarenreiches in Konflikt, plädierte für politische Reformen und wurde mehrmals wegen Insubordination verhaftet. 1917 nahm er an der Februarrevolution teil, die Russland ein Jahr lang eine brüchige Demokratie bescheren sollte. Eine Zeitlang hatte er danach einen Regierungsposten inne.

Nach der bolschewistischen Revolution ging er auf Distanz zu den neuen Herrschern. Er gründete 1920 ein eigenes Institut zur Erforschung wirtschaftlicher Dynamik, das von den Kommunisten zunächst geduldet wurde. Im Kontext von Lenins »Neuer Ökonomischer Politik«, die um 1923 marktwirtschafliche Elemente in die Planwirtschaft einführen wollte, war er sogar ein gefragter Denker. Sein moderater Marktsozialismus setzte eher auf die Stabilisierung der Landwirtschaft und die Produktion von Konsumgütern, statt die Schwerindustrie zu forcieren, wie es das sowjetisch-bolschewistische Dogma vorschrieb. Stalin war von Kondratieffs Zyklentheorie zunächst beeindruckt, weil sie eine massive Krise des Kapitalismus

für 1930 voraussagte. Weniger begeistert war er vom zweiten Teil
dieser Theorie: Nach dem Kollaps, der im Abschwung des nächsten
Zyklus erfolgen müsse, werde der Kapitalismus zu noch größerer
Stärke finden. Die sowjetische Wirtschaft hingegen gerate, dank
der chronischen Schwierigkeit, realistische Preise und funktionierende Marktmechanismen zu entwickeln, in einen Abwärtstrend.

Hier das lineare, autoritäre Denken der Sowjetmacht, das auf
totalitäre Planung aller Lebensbereiche setzte. Dort das systemische Denken in Zyklen und Wellen, in Wandel und Innovation, das
Kondratieffs ungewöhnliche Theorie auszeichnet. Mit dem man die
Zukunft sehen konnte. Zumindest fast zwei Jahrhunderte lang.

Die Lehren des Mangels

Versetzen wir uns um 200 Jahre in die Vergangenheit, an den Beginn
der industriellen Epoche. Die Aufklärung hatte das geistige Klima
zugunsten der Vernunft und der Wissenschaften verändert. Die
Französische Revolution ließ Ideen von Freiheit und Gerechtigkeit
durch die ganze Welt irrlichtern. Napoleons Feldzüge hinterließen
in vielen Ländern bis dahin unbekannte Freiheits- und Eigentumsrechte sowie den Kern der Gewerbefreiheit, niedergelegt im »Code
Napoléon«.

Neue agrarische Techniken brachten Verbesserungen in der Versorgung der Menschen. Die Bevölkerung wuchs schneller denn
je. Aber etwas war ganz besonders knapp: Kleidung. Im Ausklang
der damals herrschenden Kleinen Eiszeit waren die Winter lang,
die Sommer oft kühl und feucht. Auf den unbefestigten Wegen
durch Europa kam man nur mühsam voran, und obwohl das Han-
delsvolumen wuchs, gab es wenige Transportkapazitäten. Viele
Menschen waren dennoch ständig unterwegs, um Handel zu treiben oder um anderswo ein günstigeres Schicksal zu finden – die
ersten Manufakturen, die neuen Eisen- und Kohleregionen, boten
die Chance auf ein Einkommen.

In dieser Welt war Kleidung ein entscheidendes »Lebensmittel«.
Man lebte mit Kälte und Feuchtigkeit. Selbst die Reichen und Ade-
ligen hatten Probleme, ihre vielen Zimmer warm zu halten. Die

Kleidung bestand nur selten aus rarem Leder, meist aus Filz und Leinen oder aus Schafswolle, Materialien, die sich leicht mit Flüssigkeit vollsogen, durch Schweiß steif und übelriechend wurden und verdarben. Man kann sich den muffigen Geruch gut vorstellen, der in allen Stuben und Kammern hing.

Aus den überseeischen Regionen drang in immer größeren Mengen ein neuer Rohstoff auf den Markt, der die Kleidungsproduktion radikal verändern sollte. Er war saugfähiger, »trockener« und trug sich angenehmer auf der Haut. Er war schneller anzubauen und leichter zu verarbeiten: die Baumwolle. Der Triumph der Baumwolle begann im Jahr 1764 im englischen Lancashire mit der Erfindung der »Spinning Jenny«, einer Spinnmaschine, deren Antrieb noch mit Händen und Füßen erfolgte, die aber bereits acht Spindeln antreiben konnte. Das war der Durchbruch zur Mechanisierung der mühsamen und zeitintensiven Textilproduktion, die bis dahin überwiegend Hausfrauenarbeit gewesen war. Noch einmal befördert wurde der Prozess der Mechanisierung durch eine andere epochale Erfindung, der Dampfmaschine, die bald auch in der Textilproduktion Verwendung fand.

Die Symbiose von Dampfkraft und Mechanisierung mit dem neuen Rohstoff revolutionierte die Kleiderherstellung – und führte zum ersten Konsum-Massenmarkt der Geschichte. Während zwischen den Kolonien und den europäischen Mutterländern nun Dampfschiffe mit riesigen Baumwollballen (aufgrund der Sklavenwirtschaft war der Rohstoff billig) verkehrten, sanken die Preise für Baumwollgarn zwischen 1780 und 1830 um 90 Prozent. Der Textilsektor wurde zum Produktivitätstreiber erst der britischen, dann der europäischen Wirtschaft und trug 1830 bereits zu 25 Prozent zu Wachstum und Sozialprodukt bei.

Die industrielle Textilproduktion steigerte die Lebensqualität der Menschen in einem ungeheuren Ausmaß. Sie verwandelte die Bekleidungsfrage in eine Modefrage, machte Tausende von Stoffarten, Farben, Schnitten möglich. »Es ist das billige Tuch, die billige Baumwolle und der preiswerte Stoff für die Massen, der den typischen Ausdruck der kapitalistischen Produktion bildet«, schrieb der

Ökonom und Zyklen-Theoretiker Joseph Schumpeter. »Die kapitalistische Leistung besteht nicht darin, mehr Seidenstrümpfe für Königinnen herzustellen, sondern darin, sie für jedes anständige, fleißige Fabrikmädchen erschwinglich zu machen.«[2]

Am Beispiel der »Baumwollrevolution« lässt sich verdeutlichen, was mit einem »Kondratieff-Zyklus« gemeint ist. Zu einem solchen ökonomisch-technischen Großzyklus gehören immer fünf Bedingungen:

- Erstens eine alltägliche Knappheit, die einen neuen, großen Markt begründen kann.
- Zweitens ein Rohstoff, der sich auf neue Weise erschließen lässt.
- Drittens eine neue Technik, die sich kaskadenhaft ausbreitet.
- Viertens eine neue Infrastruktur, die große Investitionen erfordert und auf alle Wirtschaftssektoren eine produktivitätssteigernde Wirkung hat. Im Fall der Dampfmaschinen-Textil-Revolution seit Mitte des 18. Jahrhunderts waren dies die Kanalsysteme, die zunächst in England, dann in den flachen Regionen Europas den Transport der Güter, besonders der Baumwolle, beschleunigten.
- Fünftens eine neue Organisationsweise, deren Methoden dann auf andere Wirtschafts- und Gesellschaftsbereiche übertragen werden. So wie der schwere Pflug im Mittelalter neue Formen von Dorf-Kooperationen hervorbrachte.

Erst wenn alle Faktoren gleichzeitig und kumulativ wirken, entsteht eine Produktivitätswelle, die einen Schub des Wohlstands für weite Bevölkerungsschichten auslöst und die Wirtschaft massiv wachsen lässt. Aber eben auch: die die Kultur verändert, das Zusammenleben von Menschen, die die geistigen und kommunikativen Möglichkeiten transformiert.

Seit Beginn der industriellen Revolution folgten solche Kondratieff-Zyklen im Rhythmus von einem runden halben Jahrhundert aufeinander, Welle auf Welle. Es begann mit Dampfmaschine und Baumwolle. Vier weitere solcher Wellen können wir heute beschreiben:

Die *Eisenbahn-Ära:* Mitte des 19. Jahrhunderts geriet die soeben erst angeworfene industrielle Maschinerie ins Stocken. Fabriken in Europa und den jungen Vereinigten Staaten erzeugten nie gekannte Mengen von Waren, wodurch eine neue Knappheit entstand: Transport. Immer noch versanken die Verkehrswege bei schlechtem Wetter im Schlamm, für schwere Lasten waren die Straßen nicht geeignet. Die Eisenbahn löste diesen Engpass. Innerhalb von 30 Jahren, zwischen 1860 und 1890, »explodierte« das Eisenbahnnetz in den USA und Europa und wuchs auf Tausende von Kilometern an. Die Eisenbahn – in Einheit mit dem Rohstoff Eisen, Stahl und dem Telegrafen – führte zu völlig neuen Zeitökonomien, einer kontinentalen Standardzeit und dem Schrumpfen von Distanzen. Sie verband die Ballungsgebiete mit dem Hinterland, ließ die Metropolen zusammenwachsen und führte zu einer Soziokultur der Mobilität und Mobilisierung.

Strom und Chemie: Anfang des 20. Jahrhunderts begannen neue Techniken vor allem die Städte zu verändern, die im weitesten Sinne mit Energie zu tun hatten. Die Kohleförderung war durch weitere Rationalisierungen zu einem mächtigen Faktor geworden, Energie für die immer größer werdenden Fabriken stand nun in Hülle und Fülle zur Verfügung. In den Städten setzte sich das elektrische Licht durch, und so begann das »moderne Stadtleben« mit seinen verschobenen Tag- und Nachtrhythmen, seinen von der Familienprivatsphäre abgetrennten öffentlichen Räumen. In der Fabrikwelt triumphierte die Organisationsform des Taylorismus. Henry Ford gelang die erste Massenproduktion eines komplexen technischen Geräts, des Automobils, indem er die Produktion in immer kleinere Handreichungen und Arbeitsabschnitte zerlegte. Gleichzeitig erhöhte Ford den Lohn seiner Arbeiter, die er nun als Kunden sah. Lohnarbeit wurde monoton, massenhaft verfügbar – und erstmals eine Existenzgrundlage für eine Familie.

Petrochemie und Auto: Die größte Infrastrukturinvestition aller Zeiten ist bis heute der Bau des weltweiten Straßennetzes. Man schätzt seinen Wert in den USA auf 900 Milliarden Dollar, in Europa auf ähnliche Werte. Straßenbau mit befestigten Oberflächen begann zwar bereits im 19. Jahrhundert, Teer und Bitumen sowie neue Verarbeitungsmaschinen machten jedoch erst nach dem Zweiten Weltkrieg gewaltige Straßenbauwerke bezahlbar. So entstanden in den Industrienationen die durchgehenden Autobahn- und Straßennetze, die dem Auto seine dominierende Stellung als Alltagsverkehrsmittel einräumten und die Welt neu kartografierten: in Stadtzentrum und »Suburbia«, Provinz und Metropole. Nicht nur Räume wurden verändert, sondern auch Sozialbeziehungen, Der massenhafte Fluchtraum Auto (manchmal reicht schon ein Moped) gab dem Individualisierungstrend einen Schub. Und die petrochemische Welle stellte nicht nur günstig Energie zur Verfügung, sondern auch »billige Dinge« – durch die Massenproduktion von Plastik. In der vierten Kondratieff-Welle entstand jene globale Konsumkultur, die bis heute unsere Wirklichkeit (und unsere ökologischen Probleme) prägt.

Der *Computer und die Information:* Keine Hymne reicht aus, um die Wirkung des Computers auf die Produktivität der Wirtschaft zu beschreiben. Das Bankenwesen, die effektive Verwaltung, die Explosion des Dienstleistungssektors, die hocheffektive Fabrik – all dies wäre ohne die ungeheure Beschleunigung des »Rohstoffs« Information durch ubiquitäre Hard- und Software nicht möglich gewesen. Die Dynamik des Computers prägte die globale Wirtschaftdynamik von 1980 bis 2007. Seitdem hat sich die Rechnertechnik auch als Sozial- und Kommunikationsmedium etabliert – aber wie geht diese Geschichte weiter? Mündet sie tatsächlich in die Wissensrevolution, die allenthalben postuliert wird?

Die kulturisierte Ökonomie

Bis ins Jahr 2008 schienen Ökonomen über die letzte »harte« Wissenschaft zu verfügen, mit deren Hilfe man die Welt verlässlich beschreiben konnte. Während sich in den Quantenräumen der Physik immer mehr Unschärfen entwickelten, schien im Reich der Ökonomie alles immer kristallklarer zu werden. Anders als in den Wolkenschlössern der Psychologie, der Soziologie oder der politischen Wissenschaften, galten klare Kennziffern und Gesetze:

Kaufkraft, Löhne, Zu- und Abnahme der Geldmenge, Inflations-
rate, Goldreserven, die Höhe der Staatsverschuldung, Arbeitszeit
und Produktivität bestimmten die Wirtschaftskraft und damit die
Zukunftsfähigkeit eines Landes. Die Ökonomie funktionierte mit
der Logik eines Uhrwerks: Wenn man an bestimmten Schrauben
dreht, kommt etwas Bestimmtes heraus.

Spätestens nach der Finanzkrise von 2008 mit ihren ständig weiter um den Planeten kreisenden Schockwellen wird klar, dass diese
Auffassung eine Illusion war. Die »Masters of the Universe« haben
sich als Taschenspieler herausgestellt. Die klassische Ökonomie
ist keine Wissenschaft vom Menschen, und deshalb kann sie die
Welt nicht wirklich erklären. Geschweige denn deren Zukunft prognostizieren.

Kondratieff brach dieses reduktionistische Konzept des Ökonomischen schon vor einem Jahrhundert auf – ein Grund, weshalb
seine Theorie bis heute von den Ökonomen eher belächelt wird.
Er begriff Fortschritt, Wachstum und Wohlstand als Resultat eines
gesellschaftlichen Prozesses, einer Interaktion zwischen verschiedenen menschlichen Sphären. Der Markt ist keine Mathematik,
sondern ein Kultursystem, in dem Technologie und menschliche
Organisation interagieren. »Märkte sind Kommunikationen«, wie
es das Cluetrain-Manifest, jenes rebellische Internet-Pamphlet, das
die »Neue Ökonomie der unbegrenzten Datenräume« propagierte,
im Jahre 2000 klarstellte.

Dabei war Kondratieff durchaus ein Zweifler. Er war sich nie
ganz sicher, ob der Kern seiner Zyklentheorie – die Existenz der
50- bis 60-Jahresrhythmen – wirklich stimmte und nicht alles dem
Zufall entsprang. Seine Datenlage war dünn. Die damalige »kapitalistische Wirtschaft« bestand aus Deutschland, England, Frankreich, Amerika und ein paar kleinen Ländern. Statistische Methoden waren unzureichend, Daten schwer zu bekommen. Doch er
hielt an seinem Wellenmodell fest und schloss den Zufall aus, da
er genügend Übereinstimmungen in allen wichtigen Bereichen
des Wirtschaftslebens in den kapitalistischen Ländern Europas
fand.

Mit Unsicherheit hatte Kondratieffs größter Bewunderer, der österreichische Fabrikantensohn und Lebemann Joseph Schumpeter, weniger Probleme. Er machte die Zyklen zum Zentrum seiner Theorie der schöpferischen Zerstörung. Schumpeter bezog sich ausdrücklich auf Kondratieffs Werk und schrieb es nach dessen Tod in vielerlei Hinsicht weiter.

Die kreative Zerstörung

Joseph Alois Schumpeter war ein Apologet des Wandels, ein Propagandist der Unruhe – und ein Mensch, der das persönliche Scheitern zu einer Art Lebensstil erkor. 1883 in Mähren als Sohn eines Fabrikanten geboren, verlor er seinen Vater früh und besuchte das Elite-Gymnasium Theresianum in Wien, wohin seine Mutter in zweiter Ehe geheiratet hatte. Er studierte Recht und Nationalökonomie, war der jüngste Professor der k. u. k. Monarchie und galt bald als Anwärter auf ein Staatsamt. Nach dem Zusammenbruch der Monarchie wurde er 1919 Finanzminister der jungen österreichischen Republik. In dieser Rolle hatte er eine Aufgabe zu bewältigen, gegen die die heutigen Probleme der Euroländer-Stabilisierung geradezu als Kinderspiel erscheinen. Aber es ging um ähnliche Themen: Abbau der Staatsschuld (in einem durch den Krieg ruinierten Reststaat), rigides Sparprogramm, Einführung von Verbrauchs- und Vermögenssteuern, Wiedergewinnung des Vertrauens der Investoren in die geschrumpfte Wirtschaft.

Kein Wunder, dass Schumpeter an dieser Titanenaufgabe scheiterte – trotz seines legendären Redevermögens und seiner diplomatischen Fähigkeiten. Als Konservativer in einem sozialdemokratischen Kabinett konnte er sich genau sieben Monate halten. Dann verschafften ihm einflussreiche Freunde als Notausgang die Präsidentschaft einer Privatbank. 1924 wurde die Bank, die längst pleite war, an einen englischen Investor verkauft. Noch 15 Jahre lang musste er seine Schulden abbezahlen, wofür er sein Professorengehalt, seine Vortragssaläre und die Honorare für seine Bücher einsetzte.

Schumpeter war ein früher Globalist und er war ein Lebemann, sein öffentliches Auftreten ähnelte einer Mischung aus Donald

Rumsfeld und Silvio Berlusconi – noch als Bankdirektor fuhr er gerne mit der Kutsche und schönen Mätressen durch Wien. Und er war so genialisch wie manisch-depressiv. An Freunde und »Geistesbrüder« schrieb er unentwegt Briefe, und selbst wenn er die meiste Zeit seines Lebens pleite war, steckten nicht selten Schecks in den Umschlägen. Als nach der Machtergreifung der Nationalsozialisten im Deutschen Reich Juden, Sozialisten, Kommunisten aus akademischen Positionen vertrieben wurden, wandte sich Schumpeter in unzähligen Briefen an amerikanische Universitäten, Organisationen und Stiftungen und empfahl ihnen jüdische und aus anderen Gründen verfolgte deutsche Sozialwissenschaftler. Er war großzügig und zerstreut, präzise, zynisch, menschenfreundlich, arrogant und sentimental. Seine Lieblingsgeschichte handelte von seinen drei Zielen im Leben: der beste Liebhaber Wiens, der beste Reiter Europas und der größte Ökonom der Welt zu werden. Zwei Ziele habe er erreicht, erzählte er immer wieder, aber leider habe er nur einen zweitklassigen Sattel geerbt.[3]

Schumpeter, der Weltbürger mit dem Borderline-Syndrom, der tragische Wanderer zwischen den Welten, der eloquente Narzisst, nahm den Staffelstab, den Kondratieff fallenlassen musste, auf und schuf eine evolutionäre Theorie des ökonomisch-gesellschaftlichen Wandels. Als einer der ersten Ökonomen beschäftigte er sich mit den Verschränkungen zwischen Wirtschaft, Anthropologie und Evolution. In seinem Hauptwerk »Kapitalismus, Sozialismus und Demokratie«, das 1942 zuerst auf Englisch erschien, formulierte er:

»Die Eröffnung neuer, fremder oder einheimischer Märkte und die organisatorische Entwicklung vom Handwerksbetrieb und der Fabrik zu solchen Konzernen wie dem U.S.-Steel illustrieren den gleichen Prozess einer industriellen Mutation – wenn ich diesen biologischen Ausdruck verwenden darf –, der unaufhörlich die Wirtschaftsstruktur von innen heraus revolutioniert*, unaufhörlich die alte Struktur zerstört und unaufhörlich eine neue schafft. Dieser Prozess der ›schöpferischen Zerstörung‹ ist das für den Kapitalismus wesentliche Faktum. Darin besteht der

Kapitalismus und darin muss auch jedes kapitalistische Gebilde leben. (* Diese Revolutionen sind nicht eigentlich ununterbrochen; sie treten in unsteten Stößen auf, die voneinander durch Spannungen verhältnismäßiger Ruhe getrennt sind. Der Prozess als ganzer verläuft jedoch ununterbrochen – in dem Sinne, dass immer entweder Revolution oder Absorption der Ergebnisse der Revolution im Gange ist; beides zusammen bildet das, was als Konjunkturzyklus bekannt ist.)«[4]

Schumpeter nahm viele Erkenntnisse der Spieltheorie und der Verhaltensökonomie bis hin zur Evolutionspsychologie vorweg. Dabei war es vor allem seine Exzentrik, die ihn vor den Sogwirkungen der Ideologien von links und rechts schützte. So entwickelte er eine spannende Mischung aus Marktradikalismus und menschlichem Sozialismus. Er sah den Untergang des Kapitalismus kommen, aber was er unter »Kapitalismus« verstand, war eher ein Versagen des lebendigen Marktes. Er unterschied in »Kapitalisten« und »Unternehmer«. Er sah zwei fundamentale Kräfte im ökonomischen Prozess am Werke: einerseits Sehnsucht und die Energie der Gestaltung und Erneuerung, andererseits die brutalen Gesetze der Kapitalakkumulation. Aus den immerwährenden Turbulenzen zwischen diesen Megakräften, so sein Weltbild, entsteht das Neue, die Zukunft und der Fortschritt.

Die richtigen Fragen stellen

Was haben uns ein halb vergessener russischer Ökonom und ein exzentrischer Lebemann mit Hang zu pathetischen Gesten heute noch zu sagen? Lassen sich Kondratieffs und Schumpeters Erkenntnisse auf die heutige Situation einer weniger polarisierten, dafür aber umso dichter verknüpften Welt übersetzen? Was haben sie mit den Megatrends zu tun? Und vor allem: Lassen sie sich als Vorhersageinstrument nutzen?

Zunächst einmal müssen wir uns einer Frage widmen, die im zweiten Teil nicht ausführlicher angesprochen wurde: Ist »Technik« ein Megatrend? Gibt es technologische Entwicklungen, die unserer Definition von Megatrends – ubiquitäre, alle gesellschaftlichen Bereiche beeinflussende, ganzheitliche Wandlungsprozesse – entsprechen können? Kondratieffs Zyklen waren ja genau das: In ihnen veränderte Technologie menschliche Organisations- und Lebensformen. Der »Megatrend Eisenbahn« war Teil des Megatrends Mobilität zu einer bestimmten historischen Epoche, ebenso wie das Auto. Wird es uns gelingen, auch in Zukunft solche fundamentalen Techniktrends, die die Dimension echter Megatrends annehmen, auszumachen?

Eine wichtige Botschaft der beiden Ökonomen lautet: Krisen sind notwendig und produktiv. Sie sind keine Unfälle, Abweichungen vom »Normalzustand«, die uns zwingen, »das alte Gleichgewicht« wiederherzustellen und »das System« zu reparieren. Im Kondratieff-Schumpeter-Denken bilden sich neue Ordnungen aus Krisen heraus.

Die zweite Botschaft lautet: Es sind die menschlichen Bedürfnisse, die die Fortschritts- und Wellenprozesse steuern. Das, was uns als »anonymes System« erscheint, hat immer einen menschlichen Nachfragekern. Das gilt nicht zuletzt für die Technologie: Es sind die Sehnsüchte, Wünsche, menschlichen Unzulänglichkeiten, nicht ein anonymes Macht- oder historisches Zufallsprinzip, das wir ins Zentrum des technologischen Prozesses setzen müssen.

Und die dritte Botschaft: Die politische Matrix des 20. Jahrhunderts führt uns nicht weiter. »Links« und »Rechts«, »Marktprinzip« und »Staatsprimat«, »Neoliberalismus« versus »Marktsteuerung« – all dies sind unterkomplexe Weltbetrachtungen. Beide Systeme, der reine Sozialismus wie der totale Kapitalismus, müssen versagen. Um die Welt im Blick nach vorne zu verstehen, müssen wir diese Entweder-oder-Logik überwinden.

Kondratieff und Schumpeter waren Pioniere einer Wissenschaft und Denkweise, die wir als evolutionäre Humanökonomie bezeichnen können. Krisen sind Folgen und Symptome von Selbststeuerungsprozessen, in denen Gesellschaft, Ökonomie, Technik und politische Sphäre vorankommen. Damit etwas Neues entstehen kann, muss das Alte zerbrechen. Wie in der Natur ist dieser Prozess nicht immer schön anzusehen. Er fordert Opfer. Aber diese werden durch den nachfolgenden Aufbruch, den nächsten Aufschwung kompensiert. Sie lassen sich nicht durch Steuerung, aber durch Navigation zumindest verringern.

Erst in diesem evolutionsökonomischen Denken lässt sich über Zukunft produktiv und ohne überbordende Angst nachdenken. Wohlstand und Zivilisation entstehen nicht durch perfekte Mittel der Steuerung, durch Steigerungen von Kontrolle. Sondern durch Adaptivität. Nicht die Robustheit von Systemen im Sinne von »eiserner Krisenfestigkeit« ist das Ziel, sondern die *Resilienz*, die Widerstandsfähigkeit. Fortschritt entsteht dadurch, dass eine Gesellschaft in der Lage ist, Lernprozesse zu organisieren. Persönliches Wachstum ist ein Resultat von zugelassenen Krisen. Aus der Sicht dieses dynamischen Weltverständnisses können wir klügere Fragen an die Zukunft stellen:

Was sind die kommenden Knappheiten? Wenn jeder ökonomische Boom einen neuen Mangel erzeugt – was ist dann der Mangel, den die Computer-Revolution hervorbringt? Das Internet erzeugt eine Informations- und Reizflut und einen generellen Mangel an Orientierung, Sortierung, Übersicht. Was könnte diese Knappheit (er)lösen, die durch Überfülle und Unterkomplexität entsteht?

Wohin fließen die großen Investitionen der Zukunft? Die Boom-Phasen der Wirtschaft werden stets von massiven Investitionen in eine neue, teure Infrastruktur angetrieben. Wie könnte das Kanalsystem, das Eisenbahnnetz, das Stromnetz, das Straßensystem der Zukunft aussehen?

Welche Schlüsseltechnologien lassen sich antizipieren? Welche Erfindungen und Entdeckungen könnten eine ähnlich weitreichende Wirkung haben wie die Dampfkraft oder die Erfindung des Transistors? Und wie verändert sich der Prozess der Erfindung und Entdeckung selbst – gibt es in Zukunft überhaupt noch bahnbrechende Technikdurchbrüche wie vor 100 oder 200 Jahren?

Welche Rolle spielt die menschliche Kultur? Mindestens so wichtig wie der Fortschritt der Technologie sind die Modalitäten, in denen Menschen miteinander kommunizieren, ihre mentalen und psychologischen Fähigkeiten entwickeln, ihre Organisationen gestalten und ihre Lernprozesse organisieren. Dieser Aspekt ist in den meisten Zukunfts-Zyklen-Theorien bislang vernachlässigt worden. Ich glaube jedoch, dass hier der wahre Schlüssel zum nächsten Kondratieff-Zyklus zu finden ist. Wie auch immer: Wenn die 50-Jahres-Regel der Vergangenheit auch in der Zukunft gilt, sollten wir uns heute in der Abschwung-Turbulenz zwischen dem fünften – dem Computer-Kondratieff-Zyklus – und dem sechsten Kondratieff-Zyklus befinden. Dieser müsste seinen Höhepunkt etwa im Jahre 2045 erreichen. Also praktisch übermorgen.

13 Die technische Illusion

Der Mann auf der Bühne zieht seinen linken Jackettärmel zurück. Ein Raunen geht durch das Publikum, im Nacken stellt sich ein Ziehen ein. Man sieht es ganz deutlich in der blassen Armbeuge. Ein dunkles, metallisches Loch. Die Haut um das Loch ist bläulich verfärbt. Durch diese Schnittstelle kann Kevin Warwick sein Nervensystem mit einem Computer verbinden. Die Operation, im Jahr 2002 vor laufenden Kameras ausgeführt, versetzt ihn angeblich in die Lage, einen Roboterarm zu kontrollieren. Und theoretisch kann man darüber von außen auf seinen Körper zugreifen und ihn durch elektrische Impulse steuern.

Kevin Warwick ist ein menschlicher Cyborg.

Wir schreiben das Jahr 2007. Warwick spricht als »special guest« auf der »European Futurists Conference«. Rund 100 Zukunftsforscher aus 20 europäischen Ländern, dazu einige Ehrengäste aus Korea und den USA, speisen im Ballsaal eines etwas verblichenen Grandhotels im idyllischen Luzern in der Zentralschweiz. Soeben hat ein Dinner bei Kerzenlicht seinen Höhepunkt erreicht.

»In den kommenden Jahren«, ertönt Warwicks sonore Stimme von der Bühne, »werden Maschinen existieren, die tausendmal intelligenter sind als der Mensch. Wir haben demnächst die Möglichkeiten, die menschlichen Kapazitäten radikal und konsequent zu verbessern. Krankheiten auszurotten und Leiden abzuschaffen. In der zweiten Stufe werden wir die Fähigkeiten des Menschen direkt verbessern – um den Faktor tausend, wenn nicht eine Million! Als Erstes werden wir unsere Hirnfähigkeiten boosten ...«

Neben mir sitzt ein junger Trendscout aus Stuttgart und hält angestrengt seinen iPod zum Aufnehmen in Richtung Bühne. Daneben macht eine eher skeptisch wirkende Frau um die 50, die im Change-Management eines Großunternehmens tätig ist, Notizen. Die Kellner wirken, als wären sie aus einem Fünfziger-Jahre-Film in die Gegenwart gefallen.

»Menschen verstehen die Welt nur in drei Dimensionen. Sie kommunizieren in einer sehr verlangsamten Art und Weise. Mit verbessertem sensorischen Input können wir das optimieren. Wir können Menschen zu Superbeings machen.«

Ein Cyborg ist ein kybernetischer Organismus. Halb Mensch, halb Maschine. Warwick ist seit seiner Operation ein gefragter Interviewpartner in populären Wissenschaftssendungen mit Namen wie »Nano« oder »Cyber« oder »Magische Wunder von morgen«. Der Film seiner Operation wurde im Internet eine Million Mal heruntergeladen.

Nach einer Stunde menschlicher Unterlegenheitsgefühle, schweren Rotweins und noch schwererer Pralinen sinken wir in einen Dämmerzustand. Durch eine offene Tapetentür kann ich philippinische Hotelangestellte sehen, die mit blauen Plastikhauben über den Haaren das Silberbesteck für das Frühstück sortierten. Ein uralter, muffiger Geruch weht aus der Küche, nach Spülwasser und alten Essensresten. Plötzlich erinnert mich das Ganze an ein erleuchtendes Satirewerk des legendären Science-Fiction-Gurus Stanislaw Lem.

In »Der futurologische Kongress« besucht der Raumfahrer Ijon Tichy eine Versammlung in Costricana, einer Hightech-Bananenrepublik. Er findet heraus, dass der Diktator des Landes das Trinkwasser mit Benignatoren versetzt hat, bösartigen chemischen Beruhigungsmitteln, die die Bürger in Trance versetzen. Ein Krieg bricht aus. Zusammen mit dem berühmten Professor Trottelreiner flieht Tichy in die Kanalisation unterhalb des Kongresshotels, erlebt dort eine Menge Halluzinationen, fällt in flüssigen Stickstoff und wacht schließlich im Jahr 2039 wieder auf. Die Welt hat sich verändert. Es herrschen Frieden und allgemeiner Wohlstand. Über das Wetter wird abgestimmt, und Tote können wiederbelebt werden. Ich schlafe unruhig in dieser Nacht am Vierwaldstädter See.

Der Mythos der künstlichen Intelligenz

Gibt es einen »Megatrend Hypertechnologie«? Einen »Megatrend der rasenden technischen Beschleunigung«?

Um den technischen Fortschritt zu verstehen, sollte man bisweilen Zug fahren. Aber nicht mit einem jener Hochgeschwindigkeitszüge, hinter deren getönten Scheiben die Landschaft zu einem abstrakten Muster verschwimmt. Sondern mit einem quietschenden, nach oxidiertem Eisen riechenden »Eilzug«, der noch in den Vorortstationen mit Doppelnamen hält. Castrop-Dettenhausen. Barmbek-Uhlenhorst. Diedenbergen an der Schwupper.

Man sieht hinein in Wohnungen, wo auf braunen Cordsofas Männer mit Feinrippunterhemden sitzen und Bier neben halbwelken Zimmerpflanzen trinken. Der Blick streift über Gewerbehöfe mit Lastern ohne Reifen, aus denen Öl in den bröckeligen Betonboden sickert. Aufgelassene Fabrikareale, auf denen Brennnesseln wuchern. Man fährt durch eine Welt aus Mauern: Brandmauern, Abrissmauern, Brücken-, Kaimauern. Alle tragen Graffiti-Insignien des verzweifelten Versuchs, eine persönliche Spur zu hinterlassen. Wie sagte »Simpsons«-Erfinder Matt Groening so schön? »In der Zukunft werden eine Menge loser Kabel aus der Wand hängen!«

Technologie kann unglaublich chic, sensationell, atemberaubend sein. Nur mit ihrer breiten Implementierung in der Wirklichkeit ist es anscheinend so eine Sache.

Als im Jahr 2005 auf dem Weltwirtschaftsforum in Davos der Hochtechnologiepriester Nicholas Negroponte seine OLPC-Initiative (»One Laptop per Child« – ein Laptop pro Kind) präsentierte, war der Jubel groß. Man könne einem Kind einen vernetzten Computer im Wert von 200 Dollar einfach in die Hand geben – und dann getrost weggehen. Sagte Negroponte. Die Journalisten waren beeindruckt und schrieben mit. Wohlstand, Bildung, Fortschritt entstehen ganz von selbst. Aus dem instinktiven Umgang der »Kids« mit Computertechnologie.

Im Jahre 2010 waren 2 Millionen OLPC-Computer ausgeliefert. Etwa 300 000 davon wurden in den Industrieländern als »Kultgerät« verkauft, bei Harrods oder Media Markt. In Indien wurden nur

800 OLPCs verteilt – das Riesenland entwickelt lieber einen eigenen Tablet-Kindercomputer, der nur 35 Euro kosten soll. Peru kaufte 800 000, die eingebunden in staatliche Schulprogramme (durchaus erfolgreich) verwendet werden. Aktivisten auch in den Adressatenländern kritisierten dennoch das Projekt heftig. Vor allem in Afrika sei das Geld besser angelegt, wenn man zunächst ein funktionierendes Schulsystem aufbauen würde. In 80 bis 90 Prozent aller Fälle vergammele das Gerät, weil die Kinder nach kurzer Zeit nichts mehr damit anzufangen wüssten und technische Defekte nicht behoben werden könnten.

Von dem Schriftsteller William Gibson stammt der schöne Satz: »Die Zukunft ist längst schon da, nur ist sie leider ungleich verteilt.«

Als Beweis für das ungeheure Galoppieren des Fortschritts gilt das Moor'sche Gesetz, die Verdoppelung der Rechengeschwindigkeit von Mikroprozessoren alle 18 Monate. Warwick und sein noch berühmterer Kollege Ray Kurzweil nehmen diese Formel als Beleg dafür, dass sich um uns herum eine Supertechnik entwickelt, die demnächst jenen großen Durchbruch in die transzendente Hypertechnologie bringt, der uns von allen Nöten der Sterblichkeit, der Krankheit, des Leidens befreien wird.[1] Künstliche Intelligenz wird alle Probleme über kurz oder lang lösen.

An dieser Stelle sollten wir zunächst eine nüchterne, gemeine Gegenfrage stellen: Was ist Intelligenz?

Computer können Schach spielen und ein Quiz lösen. Autos können selbstständig in eine Parklücke einparken. Kühlschränke können – demnächst ganz sicher – Salat anders kühlen als Fleisch. Ist das »intelligent«? Ja, wenn man Intelligenz als Einparken, Quizlösen, Salatkühlen und Schachspielen definiert. Die Tatsache, dass wir Maschinen, die so etwas können, als intelligent bezeichnen, sagt jedoch eher etwas über unseren Intelligenzbegriff aus als über die Zukunft. Der ist nämlich technizistisch geprägt.

Kein Computer kann zum Beispiel sagen: »Ich bin ein Baum.« Menschen können das, obwohl es nicht »wahr« ist. Weil sie eine sinnlich-emotionale Beschreibung von »Baum« in sich tragen. Das Rascheln der Blätter, der Geruch der Rinde, das Knarren des Holzes, die jahreszeitliche Färbung des Laubs, Blüte. Warum sind wir fähig zu solchen Übertragungen? Weil wir über Fleisch, Schmerz und Sterblichkeit mit der uns umgebenden Natur verbunden sind.

In der Verwechslung von operativen Fähigkeiten mit »Intelligenz«, die sich im Paradox »künstliche Intelligenz« manifestiert, zeigt sich nichts anderes als das, was die Kognitionspsychologie Anthropomorphismus nennt. Menschen neigen seit Urzeiten dazu, die sie umgebende unbelebte Welt zu vermenschlichen. Wir projizieren unsere Innenwelten in die Umwelt. Wir sehen in Bäumen dunkle Wesen, in Nebelschwaden Gespenster, in Quacksalbereien heilige Prozesse. Mit derselben Inbrunst, mit der wir an höhere Wesen glauben, vermuten wir hartnäckig, dass Maschinen irgendwie ein »Eigenleben« führen. In ihnen wohnen entweder Dämonen oder gute Geister, Feen, Götter, die uns endlich aus dem Leiden, das Menschsein in seinem tiefsten Kern bedeutet, befreien können.

So sind wir eben. Die Evolution hat uns seit den gefährlichen Tagen unserer Urvorfahren mit einer einfachen Anleitung zum Überleben ausgestattet: Sei achtsam und sehe lieber einen Säbelzahntiger oder einen Dämonen zu viel als einen zu wenig. Unser Sinn für Übersinnliches ist daher sehr ausgeprägt. Der Glaube an die erlösende Hypertechnologie ist nichts als ein fernes Echo aus der Zeit der existenziellen Bedrohung, übertragen auf eine ungewisse Zukunft.

Die Grenzen der technologischen Beschleunigung

Michael Lind, ein amerikanischer Publizist und Ökonom, hält die These der Beschleunigung der technologischen Entwicklung für Unsinn. Lind nennt unser Zeitalter »The Boring Age«, das langweilige Zeitalter:

»Wir glauben gern, in einer Ära ungeheuren Wandels zu leben … in einer erregenden Epoche mit radikalen Disruptionen … Die Wahrheit ist: Wir leben in einer Periode der Stagnation. Und diese Stagnation ist gerade auf dem Feld der Technologie besonders sichtbar. Die Gadgets der Informationstechnik haben nicht im Geringsten den transformativen Effekt wie das elektrische Licht vor einem Jahrhundert, der Kühlschrank, Gasöfen und Kanalisation. Ist die Kombination von Telefon, Bildschirm und Tastatur wirklich so bahnbrechend wie der Buchdruck oder die Schreibmaschine oder das einfache Telefon oder das Fernsehen?«[2]

Betrachten wir einmal die Alltagstechnologien, die heute unser Leben bestimmen. Wenn wir ein Auto besteigen, benutzen wir eine Uralttechnik. Der Verbrennungsmotor wurde 1880 erfunden, aber es dauerte bis 1920 in den USA und 1950 in Europa, bevor daraus die Grundlage von Massenmobilität wurde. Heute arbeitet eine gigantische weltweite Autoindustrie daran, den Verbrennungsmotor effektiver zu gestalten. Durch diese (durchaus erfolgreichen) Anstrengungen werden die Versuche, alternative Antriebe wie Wasserstoff- oder Elektromotoren durchzusetzen, bisher weitgehend sabotiert – der Verbrennungsmotor zeigt dem Neuen ständig eine lange Nase. Ähnliches können wir in der Energieversorgung beobachten: Die Stromerzeugung basiert heute wie vor einem halben Jahrhundert auf Gasturbine, entwickelt 1930, und Dieselmotor, erfunden um 1890.[3]

Der Technikhistoriker und Physiker Jonathan Huebner vergleicht die Geschichte der technischen Entwicklung mit einem Baum. »Es gibt den Stamm, die starken Äste der Mechanik, der modernen Wissenschaften. Aber irgendwann hat sich dieser Baum ausgewachsen. Heute sind wir dabei, die kleinen Äste auszuprägen. Vielleicht gibt es eine natürliche Grenze dessen, was Technologie leisten kann.« Huebner zieht aus der Analyse von Zigtausenden von Erfindungen und Patenten den Schluss, dass der technische Fortschritt seinen Zenit um das Jahr 1870 erreichte.[4]

Wir können Technologie alternativ auch als ein gewaltiges Ökosystem betrachten, in dessen Verzweigungen, Tümpeln und Dickichten ständige Auslese und Verbesserung stattfinden. Stanislaw Lems pfiffige Formel »gegen eine Technologie hilft nur eine andere Technologie« lässt sich auf diese Weise zu einem Entschleunigungsmodell weiterdenken: Wenn immer mehr Technologien in einer »Pfütze« (der menschlichen Kultur) sitzen, werden die komparativen Vorteile und Differenzen jeder einzelnen immer geringer. So wie in einem Dschungel irgendwann einmal alle bunten Schmetterlinge, alle Würmer und Lianen »erfunden« worden sind (und alle weiteren Mutationen nur noch Varianten sind), besteht die Zukunft der Technik vor allem in *Variation und Rekombination*.

Die technologische Evolution entschleunigt sich von selbst. Künftig, so eine These der neueren Innovationsforschung,[5] wird der Innovationsprozess nicht mehr durch großartige Durchbrüche, sondern vor allem durch Synthetisierung, durch Koppelung und Kreuzung bereits vorhandener Erkenntnisse und Erfahrungen gesteuert. Wir sind an den Grenzen der physikalischen Welt angelangt, auch wenn wir dies nicht gerne wahrhaben wollen. Der Innovationsprozess hört nicht auf, verändert aber sein Wesen, seine Richtung, seinen Schwung.

Gesteuert wird Innovation in Zukunft nicht mehr von dem, »was plötzlich möglich wird«, sondern von Fragen der Nutzung. Im Innovationsprozess selbst kommt es immer weniger darauf an, wer das teuerste Labor hat, sondern wo Offenheit und Varianz herrschen. Innovation wird ein kommunikativer Prozess. Sie findet nicht dort statt, wo man die kühnsten Thesen aufstellt, sondern wo die klügsten Fragen gestellt werden.

Jaron Lanier, einer der Pioniere des Cyberspace, weist darauf hin, dass selbst in der Computerwelt sich keineswegs alles beschleunigt. »Die Entwicklung von Software verlangsamt sich sogar, wenn die Computer größer werden, weil größere Programme noch mehr Fehlermöglichkeiten enthalten. Die Entwicklung wird ... konservativer, wenn viel auf dem Spiel steht, und genau das geschieht gegenwärtig.«[6]

Wir fliegen seit dreißig Jahren in kaum veränderten Flugzeugen um die Welt, weil Nurflügelflugzeuge zwar weniger Antriebsenergie brauchen, aber auch ganz andere Fliehkräfte entfalten. Warum fahren Autos immer noch stur auf vier Rädern herum, anstatt sich, wie es die Visionäre seit 100 Jahren vorhersagen, in die Luft zu erheben? Weil alles eine Frage der Kosten-Nutzen-Relation ist. Einen Gegenstand in die Luft zu heben kostet 25-mal mehr Energie, als ihn auf einer glatten Oberfläche rollen zu lassen. Wenn der Forschungsaufwand für Zukunftstechnologie ständig steigt wie im Bereich der Gen- und Nanotechnik oder der Nuklear- und Fusionstechnik, dauert es länger, diese Kosten zu amortisieren. Und damit verlängern sich die technologischen Zyklen, anstatt sich zu beschleunigen.

Das Versprechen der Gentechnik

Im Jahr 2000 rief ein anderer Guru des technischen Heils, der leicht dämonische Craig Venter, auf einer legendären Pressekonferenz mit Bill Clinton ein weiteres neues Zeitalter aus. Die erste Sequenzierung eines menschlichen Genoms eröffnete das »genetic age«. Presse und Öffentlichkeit fieberten bis tief ins intellektuelle Feuilleton dem »größten wissenschaftlichen Durchbruch aller Zeiten« entgegen. Hymnen wechselten sich mit Angstattacken ab: Würden wir demnächst Menschen klonen und Designerbabys herstellen, blaue Augen für 500 Euro? Mit Sicherheit würden wir demnächst endlich die letzten furchtbaren Krankheiten abschaffen. Inzwischen ist es eher still geworden um die Segnungen und Mutationen des genetischen Zeitalters. Das hat mehrere Gründe. Technologische, ökonomische und »soziopsychologische«.

Im Zentrum des Fortschrittsversprechens der Gentechniker steht die »individualisierte Medizin«. Wenn wir den biologischen Code – die DNA – eines Menschen genau kennen, können wir, so die Prämisse, die Behandlung exakt auf seine molekulare Struktur abstellen. Personalisierte Medikamente, personalisierte Operationen, personalisierte Vorsorge, maßgeschneiderte Behandlung mit ungleich höheren Wirkungsgraden.

Kleine Teile dieses Versprechens haben sich schon erfüllt. Allerdings wird eine solche Medizin unglaublich teuer sein. Wenn wir ehrlich sind, würde sie unser Gesundheitssystem regelrecht in die Luft sprengen. Bei jeder Behandlung stellt sie uns vor ein moralisches Problem. Ein Kosten- und Risikoproblem.

Stellen wir uns einmal vor, man könnte für ein paar 100 000 Euro eine Lunge klonen. Individuell, ohne Abstoßungsreaktionen. Wie würde sich die Raucherquote entwickeln? Bei den Reichen und bei den Armen?

Gleichzeitig hat sich unser »genetisches Modell« um neue Erkenntnisse erweitert. Die Idee, ein Organismus, ein menschlicher Körper sei durch seine Gene vollständig und unabänderlich programmiert, erweist sich als ein Relikt aus dem mechanischen Zeitalter. Seit einigen Jahren zeigt uns die neue Wissenschaft der Epigenetik, wie komplex das Verhältnis zwischen Umwelt, Phänotypus und Genotypus tatsächlich ist. So beeinflusst unsere Umwelt genetische Zustände in den Zellen viel stärker, als vorher angenommen. Traumatisierungen in der Kindheit etwa können den realen physischen Organismus »umprogrammieren« – und diese Codierungen können sich sogar an die nächste Generation vererben. Misshandelte Mütter bekommen ängstliche Kinder, auch wenn diese Kinder in ganz anderen Verhältnissen aufwachsen.[7] Erfahrungen lagern sich sozusagen im Gencode ab. Wir sind wandelnde Wechselwirkungen, keine programmierten Gen-Träger! Nach Ansicht von Molekularbiologen gehen außerdem nur zehn Prozent unseres gesamten Krankheitsrisikos auf die Gene zurück.

Gentechnologie, so viel ist gewiss, wird unser Wissen über das Leben im Laufe dieses Jahrhunderts immer weiter verfeinern. Krebs wird irgendwann vielleicht tatsächlich eine beherrschbare Krankheit sein, wie es Aids und einige Krebsarten heute schon sind. In England wurde unlängst die Geburt des ersten Babys annonciert, das die genetische Disposition für Brustkrebs, die beide Elternteile hatten, nicht trug. Hier wird segensreich ein Defekt vermieden, und solche Möglichkeiten werden sich im menschlichen Konsens durchsetzen. Aber wird man deshalb »Babys klonen« oder »Menschenzucht« betreiben? In vielen agrarischen Sektoren sind heute genoptimierte Pflanzen schon normal. Aber zwischen Optimierung – höherer Resistenz, weniger Wasserverbrauch, mehr Ertrag – und der Erzeugung völlig neuer, »transgener« Organismen klafft ein Abgrund. Dieser ist womöglich gar nicht so sehr moralischer als profaner Natur: Wenn man sich die »Erfolge« der Pflanzen-Gentechnik etwas genauer anschaut, wird man das Gefühl nicht los, man hätte das auch irgendwie anders hinkriegen können – durch die alten Kulturtechniken der Züchtung etwa. Vielleicht hätte es ein wenig länger gedauert. Aber nur unwesentlich. Denn auch biologische Züchtung ist heute schon Hightech.

Die Organismen, die wir heute auf der Erde finden, sind in gewisser Weise unglaublich perfekt. Sie sind Ergebnisse eines Millionen Jahre dauernden Optimierungsprozesses, eines »Feinschliffs« durch die Natur. Wenn man jemals Bildbände mit der faszinierenden Fauna der Tiefsee gesehen hat, wenn man mal einige Wochen offenen Geistes in der Serengeti verbracht hat, fällt einem zu gentechnischen Utopien nicht mehr viel ein. Wir ahnen, dass genetische Instrumente in Menschenhand immer etwas Grobschlächtiges hätten. *Wir würden es verpfuschen!* Oder wir würden es einfach ekelhaft finden. In einigen Jahren kommen gentechnisch erzeugte Hühnchenschenkel auf den Markt. Ohne Huhn, reines Laborfleisch. Werden wir das essen? Ich glaube kaum.

Gentechnik, so das ernüchternde Fazit, ist eine interessante Technologie, von der wir noch viel zu erwarten haben. Aber kein Megatrend, der unser Leben, unsere Organisationsformen, unsere ganze Sozio-Ökonomie im Sinne eines Kondratieff-Schubes verändern wird.

Die Informations-Illusion

Eine Front, an der der Glaube an die technische Zukunft ungebrochen scheint, ist die Informationstechnologie. Wer wollte die irrwitzigen Fortschritte im Reich des Computer- und Kommunikationstechnik bestreiten?

Digitale Techniken befeuern seit ungefähr einem Jahrzehnt ein durchdringendes emanzipatorisches Versprechen. Eine weltweit vernetzte Welt, so die Gläubigen des Digitalen, könne keine Unterdrückung mehr verheimlichen, werde die Menschen befreien, sie immer weiter »empowern«. Die Aufstände und Revolutionen in den arabischen Ländern kamen unvorhergesehen und irgendwie unerklärlich – also erklärte man sie durch Technologie, durch Twitter und Facebook. Der Hunger in der Welt, in Afrika, ist schwer zu beenden. Also sollen Handys das erledigen.

Aber was wäre, wenn die Netzwerktechniken uns gar nicht wirklich produktiver und positiv-kommunikativer machen – jedenfalls nicht »automatisch«? Jaron Lanier, Hippiebeauftragter des Cyberspace, hat in seinem Abrechnungsbuch für digitale Illusionen drastische Worte gefunden:

>»Die siegreiche Kultur (des Internet) hat keinen Namen, aber ich bezeichne sie gelegentlich als ›kybernetischen Totalitarismus‹ oder als ›digitalen Maoismus‹… Neuartige Formen sozialer Beziehungen, die erst in der Online-Kultur entstanden sind, haben zur Ausbreitung des modernen vernetzten Terrorismus beigetragen. Sieht man sich irgendeinen Online-Chat an, ob nun über Gitarren, Pudel oder Aerobics, erkennt man ein durchgängiges Muster: Der Dschihad-Chat sieht genauso aus wie der Pudel-Chat… Überall entsteht eine Meute, und entweder ist man dafür oder dagegen. Wenn man sich der Meute anschließt, übernimmt man auch den kollektiven, ritualisierten Hass.«[8]

Eine Meute? Sollte es nicht genau andersherum sein – waren nicht die bösen, alten Massenmedien die Erzeuger von »Meuten«? Um das Problem zu verstehen, müssen wir verstehen, was »Wissen« bedeutet. Grob vereinfacht ausgedrückt, ersetzt das Internet a) Wissen durch ständig verfügbare Information und b) zielgerichtete Kommunikation durch unendlich erweiterte Kommunikationsoptionen.

Wenn wir Texte auf E-Readern lesen, lesen wir tatsächlich oberflächlicher, als wenn wir ein Buch lesen – das haben erste Vergleichstests ergeben. Wenn wir oft online sind, merken wir uns Fakten weniger gut. Denn die »Suchmaschine« lässt uns Inhalte aus dem Hirn auslagern – wir können ja jederzeit googeln. Inzwischen hat sich ein griffiger Ausdruck dafür gefunden: digitale Demenz.

Wissen entsteht in einem ständigen Rekursionsprozess und Filtern dessen, was ich weiß, was ich sehe und höre und was ich davon glaube oder wichtig finde. Echtes Wissen entwickelt sich immer schichtenweise. Ich nehme Informationen auf und baue daraus in meinem Kopf ein Modell, mit dem ich nun die Welt betrachte und das mir hilft, sie vorherzusagen. Durch ständiges kritisches Überprüfen und Abgleichen mit neuem Faktenwissen entwickelt sich Kompetenz. Wissen ist daher mehr als reine »Speicherung« von Fakten, das macht auf Dauer keinen Sinn, zum Wissen gehört das Erproben durch Handeln.

Das Internet macht den Wissenserwerb einerseits leichter. Ich kann, wenn ich Informationen brauche, unendlich viel mehr davon erreichen. Aber es kann den Verdichtungsprozess auch korrumpieren. Wir vergessen irgendwann die Frage, die wir hatten (für deren Beantwortung wir Information benötigen). Jeder kennt den Zustand des »leeren Surfens«, in dem man ohne Ziel und Richtung von Website zu Website springt. Das Hirn ist bei diesem Prozess »semi-erregt«, aber es lernt nicht.

Ein Massenmedium filtert Inhalte und zwingt deshalb den Leser/ Hörer/Seher zu einer komplexen Grundsatzentscheidung. Will ich dieser Zeitung glauben? Sind die Journalisten glaubwürdig? Diese Filterung entlastet. Sie macht uns nach dem Vertrauensprinzip produktiver.

Durch das Internet fällt die Filterfunktion plötzlich wieder auf das Individuum zurück. Öffentlichkeiten, die durch Kompetenz und Expertentum zusammengebunden waren, können (wieder) auseinandergerissen werden. Das unterstützt das Einengen von Interessen – es ist leicht, sich nur noch für das zu interessieren, was man schon kennt. Statt Individualisierung von Wissen entsteht so eher eine Atomisierung von Wissen. Aber »wahres Wissen« ist immer auch etwas Soziales; ein Muster, das man mit anderen Menschen teilt.

Ein weiteres Problem hat mit den begrenzten Fähigkeiten des menschlichen Hirns zu tun, Störungen zu absorbieren. Die Leitwissenschaft der Zukunft ist vermutlich die Aberratiologie – die Lehre von den Ablenkungen. Auf eine geheimnisvolle Weise ermöglichen Computernetzwerke in Krankenhäusern offenbar nicht, dass man sich mehr um die Patienten kümmert und unnütze Bürokratie rationalisiert. Im Gegenteil. Informelle Vernetzung, so ahnen wir, führt in vielen Fällen direkt in ein Stör-Universum.

Das menschliche Hirn braucht drei bis fünf Minuten, um sich auf eine komplexere Aufgabe zu konzentrieren. Die »Störungsrate« in modernen, kommunikativ-informell geprägten Arbeitswelten liegt jedoch bei etwa elf Minuten. Alle elf Minuten werden wir durch einen Kommunikationseinbruch unterbrochen. Jeder kann das in seinem Arbeitsumfeld überprüfen. Fax, E-Mail, Telefonate, die Kinder, der Anruf von zu Hause, der Paketbote kommt, Twitter, Facebook, *wo ist die verdammte Batterie für die Funkmaus ...*

Das Problem geht dort weiter, wo das menschliche Hirn zwischen Information und Kommunikation in eine massive Irritation gerät. Informationen lassen sich priorisieren, organisieren und »abarbeiten«. Kommunikationen verlaufen in Jetztzeit. Wenn meine Frau mich anruft – will sie dann mit mir kommunizieren oder mir eine Information mitteilen (was ich im Prinzip verschieben könnte, wenn es nichts Dringendes ist)? Die rund um die Uhr offenen Kanäle der modernen Medienwelt lassen uns »rotieren«: Ständig sind wir damit beschäftigt, Kommunikation zu klassifizieren. Spreche ich auf den Anrufbeantworter oder schicke ich eine SMS? Antworte ich auf die Mail sofort oder später? Die Netzwerk-Technik macht uns zu einer Art Sortierpostamt von Aufmerksamkeiten.

Als Antwort scheint sich das viel gelobte »Multitasking« anzubieten. Aber wenn wir mehrere Aufgaben gleichzeitig erledigen wollen, werden wir in allen Aufgaben sehr viel langsamer und uneffektiver. Praktisch alle weltweiten Tests und Studien zum Multitasking haben erwiesen, dass bei der Teilung von Aufmerksamkeiten alle Teiltätigkeiten rapide verlangsamt und schlechter ausgeführt werden.[9]

Kollektiv sind wir, so heißt es, schlauer. Wirklich? Ein Experiment von Bernd Helbing an der ETH Zürich macht die Grenzen dieser Vermutung klar. Helbing fragte eine Gruppe von Studen-

ten nach klassischen Quizfakten – wie hoch ist die Bevölkerungs-
dichte der Schweiz, wie viele Kilometer misst die Grenze zwischen Italien und der Schweiz? »Schwarmintelligenz« soll solche
Fragen besser beantworten als ein Individuum. Aber als man den
Probanden die Werte der anderen Mitspieler mitteilte, wurden
die Ergebnisse schlechter. Sie verzerrten sich in Richtung auf
»das, was die anderen meinen«. Opportunismus, ein in Menschengruppen ständig vorkommendes Phänomen, konterkariert
den Schwarm-Effekt.[10]

Die schwierige Wahrheit ist: Durch moderne Kommunikati-
onstechnologien entsteht ein Strukturkonflikt zwischen Kreativität
und Vernetztheit. Jeder Autor, Künstler, Manager weiß: Kreativität
braucht immer wieder Konzentration, Rückzug, Kontemplation,
Eindeutigkeit. Vernetztheit im digitalen Sinn wird aber in der Regel
als »Echtzeitverfügbarkeit« (miss)verstanden. In Netzen kann man
sich eben auch verstricken!

Einer der Apologeten des digitalen Zeitalters hat auf einer
Internetkonferenz unter dem Jubel des Publikums folgende
Betrachtung über den Segen der vernetzten Informationswelt
zum Besten gegeben: »Wenn jemand eine Krankheit hat, weiß
er nach zwei Stunden surfen mehr als sein Arzt! Dasselbe gilt für
Anwälte und Lehrer, Autoverkäufer oder Service-Point-Mitarbei-
ter. Diese Berufe sind wirklich nicht nötig!«[11] Wieder einer, der
Informationen mit Wissen verwechselt. Wieder einer, der nicht
verstanden hat, was Profession, Erfahrung, Intuition und Können
wirklich bedeuten.

All dies spricht nicht gegen das Internet und seine verändernde
Kraft. Es spricht nur gegen das Internet als *Erlösungsphantasie*. Das
Internet ist am Ende ein profanes Medium wie alle anderen auch.
Wir können davon ausgehen, dass seine Exzesse überwunden werden. Wir lernen immer, mit neuen Medien umzugehen. Aber es
dauert. Und ist eben keine technische Frage. Das Entscheidende
am Internet ist nicht die technische Seite, sondern die Frage, ob wir
Kulturtechniken erlernen können, die es tatsächlich zu einem Pro-
duktivmedium werden lassen. Die Netzwerkrevolution, so ahnen

wir in hellen Momenten bisweilen, steht erst an ihrem Anfang. Wir üben noch, was wir mit den unglaublichen Möglichkeiten des Datenraums anfangen können. Und wie das immer so ist bei Anfängern: Es klingt meistens ziemlich schräg.

Nanowelten

Ein anderer Hoffnungsträger der Zukunftsökonomie: die Nanotechnologie, Techniken im Bereich von Physik und Chemie, auch der Lebensmittelchemie, die sich in Größenordnungen von Nanometern (einem Milliardstel Meter!) bewegen. Immer schon haben Menschen Materie manipuliert – das ist das Wesen der Technik seit den ersten Feuersteinklingen. Die Nanotechnik verspricht nun einen ungeheuren Sprung. Nicht mehr durch mechanische Bearbeitung (Kraft, Hitze, Druck, Filtern etc.) wird Materie umgeformt, sondern durch Programmierung. Nanotechnik ist Produktion auf molekularer Ebene.

Natürlich wird sich Nanotechnik in bestimmten Fertigungsverfahren durchsetzen – dort, wo sie einen deutlichen Vorteil bietet. Aber auch hier geraten wir recht schnell an systemische Grenzen, wenn wir uns eine revolutionäre Nanotechnik vorstellen. Entgegen der Vorstellung, dass die Welt der Moleküle und Atome eine Art Legobaukasten darstellt, mit dem wir nach Belieben herumbasteln können, herrschen in der Nanowelt teilweise ziemlich ungemütliche Bedingungen. Auf atomarer Ebene gelten Trägheitsgesetze, die jede Operation unendlich mühsam machen, bei skaliertem Energieaufwand (ähnlich wie im Weltraum das Fliegen im Bereich der Lichtgeschwindigkeit). Um aus Dreck Gold zu machen, müsste man Energiemengen einsetzen, wie wir sie aus dem Inneren von Sternen kennen (woher das Gold auf der Erde ja auch ursprünglich stammt).[12] Und dann wäre das gewonnene Gold wertlos und die ganze Mühe umsonst.

Es stimmt schon: Nichts ist unmöglich. Aber manches eben besonders schwer. Oder beim näheren Hinsehen doch eher unsinnig. Wollen wir wirklich einen 3D-Drucker im Keller haben, der Schuhe, Kleider, Gegenstände fabriziert, die wir am PC entworfen oder deren Daten wir digital eingekauft haben? Klingt auf Anhieb faszinierend. Aber vielleicht wird das Gerät auch schnell verstauben. Weil wir es mögen, dass andere Menschen für uns produzieren! Und weil es am Ende produktiver ist, Dinge in Arbeitsteilung herzustellen. Siehe Toaster.

Wie alle Techniken stellt auch die Nanotechnik uns eine Rück-Frage: Wozu? Zu wessen Nutzen? Einiges fiele hier ein: Materialien, die vollkommen moleküldicht sind, etwa um Wasserstoff für die kommende Wasserstoff-Wirtschaft dauerhaft zu speichern. Oder Materialien für die Weltraumfahrt, die extrem leicht und zugleich extrem robust sind. Selbstheilende, selbstreparierende Stoffe. Oder Stoffe, die 2 Millionen Grad aushalten und mit denen man Fusionsreaktoren bauen könnte, die die Energieprobleme ein für alle Mal aus der Welt schaffen. Ich persönlich bevorzuge ein Klo, das sich selbst reinigt. Der Grund dafür, dass es all das bis heute noch nicht gibt, liegt vielleicht im Wesen der Welt und ihrer Stoffwechselprodukte begründet, die wir noch nicht bis in alle Winkel entschlüsselt und begriffen haben, was wir vielleicht auch nie tun werden; auch in der Tatsache, dass wir die Wirkung der mithilfe der Nanotechnik hergestellten Stoffe und Produkte zum Beispiel auf unsere Gesundheit schwer abschätzen können. Und – nicht zu vergessen – im bekannten Stolperstein der Kosten-Nutzen-Rechnung,

So stoßen wir an allen Fronten der Technologie auf Widerstand. Einerseits stehen wir zahlreichen Problemen gegenüber, von denen wir ahnen, dass wir sie mit Technik nicht oder nur teilweise lösen können. Andererseits wissen wir gar nicht, was wir am Ende wirklich mit »Hypertech« anfangen sollen. Wir ahnen, nein spüren, dass wir Möglichkeiten von Technologie stets gegenüber ihren Kontextproblemen überschätzen. Falls sich eine Technologie wirklich als »übermenschlich« erweisen sollte, würden wir sie wahrscheinlich schnell meiden. Oder vergessen. Oder erbittert bekämpfen.

Hier ist sie wieder – die Retroschleife, die auch die Megatrends kennzeichnet. Technologie erhöht die Möglichkeiten der Verknüpfung und des Wandels, aber erst veränderte Soziotechniken machen daraus einen Nettogewinn für die menschliche Kultur. Man kann mit Handys, wie wir in den Unruhen von Kenia im Jahr 2008 gesehen haben, nicht nur produktiven Handel, sondern auch blutige Auseinandersetzungen organisieren. Technologie stellt uns ständig eine Frage an uns selbst. Wohin wollen wir? Aber wir können in diesem Spiegel erst etwas erblicken, wenn wir uns vom linearen, naiven Fortschrittsglauben verabschieden.

Das Zeitalter der Gandhi-Innovationen

Der indische Superinvestor Vinod Khosla vertritt die These, dass die Technik dieses Jahrhunderts nicht im Bereich der spektakulären Spitzentechnologien große Durchbrüche erleben wird, sondern bei den scheinbar langweiligen, konventionellen Techniken, die dennoch gewaltige Sprünge nach vorne bedeuten können. Vor die Wahl gestellt, eine Milliarde Dollar in die Entwicklung einer höchst spektakulären Zukunftsenergietechnik zu investieren oder aber dieselbe Summe in die Entwicklung von konventionellen Motoren mit einer enormen Steigerung des Wirkungsgrads zu stecken, ist seine Entscheidung klar. Khosla sieht die technische Zukunft im »radikalisiert Konventionellen«.[13]

Virgin America, eine der Fluglinien von Richard Branson, investiert eineinhalb Milliarden Dollar in Triebwerke, die halb so viel Schadstoffe und 30 Prozent weniger Lärm verursachen und mit Treibstoff laufen, der aus Müll gewonnen wurde. Wie wäre es mit Mikroben zur Dieselherstellung, Carbon-negativem Zement, Solarzellen, die bei 30 Prozent mehr Wirkungsgrad nur ein Fünftel kosten, Klimaanlagen mit verdoppelter Effektivität? Oder gar – Vorsicht, Tabu – sicheren Kernreaktoren?

Zwei Milliarden Menschen haben heute, zu Beginn der zweiten Dekade des 21. Jahrhunderts, Zugang zu einer Waschmaschine. Weitere drei Milliarden zu elektrischem Strom. Aber 1,7 Milliarden Menschen erzeugen ihre benötigte Wärme immer noch durch offenes Feuer, auf dem sie Wasser kochen, um ihre Wäsche zu waschen, und Essen garen – es sind überwiegend Frauen, die diese lebenslange Arbeit verrichten. Wäre es nicht naheliegend, dass »die nächste Welle der Technik« Waschmaschinen zu den Menschen bringt, die noch keine haben? Und müssen diese Waschmaschinen nicht – schon aus Energiegründen – ganz anders konstruiert sein als unsere heutigen?

Mahatma Gandhi formulierte Sätze, die in einer Welt des aufstrebenden Wohlstands noch wahrer zu sein scheinen als in Zeiten, in denen Nationen wie Indien oder China bitterarm waren: »Ich preise jede wissenschaftliche Erfindung, die dem Wohle aller dient. Die Erde bietet genug, um jedermanns Bedarf zu decken, aber nicht jedermanns Gier.«

Wenn Fortschritt und Wohlstand in eine neue, diesmal wahrhaft globale Runde gehen, werden solche Sätze zu Schlüsselformeln. Wenn der innovative Pfad zunehmend nachfragegesteuert ist, werden die drei Milliarden »Newcomer« auf den Weltmärkten seine Richtung steuern. Vom »Mehr-Weiter-Schneller« zum »Wem dient es – und wie effektiv ist es?«. »Westliche« Produkte sind zu kompliziert, zu aufwendig und vor allem zu teuer. Eine schlankere, elegantere, intelligentere, robustere und natürlich effektivere, ökologischere Produktgeneration muss her.

Die Ära »frugaler Produkte« begann vor zehn Jahren mit abgespeckten Konsumgütern westlicher Prägung. Mittlerweile haben die Konsumgüterindustrien der Schwellenländer eigenständig Produkte auf die Märkte gebracht, die preiswert, einfach und robust sind. Das bekannteste Beispiel ist der NANO, das 1600-Euro-Auto des indischen Autobauers Tata, das heute noch Produktions- und Marktschwierigkeiten hat, aber als Prototyp für ein echtes »Weltauto« dienen kann. Godrej & Boyce Manufacturing, eine der ältesten Industriefirmen Indiens, entwickelte einen Kühlschrank für 70 Dollar, der auch bei Stromausfall lange durchhält – den »Little Cool«. »First Energy«, ein indisches Startup, hat einen preiswerten und einfachen Holzofen auf den Markt gebracht. Anurag Gupta, ein Entrepreneur im Bereich der Telekommunikation, vereinfachte ein Smartphone und einen Fingerabdrucksscanner für Bankautomaten in armen Regionen.[14]

Nach dem vor einigen Jahren gestorbenen indischen Ökonomen C. K. Prahalad beruhen Gandhi-Innovationen auf dem indischen

Prinzip des »jugaad«: Alternativen entwickeln, improvisieren, den Mangel an Ressourcen und finanziellen Mitteln mit Kreativität ausgleichen. Sie entstehen auf drei Wegen:

Geschäftsmodelle revolutionieren. Klassische Abläufe in großen Unternehmen sind meist schwerfällig, mehrschichtig und teuer. Indische Unternehmen reagierten darauf mit einem hohen Grad von Spezialisierung. So schrieben indische Programmierer lange Zeit nur Standard-Software-Routinen und wurden so für die Outsourcing-Prozesse westlicher Firmen attraktiv. Sie ergänzten dieses Modell durch eigene Qualitätskontrollen und erobern nun aus ihrer Nische heraus den Weltmarkt.

Vorhandene Technologien neu kombinieren. Indische Techniker entwickelten im Jahre 2005 einen der schnellsten Computer der Welt, den Hochleistungsrechner EKA. Dabei kombinierten sie einfach Standardserver in einer kreisförmigen Anordnung, die Kühlaggregate ersparte; als Systemsoftware nutzten sie Linux. Damit konnte Rechenzeit zu einem Zehntel der üblichen Kosten angeboten werden.

Kompetenzen einkaufen oder gemeinsam entwickeln. Indische Firmen sind Meister des koordinierten Outsourcings. Für den Tata entwickelte man mit Firmen aus aller Welt gemeinsam ein einfaches Motorsteuerungssystem, Designelemente der Karosserie, die Sitze sowie das Heiz- und Klimasystem.

Diese drei Methoden entziehen die Gandhi-Produkte den klassischen Koordinaten des (westlichen) Marktes. Sie stellen einen eigenen Weg der »kreativen Zerstörung« dar – sie sabotieren Wertschöpfungsketten, indem sie Produktionsweisen, Ideen und Ressourcen neu kombinieren. Es ist nur noch eine Frage der Zeit, bis die indischen, chinesischen, brasilianischen Billigprodukte so wohlgestaltet und attraktiv geworden sind, dass sie auch für westliche Märkte interessant werden. Den Anfang machen Elektroroller aus China, die rund ein Zehntel kosten, aber inzwischen genauso gut fahren wie einheimische Produkte und keine Kopien westlicher Modelle sind.

Dies gilt umso mehr für Dienstleistungen. 800 Dollar kostet die Fahrt eines Rettungswagens zum Krankenhaus in den USA, rund

1000 Euro in Europa. 15 Dollar berechnet in Indien die Organisation Emergency Management and Research Institute. EMRI hat alle Krankenwagen selbst entworfen und nutzt in einem Land ohne verlässliches GPS ein »Stafettensystem«. Teams auf Zweirädern fahren den Rettungswagen voraus, um den Verkehr zu bändigen, ein professionelles Telefonmanagement liefert verlässliche Informationen über die Art des Notfalls.

Innovation ist in Zukunft vor allem kreatives System-Knowhow, Implementierungswissen, Organisationstalent – und das Verständnis, wie man mit weniger mehr erreichen kann. Erreichen muss! Welche der heutigen sensationellen Technologien könnten uns dabei helfen, 9 Milliarden Menschen zu kleiden, zu behausen, mit Energie und Nahrung und Kommunikation zu versorgen? Nanotechnik? Gentechnik? Weltraumtechnik? Fusionstechnik? Materialtechnik? Die Frage ist banal, aber zukunftsentscheidend: Wo bleibt die neue Waschmaschine für die Welt? Denn um die Waschmaschine dreht sich im Grunde alles!

14 Die neuen Knappheiten

In einem seiner legendären Vorträge tritt Hans Rosling, der Guru der Globalisierung, zusammen mit einer leibhaftigen Waschmaschine auf der Bühne auf.[1] Und erzählt, wie er als sechsjähriger Junge in den frühen sechziger Jahren Zeuge eines wahrhaft ungeheuerlichen Wandels wurde. Seine Eltern packten eine Waschmaschine aus, ein Wundergerät, für das die Familie viele Monate gespart hatte. Sogar die Großmutter war für diesen magischen Moment vorbeigekommen. Sie bestand darauf, den Knopf für das erste Waschprogramm zu drücken.

> »Meine Großmutter hatte acht Kinder großgezogen. In ihrem ganzen Leben hatte sie mit Feuerholz Wasser gekocht und unendlich viel Wäsche mit der Hand gewaschen, und nun sollte sie sehen, wie Elektrizität diesen Job übernahm. Und als sie den Knopf drückte, blieb sie eineinhalb Stunden auf einem Stuhl vor dem Gerät sitzen und sah sich das ganze Programm an, vom Einweichen bis zum Schleudergang! Sie war hypnotisiert!«

Gelächter brandet auf, als aus der geöffneten Waschmaschinentür plötzlich Bücher herausfallen (ein in der Waschmaschine versteckter Schauspieler warf sie hinaus). Weil Roslings Mutter nun nicht mehr stundenlang waschen musste, las sie dem kleinen Hans jeden Abend etwas vor. Wunderbare Bücher. So wurde die Grundlage dafür gelegt, dass er frühzeitig ein Interesse für alles Geschriebene bekam, gern auf die Schule ging, das Abitur machte und ein erfolgreicher verrückter Professor wurde! Und nicht Hans Rosling wurde gebildet, auch seine Mutter bildete sich durch das Vorlesen weiter!

Besser kann niemand den »Kondratieff-Faktor« der freigesetzten Produktivität auf den Punkt bringen.

In einer Low-Tech-Agrar-Gesellschaft sind 80 Prozent der Menschen, Männer, Frauen, Kinder, Alte, rund um die Uhr damit beschäftigt, mit einfachster Tätigkeit das Notwendigste zum Leben zu produzieren. In einer solchen Kultur kann es trotzdem Zeit für Rituale, Kultur und Gemeinschaft geben. Aber die Möglichkeiten sind begrenzt. Erst wenn durch steigende Produktivität – via Technologie oder neue Organisationsformen – Überschüsse erzeugt werden, entsteht ökonomischer und sozialer Wandel, der zu Wohlstand führt.

Industriell hergestellte Kleidung entlastete die Menschen von der monotonen Spinn- und Webarbeit. Die Dampfmaschine ermöglichte die Entwicklung eines öffentlichen Bildungssystems, weil sie lange, schwere Arbeit überflüssig machte. Bildung setzt sich auch immer dort durch, wo die Landwirtschaft produktiver wird, so dass der Kampf um das tägliche Brot nicht mehr den ganzen Tag verschlingt.[2] Die Eisenbahn verkürzte die endlosen Reise- und Transportzeiten. Strom, Chemie, Mechanik, die Massenproduktion selbst führten dazu, dass der Einzelne mehr Alltagstätigkeiten abgeben konnte. Da der Wohlstand stieg, konnte man kaufen, was man vorher mühsam selbst herstellen musste. Und hatte kostbare Zeit für sich zur Verfügung. Die Teilautomatisierung der Haushalte in den sechziger Jahren des vergangenen Jahrhunderts verlief parallel zum Aufstieg der Frauen in die höhere Bildung.

Der Prozess des Fortschritts hat also immer zwei Seiten: die Steigerung der Produktivität und die Nachfrage nach »Höherem«. Erst wenn Menschen sich »zu Höherem befähigt und berufen« fühlen, beginnt die Zukunft.

Es wäre verkürzt, Produktivität nur auf den Sektor der Produktion zu beziehen. Es geht um Freiheit und die Frage, wie man sie füllt. Steigende Produktivität befreit Menschen von stupiden Routinen, langweiliger Arbeit, hirntötender Wiederholung. Produktivität steigert nicht nur den Output an Gütern und Waren oder das berühmte Bruttosozialprodukt, sondern die Qualität des Lebens. Die Möglichkeit des Geistigen. Die Komplexität der Kultur.

Der Konflikt zwischen Kultur und Ökonomie, zwischen Technik und Mensch, wie er im alten bipolaren Denken, im Marxismus und in der klassischen »Sozialkritik« konstruiert wird, entspringt einer statischen Betrachtung eines dynamischen Systems. Die »kreative Zerstörung«, die der Kapitalismus so effektiv betreibt, ist die Bedingung eines Sozialkontraktes, der in die Zukunft weist. Die alte Sozialdemokratie, die die politische Phase der sechziger und siebziger Jahre prägte, hat das verstanden: Der Arbeiter sollte zum Bildungsbürger aufsteigen, indem die Wirtschaft sich unaufhaltsam modernisierte. Aber darin liegt auch die Tragik des sozialdemokratischen Ideengebäudes: Wenn sich der Aufstieg vollzogen hat, ist der Arbeiter kein Arbeiter mehr – die Klasse des Proletariats zerfällt.

Knapp ist immer das, was uns zum besseren Leben befähigt. Und Technologie konnte diese Knappheiten in den vergangenen zwei Jahrhunderten beseitigen und den Fortschritt auf eine neue Stufe heben. Was aber sind die Knappheiten, die nun auf uns zukommen?

Wir befinden uns heute, im zweiten Jahrzehnt des 21. Jahrhunderts, im absteigenden Ast eines Kondratieff-Zyklus. Der gigantische Produktivitätsschub durch Computer befeuerte den letzten großen Aufschwung, der seinen Höhepunkt um das Jahr 2000 erreichte. Bis zu diesem Zeitpunkt trieb die Informationstechnologie die Produktivität praktisch aller Branchen voran. (Noch in den sechziger Jahren führten Heerscharen von »Prokuristen« und »Fakturisten« Handlisten über gewaltige Datenmengen. Jede Bank beschäftigte eine endlose Phalanx von Menschen, die Zahlen in Kolonnen eintrugen. Informationen verbreiteten sich langsam und waren teuer.)

Seit 2000 flacht die Produktivitätssteigerung in den meisten westlichen Ländern wieder ab. Das Wachstum in den alten Industriestaaten schrumpft, was letztlich zu den aktuellen Krisen führt. Die Schuldenkrise etwa wäre keine, wenn nach wie vor die Produktivität zwei, drei Prozent pro Jahr steigen würde.

Der Grund, dass wir von diesen Krisen – außer in den wiederkehrenden Panikattacken aus Angst vor dem »Ende des Wohlstands« – im Alltag eigentlich wenig merken, liegt in der Existenz eines Superzyklus, der durch die gewaltigen Globalisicrungsströme hervorgerufen wird.[3] Hunderte Millionen Menschen in den Schwellenländern erklimmen gerade die nächsten Sprossen auf der Leiter des Wohlstands. Sie strömen auf die Konsum- und Nachfragemärkte und sorgen dafür, dass in den alten Industrienationen Unternehmen nach wie vor ihre Markträume ausweiten können.

Der globale Boom wird bis Mitte dieses Jahrhunderts weitergehen. Aber er besteht in seinem Kern in der Sättigung alter Märkte. Auch wenn China, Brasilien, Indien in den nächsten Jahrzehnten eigene, innovative Industrien aufbauen werden, ist damit noch keine Antwort auf die Frage gefunden, was den nächsten Produktivitätsschub auslösen könnte. Wird es eine Technologie sein? Eher nicht, wie wir im letzten Kapitel erfahren haben, jedenfalls nicht eine Technik allein. Um zu verstehen, wie die Geschichte weitergeht, müssen wir herausfinden, was wirklich knapp wird. Wir müssen nicht nur verstehen, was die »nächste Waschmaschine« sein wird. Sondern auch das nächste »Vorlesen«.

Die Knappheit der Energie

Die Welt verbraucht heute täglich 85 Millionen Barrel Öl – bis 2030 könnten es deutlich über 100 Millionen werden. Danach wird der Verbrauch schnell fallen.[4] Das Öl geht zur Neige und wird sich – wie heute schon absehbar – so rapide verteuern, dass es seine energetische Dominanz verliert – trotz aller Effektivitätssteigerungen. Mögliche Kriege und Konflikte um das Öl könnten den Preis weiter verteuern. Alle Einwände (»Es gibt genug Ölsände«, »Immer werden neue Vorkommen entdeckt«) werden am Ende irrelevant, wenn in rasendem Tempo mehr Menschen in einen ölintensiven Lebensstil übertreten. Kann eine Wohlstandsökonomie wie unsere technische Zivilisation ohne den energetischen Überschuss existieren, der in 500 Millionen Jahre alter, komprimierter Biomasse konzentriert ist?

Einer der klassischen Science-Fiction-Trash-Filme zeigt die Menschheit in einem neotribalen Zustand am Ende der fossilen

Zivilisation. In der australischen Wüste kämpfen Banden auf rostigen Pick-ups und Motorrädern um die letzten Rohölfässer. Die einzige Vernünftige in diesem Irrenhaufen ist eine Frau. Gespielt von Tina Turner, gebietet sie im dritten Teil über ein Dorf, das Methangas aus Schweinekot gewinnt. »Mad Max« hat auf geheimnisvolle Weise einen tiefen Eindruck in unseren Weltbildern hinterlassen. Jeder alarmistische Essay im Fernsehen, in dem verlassene Minen und leere Halden gezeigt werden, appelliert an den guten alten Rohstoff-Panik-Menschen in uns. Die Angst, »die Energie könnte uns ausgehen«, treibt Menschen aller Zeitalter um. Den modernen Menschen jedoch ganz besonders.

Energie könnte also jene zentrale Knappheit ausmachen, um die sich in Zukunft alles dreht.

Die gute Nachricht zuerst: Auf unserem Planeten ist genug Energie vorhanden, um auch den Energiehunger einer energieintensiven Zivilisation zu stillen. Dafür muss man weder die restlichen Reserven an Kohle verbrennen, noch Atome spalten oder fusionieren. Die Sonne strahlt mit einer Energie von von rund 1000 KWh pro Quadratmeter in mittleren Breiten, in Äquatornähe mit 2500 pro Quadratmeter. Auf die gesamte Erdoberfläche gerechnet ist das einige tausend Mal mehr als der gesamte Energieverbrauch der heutigen 7-Milliarden-Menschheit. Schon mit einer Fläche von einigen hundert Quadratkilometern in den Wüstengebieten könnte man die gesamte Stromversorgung Europas sicherstellen.[5] Dazu kommen Wind, Gezeitenkräfte, Geothermie, Biomasse der zweiten und dritten Generation, die nicht mehr in Konkurrenz zur Nahrungsmittelproduktion stehen muss. Und alles, was wir heute noch nicht entdeckt haben oder geschickter nutzen können oder mit ein wenig mehr technischer Eleganz nutzbar machen können. (Dass im Laufe dieses Jahrhundert eine neue Generation von Kernkraftwerken und womöglich Fusionsreaktoren ans Netz gehen werden, lasse ich hier außer Acht. Eine hochintensive Energiequelle wird früher oder später kommen. Für den Schritt der Menschheit in den Weltraum wäre sie unabdingbare Voraussetzung. Aber das ist einstweilen Science-Fiction.)

Die Menschheit hat also kein »objektives« Energieproblem. Dies ist wichtig zu wissen, denn komplexe Gesellschaften sind, wie wir im ersten Teil gesehen hatten, immer energieintensiv. Wir sollten aber die Macht, mit der die fossilen Energien unsere Systeme, aber auch unser Bewusstsein geprägt haben, nicht unterschätzen. Hier liegt das zentrale, das mentale, das strukturelle Problem. Öl ist wie eine Droge. In jedem Barrel Öl – 159 Liter – befindet sich so viel gespeicherte Energie, dass ein Mann 20 Jahre lang 14 Stunden täglich, 7 Tage die Woche körperlich arbeiten müsste, um dieselbe physische Arbeit zu leisten. Öl (wie auch die anderen fossilen Vorkommen) ist das hochkonzentrierte Energiegeschenk des Planeten an die Menschheit. Es hat uns den wahrhaft billigen Eintritt in die technische Zivilisation ermöglicht.

Der unglaubliche Energiereichtum, den unsere Vorfahren nur aus dem Boden pumpen mussten, trieb die Evolution der Technik in eine bestimmte Richtung voran: Es entstanden vielfältige Formen von Brennkammern, Einspritzdüsen, Kolben und zentralen Energieversorgungskathedralen. Fragen der Effizienz der Technologien traten dabei völlig in den Hintergrund, das Öl floss ja reichlich. Die fossile Energiewirtschaft bildet eine wichtige Grundstruktur unserer Ökonomie und hat eine Energiekultur hervorgebracht, die auf Gewohnheiten beruht, die wir nicht einmal mehr registrieren. Wenn es kalt wird, machen wir die Heizung an. Wenn wir in die Stadt wollen, nehmen wir das Auto ...

Produktivität entsteht nicht einfach dadurch, dass etwas knapp wird. Sondern dass etwas sehr viel effektiver wird. Wenn wir einfach nur Energie sparen – uns beschränken, vernünftiger sind, die Heizung herunterdrehen – erfolgt zwar ein Einspareffekt, aber der macht noch nicht produktiver. Was passiert, wenn die wie Subventionen wirkenden fossilen Brennstoffe nicht mehr zur Verfügung stehen? Könnte die Umstellung der Energieversorgung auf einen Mix aus nachhaltigen Energieformen einen neuen Kondratieff-Zyklus auslösen?

Von der Nachfrageseite her durchaus: Wenn wir Energie aus Wind, Wasser, Sonne, Biomasse, Gezeitenkraft in einem System

vernetzen, ist dies ein klassisches Beispiel für jene kapitalinten-
siven technologischen Infrastrukturen, wie es die Kanäle, Eisen-
bahn-, Strom- und Straßennetze sowie das Internet waren. Ein
Energieversorgungsnetz (energy grid), das intelligent Strom aus
unterschiedlichen Energiequellen einspeist, transportiert, speichert
und in Haushalte liefert, erfordert in nächster Zukunft enorme
Investitionen und Innovationen im Bereich der Energiegewin-
nungs- Speicher-, Material- und Steuertechnik. Ein Fest für Investoren aus allen möglichen Branchen: Das neue Netz ist Hightech
und Lowtech und Hypertech in einem.

Dennoch gibt es einen Unterschied zu den vergangenen Ent-
wicklungsschüben: Eisenbahnnetze, Straßen, Stromleitungen und
das Internet fügten der Welt immer eine spektakuläre neue Dimension hinzu. Das neue Energieversorgungsnetz hingegen wird die
alte Struktur der Öl-, Gas-, Stromleitungen und Kraftwerke nur
ersetzen. Es wird, im direkten Vergleich der Kosten, teurer werden
als das alte auf fossilen Brennstoffen basierende Netz, einfach weil
regenerative Energien weniger konzentriert vorliegen als das ener-
giereiche Öl. Es ist eher eine Rückzugs- und Substitutionstechnik;
eine Strategie, mit der wir uns gegen Wohlstands- und Komplexi-
tätsverlust absichern. Es wird uns Geld, Schweiß, Intelligenz und
Alltagsveränderung abfordern. Es kann, in gewissem Maße, die
Demokratisierung der Gesellschaft vorantreiben, weil eine hoch-
gradig zentralistische Energieversorgung, wie wir sie in der Zeit
der »Energiekathedralen« (Großkraftwerke, Atomkraftwerke) hatten, auch zentralistische Sozialstrukturen präferiert. Aber es wird
uns kein neues »Vorlesen« bescheren.

Die Knappheit der Rohstoffe

Lassen sich Rohstoffe »erschöpfen«? Natürlich, die Rohstoffknappheit ist doch überall sichtbar, wird jeder sagen. Das Denkmodell,
das hinter einer solchen Annahme steht, ist geprägt von unseren
jahrtausendealten Erfahrungen als Jäger, Sammler und als sess-
hafte Bauern, die auf regional begrenzte Ressourcen angewiesen
waren.

*Wenn das Wild ausbleibt, werden wir verhungern. Wenn die Kartof-
feln gegessen sind, ist es aus mit uns. Wenn das Holz verbraucht ist,
erfrieren wir.*
*Die Rohstoffe der Erde sind endlich, und deshalb muss sich in unse-
rer Zivilisation alles ändern.*

Alle Materialien des Universums setzen sich aus den im Perio-
densystem der Elemente versammelten 118 bekannten Atomen
zusammen. Unter ihnen gibt es häufiger und weniger häufig vor-
kommende. Kohlenstoff zum Beispiel bildet etwa 0,1 Prozent aller
Atome in der Erdkruste, das Sauerstoffatom 46 Prozent. Gold hingegen ist so selten (0,00000011 Prozent), dass alles Gold der Erde,
würde man es in einen Würfel pressen, mit etwa 28 Meter Kanten-
länge locker unter dem Eiffelturm zu platzieren wäre.

Die meisten Rohstoffe, die wir für die Produktion von Gütern
einsetzen, sind komplexe Moleküle. Erdöl zum Beispiel setzt sich
aus Kohlenstoff (rund 85 Prozent), aber auch Wasserstoff, Stickstoff,
Sauerstoff und Schwefel zusammen. Neuerdings gibt es Firmen,
die dieses Molekül synthetisch zusammensetzen. Sie gewinnen ein
dem Erdöl praktisch identisches Molekül aus Stroh, Holzresten
und notfalls Müll.

Viele Rohstoffe, die wir in großen Mengen benutzen, »verbrauchen« wir gar nicht. Wasser zum Beispiel lässt sich gar nicht »verbrauchen«, obwohl die Hälfte der Bevölkerung in den Industrienationen das glaubt. Wasser wird verunreinigt, in der Industrie oder
im Zuge unserer täglichen Nutzung, und das kann ein Problem
sein. Süßwasservorkommen schwinden in bestimmten Regionen,
und das ist ein großes Problem. Grundsätzlich ist das H_2O-Molekül
auf der Erde aber im Wasserkreislauf immer ausreichend vorhanden. Die Gewinnung und Verteilung genießbaren Wassers auf der
ganzen Erde ist die Aufgabe.

Rohstoffe variieren in ihren Anwendungen, Zusammensetzungen,
in der Nachfrage nach ihnen. Die technischen Verfahren, in denen
sie genutzt werden, unterliegen einem ständigen Wandel. Und da
immer mehr Verfahren in immer mehr Bereichen (Mechanik, Che-

mie, Molekularchemie, Biochemie) erschlossen werden, verbreitert sich unaufhörlich die Vielfalt und Variabilität der Nutzungen.[6]

Eine »Rohstoffknappheit« existiert also immer nur unter der Annahme, dass

■ keine oder wenig neue Fundstellen erschlossen werden,
■ die genutzten Stoffe immer die gleichen sind,
■ die Art und Weise, wie wir sie nutzen, gleich bleibt,
■ die Stoffe bei Nutzung »verbraucht« werden im Sinne von molekularer Zerstörung oder späterer Unbrauchbarkeit.

Etwa 17 Elemente sind als so genannte »seltene Erden« bekannt (genau genommen sind es Metalle), darunter so exotisch klingende Elemente wie Scandium, Yttrium, Lanthan, Neodym. Seltene Erden sind zwar nicht wirklich alle selten, sie kommen aber tatsächlich selten in großen, kompakten Lagerstätten vor, was die Gewinnung aufwendiger gestaltet. Andere industriell genutzte Elemente wie Gallium, Indium, Phosphor haben auf den Weltmärkten in den letzten Jahren Verknappungen erfahren. Helium könnte innerhalb der kommenden Jahrzehnte knapp werden.

Viele der genannten Elemente sind für moderne Technologien unabdingbar. Sie finden Verwendung zum Beispiel in Computern und Handys, dienen als Katalysatoren in großindustriellen Prozessen oder werden in Leuchtmitteln eingesetzt. Der Wettlauf um die vielversprechenderen Lagerstätten ist daher verständlich. Hinzu kommt die Furcht, dass Rohstoffvorkommen Gegenstand politischer oder wirtschaftlicher Erpressung werden könnten. Einige Vorkommen von seltenen Erden liegen in China, was bereits zu Diskussionen über die Gefahr politisch gewollter künstlicher Verknappung führte.

Aber auch »seltene« Atome können nicht wirklich »verbraucht« werden – es sei denn, man würde sie mit thermonuklearen Energien spalten. Es liegt auf der Hand, dass bei steigendem Bedarf ein neuer Recycling-Markt entstehen wird. Es ist auch aus diesem Grund nicht sinnvoll, Elektroschrott nach Afrika zu verschiffen, der dort bisher allenfalls zu Gesundheitsschäden statt zu Wohlstand führt.

Aber ist Recycling nicht viel zu teuer? Kommt darauf an, wie knapp und begehrt ein Rohstoff ist. Und wie sich die Recycling-

Technik entwickelt, die mindestens so viele Fortschritte macht wie die Computertechnik (ein klassischer Fall von High-Low-Tech). Stahl wird heute zu 70 Prozent recycelt, Aluminium zu 90. Jeden Tag verfeinern sich entsprechende Technologien. Noch vor wenigen Jahren mussten Tausende von Menschen Müll an Fließbändern sortieren. Heute machen das halb- oder vollautomatische Trennungsanlagen in mehreren Stufen. In der Nähe der belgischen Stadt Antwerpen steht eine Fabrik, die an ein Chemiewerk erinnert. Sie frisst Handys, Computer, Telefone, Fernseher und anderen Elektronikschrott und kocht daraus einen 2000 Grad heißen Brei. Dieser hat 60-mal mehr Goldanteil als eine Ladung Golderz. Er strotzt von Substanzen wie Selen, Platin, Blei, Kupfer, Lithium. Wer morgen reich werden will, muss heute eine Müllkippe kaufen!

Gewiss werden einige Substanzen Knappheiten erleben. Doch das wird die Innovationsrate der Materialkonversion nur noch erhöhen. Oft findet man durch eine leichte Variation des Verfahrens einen Ersatz. So ersetzte man das die Ozonschicht zerstörende Kühlmittel FCKW in Kühlschränken durch ein weniger schädliches. Auch entwickelt sich die »Neue Alchimie« immer weiter: An den Schnittflächen der klassischen Materialtechnik, der Molekular- und Nanotechnik werden immer mehr Moleküle herstellbar. Je seltener und teurer manche Materialien werden, desto schneller wächst der Markt. Je dringender der Bedarf, desto höher der Technologie- und Forschungseinsatz.

So könnte sich die »Rohstoffknappheit« als typischer Kontextirrtum herausstellen – ein Resultat linearer Denkmuster und unterkomplexer Weltmodelle, gewürzt mit einer Prise Straf- und Schuldideologie. Aber können neue Rohstoffe so etwas wie eine »neue Waschmaschine« sein? Wird uns die Neue Alchimie eines Tages einen »Universaldrucker« ermöglichen, bei dem wir alles, was wir brauchen, bis hin zur ganzen Waschmaschine, im Keller »drucken« oder »morphen« lassen? Und dabei unendlich viel Zeit sparen für Liebe, Philosophie und Gärtnern?

Wohl eher nicht…

Die Knappheit Gesundheit

Je weiter die technische Zivilisation fortschreitet, desto mehr wird sie eine Menschen-Ökonomie. Das klingt auf den ersten Blick kontraintuitiv – sind es denn nicht die Maschinen und Roboter und Computer und das darin gebundene Kapital, die für den Wirtschaftskreislauf immer wichtiger werden? Sind Menschen nicht, wie es immer behauptet wird, nur noch Anhängsel der ökonomischen Megamaschine?

Maschinen und Roboter, Produktionsanlagen und auch zunehmend Rohstoffe sind ersetzbar. Was der Markt nur sehr schwer ersetzen, vermitteln und intelligent verteilen kann, sind komplexe menschliche Fähigkeiten. Dabei geht es weniger um Wissen, das man sich aneignen kann – die Weiterbildungsbranche weist heute schon exorbitante Wachstumsraten auf. Das Wissen, das wirklich knapp und begehrt ist, ist Wissen, aus dem Kompetenz erwächst. Einfach ausgedrückt: Können.

In einer klassischen tayloristischen Fabrik sind die Arbeiter dann produktiv, wenn sie anwesend und arbeitsfähig, sprich »nicht krank« sind. Solche Fabriken funktionieren als System, in dem die einzelnen Räder ersetzbar sind. Steigt die Komplexität, wird jedes einzelne Glied des Prozesses immer mehr zum »Knotenpunkt«, der mit allen anderen Punkten verbunden ist. Wo am linearen Fließband durch Wiederholungshandgriffe Input geleistet wurde, entsteht nun organisatorische Produktivität. Die Fabrik wird stärker von Rückkopplungs- und Kommunikationsströmen durchzogen. Der Ausfall eines »Arbeiters« wird damit teurer. Weil er eben kein Arbeiter mit wenigen auszuführenden Handgriffen ist, sondern ein Verbinder.

Aus dieser Entwicklung haben die Kondratieff-Adepten die These formuliert, dass »psychosoziale Gesundheit« den nächsten Produktivitätszyklus antreiben wird. Der »medizinisch-therapeutische Komplex« wird in einer wissensbasierten Ökonomie zum Träger und Treiber der Produktivkräfte. Weil sich alles um Gesundheit im Sinne aktiver Kompetenz dreht.

Aber macht Gesundheit wirklich produktiv?

Zunächst einmal stellen wir fest: Wir werden offenbar kränker. Genauer gesagt: Wir diagnostizieren mehr Krankheiten. In jüngerer Zeit entstehen Syndrome, die vorher kaum existierten: Burnout. Endogene Depression. Chronisches Müdigkeitssyndrom. Boreout. Das »Aufmerksamkeits-Defizit-Syndrom« (ADHS). Hinter diesen neuen Begrifflichkeiten stecken meist uralte Befindlichkeiten, die aber jetzt als Krankheit »geoutet« werden, weil sie einen (negativen) ökonomischen Wert bekommen. Selbst Rückenschmerzen, die in der Industriewelt massenhaft durch das Tragen zu schwerer Lasten entstanden, werden neu codiert als Ausdruck seelischer Verspannungen (meist sind sie schlichtweg Resultat von Verkümmerungen ganzer Muskelgruppen durch passiv-sitzende Lebensweise). All diese neuen »Errungenschaften« werden nun konsequent ökonomisiert – in Kosten, Therapien, Ärzten, Ausbildungen, Medikamenten, Kuren und so fort. Produktiv ist das nicht. Jedenfalls nicht für die Gesamtgesellschaft.

Der klassische »Krankheitssektor« – der medizinisch-operativ-medikamentöse Komplex, um das einmal salopp auszudrücken – wird uns eher ruinieren als uns Wohlstand bringen. Er vernichtet Produktivität, indem er gewaltige Mengen Kapital und Investitionen bindet, ohne ein Äquivalent an Produktivität zurückzugeben. Er ist wie eine Krake, die die Produktivität der Gesellschaft eher »aussaugt« als befördert. Dennoch gäbe es eine Vielzahl sehr bedenkenswerter Ratschläge, die den »Krankheitssektor« entlasten würden. Unter der Überschrift »Less is more« hat die amerikanische Ärztevereinigung National Physicians Alliance (NPA) eine Checkliste für eine sinnvolle, bezahlbare Medizin erstellt. Das Ziel der Mediziner ist es nicht primär, Geld zu sparen, sondern die Qualität der Gesundheitsversorgung zu verbessern. Die Vorschläge handeln vor allem davon, was man unterlassen sollte, etwa, dass man bei Rückenschmerzen in den ersten sechs Wochen kein Röntgenbild, Kernspin oder CT (ausgenommen sind Patienten mit Lähmungen oder anderen Grunderkrankungen) benötigt, denn Kreuzschmerzen verschwinden überwiegend von allein wieder. Die frühe Bildgebung hat keinerlei Vorteile für den weiteren Verlauf des

Leidens gezeigt. Bei symptomfreien Erwachsenen benötigt man nach Ansicht dieser Ärzte auch keine Blut- oder Urintests. Das Bestimmen der Laborwerte führt nicht dazu, dass Krankheiten früher entdeckt oder besser behandelt werden. Bei banalen Atemwegsinfekten sollte man, sofern nicht Streptokokken im Spiel sind, auf Antibiotika verzichten, da die meisten dieser Infektionen von Viren ausgelöst werden und nicht auf Antibiotika reagieren. Die verbreitete Behandlung mit Antibiotika führt seit vielen Jahren zu ernsthaften Umweltbelastungen (Antibiotika werden über Kläranlagen in die Landwirtschaft getragen), Resistenzen und immer höheren Kosten. Man stelle sich vor, solche Ratschläge würden sich durchsetzen. Pharmafirmen und Ärzte würden einen Gutteil ihres einträglichen Geschäfts verlieren, ohne dass die Gesundheit Schaden nähme. Volkswirtschaftlich wäre es ein Segen.

Für unsere Diskussion bleibt die Frage nach der Quelle des nächsten großen produktiven Aufschwungs. Der klassische »Krankheitssektor« fokussiert wie gesagt die Aufmerksamkeit auf Krankheiten anstatt auf Potenziale. Wenn wir umgekehrt vom »Gesundheitssektor« sprechen, der die »psychosoziale Gesundheit« auf der Vorsorgeseite befördert, benennen wir eine Utopie, die sich schwer ökonomisch darstellen lässt. Auch hier gilt das Gesetz, dass Produktivität noch nicht durch Vermeidung oder Reparatur steigt, sondern nur durch das Erschließen neuer Dimensionen. Worin genau die liegen könnten, scheint noch nicht recht klar.

In Norwegen fand gerade eine Studie an 50 000 Teilnehmern heraus, dass auch Theater- und Opernbesuche den Gesundheitsstatus verbessern.[7] Damit sind 80 Prozent der Menschen schon überfordert. Tut sich hier vielleicht eine gigantische produktivitätssteigernde Marktlücke auf?

Die Knappheit Bildung

Dem klassischen, humanistischen Bildungsideal zufolge ist Bildung die Ausprägung und Anleitung des Menschen zu höheren kognitiven Fähigkeiten. Sie soll ihn befähigen, geistige Erkenntnisstufen zu erringen, seine inneren Motive und Leidenschaften zu erkennen und zu entfalten. Sie ist, wenn man so will, der Kern des Individualisierungsprozesses.

Im Kontext industrieller Kulturen meint Bildung hingegen in allererster Linie Ausbildung. Sie ist Einpassung, Formung auf einen »Arbeitsplatz« oder eine »Karriere« hin. Im Vordergrund steht hier die Frage: Was braucht der Arbeitsmarkt?

Ein Ausbildungskonzept basiert auf einer Prognose – über das, was der Arbeitsmarkt fordern wird, wenn die Ausbildung endet. Letztlich führt sie deshalb zu einer Logik der Fremd-Bedarfssteuerung. Menschen werden an den Arbeitsmarkt angepasst. Ihre Fähigkeiten, Leidenschaften, Träume spielen dabei keine Rolle.

Ohne Zweifel sind wir hier auf einer heißen Spur, was die zentrale Knappheit der Zukunft betrifft – und die Möglichkeit, Produktivität zu steigern. Denn hier, im Ausbildungssystem, wird bisher eher Produktivität vernichtet.

Schon die Voraussicht, welches die »Jobs der Zukunft« sein werden, wird in einer zunehmend komplexeren Lebens- und Berufswelt immer schwieriger. Qualifikationen und Berufsbilder unterliegen Schweinezyklen: Die Nachfrage im Bereich sehr begehrter Berufe änderte sich bisweilen schon, noch während sich eine hohe Anzahl von Schülern in der Ausbildung befindet. Und: Alte Berufe verschwinden, neue entstehen schneller, als man das Wort Gewerbegebietsverordnung buchstabieren kann. Die Folge sind verlorene Ausbildungsinvestitionen.

Der zweite Faktor, der intrinsische, spielt eine noch größere Rolle. Menschen, die nicht das tun, was sie wollen, können und ersehnen, sind immer unproduktiv. Sie können funktionieren. Aber nie richtig gut sein. Vor allem werden sie leichter krank und sind schneller tot.

Viele der Elemente »kreativer Persönlichkeitsbildung« haben heute Einzug in die Schulen gefunden. Reste des ganzheitlichen, emanzipativen Bildungsideals – im Humboldt'schen Sinne war sie »allgemeine Charakterbildung«, die dem Menschen unabhängig vom »Stand« ein geistiges Leben ermöglichen sollte – halten sich in unseren Schulen oder erleben sogar eine neue Blüte im Waldorf-Boom, im Montessori-Kult. Aber in seinem Kern ist unser Bildungssystem von den Bedürfnissen der Wirtschaft geprägt: Es liefert Ausbildungen, Abschlüsse, Noten. In einer zerbröselnden Nachfrage nach geringen Qualifikationen produzieren solche Reliktbildungssysteme zahlreiche Bildungsverlierer. Aufgrund der starken Verschulung und Formalisierung tun sich Schulen schwer, kreative Köpfe hervorzubringen, die jenseits von »Laufbahnen« und Berufsgarantien denken. Sie sind kaum in der Lage, kreative Eliten zu schaffen. Darum aber wird es in Zukunft gehen.

Bildung selbst ist ein Megatrend, weil sich weltweit die Bildungszugänge erhöhen und dies gewaltige Auswirkungen auf die Soziokultur hat. Aber für einen neuen Kondratieff-Zyklus eignet sich auch die Bildung nicht wirklich. Man kann mit ihr nur begrenzt Geld verdienen. »Bildung« lässt sich schwer messen, auch die Anzahl der Bildungsabschlüsse ist ein ungenügendes Maß. Bildung ist immer störrisch, individuell, mühsam und in gewisser Weise »prekär«, im Sinne von flüchtig. Wenn man Bildung »anstarrt«, verschwindet sie hinter einem Vorhang an Komplexität. Um zum Waschmaschinenbild zurückzukehren: Es gibt keine »Bildungsmaschine«, die uns ermöglicht, etwas noch Komplexeres zu tun, als uns zu bilden (vorzulesen).

Bildung hat etwas mit der Produktivität der Zukunft zu tun. Sie soll uns klüger machen, gewiss. Sie soll auch den Benachteiligten Chancen der Teilhabe geben. Das ist wichtig, um den Wohlstand zu halten. Um den Wohlstand jedoch in Zukunft zu steigern – in einem nicht mehr nur materiellen Sinne –, müssen wir jedoch die wahre Nachfrage, die zentrale Knappheit kennen, auf die wir unweigerlich zulaufen.

Die wahre Knappheit der Zukunft heißt kreative Kooperation
Wie viel kostet eine Scheidung? Schwer zu sagen, wenn man in traditionellen Währungseinheiten rechnet. Rechtsanwälte, Mediatoren und Fahrtkosten zum Standes- oder Scheidungsamt werden sich allenfalls auf einige tausend Euro belaufen. Ein paar Flaschen Wein zum Betrinken und die Kopfschmerz- und Beruhigungs-

tabletten mögen auch niemanden ruinieren. Scheidungen können, in einigen Ländern zumindest, recht bequem sein. In Großbritannien und Holland etwa funktionieren sie heute schon online. In den USA steht an jeder zweiten Amtsholzhütte das Angebot zu einer »cheap divorce«. Aber alle Erfahrungen aus dem realen, profanen Leben zeigen uns, dass die versteckten sozialen Kosten von Scheidungen enorme Dimensionen annehmen können.

Manche Trennungen sind wahre Erlösungen, bei denen beide Partner erst danach ihre inneren Energien entwickeln können. Sie wären also, wenn man eine ökonomische Bilanzierung versuchen würde, Investitionen mit erheblichem Produktivitätsgewinn. Doch spätestens wenn Kinder da sind, sieht die Sache anders aus. Wenn eine langfristige Beziehung zerbricht, zerbrechen auch Routinen, Verträge, Arbeitsteilungen, Bindungen, die lange Zeit produktiv waren, die das Leben strukturierten, ihm nicht nur Sinn, sondern auch Kraft verliehen. Eine gute Ehe ist, zumal wenn sie über Jahrzehnte dauert, ein wahres Kraftwerk. Paare und Familien können komplexe Aufgaben lösen, für die Staat, Unternehmen, Investoren keine Lösungen hätten. Ihr Geheimnis ist *Vertrauenskooperation*.

Jeder, der schon einmal eine echte Patchwork-Familie von innen erlebt hat – Paare mit Kindern aus mehreren Beziehungen – oder intensiv mit Alleinerziehenden zu tun hatte, weiß, wie gigantisch sich die Aufwände und Transaktionskosten des täglichen Lebens summieren können. Kinder allein aufzuziehen ist so aufwendig, dass selbst gut gebildete Frauen und Männer an dieser Aufgabe verzweifeln – und sozial absteigen. Einen neuen Partner in die schon vorhandene Rumpffamilie zu integrieren übersteigt meistens die persönlichen Energie(spar)potenziale. Viele neue Beziehungen zerbrechen an den Kindern aus vorherigen Beziehungen. Die höchste Armutsrate finden wir weltweit bei alleinerziehenden Frauen.

Man stelle sich vor, wir könnten die sozialen Kosten beziffern, die der Gesellschaft durch zwischenmenschliche Enttäuschungen entstehen. Eine Scheidung hätte dann auch eine beachtliche ökonomische Dimension:

250 000 Euro Einkommensverlust des Mannes (berechnet auf zehn Jahre)

150 000 Euro Einkommensverlust der Frau

300 000 Euro seelisches Schmerzensgeld.

Bei 200 000 Scheidungen pro Jahr in einem Land wie Deutschland kommen erkleckliche Summen zusammen. Man darf natürlich die »Habenseiten des Solls« nicht vergessen. Scheidungsanwälte, Krisenzentren, Nervenärzte, Pharmaindustrie, schlechte Kabarettisten, die Männer-/Frauenwitze reißen, die Suchtgift-Dealer aus der Alkohol- und Tabakbranche, die Fernsehsender, Ratgeberschreiber, die Dating-Datenbanken und Heiratsvermittler, selbst Kurorte, Puffs und Macho-Autos sind »Gewinner« jedweder verletzten Gefühle. Diese Kompensationsbranchen wiegen jedoch mit ihren Erlösen nicht im Ansatz die Kosten gescheiterter Beziehungen auf. Im Gegenteil, sie verschärfen unentwegt die Dramen, von denen sie sich mästen. Kein Zweifel: Scheidungen vernichten in größerem Umfang Kapital.

Wie wird diese Entwicklung weitergehen? Wenn wir die Zeitungen aufschlagen und Talkshows sehen, ist das Urteil schon gefällt: immer schlimmer. Doch im Gegensatz zur Gewissheit der öffentlichen Meinung – positive Trends kommen in den Medien so gut wie nie vor – ist der »Trend zur Scheidung« heute längst rückläufig. In den Peripherie-Ländern Europas, vor allem den katholischen Kulturen, steigen die Raten noch an. Doch in Skandinavien, England, Kanada, Australien hat die Scheidungsrate inzwischen eine erkennbare Tendenz nach unten. In Deutschland und Österreich geht sie seit 2005 leicht zurück, in den USA schon seit den achtziger Jahren, in einigen Teilen Asiens seit den neunziger Jahren.[8] Wie ist das zu interpretieren? Zunächst wird traditionelle Ehe zum Teil einfach vermieden. Es gibt mehr lebenslange Singles. Es wird später geheiratet, und manche Menschen bleiben ohne Trauschein zusammen. Aber das Ende des Trends zu mehr Scheidungen könnte auch darauf hindeuten, dass Menschen lernen. Dass Kultursysteme adaptiv sind. Dass die soziale Evolution nicht stehenbleibt.

Die Scheidungsrate sinkt besonders dort, wo der Megatrend Frauen durch das soziokulturelle System »erlöst« (oder besser eingelöst) wird. Wo Frauen bis in die Chefetagen vordringen können, ohne kinderlos bleiben zu müssen. Wo Männer differenziertere Rollen spielen können (und wollen), scheinen Männer und Frauen besser und kooperativer miteinander umzugehen. Ein neuer Geschlechtervertrag zeichnet sich ab, der mehr Variabilität ermöglicht. Scheidungen kommen immer noch vor. Sie sind aber nicht mehr so traumatisch, so zerstörerisch wie in der traditionellen Ehekultur. In einer neuen Partnerschafts- und Liebeskultur wird das Zusammenleben vielfältiger, kreativer, abwechslungsreicher – und spannender.

Kreative Kooperation bedeutet, dass wir auf allen Ebenen der Gesellschaft neue Organisations- und Kompetenzformen entwickeln können, die unsere Wandlungsfähigkeit trainieren. Die unsere Fähigkeit zur Selbstkompetenz stärken. Die das Sozialkapital auf breiter Front vermehren. Und die die produktive Wissensökonomie, in die wir hineinwachsen, überhaupt erst ermöglichen. Um diese Erkenntnis zu fundieren, müssen wir uns im nächsten Schritt intensiver mit einem bislang eher am Rande erwähnten Megatrend beschäftigen. Dem Megatrend zu einer neuen Arbeitswelt.

15 Das eherne Gehäuse der Hörigkeit

Vor einiger Zeit stimmte ich in jugendlichem Leichtsinn einer Einladung zu einer Polit-Talkshow im öffentlich-rechtlichen Fernsehen zu. Die Debatte sollte sich um die »Zukunft der Arbeitswelt« drehen, ein von ewigen ideologischen Lavaströmen umflossenes Thema. Am Ende lautete der Titel in typischer Boulevardmanier: *Abgezockt und abgetrasht – wie Arbeitnehmer über den Tisch gezogen werden.*

Als Experten in der Runde dienten die üblichen Spitzensportler der ritualisierten Empörungskultur. Ein porschefahrender Funktionär einer sozialistischen Splittergruppe, der unentwegt auf »Bonzen« und »Ausbeuter« schimpfte. Ein sehr konservativer Unternehmer, der gegen den »terroristischen Lohndiktat-Staat« grantelte. Ein Experte der Sozialbehörden, der nur von »Fallkennziffern« und »Anpassungspauschalen« redete. Die Moderatorin, vor ihrer Zeit als Quotendiva eigentlich eine kluge Frau, versuchte, die Diskussion im Namen der Einschaltquote nach allen rhetorischen Regeln zu polarisieren. Drücken Sie sich bitte möglichst klischeehaft aus, damit unser Publikum auch genug Spaß hat!

Dass ihr dies nicht völlig gelang, lag am eigentlichen Star der Sendung. Eine resolute Putzfrau aus Bayern, mit robustem Körperbau und einer Stimme wie ein Motorradauspuff. Sie erzählte im tiefsten Dialekt, wie sie sich für 6,50 Euro im Auftrag einer Leiharbeitsfirma die Finger wundscheuert – seit 25 Jahren. Wie ihr nach und nach die Pausen gestrichen wurden. Wie die Angestellten einer Werbeagentur ihr nachts um zwölf Zigarettenkippen in den Scheuereimer schnippen. All das berichtete sie wortreich und völlig ohne Angst vor Sanktionen.

Das Publikum, in dem überwiegend Rentner saßen, schüttelte den Kopf und machte »Ts-ts«. Der Sozialist rüttelte an seinem Stuhl und warf zum hundertdreiundzwanzigsten Mal das schöne Wort »neoliberalistisch!« in die Runde.

Nebenbei erzählte die Putzfrau, dass ihre drei Töchter aufs Gymnasium gingen. Eine studierte inzwischen in Amsterdam Modedesign.

»Moralisiern loss i mi net, aber der Lohn is a Sauerei!«, sagte sie. Sie meinte natürlich demoralisieren, und irgendwann konnte ich nicht mehr an mich halten. Ich fragte: »Warum machen Sie sich nicht selbstständig? Bei Ihrem Kommunikationstalent? Ich glaube, Sie könnten eine kleine Firma gründen. In einer wohlhabenden Stadt wie München müsste sich auch ein anderer Markt finden lassen.«

Eine Sekunde später wurde mir klar, dass ich einen fatalen Tabubruch begangen hatte. Im Studio brach Tumult aus. Sogar die resigniert wirkenden Rentner auf den Zuschauerplätzen buhten. Der Sozialist nannte mich einen dekadenten Neoliberalen, der mal in eine Fabrik arbeiten gehen solle, der Sozialarbeiter einen Traumtänzer, und die Moderatorin sprach von einem »rhetorischen Lapsus«. Die Putzfrau lachte nur, und sagte: »Jo mei.«

Was auch immer man in solchen Betroffenheitsdebatten äußert: Nie darf man das Fundament unseres Sozialkontraktes infrage stellen. Jene heilige Ordnung von Arbeitgeber und Arbeitnehmer, in der nur Abhängige und Mächtige, Gebende und Empfänger, Täter und Opfer existieren. Für immer verbunden in der Symbiose des Lohnarbeitssystems.

Das moderne Lohnarbeitsverhältnis

Zu allen Zeiten lebten Menschen in Abhängigkeiten – von der Natur, von anderen Menschengruppen, von Mächtigen, Ausbeutern und Tyrannen. Die moderne Gesellschaft hat die meisten direkten Hörigkeitsverhältnisse abgeschafft. Aber eine Abhängigkeit hat sich sogar noch verstärkt: das Lohnarbeitsverhältnis.

Zu Beginn der industriellen Revolution, im Übergang aus der Welt der Subsistenz, war man als abhängig Beschäftigter ohne

Absicherung, ohne Rechte, ohne jede Würde. In den Spinnereien und den Bergwerken und Fabriken der frühen Kohle- und Eisenindustrie reichte der Lohn kaum für den Lebensunterhalt. Zu groß waren die Menschenmassen, zu groß die Familien, die aus den agrarischen Regionen in die neuen Ballungsgebiete strömten. Zu gering die Produktivität, um auch nur die nackte allgemeine Not zu lindern, geschweige denn verteilbaren Wohlstand zu generieren.

Die »Zähmung« der Lohnarbeit zu einem rechtlich gesicherten Verhältnis ist das Produkt langer Kämpfe, in denen die Fronten keineswegs immer geordnet verliefen. Anfang des 20. Jahrhunderts verdoppelte der Automobilfabrikant Henry Ford den Lohn seiner Arbeiter, nicht weil die Gewerkschaften ihn in wilden Streiks dazu zwangen. Sondern weil Ford an die massive Steigerung der Produktivität glaubte. Und weil er Kunden brauchte, Kunden mit Kaufkraft! Unternehmer hatten immer schon ein viel komplexeres Verhältnis zu ihren Arbeitern als nur das »Ausbeutungsinteresse«: In der Rolle des Firmenpatriarchen schwang immer auch die Vor- und Fürsorge mit. Der Unternehmer alten Typs fungierte wie ein Vater, der wollte, dass seine Schutzbefohlenen Häuser bauten und ihre Kinder bildeten.

Im Zuge der explodierenden Produktivität nach dem Zweiten Weltkrieg entwickelten sich auf breiter Front die Einkommen. Das System der Lohnarbeit perfektionierte sich. Ein dichtes Geflecht von Verordnungen, Normen, Dämpfern, Puffern schob sich über den Klassenkonflikt. Neue, sorgfältig austarierte Funktionen und Organisationen entstanden. Der Staat animierte und moderierte das Ganze, schon weil er auf diese Weise direkt an die Quelle seiner Kerneinnahmen gelang: die Lohnsteuer.

Aus diesen kurzen Jahrzehnten zwischen 1945 und 1970 stammt unser Mythos der Lohnarbeit: Wer im Jahre 1950 in eine Fabrik ging, konnte davon ausgehen, dass er krankenversichert wurde, dass sein Lohn in den kommenden Jahren stieg, und zwar kräftig, dass er einen billigen Kredit bekam, um ein Reihenhaus zu bauen, dass seine Sicherheit im Leben und im Beruf gewährleistet wurde. Auf dieser Gewissheit ließ sich eine Familie gründen, ein »Ernährerstolz« aufbauen. So entstand die Lebenswelt der Kleinfamilie, die die Enge der großfamiliären Verstrickungen hinter sich lassen konnte. Ein lukratives Modell vor allem für die Männer, die nicht den ganzen Tag zu Hause verbringen mussten und die zentrale Rolle im Haus garantiert bekamen. Aber auch – partiell, manchmal, immer wieder – für die Frauen, die ihre Sicherheitsbedürfnisse nun befriedigt sehen konnten.

Im Jahr 1960 war die »Entselbstständigung« der westlichen Ökonomien weitgehend abgeschlossen. Nur noch zwischen sieben und neun Prozent der westeuropäischen und amerikanischen Erwerbstätigen waren Selbstständige – gegenüber dem Drei- bis Vierfachen in der früheren Erwerbswelt! Die Anzahl der dauerhaft erwerbstätigen Erwachsenen stieg über die 50-Prozent-Grenze der Erwerbsfähigen. Endlich, nach Tausenden von Jahren Unsicherheit, schien das Leben sicher, planbar, vorhersehbar.

Max Weber antizipierte schon Anfang des 20. Jahrhunderts, wie sich der Sozialstaat in ein »Gehäuse der Hörigkeit« der neuen, abgesicherten Art verwandeln würde:

»Im amerikanischen ›benevolent feudalism‹, in den deutschen sogenannten ›Wohlfahrtseinrichtungen‹, in der russischen Fabrikverfassung – überall ist das Gehäuse für die neue Hörigkeit fertig, es wartet nur darauf, daß die Verlangsamung im Tempo des technisch-ökonomischen ›Fortschritts‹ und der Sieg der ›Rente‹ über den ›Gewinn‹ in Verbindung mit der Erschöpfung des noch ›freien‹ Bodens und der noch ›freien‹ Märkte die Massen ›gefügig‹ macht, es endgültig zu beziehen.«[1]

Die schlimmste Angst der Gegenwart scheint sich um den Verlust dieses gut ausgekleideten Gefängnisses zu ranken. Einige Jahre lang machte sich diese Furcht am Mangel an Arbeit fest. Heute verlegen sich die Panikattacken auf die »Prekarisierung« von Arbeit. Wie schrieb der französische Soziologe Robert Castel schön pathetisch marxistisch?

»Doch just in dem Moment, als (die Lohnarbeit) … endgültig die Oberhand gegenüber anderen Identitätsstützen wie der Familienzugehörigkeit oder der Zugehörigkeit zu einer konkreten Gemeinschaft gewonnen hat, wird diese zentrale Rolle der Lohnarbeit brutal in Frage gestellt … Wenn es wieder zu einer Autonomisierung der Ökonomie und zur Auflösung der Lohnarbeiterlage kommt, verliert der Sozialstaat seine gesamte Integrationskraft.«[2]

»Autonomisierung der Arbeit«. Welch Schreckgespenst! Die Angst davor teilen viele – quer durch alle politischen Lager. Der ehemalige deutsche Arbeitsminister Norbert Blüm, ein Christdemokrat, wettert heute noch in jeder Talkshow gegen den Niedergang der »ehrlichen Arbeit«.

Der kreative Zwang

Der alte Deal »Sicherheit gegen Abhängigkeit«, den die industrielle Gesellschaft als zentralen Sozialkontrakt formulierte, war in der Tat ein Fortschritt gegenüber den Lebensrisiken der Agrarwelt und der Frühmoderne. Arbeit als Lohnarbeit und Freizeit als Familienzeit, das war das neue Kulturmodell (»Frohen Herzens genießen!«). Aber im Kontext der Megatrends Frauen, Individualisierung, Mobilität sieht das Ganze wieder etwas anders aus.

Flexibilität ist eben nicht nur ein Schlachtruf der Turbokapitalisten, wie uns die »Dementoren« der alten Arbeitswelt weismachen wollen. Sie ist auch ein Lebensrecht, eine emanzipative Strömung, ein Aufbruch, ein, wie man es früher romantisch formuliert hätte, »innerliches Begehren«. Väter wollen heute anders mit ihren Kindern umgehen – und brauchen andere Erwerbszugänge. Paare suchen nach anderen Wegen von Arbeitsteilungen, die auch die »Wunschdimensionen« ansprechen. Im Zeitalter differenzierter Biografien haben die Menschen Phasen in ihrem Leben, die ihre Möglichkeiten, »voll und ganz« für den Job da zu sein, begrenzen oder entfesseln. Die Grundvoraussetzung der alten Arbeitssicherheit ist jedoch ein strenges Regiment von Zeit, Verfügbarkeit und

Verbindlichkeit. Papi war »ganz für die Firma da«. Aber das hieß auch, dass er Abstriche in seinem Privatleben machen musste.

Wie kommen wir aus diesem Schlamassel, der unserer Sucht nach fossilen Brennstoffen ähnelt, wieder heraus? Könnte »Autonomisierung der Arbeit« nicht auch etwas Positives haben? Ist eine Gesellschaft, eine Ökonomie jenseits des Lohnarbeitskontraktes denkbar? Der schiere Gedanke scheint zunächst hoffnungslos: Die schwindelerregende Mehrheit der Erwerbstätigen ist abhängig von dem, was jeden Monat auf dem Gehaltszettel steht, und gebunden an einen Arbeitsplatz. Wie soll Arbeit jemals »frei« sein oder gar »kreativ«?

Alles, was mit den Tugenden des Lohnarbeiters erledigt werden kann, lässt sich weiter rationalisieren, delegieren, outsourcen, digitalisieren, in ferne Länder verfrachten. Und irgendwann völlig einsparen. Begehrt und gesucht sind nun Menschen, mit denen die alte Fabrikgesellschaft eher ihre Schwierigkeiten hatte. Die Kompetenzen bilden, Verantwortungen übernehmen, Wissen akkumulieren und umsetzen, eigenständig denken, Dinge infrage stellen. Die Arbeit nicht mehr in Stundentakten begreifen. Die sich selbst verändern können.

Es sind im Wesentlichen drei Faktoren, die den Code der Arbeit neu schreiben:

- *Der wachsende kommunikative Charakter der Arbeit.* Klassische Produktion basiert immer auf Schweigen. »Maul halten und malochen« ist ihr Prinzip, so wie bei der tapferen Putzfrau. In den »Produktionen« der Zukunft spielt Kommunikation die Schlüsselrolle – sowohl nach außen, zu den Kunden, als auch nach innen, in komplexen Abstimmungsprozessen.

- *Der Grenznutzen der Hierarchie.* Hierarchien sind effektiv, wenn es darum geht, Produktionen zu strukturieren, die sich nicht ändern. Auch in Notsituationen und beim Gefahrenmanagement sind wir ohne klare funktionale Hierarchien schlecht dran. Als dauerhaftes Organisationsprinzip haben Hierarchien jedoch einen schweren Nachteil. Sie erfordern hohe »Transaktionskosten«. In einer Hierarchie müssen ständig Kommandos von oben nach unten weitergegeben werden, die Ergebnisse kontrolliert, Informationen ausgewertet und »eingespeist« werden. In der Spitze entsteht dadurch eine Art »Atemnot der Entscheidungen«, eine ständige Informationskrise. Die Wege sind lang, und besonders in dynamischen Situationen kann das teuer werden. Je hierarchischer Systeme aufgebaut sind, desto marktferner und fehleranfälliger werden sie. Daraus ergibt sich ein ökonomischer Zwang zur vitalen Selbstorganisation in den Unternehmen.

■ *Die neue Selbstständigkeit.* In der entwickelten Erwerbsgesellschaft gibt es eine Vielfalt von Beschäftigungsmöglichkeiten. Tausende neuer Berufsformen und Tätigkeitsvarianten entstehen – wer wusste gestern, dass ein Elektriker auch Solarenergie und Hauselektronik beherrschen sollte? Was ein Wellnessberater macht? In der Vergangenheit gab es in jedem Viertel ein Nagel- und Schönheitsstudio. Heute arbeiten allein in Berlin rund 20 000 Yoga-Lehrerinnen und -lehrer. Auch ohne den oft unterschätzten Sektor der Schwarzarbeit multiplizieren sich die Erwerbsformen. Dies erzeugt auf längere Sicht eine neue Autonomie der »Nehmenden«, die auf vielfältige Weise zu »Gebern« ihrer Arbeit werden. Die Kreativen, die Flexiblen, die Könner wandern ab in einen Sektor der positiven Prekarisierung.

Für den traditionellen »Stellensuchenden« wird die Lage unter Umständen frustrierender. Wer auf eine klassische »Laufbahn« oder »Karriere« spekuliert, erlebt immer öfter eine Enttäuschung. Plötzlich machen Quereinsteiger das Rennen. Karriereleitern werden morsch und brüchig. Zusagen zur Sicherheit können nicht eingehalten werden (»es tut uns leid, aber die Geschäftslage hat sich geändert!«). Der Kampf um die Talente erzeugt Auswahlkriterien, die der alten Meritokratie widersprechen. Es gibt keine klare Barriere mehr, die die Fleißigen von den Faulen, die Qualifizierten von den »Einfachen« trennt. Die Frontlinie verläuft vielmehr zwischen den »Variablen« und den »Statischen«. Die Konsequenz ist eine himmelschreiende Ungerechtigkeit – gemessen in der alten Währung der Pflichtkultur. Nun verdienen womöglich ausgerechnet diejenigen mehr, denen die Arbeit auch noch Spaß macht!

Das Element finden

Im Jahr 2003, auf dem Höhepunkt einer steilen Karriere als Herz-chirurg, unternahm der Züricher Arzt Dr. med. Markus Studer einen spektakulären Spurwechsel. Gerade 57 Jahre alt geworden, hängte er seinen Arztberuf an den Nagel. Aber nicht, um in den frühzeitigen Ruhestand zu gehen. Was er sich durchaus hätte leisten können.

Dr. Markus Studer wurde Lastwagenfahrer. Er kaufte sich einen Sattelschlepper mit 460 PS, tauschte den weißen Kittel mit einem blauen Overall und fährt seitdem Tausende von Kilo-metern quer durch Europa, tief nach Russland hinein, nach Por-tugal oder bis ans Nordkap. Sein kleines Speditionsunternehmen besitzt heute drei große Lastzüge zum Transport von Nahrungs-mittelflüssigkeiten. Und dabei soll es auch bleiben. Es soll Spaß machen. Spaß?

Was soll so toll daran sein, in einer Fahrerkabine zu hocken, stundenlang mit Tempo 80 auf der Autobahn zu fahren, immer in der Spur? Wie kann ein Chirurg, der virtuos, komplex und hoch arbeitsteilig mit Menschen in einem »vornehmen« Bereich wie der Rettung des Lebens arbeitet, sich auf so etwa Stupides einlassen?

Freiheit, Unabhängigkeit, sagt Dr. Studer. Und das klingt nun wirklich wie ein Klischee. Abenteuer auch. Er habe den Stress, der mit dem blutigen Schneiden, Sticheln, Arbeiten am offenen Menschenherzen verbunden war, zunehmend als bedrückend empfunden, sagt Studer. »Ich genieße die wunderschönen Land-schaften Mitteleuropas, die perfekte Infrastruktur für uns Fahrer in Frankreich und die Diskussionen mit Kollegen aus allen Natio-nen nach einem abendlichen Viergangmenü in einem Routiers-restaurant ... Ohne jeden Zweifel überwiegt in meinem neuen Beruf das Schöne bei Weitem, und ich habe meinen Schritt keine Minute bereut.«[3]

Es kommt im Grunde nicht darauf an, was wir über seine Motive denken. Es kommt darauf an, dass es möglich ist, die Spur, auf der man fährt, zu verlassen. Markus Studer hat etwas gefunden, was jeder Mensch als eine virtuelle Ressource mit sich trägt: sein Element. Dieses Element ist jene Kraft, die das wahre, das tiefere Selbst mit der Welt auf einer höheren, kreativeren Ebene verbindet.[4]

Beruf und Talent

Geben wir also nicht so schnell auf. Bleiben wir hartnäckig. Lassen wir uns von den Abhängigkeiten an der Front der Lohnarbeit nicht die Sicht nach vorne verstellen. Stellen wir uns eine Erwerbswelt vor, die nicht in den Verlust von Lebenssicherheit, sondern in die Zunahme von Chancen mündet, das *Eigene* zu leben. Einige Zutaten haben wir für eine solche Vision schon zur Verfügung. Was gab Menschen (allerdings primär Männern) vor den Zeiten der Lohnarbeit und der Karrierewege Hoffnung, Antrieb, Würde? Der Beruf. In dem Wort klingt die Idee des inneren Rufs, der Berufung mit an. Beruf ermächtigt zu Handlungen, die »eiserne« Gesetze zumindest relativieren können. Beruf heißt zum Beispiel, nein zu einem Auftrag sagen zu können. Wer einen Beruf hat, tut die Dinge, die getan werden müssen nach eigenen Erwägungen und Rhythmen. Die Kultur der Lohnarbeit hingegen ist auf einem Gefühl des Defizits gegründet: Nie bekommt man, was man verdient, nie wird man genug anerkannt, und irgendwie trägt ein anderer (der »Geber«) den Überschuss davon! Jemand der einen Beruf ausübt, zahlt hingegen auf sich selbst ein. Das funktioniert auch – zumindest zeitweise – unabhängig vom Geld.

Ein Beruf ist eine Spezialisierung, man muss etwas besonders gut können. Aber das nützt nichts, wenn man nicht auch vom Anderen etwas versteht. Schon allein, um seine Spezialisierung in der Anpassung an geänderte Verhältnisse weiterentwickeln zu können, ist es wichtig, seine Fähigkeit in soziale Zusammenhänge zu stellen.

Wirklich tragfähig auch in der Zukunft wird die Idee des Berufs aber erst, wenn wir sie im Sinne unserer Megatrends, also der zunehmenden Individualisierung, Vernetztheit und Feminisierung, auch der Auflösung der gewohnten Altersstrukturen modernisieren. Und hier kommt der Begriff Talent ins Spiel. Ein Talent ist ein inneres Potenzial zum Entwickeln des Eigenen, des individuellen Elements. Das Talent ist das innere Geheimnis jedes Einzelnen. Es entsteht zwar auch aus der Frage »Was kann ich?«, umfasst aber noch mehr die Frage »Wer bin ich?«.

Talente können sich in allen möglichen Dimensionen entwickeln. Künstlerisch, sozial, handwerklich, geistig, kommunikativ, meditativ. Man kann ein Talent zum Gärtnern, eine Leidenschaft für Natur haben und sich trotzdem im Beruf des Landschaftsgärtners unwohl fühlen. Talente entwickeln sich nicht (nur) entlang von »Berufsbildern«, sondern auch quer zu ihnen.

Während sich mit einem Beruf ein eher exklusives Bild verbindet – »nicht jeder hat das Zeug zu ...« –, ist die Idee des Talents radikal demokratisch. Jeder Mensch auf dieser Erde hat ein Talent! Selbst die Armen, die Dummen, die Benachteiligten, die momentanen »Opfer«, die »Fremden« und »Putzfrauen« haben ein Talent! Der hieraus abgeleitete »Talentismus« meint eine Kulturentwicklung, in der

- die Arbeit sich langsam von der Lohnarbeit löst – im Sinne einer »positiven Autonomisierung«;
- die Fähigkeiten nicht mehr nur in linear erworbenen Qualifikationen bewertet und erkannt werden; es geht auch um Charakterbildungen und »Skills«;
- nicht so sehr die unmittelbare Verwertung oder Steigerung eines Könnens im Vordergrund steht, sondern dessen geistige und psychische Integration in eine Gesamtpersönlichkeit.

Hier haben wir den Kern der Produktivitätsfrage der Zukunft: Wie können wir die Talente heben, die massenhaft, millionenfach und doch individuell vorhanden sind? Wie können wir bei möglichst vielen Menschen Können zu Kennerschaft, Qualifikation zu Meisterschaft entwickeln? Und eine höhere Synchronisierung des Talents mit dem Ökonomischen? Das bedeutet im eigentlichen Kern »Bildung«, wenn wir sie gesamtgesellschaftlich produktiv machen wollen! Meine doppelt ketzerische These an diesem Punkt lautet: Wir befinden uns längst mitten im Transformationsprozess zu dem, was man Neue Arbeit nennen kann. Der »Megatrend New Work« ist in vollem Gang, aber aufgrund unserer Fixierung auf das Lohnarbeitsmodell nehmen wir das noch gar nicht richtig wahr.

Immer mehr Menschen fragen nicht mehr »Wo bekomme ich eine sichere Stelle?«, sondern »Wer bin ich – und wo kann ich meine Fähigkeiten sinnvoll einbringen, indem ich sie entfalte?«. Immer mehr Menschen – auch in traditionellen Unternehmen – entdecken ihr Talentethos: die Idee, die Dinge anders und besser zu machen; den Mut zu haben, zu gehen, wenn das in einem bestimmten Arbeitskontext nicht möglich ist. Und immer mehr Unternehmen verstehen langsam, dass »Abschlüsse« nichts über die mögliche Zusammenarbeit aussagen. Sie begreifen ihre zukünftigen Mitarbeiter als ganzheitliche Personen mit vielfältigen Fähigkeiten, nicht nur als Funktionen.

Solche Veränderungen mögen langsam und zäh verlaufen und von Rückschlägen begleitet werden. Aber wie sollte das anders sein? Es geht nicht darum, die Sicherheiten, die das industrielle System hervorgebracht hat, zu zerstören zugunsten eines abstrakten Freiheitspathos, der Menschen nur überfordern kann. Es geht darum, die Wahrnehmung langsam zu verschieben. Das Spielbein zu heben und so lange das Balancieren zu üben, bis ein neuer Gang daraus wird. Denn eines ist gewiss: Kreative Kooperation, das Einzige, was Prosperität in Zukunft sichert, ist im Angst- und Abhängigkeitssystem der alten Lohnarbeit nur schwer zu realisieren.

Die Könnensgesellschaft

Wir haben in den letzten Kapiteln gesehen, dass »Wissen« nicht die Beschreibung der Ökonomie der Zukunft ist. Wenn wir von »Wissensgesellschaft« reden, produzieren wir im Grunde einen weißen Schimmel. Jäger-und-Sammler-Gesellschaften lebten vom Wissen über die Natur. Agrargesellschaften ebenfalls, hinzu kam ihre Beherrschung handwerklicher Techniken. Industrielle Gesellschaften basieren auf dem Wissen über effektive Produktionsprozesse.

Unsere Kultur steht in einer ganz anderen Gefahr, als zu wenig zu wissen: dass sie an Wissen erstickt. In den Unternehmen häufen sich heute Wissensberge, die definieren, wie man es »unbedingt machen muss« – aber das eigentliche Problem ist das Entlernen alter Wissensmuster. Im öffentlichen Diskurs wird Wissen zum Trash, der an jeder Straßenecke zu haben ist. Man muss sich nur die Wissensquizsendungen anschauen, um das gigantische Missverständnis zu erahnen, das hier produziert wird. Wer den Gewinner einer Schlagerparade von 1975 kennt, hat in diesem Bezugssystem »Wissen«.

In der Ära der kreativen Kooperation geht es um etwas anderes. Die Publizistin Christine Ax spricht in diesem Zusammenhang von der »Könnensgesellschaft«,[5] in der sich kommunikative Fähigkeiten, spezielle Fertigkeiten und Wissen, das variabel Verknüpfungen schafft, auf neue Weise verbinden. Die Hierarchien von Kopfarbeit und Handarbeit werden durcheinandergewirbelt. Die Idee, dass Arbeit mit den Händen »niedriger« ist als Geistesarbeit, hatte schon immer etwas Schiefes. Ein Chirurg ist im Grunde ein hochbezahlter Handwerker, der mit Säge und Meißel umgeht, aber in lateinischer Sprache kommuniziert. Ein guter Handwerker kann, nein, muss ein Philosoph sein. Ein Geisteswissenschaftler kann auf einem scheinbar hohen Niveau ziemlich blöd sein. Der akademische Betrieb verwaltet heute nahezu hermetische, in sich erstarrte, untereinander beziehungslose Segmente von Fachwissen. Akademische Arbeiten erschöpfen sich oft genug in Querverweisen und dienen eher dem Statuserhalt als dem Wissen.

Was wir brauchen, sind Menschen, die Systeme begreifen, die nötigen »Werkzeuge« organisieren – und dann die Dinge weiterbringen. Die eine Solaranlage nicht nur aufs Dach stellen, sondern sie mit den übrigen Haussystemen verbinden können. Die einen Text verstehen, aber daraus auch einen Film machen und eine Rede formulieren können. Verknüpfer, Menschen-Koordinatoren, Könner. Putzfrauen, die den unternehmerischen Geist in sich entdecken. Ich sage nicht, dass jeder gleich dazu in der Lage sein muss. Ich sage nicht, dass das schnell kommen wird. Aber allein auf diesem Weg kann die Produktivität von morgen entstehen.

16 Die Ära der Soziotechnik

Christa K. war eine Cousine dritten Grades, von deren Existenz ich kaum noch etwas wusste. Erst als sie 2002 plötzlich Briefe an mich schrieb – in jener feinen Sütterlinschrift, die man nur in Mädchenpensionaten vor dem Zweiten Weltkrieg erlernte –, kam die Erinnerung wieder hoch. Als ich zwischen zwölf und 17 war, hatte ich sie einige Male besucht, in einer kleinen Altbauwohnung im Ruhrgebiet, wo sie mit einem winzigen Hund namens Sylvester lebte. Damals war sie um die 40. In den Wirren der Pubertät war sie mir eine Zeitlang eine Ratgeberin mit Verständnis für meine aufgewühlte Seele. Danach verlor ich sie aus den Augen.

Christa K. schrieb aus einem Altersheim, in das sie, wie sie behauptete, »illegal« eingeliefert worden war. Als ich sie dort besuchte, war sie 86 Jahre alt. Sie hatte ihren Mann ein gutes Vierteljahrhundert überlebt, sah immer noch gut aus, erzählte in ihrem witzigen Sächsisch (sie stammte ursprünglich wie meine ganze Familie aus Sachsen) von guten alten Zeiten. Aber sie war schwach. Sie aß wenig. Und wies deutliche Anzeichen von Altersdepression und beginnender Demenz auf.

Das Pflegeheim, in das sie ein alter Freund nach einem Sturz im Treppenhaus »verfrachtet« hatte, bot alles, was die anthroposophische Alterspflege zu bieten hat, vom gemeinsamen Hundestreicheln bis zum Singen und eurythmischen Tanz. In den flieder- und sonnenorangefarbenen Gängen wimmelte es von motivierten langhaarigen Pflegern und energetischen Pflegerinnen mit gutem Herzen. Und obwohl all das nicht verhindern konnte, dass die meisten Insassen mümmelnd auf ihre Teller starrten (oder auch mal mit heruntergelassenen Hosen murmelnd durch den Gang liefen), war dieser Ort wohl das Beste, was meiner Großcousine passieren konnte.

Sie sah das nicht so. Sie weinte viel. Bienchen, so hieß ihr letzter Hund, wollte nicht mehr so recht gehorchen – denn er lag schon seit drei Jahren auf dem Hundefriedhof. Und »dort hinten im Flur« war eine Tür, hinter der eine steile Treppe in eine Wohnung im Obergeschoss führte. In diesem Appartement hatten diebische Pfleger und neidische Verwandte all ihre Möbel und ihren Goldschmuck versteckt. Dort oben wohnte auch Bienchen in einem Weidenkorb und wartete auf Futter, der Arme. Meine Großcousine konnte diese Wohnung exakt beschreiben, das Muster der Tapeten und die Briefe ihrer Mutter, die auf dem Tisch lagen, den Stuhl, auf dem ihr Vater gesessen und Briefe geschrieben hatte.

Anfangs versuchte ich, gemeinsam mit dem Hauspersonal, ihr diese Halluzination auszureden, ebenso wie die fixe Idee, dass sie jetzt sofort nach unten gehen müsse, weil dort ihr schicker Sportwagen im Halteverbot parkte. Als die Phantasien immer lebhafter wurden, sie immer lauter schimpfte, wenn man ihr sagte, da sei doch gar nichts, um sich dann stundenlang stumm in ihr Bett zurückzuziehen, entdeckte ich – per Zufall – die Validation.

Die Kommunikationstechnik der Validation wurde von der deutschstämmigen Amerikanerin Naomi Feil entwickelt. Sie wuchs in Cleveland, Ohio, in einem Altersheim auf, das ihr Vater führte. Dort erlebte sie die Hilflosigkeit im Umgang mit alten, verwirrten Menschen und widmete nach einer Zeit als Off-Broadway-Schauspielerin ihr Leben der Frage, wie man mit Dementen anders umgehen könne als durch Ruhigstellen und Widersprechen.

Demenz, so Feils These, ist nicht nur eine Verlustrechnung. Sondern ein Zustand, in dem die operative Realität zusammenbricht, weil die inneren seelischen Kräfte stärker werden – im Vergleich zum sozialen Außen. Aus der Seele drängen ungelöste Konflikte an die Oberfläche. Verdrängte Verletzungen brechen auf. Unerledigtes bahnt sich den Weg. Der Mensch wird wie ein offenes Buch. Wenn jemand dieses Buch liest, kann eine Menge passieren.[1]

Die Idee der Validation erklärt sich schon im Wort: Wir validieren jemanden, wenn wir seine Wirklichkeit anerkennen. Wir können ihn begleiten, statt zu bestreiten, was er empfindet. Wir können ihm helfen, den Weg durch seine verschütteten Konflikte zu gehen.

Inspiriert durch eine gute Bekannte, die Validation seit Jahren lehrte und praktizierte, versuchte ich nun einen anderen Weg mit meiner Großcousine. Wenn sie von der Wohnung im oberen Stock berichtete, standen wir gemeinsam auf. Gingen in den Flur zur verborgenen Geheimtür.

»Was haben wir denn hier?«, fragte ich, oben angekommen (wir standen immer noch im Flur, vor einer glatten Wand).

»Schau mal, das Nähkästchen meiner Mutter. Und hier liegt Egons (so hieß ihr verstorbener Mann) Pfeife.«

»Ist das eine vielbenutzte Pfeife?«

Sie lachte. »Daneben liegt die Pfeife meines Vaters. Das erinnert mich an unsere Reise nach Beirut, als wir ein Ehepaar aus New York trafen, die eine ganze Pfeifensammlung hatten. Der Mann war ein Fabrikant von Pfeifen, die er nach Libyen exportierte, und Egon glaubte, er sei ein CIA-Spion, der Geheimnisse der Russen ausspionierte. Und da war ein netter junger Russe im Hotel, den ich im Verdacht hatte, für den KGB zu arbeiten. Eines Abends bin ich mit diesem Russen in die Bar gegangen, Egon schlief schon… und dann hat er mich so angeguckt – oh je …«

»Und dann?«

Sie kicherte.

Wir gingen hinunter zu der Stelle, wo das grüne Cabrio parkte, stiegen ein und machten einen Ausflug in die Kleinstadt, in der Christa ihre Kindheit erlebt hatte (es war ein Mietwagen-Cabrio und noch nicht einmal grün). Bei all diesen Ausflügen war sie überaus entspannt. Sie beschrieb jedes Detail. Jede Straßenecke, den Schnauzbart des Gemüsehändlers ihrer Kindheit, die Autos aus den vierziger Jahren, die Aufmärsche der NSDAP, vor denen sie sich fürchtete. Und immer wieder ihren Vater, einen sozialdemokratischen Schuldirektor, der von den Nationalsozialisten unehrenhaft entlassen worden war. Was seinen Lebenswillen brach. Sie regte sich auf, ängstigte sich – und überwand die Angst. »So, jetzt habe ich dem Nazi mit dem Regenschirm auf den Kopf gehauen!«

Immer löste sich etwas bei unseren imaginierten Ausflügen. Und immer war es zwar anstrengend, aber nicht angsterregend, vielmehr spannend und bereichernd. Eine einfache Veränderung des kommunikativen Rahmens kann alles verändern. Auch den Stress derjenigen, die helfen wollen.

2008 starb die tapfere Christa an einer Lungenentzündung. Sie wollte nicht mehr, wie diejenigen bezeugten, die sie in den letzten Tagen besucht hatten. Ich hatte eine Frau kennengelernt, die sich auf ihre Weise in einer schweren Zeit emanzipiert, gebildet und durchgesetzt hatte. Und sie hatte nie jene schrecklichen Stadien der Demenz erreicht, in denen das Leben schwindet, aber nicht vollends weichen kann.

Die Evolution der Soziotechnik

Welche Fähigkeiten und Fertigkeiten benötigen wir in einer globalisierten Welt, in der wir – aufgrund der Schleifenbewegungen der Megatrends – immer individueller und zugleich gemeinschaftlicher, langlebiger und empfindlicher, spezialisierter und kooperativer werden?

Menschen unterscheiden sich in einem entscheidenden Punkt von Tieren. Tiere reagieren in vielfältiger Weise auf ihre Umwelt, sie sind sogar »erfinderisch« und bis zu einem gewissen Grade innovativ (Kraken können lernen, Flaschenverschlüsse zu öffnen, Schimpansen üben mit Stöcken). Aber Menschen können Wissen an ihre Nachkommen weitergeben. Sie können irren, und sie können erkennen, dass sie sich irren. Und sie teilen Irrtümer und Erkenntnisse mit anderen. Der Anthropologe Clifford Geertz schrieb vom Menschen als »unfertigem Tier«. »Seine Fähigkeit besteht nicht so sehr darin, dass er lernen kann – so wunderbar diese Fähigkeit ist. Sondern dass er herausfinden kann, was er lernen muss, bevor er funktionieren kann.«[2]

Menschen waren auf diesem Planeten nicht nur erfolgreich, weil sie Werkzeuge benutzen oder Bauten errichten – das tun auch Termiten und Vögel. Vernunft, Sprache und Gedächtnis, schließlich Schrift und Bild ermöglichten dem Menschen aus dem »Hier und

Jetzt« der Tierwelt herauszutreten. Wir errichten soziale Gerüste um uns herum, Systeme aus Kommunikation und Kooperation. In dieser Umgebung können sich Ideen, Erfindungen, aber auch Verhaltensmuster viel schneller durchsetzen als auf dem langsamen Weg der evolutionären Selektion.

Menschliches Handeln umfasst Organisationsformen und soziale Handlungsweisen, und wenn beide ineinander greifen, entstehen hohe Grade von Komplexität. Kein Individuum kann ein Flugzeug bauen (noch nicht einmal einen Toaster). Keine Firma allein könnte Flugzeuge starten und landen lassen. Dafür benötigt man Metaorganisationen wie den Staat, der sich wiederum mit anderen Staaten koordiniert, um Flugrouten zu garantieren, technische Normen durchzusetzen. Es braucht aber auch soziale Verhaltensweisen. Wir denken nicht darüber nach, welche Kulturleistung darin besteht, sich in einem Flugzeug mit völlig fremden Menschen auf engstem Raum einer lebensgefährlichen Situation auszusetzen. Schon sich am Flughafen in eine Schlange zu stellen, sich durch piepsende Geräte zu begeben und abtasten zu lassen, ist nichts, was man Schimpansen selbst unter höchstem Bananeneinsatz beibringen könnte.

Warum prügeln wir nicht schreiend aufeinander ein, wenn wir im Flugzeug sitzen? (Also gut: Das kommt bisweilen vor, und nicht selten spürt man den Drang dazu.) Weil unsere Fähigkeit zum Koexistieren und Kooperieren unglaublich robust ist – obwohl wir uns immer gegenseitig vom Gegenteil vorjammern. Unsere Zivilisation verkraftet eine Menge Individuen, die sich nur zeitweise oder gar nicht kooperativ verhalten. Man kann sich, anders als in der Jäger-und-Sammlerzeit, mit Chips und Bier dauerhaft vor den Fernseher setzen und wird trotzdem nicht verhungern. Wir können in unserem Alltag eine ganze Menge Fehler machen – den falschen Partner heiraten, tonnenweise CO_2 erzeugen, Kunden wertlose Papiere verkaufen –, ohne dass es uns direkt und sofort an den Kragen geht. Wir sind so schlau, dass wir sogar dumm sein dürfen!

Aber diese Reserven sind nicht unbegrenzt. Das feine Geflecht der sozialen Übereinkünfte muss immer aus Neue geknüpft werden. Der Neurowissenschaftler António Damásio spricht von einem »Übergang von erzwungener Macht zur Macht der Überzeugung«, in dem wir uns heute befinden.[3] Aus einer Welt der Abhängigkeiten wird eine Welt der Entscheidungen. Aus einer Welt der Bindungen eine Welt der Gestaltungen. Aus einer Welt der Eindeutigkeit eine Kultur der Vielfalt. Für diesen Wandel zum Komplexeren, in dem die Megatrends eine wichtige Rolle spielen, brauchen wir dringend neue Soziotechniken.

Der Faktor Angst

Zunächst scheint das Beispiel der Validation in diesem Kontext ziemlich belanglos: Wie bedeutsam für die Zukunft soll es schon sein, wenn wir den Alten und Verwirrten ein wenig besser zuhören?

Das entscheidende (negative) Element in diesem Zusammenhang ist die Angst. Angst ist ein effektiver Vernichter von Sozialkapital. Wenn Menschen unter Angst handeln, handeln sie unterkomplex, kontraproduktiv, asozial. Angst kann ein Gemeinwesen zerstören, zumindest aber unproduktiv machen.

Schrecken und Wunder des höheren Alters waren in der alten Industriegesellschaft eher Randthemen. Es gab wenige Menschen, die so alt wurden, dass sie Demenz entwickeln konnten. Weil früher außerdem die Frauen brav die Hausfrauen- und Pflegerolle ausfüllten, war das Problem »gedeckt«. Wenn aber 40-jährige Managerinnen plötzlich ihren Vater pflegen müssen (oder wollen), bedeutet dies entweder eine gewaltige Vernichtung von Produktivität und ein Handicap für die ganze Gesellschaft. Oder aber individuelle Not und Verzweiflung steigen.

Validation ist eine Soziotechnik, die eine in diese Richtung zielende Angst vielleicht mindern kann, Angst vor dem Älterwerden, der Zukunft generell. Validation ist ein gutes Beispiel dafür, wie Probleme der modernen Welt eben nicht durch Technologie oder Geld gelöst werden (obwohl in diesem Fall das Internet eine wichtige Rolle spielte, weil meine Großcousine mich googeln lassen konnte; sonst wären ihre Sütterlin-Briefe nie angekommen), sondern durch ein neues In-Beziehung-Setzen von Menschen. Validation ist kreative Kooperation auf den Punkt gebracht.

Das Beispiel Validation zeigt auch, dass reale Fortschritte nicht immer einer »heroischen Utopie« bedürfen. Gute Soziotechnik ist postheroisch, sie lässt das »Aufopfern« und »Kämpfen bis zuletzt« hinter sich. »Bis zuletzt kämpfen« tun heute Intensivmediziner oder Manager, die dabei sind, ihre Firma in den Sand zu setzen. All dies sind letztlich Strategien der Angst. Weiter kommen wir mit einer klugen Strategie des Rückzugs, des Loslassens, der Akzeptanz. Neue Kooperationssysteme, neues Vertrauenskapital entsteht nicht durch das Geschnatter der Betroffenheit, der Krise, des Skandals und der »großen Lösung«. Eine neue Wirklichkeit entsteht dann, wenn wir die Welt aus einer überraschenden Perspektive sehen lernen.

Wir Superkooperateure
In der virtuellen Abenteuerwelt des Computerspiels World of Warcraft, die ich seit vielen Jahren mit meinen Söhnen bereise, gibt es viele Situationen, in denen es auf Gemeinsamkeit und Verbindlichkeit, auf soziale Regeln ankommt. Den großen Drachen, das ganz große Monster erlegen wir nur, wenn wir zusammenarbeiten. Die soziale Welt von WOW ist strukturiert durch Freundeskreise, Cliquen und »Gilden«, die sich teilweise auch im realen Leben kennen. Die Gilden schaffen jenes Gerüst der Verbindlichkeit, das eine riesige Spielergemeinschaft entstehen ließ.

Vor einiger Zeit wurde jedoch in diesem virtuellen Märchenland eine neue Software-Applikation eingeführt, die die Gruppen für die »heroischen Dungeons« – die besonders schwierigen und spannenden Kampfzonen – nach einem reinen Zufallsprinzip zusammenstellte. Während man früher mühsam und zeitraubend nach Mitstreitern suchen musste, die mit einem in die Schlacht zogen, ja regelrecht um sie werben musste, wurden sie einem nun völlig zufällig zugeteilt. Die Avatare (hinter denen immer reale Spieler stecken) hatten sich noch nie gesehen oder miteinander agiert. Von einer Sekunde auf die andere sollten sie in Gefahrenmomenten sehr eng kooperieren.

Die Konsequenz des neuen Tools war verheerend. Wochenlang brachen alle Gruppen kurz nach Beginn wieder auseinander, wenn einer auch nur den kleinsten Fehler machte. Man beschimpfte sich gegenseitig ohne Unterlass als »nerd«, »geek« und »f...er«, beleidigte sich auf die übelste Weise und ließ den Überlegenen raushängen. Die Soziokultur des Spiels starb den virtuellen Tod.

Die Verwandtenselektion (peer selection) funktioniert auch im Cyberspace. Menschen kooperieren nur unter bestimmten Rahmenbedingungen. In einer Massengesellschaft dämpfen Höflichkeitsregeln die Aggressionen in jenen öffentlichen Räumen, in denen Fremde aufeinandertreffen. In einem virtuellen Spiel jedoch fällt diese soziale Kontrolle weg. Hier kann man richtig die Sau rauslassen. Hier hat man kaum Konsequenzen für seine Handlungen zu tragen.

Aber Massively Multiplayer Online Role-Playing Games, kurz MMORPGs, bilden menschliche Gemeinschaften auch mit ihren Lernmöglichkeiten ab. Und deshalb war der Niedergang nicht von langer Dauer. Nach einigen Monaten entwickelte sich in den Zufallsgruppen wieder eine »Netiquette«. Soziale Höflichkeitsregeln wurden eingeklagt und plötzlich auch erzwungen. Wer sich nun in einer Zufallsformation rüde und beleidigend verhielt, wurde »abgemahnt« und recht schnell aus der Gruppe gekickt (man kann geheim darüber abstimmen). Die Kooperateure setzten sich evolutionär gegen die Betrüger durch.

Martin A. Nowak, ein Biologe und Mathematiker, hat sich dem Feld der »evolutionären Soziodynamik«, das sich in Online-Spielen so wunderbar abbilden lässt, seit vielen Jahren zugewandt. In seinem Schlüsselbuch »Supercooperators« beschreibt er, was Menschen nach welchen Mustern dazu bringt, zu kooperieren – oder sich gegenseitig zu bekämpfen, zu bekriegen, zu übervorteilen.[4] Im Grunde beginnt alles mit einer einzigen Frage: kooperieren oder betrügen? Das »Gefangenendilemma«, ein zentrales Spiel der angewandten Spieltheorie, exerziert diese menschliche Ur-Situation durch. Ergebnis: Wenn zwei Spieler miteinander kooperieren, wird ihr gemeinsamer Gewinn erheblich sein. Größer ist der

Gewinn des Einzelnen, wenn er den anderen verrät und betrügt. Wenn beide sich gegenseitig verraten und betrügen, ist der Gewinn für beide klein oder negativ.

Ob wir Steuern hinterziehen, fremdgehen, den Nachbarn verklagen oder unseren Partner mit Jammergehabe zu etwas bringen wollen – immer spielen wir eine Art »Gefangenenspiel«. Kooperation bringt meistens Vorteile. Aber wir wissen das nicht so genau. Und deshalb verfolgen wir öfter die Strategie der »Maximierung«. Wir testen. Wir probieren aus, wie weit wir gehen können.

Die Spieltheorie hat menschliches Verhalten innerhalb von Systemen in den letzten Jahren immer wirklichkeitsnäher zu simulieren vermocht. Computer dienen dabei als »Evolutionsgeneratoren«, mit deren Hilfe das Verhalten von Menschen millionenfach durchgespielt wird.

Warum – und auf welche Weise – sind Menschen »Superkooperateure« oder können es zumindest werden? Den biologisch-evolutionären Aspekt können wir heute mittels Hirnforschung und Evolutionärer Psychologie beantworten. Menschen kooperieren, weil sie als Spezies mit der Fähigkeit und Notwendigkeit der Empathie ausgestattet wurden. Mitgefühl und Kooperation sind in unser Wesen eingraviert, denn sie bieten einen evolutionären Vorteil. Erst wenn wir mit dem Rücken zur Wand stehen, schalten wir auf das allerletzte Überlebensprogramm um, das »Du oder Ich«-Programm.

Die andere Dimension des Kooperativen im Menschen ist das, was Nowak in seinem Werk als »indirekte Gegenseitigkeit« (indirect reciprocity) bezeichnet. Menschen kooperieren nicht nur in direkten Abwägungsspielen, bei denen sie das Verhalten des Gegenübers einschätzen. Sie tun es auch durch das Beobachten Dritter oder weil sie selbst beobachtet werden. Wir eifern Vorbildern nach und sind als soziale Wesen von Reputation abhängig.

Die »Standardeinstellung« menschlichen Sozialverhaltens besteht in einem in allen Kulturen bekannten »Wie du mir, so ich dir« (englisch »tit for tat«). Diese »direkte Reziprozität« genannte Regel bildet quasi die zivilisatorische Grundformel: Menschen bieten Kooperation an, weil sie sich davon Vorteile versprechen. Wenn sie nicht enttäuscht werden, kooperieren sie weiter. Werden sie enttäuscht, betrügen sie zurück. Auge um Auge. Man muss nur Kinder beim Spiel beobachten. Eskalation entsteht immer im »Wie du mir ...«.

»Tit for tat« ist auch jene Strategie, die sich zunächst in allen Computermodellen durchsetzt, die menschliches Sozialverhalten simulieren. Im Prinzip kann das endlos so weitergehen. Aber nur, wenn das System keine Fehler macht. Im realen Leben jedoch kommt es immer einmal zu Irrtümern, Missinterpretationen, Nachlässigkeiten, Angstüberschüssen. Dann kippt das System, wenn allein die Tit-for-tat-Regel gilt, in einen Kampf aller gegen alle um.

Wenn Menschen im Verlauf ihrer Geschichte nicht gelernt hätten, das reine »Wie du mir« zu modifizieren, wären wir längst ausgestorben. Religionen haben auf vielfältige Weise zu komplexerem Verhalten beigetragen. Indem sie die Tit-for-tat-Regel um das »Verzeihen« erweiterten oder um die Dimension des Transzendenten, sorgten sie dafür, dass nicht jeder Konflikt zum Streit, nicht jeder Streit zum Krieg, nicht jeder Krieg zum Vernichtungskampf wurde. Religionen und Rituale sorgen für »Rekursionsschleifen« in den Spielzügen menschlicher Gemeinschaften.

Was wir die letzten Jahrtausende in praktisch allen menschlichen Sozialsystemen gespielt haben, war konditionale Gegenseitigkeit. Wir haben gelernt, uns nicht unter allen Bedingungen gegenseitig den Schädel einzuschlagen. Wir haben soziale Systeme entwickelt, die via Gerichtsbarkeit, erzwungenen Regeln, Ritual, Moral und Verhandlung Kooperation moderierten.

Superkooperateure sind wir, so Nowak, weil wir als Menschen die verschiedenen Möglichkeiten der Kooperation variieren und daraus neue Erfahrungen und Erkenntnisse generieren können. Dabei erfordern immer größere Gruppen immer raffiniertere Regelsysteme. Was in der kleinen, überschaubaren familiären Gesellschaft genügte und funktionierte, ist in großen, vernetzten Gruppen wie »Nationen« völlig unterkomplex. Was in der Industriegesellschaft einen verlässlichen Rahmen von (Selbst-)Steuerung garantierte, ist in einer globalen Connectivity-Welt unzureichend.

Heute stehen wir deshalb vor einer dritten Komplexitätsstufe menschlicher Kooperation. Nach dem »Tit for tat«, mit dem alle Gesellschaften beginnen, und der »institutionell moderierten Gegenseitigkeit« suchen wir nach einem neuen Modus des Zusammenlebens. In den hyperkomplexen Gesellschaften der globalen Moderne müssen wir den Aspekt der indirekten Gegenseitigkeit massiv erhöhen. Wir brauchen raffinierte Rückkopplungen, neue Verschränkungen von Individuum und Gemeinschaft, die die Freiheit bewahren, ohne die Egoismen zu begünstigen. Wie kann das gehen? Welche modernen Steuerinstrumente stehen einem offenen Gemeinwesen zur Verfügung, um den Grad der kreativen Kooperation zu erhöhen?

Eine neue Kultur der Verantwortung

Stellen wir uns vor, wir bekämen von unserem Arzt eine E-Mail mit folgendem Inhalt:

»Lieber Herr X,

Sie waren in den letzten Monaten einige Male in meiner Praxis. Das hat mich sehr gefreut, und ich hoffe, ich konnte ihrer Gesundheit zuträglich sein. Jetzt müssen wir über die Kosten sprechen. Wir haben bei der Heilbehandlung folgende Ressourcen genutzt:

Medizinische Materialien	567 €
Medikamente	122 €
Technische Services (Röntgen, Bluttest)	234 €
Untersuchung, Gespräch und Diskussion	570 €

Wie ich auf Ihrem File sehen kann, haben Sie einen Gesundheitskontrakt nach der B3-Klasse. Das heißt, Sie können einige der genutzten Dienstleistungen privat subventionieren und erhalten so Ihren jährlichen Bonus. Es besteht auch die Möglichkeit, einen individuellen Zuschuss an das örtliche Health Center zu überweisen und dadurch die Rechnung um diesen Betrag zu reduzieren. Ich schlage vor, dass Sie den zusätzlichen PSA-Test selbst übernehmen, weil es sich dabei um eine von uns beiden entschiedene Vorsichtsmaßnahme handelt. Bitte voten Sie unter diesem Link. Den Restbetrag werde ich mit dem staatlichen Provider verrechnen.

Ich hoffe, ich sehe Sie demnächst wieder, aber nur zum Checkup!

Ihr Doktor Soundso.«

Oder stellen wir uns vor, unser Finanzamt sendet uns am Jahresende folgenden Brief (oder E-Mail):

»Lieber Finanzkunde,

Wir können Ihnen die frohe Botschaft überbringen, dass Sie in diesem Jahr Steueroptionen von 12 500 Euro für nationale und regionale Zwecke erworben haben! Wir möchten Sie nun bitten, diesen Betrag zu validieren. Bitte geben Sie eine Prozentzahl für jeden der möglichen öffentlichen Bereiche an. Und teilen Sie uns mit, auf welcher Website wir Ihre Bonusgabe öffentlich machen sollen:

Straßen und Verkehrsinfrastruktur

Modulare Energienetz-Initiative

Ihre lokale Schule

Das Transfernetz für Hilfsbedürftige

Offensive Gesundheits- und Glücksvorsorge

Der Umweltrat der Gemeinde

Entwicklungsprojekte in Afrika.«

Natürlich ist so etwas unvorstellbar. Viel zu kompliziert. Und auch noch sozial gefährlich! Wo kämen wir hin, wenn wir über die Verwendungszwecke unserer Steuern abstimmen könnten? Alle würden nur das Minimum geben, vor allem die Reichen. Die Mittel würden nicht zu den Bedürftigen fließen, sondern zu Institutionen, die geschickt werben oder irgendwie »sexy« sind.

Der Philosoph Peter Sloterdijk hat mit der Idee der »Steuerspende« einen klassischen Feuilletonskandal hervorgerufen. Er stellte öffentlich die Forderung auf, Reiche müssten selbst entscheiden, wie viel Steuer sie an den Staat bezahlen. Ein Sturm der Entrüstung war die Folge, bis hin zu Hasstiraden von Professoren, die (wieder einmal) den endgültigen neoliberalen Untergang des Abendlandes kommen sahen. Aber an der Provokation bleibt etwas dran: Wenn wir das uns umgebende Gesellschaftssystem nur noch als Zwangssystem wahrnehmen, wird es früher oder später zerfallen. Steuern zahlen ist eine genuine Soziotechnik der indirekten Kooperation. Wenn sie zu einem reinen Zwangsadministrationsakt verkommt, stimmt etwas nicht an unserem Gemeinwesen.

Wir denken uns den Staat in der Nachfolge von Thomas Hobbes gern als »Leviathan«, als Allmacht, die uns gefälligst vor vielem Schrecklichen zu schützen hat. Die wir aber auch unentwegt hassen und bekämpfen müssen, weil sie uns deprimiert. In dieser mentalen Schizophrenie wird das Sozialkapital früher oder später verbraucht.

Eine erste Lösung in Richtung kreativerer Kooperation wäre, den Radius der Verantwortung zu verkleinern. Das Gemeinwesen, das wir mit unseren Steuerzahlungen bedienen, ist womöglich einfach zu groß, zu unüberschaubar, zu abstrakt geworden. Weil in der globalen Welt die Idee der »Nation« erodiert, bildet in Zukunft die »Neue Lokalität«, die Gemeinde, die Region, eine starke Basis der Gemeinsamkeit. Sollte man dann nicht den Kommunen mehr direkte Steuern zahlen und ihnen auch mehr Aufgaben übertragen?

In kleineren Nationen, wie den Ländern Skandinaviens, in Stadtstaaten ist das »Steuerproblem« weitaus geringer, weil die Bürger unmittelbar mitverfolgen können, was mit ihrem Geld geschieht. In Norwegen ist im Internet für alle einsehbar, was jeder an Steuern zahlt – in einer Vertrauenskultur gilt das nicht als Affront und Eingriff in die Privatsphäre, man begreift es vielmehr als »einen Beitrag leisten«. In der Schweiz kann die Höhe der kantonalen Steuerzahlungen sogar von den Bürgern per Volksabstimmung festgelegt werden. Die einzelnen Kantone werben per Steuerwettbewerb um Neuzuzüge. Entgegen allen Unkenrufen hat dies nicht zu einem neoliberal-kapitalistischen Verfall geführt, und auch die Schulen und Straßen sind nicht in erbarmungswürdigem Zustand. Überregionale Züge, Autobahnen und ein Stromnetz über Kantonsgrenzen hinweg existieren auch in der Schweiz. Regionalisierung muss also nicht separatistisch sein. Direkte Demokratie hilft offensichtlich, robuste Kooperationsformen zu entwickeln. Sie muss aber, so die Befürchtung, wohl ein paar hundert Jahr erlernt und eingeübt werden.

Eine andere Möglichkeit effektiverer Kooperationstechniken im Sozialen führt über das Prinzip der Beobachtbarkeit. »Alle unsere Erfahrungen und Ergebnisse«, so schreibt Martin Nowak in »Supercooperators«, »weisen darauf hin, dass Kooperationsverhalten vor allem durch eine verbesserte Öffentlichkeitspolitik zu erreichen ist. Informationen öffentlich zu machen führt zu einem höheren Grad von Kooperation.« Der australische Evolutionsbiologe David Haig formuliert es etwas anders: »Für direkte Gegenseitigkeit braucht man ein Gesicht. Für indirekte einen Namen!«[5]

In Uganda gibt es eine lange Tradition von Schulspenden. Sie stammen teilweise aus dem Inland, teilweise aus dem Ausland. Rund 80 Prozent dieser Spenden verschwanden früher in den Taschen dubioser Mittlerorganisationen oder in denen der Lehrer oder Direktoren. Die ugandische Regierung veranlasste vor einigen Jahren, dass die Namen und Fotos der Spender für die jeweilige Schule am Eingang an einem Schwarzen Brett veröffentlicht werden müssen. Zusätzlich wurden Listen der Spender in zwei Zeitungen veröffentlicht – die größeren Spenden mit Fotos der Spender. Seitdem kommen über 75 Prozent aller Spenden tatsächlich an. Besonders effektiv war die Methode in Schulen, in denen die Eltern ihre Kinder öfter selbst ablieferten und Zugang zu Zeitungen hatten.

In der Weiterentwicklung kreativer Kooperation dreht sich alles um die Qualität von Feedback-Schleifen.[6] Wie Nowak herausgearbeitet hat: Indirekte Kooperation wächst immer dann, wenn es einen Beobachter gibt, der von allen Teilnehmern des sozialen Spiels wahr- und ernstgenommen wird. Das Uganda-Beispiel, auf unsere neue globale Welt übersetzt, bedeutet: Es kommt entscheidend darauf an, dass und wie wir öffentliche Feedback-Schleifen für individuelle Verhaltensweisen zur Verfügung stellen. Was aber wäre besser geeignet für diese Aufgabe als das Internet mit seinen unentwegten Rankings und Rückmeldungen?

Der Präventionismus

Viele soziale Probleme und Aufgaben wie die Armutsbekämpfung, die Gewaltbekämpfung, das ganze Gesundheitswesen, die Altersversorgung sind im genuinen Sinn komplex. Für ihre Lösung wird es kein Patentrezept, keine »einmalige Maßnahme« geben; notwendig sind feine Abstimmung, Trial and Error, neue soziale und mentale Allianzen. Und ein nach den Gesetzen der Spieltheorie »konditionaler Sozialstaat«, der immer wieder aufs Neue Lernprozesse organisiert – um herauszufinden, wie man das Zusammenspiel der Beteiligten Schritt um Schritt verbessern kann.

Viele Ansätze sozialstaatlicher Inklusionsprogramme, die die Selbstverantwortung der Betroffenen stärken und ihren Zugang zu öffentlichen Gütern verbessern wollen, wurden in den letzten Jahren entwickelt. Vor allem die angelsächsischen Länder, aber auch die Skandinavier, experimentieren mit »New Deal«-Projekten, in denen die »Klienten« Verträge unterzeichnen, die ihre individuelle Verantwortung bekräftigen. Meist werden solche komplexeren Formen des Sozialstaats von den Traditionalisten, die die Welt nur in Opfer- und Täter-Kategorien sehen können, wütend attackiert. Aber sie sind die einzig richtige Antwort auf die evolutionäre Herausforderung, vor der der Sozialstaat steht. Ohne die Befolgung von Regeln (compliance) ist der Ruin der sozialen Transfersysteme unausweichlich. Ohne Elemente der Prävention lassen sich weder Renten- noch Gesundheitssysteme auf Dauer nachhaltig gestalten.

Die deutschen Hartz-Gesetze sind ein gutes Beispiel für eine richtige Reform, die an ihrer Umsetzung und an der Kommunikation scheitert. Mit diesen Gesetzen wurde in die Sozialtransfers eine stärkere Eigenverantwortung eingebaut. Empfänger staatlicher Leistungen hatten nun Bedingungen zu erfüllen. Während vor der Reform das Lebensminimum einfach »nach Lage« ausgeteilt wurde – wenn jemand arm und alkoholkrank war, erhielt er Sozialhilfe –, sah man Sozialhilfeempfänger von nun an als »Kunden mit Talent«, um deren Arbeitsfähigkeit man sich bemühte. Die Abmachung lautete: »Tu was für deine Qualifikation, und wir bezahlen dir die Miete. Du hast eine Verantwortung gegenüber dir selbst – aber auch gegenüber allen anderen, deren Steuergelder du konsumierst.« Neuerdings machen die Arbeitsagenturen mit ihren »Klienten« sogar Tests, die die sozialen Kompetenzen einschätzen sollen. Prompt ging eine Empörungswelle durchs Netz: »Hartz-Empfänger zu Psycho-Tests gezwungen!«

Der Tsunami an vernichtender, meist ideologischer Kritik, der in der Öffentlichkeit gegen die Hartz-Gesetze losbrach (und eine neue reaktionär-sozialistische Partei konstituierte, die PDS), macht es heute unmöglich, rational und konstruktiv über dieses Projekt zu diskutieren. Natürlich waren viele Details der Reform dilettantisch – schwerfällige bürokratische »Arbeitsämter« zu Servicecentern umzubauen ist eine Titanenaufgabe. Viele Instrumente wie Minijobs und Ein-Euro-Jobs erwiesen sich als, nun ja, verbesserungsfähig. Das richtige Verhältnis zwischen Anreiz und Strenge zu finden ist immer und überall schwierig. Aber obwohl die Reform positiv auf die Arbeitslosenzahlen wirkte, wurde das Ganze zum Symbol angeblicher »sozialer Kälte«. Dabei ging es genau um das Gegenteil: um die verstärkte Aufmerksamkeit für die Situation der an den Rand Gedrängten und von der Teilhabe an der Gesellschaft Ausgeschlossenen. Um eine vielschichtigere Fürsorge als die, die nur Geldtransfers zur Verfügung stellt! Die Konsequenz der Kritik ist jedenfalls, dass die öffentliche Debatte um die Zukunft sozialer Systeme nahezu eingestellt wurde. Obwohl man sich genau das nicht leisten kann!

Ein anderer möglicher Weg eines lernenden Sozialstaats ist das »Social Funding«. Dabei tritt der Staat nicht mehr als alleiniger Problemlöser, sondern als Vermittler, Moderator und Agent sozialer Problemlösungsstrategien auf. Die Erkenntnis dahinter lautet: Staatliche Systeme sind oft ineffektiv, aber private Systeme nicht automatisch besser. So hat zum Beispiel die englische Regierung einen üppig ausgestatteten Sozialfonds ins Leben gerufen, der private Initiativen mit marktwirtschaftlichen Kriterien fördert, aber auch kontrolliert und »benchmarkt«. Zum Beispiel: In einem Gefängnis für jugendliche Straftäter sind die Rückfallquoten besonders hoch. Das kostet den Steuerzahler Geld, erhöht die öffentliche

Unsicherheit und verschärft soziale Probleme. Eine private Firma, die sich zutraut, die Rehabilitation der Straftäter besser zu gestalten, wird beauftragt, die Rückfallquote zu senken. Dafür gibt es einen Geldbetrag, den der Staat an den eigenen Programmen einsparen kann. Wenn es der privaten Gruppe gelingt, die Rückfallquote über längere Zeit unter einen bestimmten Wert zu senken, gibt es eine Bonuszahlung – und neue Aufträge in anderen Einrichtungen.

Solche Modelle verwischen die Grenze zwischen staatlichem und privatem Sektor. Pragmatisch-experimentell werden die Sozialsysteme auf den Prüfstand gestellt und gleichzeitig weiterentwickelt. Was funktioniert? Was setzt die richtigen, was die falschen Anreize? Wo geht der Schuss nach hinten los? Wo können wir lernen, wie es besser geht? In der Welt der sozialen Komplexität wird es dabei weder einfache noch perfekte Lösungen geben. Nur Annäherungen …

Eine der schwierigeren Herausforderung wird sein, ein Gesundheitssystem zu entwickeln, das den Vorsorgegedanken als Effektivitätsmotor integriert, ohne sozial zu selektieren. Ausgerechnet dort, wo wir am direktesten betroffen sind – in den Belangen des eigenen Körpers –, verhalten wir uns leichtfertig und ignorant. Dies zu ändern funktioniert nicht allein mit Zwang, nicht über schlichte Appelle und nicht allein aufgrund von Informationen. Es geht nur in einem Zusammenspiel von cleveren Medizinkonzepten mit einer ordentlichen Portion realistischen Drucks, kombiniert mit Verantwortungsbereitschaft »von unten«. Wir brauchen eine Gesundheits-Emanzipationsbewegung, die ein neues »Mem«, das der Prävention, schafft und verbreitet. Und genau diese Bewegung formiert sich derzeit. Sven Kuntze schreibt in seinem wunderbaren Buch »Altern wie ein Gentleman«:

»Wir werden uns eindeutig und ohne nennenswerte Ausnahmen für eine der asketisch-sportlichen Varianten entscheiden müssen, denn der aktive Alte kommt die Gemeinschaft billiger als sein bequemer Altersgenosse. Die Gesellschaft hat meiner Generation gegenüber das Recht, auf einem gesunden, die eigenen

Ressourcen vernünftig einsetzenden Lebensstil jedes Einzelnen zu bestehen. Anderenfalls werden die Kosten für ärztliche Versorgung, Rehabilitation, Pflege und Betreuung aus dem Ruder laufen und schließlich unbezahlbar sein.«[7]

Um die Gesundheitssysteme selbst zu verändern – genauer: um sie von Krankheits- in Gesundheitssysteme zu transformieren –, können wir uns von anderen Ländern und Erfahrungen inspirieren lassen. Die Norweger gehören heute zu den gesündesten Menschen der Welt, obwohl oder weil dort die Anzahl der durchschnittlichen Arztbesuche bei zwei im Jahr liegt (in Deutschland und anderen Industrieländern zwischen 10 und 20!). Dieser Erfolg geht auf eine geschickte Kombination, oder besser »Verschränkung«, von Soziotechnik und Technik zurück. Internet und Telefon werden in Norwegen intensiv für Ferndiagnostik benutzt. Die Praxis ist eher für akute Fälle da, auch deshalb, weil in den weiträumigen norwegischen Landschaften oft große Distanzen zurückzulegen sind. Gleichzeitig haben Norweger »Krankheit« jedoch anders memetisch codiert als zum Beispiel Deutsche. Sie sind nicht gern krank. Und sie reden nicht gern über Krankheit.

Wie bitte? Wer ist denn »gern« krank? Die Gesundheitspsychologie sagt uns, dass dies sogar der Schlüssel zu vielen Krankheiten ist – zumindest zu ihrem Verlauf. Pillen und Behandlungen sind Kommunikationsakte, Praxen und Krankenhäuser soziale Orte. Viele Ältere in den großen Städten gehen zum Arzt, um nicht zu vereinsamen. Oft sind Krankheiten Hilferufe, Kommunikationsversuche. Kranksein befriedigt die Sehnsucht nach menschlicher Nähe. Wer krank ist, bekommt jene Zuwendung und Aufmerksamkeit, die er sonst vermisst. (Verstärkt wird das durch eine Medizinindustrie, die das Leben zunehmend pathologisiert, sowie die Medien, in denen über Aufmerksamkeitsressourcen verhandelt wird.)

Wir könnten uns auch ein Beispiel an den Japanern nehmen. Dort gibt es arme Alte, einsame Alte, vernachlässigte Alte. Aber Rojin Power – die Macht der Alten – gibt den Alten eine andere Rolle in der Gesellschaft, und das hat Rückwirkungen auf die Körper- und Gesundheitsbilder. Alte Japaner kümmern sich überdurchschnittlich oft um die Enkel, treiben deutlich mehr Sport als alte Menschen in anderen Ländern, und sie werden steinalt. Sie leben nach dem Prinzip der »compressed mobidity«, der kurzen Altersleidensphase, weil es, neben einer besseren Ernährungskultur, eine Kultur der Vorsorge und Fürsorge gibt, in der nicht nur Forderungen gestellt werden. Ein dichtes Netz von Gesundheitszentren, gut ausgestatteten Alters-Gemeinschaften, Hospizen und Altenclubs durchzieht die japanische Gesellschaft.

Eine gute Gesundheitspolitik basiert also immer auf Kooperations- statt auf Delegationssystemen. Jeder trägt seinen Teil bei, damit alle gesund bleiben. Das »Endprodukt« – die Gesundheit – ist allerdings nicht leicht zu erkennen. Wer gesund ist, bleibt in gewisser Weise unsichtbar. Das macht es in diesem Bereich so schwer, vernünftige Feedback-Schleifen zu entwickeln. Wenn das Feedback die Krankheit ist, ist es schon zu spät, und außerdem gerät man in Gefahr, die Schwachen zu bestrafen.

Manches spricht dennoch dafür, dass wir uns weltweit längst auf dem Weg in eine neue Gesundheitskultur befinden. Ein deutliches Zeichen ist der Niedergang des Rauchens – oftmals dank staatlicher Präventionspolitik. Australien verbietet ab 2012 Markenlogos auf Zigarettenschachteln, es dürfen dann nur noch Verstümmelungsszenen aus der Serie »offene Raucherlunge und ausfallende Zähne« zu sehen sein. Interessant ist, dass solche drastischen Maßnahmen sich ausgerechnet in Kulturen durchsetzen, die prinzipiell freiheitsliebend sind. In den angelsächsischen Ländern, die sich sonst so individualistisch und liberal geben, sind Rauchen und Trinken in öffentlichen Räumen heute schon so gut wie verboten. Generell sinkt überdies der Fleischkonsum, ebenso der Alkoholkonsum. Viele dieser Tendenzen werden zwar durch eine »Extremisierung der Ränder« zunichte gemacht – der Zunahme gesunder Lebensstile in der gesellschaftlichen Mitte steht ein extrem ungesunder Lebenswandel einer Minderheit gegenüber. Aber »Problemgruppen« lassen sich in vieler Hinsicht besser behandeln als »breite« Verhaltensweisen, die aus der kollektiven Übereinkunft aller stammen.

Paradoxe Interventionen

Von König Henry IV. von England geht die Sage, dass er eines Tages etwas gegen die Verschwendungssucht seiner Untertanen unternehmen wollte. Er verbot alles »stolze und eitle Verhalten auf den Straßen, in dem Reichtum und Reichtümer zur Schau gestellt, Preziosen, Gold oder ähnliche Gegenstände an Kleidungsstücken getragen werden«. Nichts geschah. Die Reichen fuhren weiter in goldenen Kutschen vor und protzen weiterhin mit ihren Preziosen. Einige Monate später hatte Henry eine Eingebung. Er erließ ein Dekret, das alle Diebe und Prostituierten ausdrücklich von der Luxusregelung ausschloss! Innerhalb weniger Tage veränderte sich das Straßenbild, die Leute gaben sich bescheidener.

Wie bringt man Menschen dazu, weniger Autos mit unsinnig großem Hubraum und drei Tonnen Gewicht zu kaufen? Den stärksten Einbruch in der Verkaufsstatistik werden übermotorisierte SUVs in dem Augenblick erleben, wenn der russische Mädchenhändlerverband Audi- und Porsche-Dickschiffe als einzige Dienstwagen zulässt …

Paradoxe Intervention ist eine Möglichkeit, Ziele zu erreichen. Aber es gibt auch noch subtilere Wege. Im Netz kursieren seit einiger Zeit Filme einer Aktionsgruppe, die sich »The Fun Theory« nennt und (ausgerechnet) von einem Autokonzern gesponsort wird. In Echtzeit-Experimenten wird gezeigt, wie sich Entscheidungssituationen besser »designen« lassen. Das Ganze geschieht nach den Ideen von Richard H. Thaler und Cass Sunstein, die in ihrem Buch »Nudge« genau diese Frage wissenschaftlich aufgearbeitet haben.[8]

Wie kann man Menschen dazu bewegen, seltener die Rolltreppe zu nehmen und stattdessen die Treppe hinaufzulaufen? Statt Verbote, Mahnungen oder Aufklärungsschilder nutzte die Gruppe im wahrsten Sinn des Wortes die Spieltheorie. Sie baute aus den Stufen einer Treppe, die neben einer Rolltreppe verlief, ein Klavier, das man durch Treppensteigen zum Klingen bringen konnte. 60 Prozent nutzten nun die Treppe – und hatten Spaß beim Musikmachen. In einem anderen Experiment wurde aus Recycling ein »Bottle-

game«. Beim Einwerfen von Recycling-Altglas in die unterschiedlichen Container beginnt sich eine Slot-Maschine zu drehen, bei
drei Richtigen bekommt man eine Kinokarte oder eine Freikarte
für ein Museum. So viele Flaschen gab es in der ganzen Stadt nicht,
wie Menschen dort hineinwerfen wollten! Ein drittes Experiment
konvertierte Strafe in Belohnung. In einem verkehrsberuhigten
Wohngebiet wurden durch Schilder alle Autofahrer darauf hinge-
wiesen, dass sie an einer Lotterie teilnehmen, die das Bußgeld der
Zuschnellfahrer an die Korrektfahrer verloste. Das Durchschnitts-
tempo ging drastisch nach unten, und trotzdem gab es immer mal
wieder einen ordentlichen Gewinn.

Man könnte jetzt natürlich argumentieren, dass das alles Spiel-
kram ist – und die üblichen Tiraden gegen die »Bevormundungs-
gesellschaft« halten. Oder andersherum nach mehr Autorität
rufen, das heißt die Rolltreppe einfach abbauen (was ist dann mit
den Behinderten?). Oder das Pfand pro Flasche auf 100 Euro setzen. Oder die Strafen für Schnellfahren drastisch erhöhen. Aber
moderne Gesellschaften befinden sich nun einmal im Dilemma
zwischen Freiheit und Kooperation. Wenn Regeln, Verhaltensweisen, Wertesysteme nicht evolutionär, durch Erfahren, Erleben, Ausprobieren, also letztlich freie Entscheidung entstehen,
werden sie beim nächsten Stimmungsumschwung wieder abgeschafft.

Hans Monderman war in den achtziger Jahren Verkehrssicher-
heitsbeauftragter in der niederländischen Provinz Friesland. Ihn
bekümmerte die relativ hohe Zahl von Unfällen, bei denen alte
Menschen und Kinder zu Schaden kamen, obwohl eine Vielzahl
von Hindernissen und Beschränkungen den Autoverkehr regel-
ten. Also versuchte Monderman, den Verkehr im Dorf Oude-
kaste ohne die sonst üblichen Schranken, Blumenkübel, Poller
zu verlangsamen. Er verwendete keine Kontrolltechniken, sondern baute auf Wahrnehmungsveränderungen. Er schränkte die
Sicht auf die zentrale Kreuzung ein, um so die Autofahrer zum
Bremsen und vorsichtigeren Fahren zu zwingen. Um die Straße
optisch schmaler erscheinen zu lassen, ließ er den Asphalt durch

rote Klinkersteine ersetzen. Die durchschnittliche Geschwindigkeit sank in der Folge von 58 km/h auf 37 km/h, die Zahl der Unfälle nahm stark ab.

Hieraus entwickelte sich das Konzept des »Shared Space« (des gemeinsam genutzten Raums), das seitdem in vielen Kleinstädten und Gemeinden überall in Europa ausprobiert und modifiziert wurde. Das Beispiel zeigt, wie gerne Menschen Verantwortung an äußere Systeme delegieren. Aber auch, wir schnell wir unser Verhalten durch Kommunikationssysteme verändern.

Die Idee des »Shared Space« ist inzwischen ein alter Hut – und vielleicht auch nicht der Weisheit letzter Schluss. Viele Gemeinden, die mit »offener Verkehrssicht« experimentierten, haben inzwischen die Erfahrung gemacht, dass die Verkehrsteilnehmer auch ohne Poller, Kopfsteinpflaster und Ampeln heute vorsichtiger fahren. Vielleicht müssen Projekte auch bisweilen scheitern, um eine nächste Stufe der sozialen Synthese zu ermöglichen. Soziales Verhalten unterliegt, wie gesagt, einer Evolution. Solange Menschen mit ihrer Umwelt, ihrem Verhalten, ihrer Kommunikation experimentieren, werden neue konstruktive Varianten entstehen.

Manchmal hilft schlicht Konsequenz. Neulich traf ich auf einem Kongress eine junge Managerin, die die mittelständische, auf Einkaufszentren spezialisierte Baufirma ihres Vaters übernommen hatte. Sie erzählte mir, dass eines der größten Probleme der Vandalismus ist. Wenn ein neuer »Konsumtempel« eröffnet wird, zieht das immer Leute mit zerstörerischen Absichten an, die Diebstahlrate in den Geschäften ist hoch, Graffiti erscheinen an den Wänden. »Menschen kopieren Menschen«, sagte die Erbin. »Wir haben neuerdings einen Dienst etabliert, der in den ersten sechs Wochen nach der Eröffnung sofort alles wieder richtet, der jeden Filzstiftstrich von den Wänden entfernt, jede Klobrille repariert, in spätestens drei Minuten jeden noch so kleinen Krümel Müll forträumt. Danach ist die Beschädigungsrate null. Von ganz allein. Man braucht dann so gut wie nichts mehr zu tun. Ordnung steckt an.«

Der neue Humanismus

Wo wird das neue Systemwissen generiert, das uns beim Groß-projekt der Entwicklung neuer Soziotechniken im Sinne kreativer Kooperation helfen kann? Eine der wohl wichtigsten Ideenschmie-den für die Welt von morgen ist »TED – Ideas worth spreading« (Die Abkürzung steht für »Technology, Entertainment, Design«). TED entstand im Jahr 1984 aus einem kleinen Zukunftskongress in Kalifornien. Seitdem versammelt die Plattform Jahr für Jahr mehr Wissenschaftler, Denker, Dichter, Philosophen, Quanten-physiker, Inspiratoren, Wahrheitssucher, aber auch inspirierte Politiker, Manager und Künstler, um das Wissen der verschiede-nen Disziplinen zu verknüpfen und die »Frontlinien« der neuen Synthesewissenschaften abzuschreiten. Auf den berühmten TED-Konferenzen, die zwei-, dreimal im Jahr (und inzwischen in kleinen Regional-Versionen auch häufiger) stattfinden, herrscht eine ein-fache Grundregel: Jeder darf 20 Minuten über seine Idee sprechen. Einladungskriterium ist, ob diese Idee neu und ungewöhnlich ist und ob sie etwas zur Verbesserung der Welt beitragen kann. Der Kongress ist vollkommen analog, real, ortsgebunden. Man begeg-net sich physisch, man feiert die Redner. Aber jeder Vortrag wird professionell gefilmt und ins Netz gestellt. TED-Vorträge haben zum Teil riesige Download-Raten.

TED ist Teil einer außerakademischen Wissensbewegung, die man auch die »Dritte Kultur« genannt hat.[9] TED kehrt an den Aus-gangspunkt von Wissenschaft zurück – bevor Wissen »akademisch« wurde, als es noch von Neugier, Entdeckerdrang, Poesie handelte. Bei TED können Künstler die Quantentheorie illustrieren oder Tänzer Nachhaltigkeit tanzen.[10] Die Botschaft lautet: Wir leben inmitten einer Bewusstseinsrevolution, die die Säulen des Wissens im Sinne eines integrierten Pluralismus (Sandra Mitchell) miteinan-der verknüpft. Genetik, Neurowissenschaft, Kognitionspsychologie, Anthropologie, Evolutionswissenschaft und Quantenphysik haben nur dann Lösungen zu bieten, wenn sie sich befragen lassen.

Viele TED-Vorträge beginnen nicht mit einer These, sondern einer Frage. Warum sind in den letzten Jahrzehnten gigantische

Mittel ausgegeben worden, um die bittere Armut in fernen Teilen der Welt zu mildern, ohne dass dies einen erkennbaren Effekt gehabt hätte? Warum verschärfen sich in manchen Ländern die sozialen Differenzen, in anderen nicht? Wieso kommen Veränderungen in der Rolle der Frau so zäh und langsam voran? Warum entwickelt sich immer wieder politischer Fanatismus, obwohl internationale Organisationen inzwischen Billionen zur Verfügung haben, um Konflikte militärisch oder »humanitär« zu pazifizieren? TEDs Lern-Antwort auf diese Fragen lautet: Politik funktioniert so schlecht, weil sie auf einem reduktionistischen Menschenbild basiert. Um dies zu ändern, benötigen wir eine neue Humanwissenschaft. Ansätze dazu gibt es, wie uns die TED-Konferenzen zeigen.

Rationale Spiritualität

Meine Großcousine Christa wurde an einem wunderbaren Frühlingstag begraben. Die Wege des Friedhofs waren von flammenden Tulpenblüten gesäumt, und die Vögel veranstalteten ein Abschiedskonzert. Der Pfarrer gab sich alle Mühe, die kleine, nach einem bizarren Zufallsprinzip zusammengewürfelte Trauergemeinde, die Christa in ihren letzten Lebensjahren begleitet hatte, mit Weisheiten aus der Bibel zu trösten. »Und nun geht das Geheimnis von Christa K. zurück zu Gott«, lautete der letzte Satz seiner Predigt.

Über diesen Satz musste ich lange nachdenken. Was heißt das? Ist das Geheimnis damit erloschen? Verbraucht? Hat Gott eine Schatulle, in der er Geheimnisse hortet?

Nach der Predigt gingen wir in einer kleinen Prozession auf eine nahegelegene Wiese, die für die ständig steigende Anzahl von anonymen Bestattungen vorgesehen war – das hatte Christa sich gewünscht. In der Mitte der Wiese war ein kleines Loch ausgehoben worden. Zwei schwere Männer in schwarzen Anzügen ließen die Urne hineingleiten. Wir warfen, jeder nacheinander, eine Blume in das kleine Loch.

Als ich mich umsah, bot sich ein verstörendes Bild. Quer über den Rasen verstreut lagen Blumengebinde. Und daneben lagen

oder standen seltsame Devotionalien. Ein Buch. Ein Stoffhase.
Ein altes Radiogerät. Ein Modell eines chromglitzernden Straßen-
kreuzers. Eine Figur, die irgendwie an einen goldenen Film-Oscar
erinnerte. Sogar ein Rettungsring mit Blumengebinde. Ein echter
Rettungsring!

»Ist das hier nicht die Wiese für anonyme Bestattungen?«, fragte
ich den Friedhofswärter.

»Allerdings. Aber die Leute halten die Anonymität irgendwie
nicht aus. Sie machen sich immer wieder Gedenkstätten, auch
wenn es gar keine Gräber mehr gibt! An sich ist das illegal, aber
immer wenn man es forträumt, ist am nächsten Morgen wieder
was Neues da.« Er steckte sich eine Zigarette an und ging kopf-
schüttelnd davon.

Wenn wir über die Gesellschaft der Zukunft nachdenken, kom-
men wir nicht umhin, auch über unser Verhältnis zu den letzten
Dingen nachzudenken. Wie verändert sich unser Verhältnis zum
Tod? Wie könnte eine Soziotechnik des Abschieds im Zeitalter der
Individualität aussehen?

Die Debatten um Sterbehilfe und Sterbeweisen sind ein Indiz
für den Wertewandel, der sich gerade vollzieht. Bislang konnten
religiöse Weltbilder – ebenso wie die technologischen Pseudoreli-
gionen – immer nur eine irgendwie hoffnungslose Hoffnung bieten,
den Abgrund zwischen Realität und Transzendenz zu überbrücken.
Irgendwo in der Zukunft würden wir – entweder durch Computer
oder göttliche Macht – wiedergeboren.

Ausgerechnet Edgar Allan Poe, der düstere Romantiker, formulierte 1845 in einem Dialog zweier Engel über Gott und die
Schöpfung (»The Power of Words«) die Idee von der physischen
Macht der Wörter, die, einmal freigesetzt, unendlich wirken, auf
jedes Ding im Universum, gerade so wie ein physischer Impuls,
ausgelöst durch eine Bewegung der Hand. Kein Gedanke könne
verschwinden. Mir gefällt es, mir vorzustellen, dass auch das
Leben der Christa K., ihre Erfahrungen, Talente, Träume, Wünsche, ihre Hoffnungen, ihr Humor und ihre Traurigkeit ein für
alle Mal in die Bewegung der Welt eingeschrieben sind, als ewi-

ger Teil jener evolutionären Melodie, die immer neu unsere Zukunft formt.

Ich empfand meine Großcousine als eine durchaus »entschlüsselbare« Person, die trotzdem ihr Geheimnis wahren konnte. Für mich wird immer im Gedächtnis bleiben, wie sie mit dem Cabrio über die Alpen fährt, die roten Haare im Wind flatternd. Eine aufgeklärte, emanzipierte Frau zwischen den Zeiten, die in gewisser Weise zu früh geboren wurde – viele Wünsche wie einen eigenen Beruf (»Ich wollte soo gerne Ärztin werden, aber Egon war dagegen, und das war es dann«) konnte sie nicht realisieren. Aber das, was in ihr angelegt war, ihr Humor, ihre Weisheit, ist Teil eines größeren »Programms«, eines Spiels, das keinen Schöpfer hat, aber durchaus einen Sinn.

Bewegen wir uns als Individuum in unserem Kommen und Gehen auf diesem Planeten in völlig chaotischen, sinnlosen Bahnen? Welche Rolle spielen Bewegungen wie die Megatrends, sind sie nur »Spielkräfte«, zufällige Ausdrucksformen von Interessen bestimmter Gruppen? Zusammenballungen von Zufällen? Oder weisen sie uns, wenn wir sie noch einmal aus einer anderen, noch höheren Umlaufbahn betrachten, in eine ganz bestimmte Richtung? Dieser Frage wenden wir uns im nächsten Teil zu.

17 Das Jahr 2045

Wir schreiben das Jahr 2045. Das Jahr, in dem nach Ansicht der Kondratieff-Exegeten der nächste Investitions- und Produktivitätszyklus seinen Höhepunkt erreichen müsste.

Stellen wir uns vor, die Zukunft wäre nicht wie ein Tsunami über uns gekommen, der keinen Stein auf dem anderen lässt. Sie wäre kein weltweites Krisenszenario, in dem die Rohstoffe zu Ende gehen, das Wasser über die Deiche steigt und Kriege die Erde verwüsten. Es hätte sich kein Quantensprung ereignet, der uns plötzlich in einer Welt aufwachen ließe, in der wir uns aus eigener Kraft in die Lüfte erheben könnten.

Der technische Fortschritt würde sich, nach den fiebrigen Durchbrüchen und Entdeckungen der vergangenen Jahrhunderte, graduell bewegen. Es gäbe zwar jede Menge technische Verbesserungen, Re-Kombinationen, wunderbare neue Gadgets und Geräte, auch enorm effiziente Produktionsweisen. Aber keine dieser Techniken wäre ein zyklischer Produktivitätsgenerator und so lebensverändernd, wie es einst die Eisenbahn, die Dampfmaschine, die Elektrizität und der Computer waren.

Stellen wir uns vor, im Jahre 2045 wäre die Welt im Großen und Ganzen immer noch so, wie sie heute ist: eine Gemengelage aus erstaunlichen Dingen und schrecklichen Ereignissen, aus Unerlöstheit, Sehnsucht, Hoffnung und Enttäuschung. Es gäbe allerdings eine Kontinuität: Diese Welt wäre wie in den letzten 100 Jahren ständig ein kleines bisschen besser geworden. Trotz Krisen und Katastrophen. Oder besser: weil Krisen und Katastrophen uns immer wieder dazu zwangen, uns etwas einfallen zu lassen.

Die Megatrends hätten stur weiter gewirkt – Grundregel 1 Prozent pro Jahr: Die Städte wären grüner, es ginge in ihnen etwas langsamer zu, und sie würden nachts etwas weniger auffällig leuchten. Die Lebenserwartung wäre auf rund 90 Jahre gestiegen, und zwar in 70 Prozent aller Regionen der Erde. Frauen übernähmen einen Großteil der verantwortungsvollen Tätigkeiten. Die Lebenswelten wären noch vielfältiger, diverser, komplizierter, aber auch spannender. Die Weltmachtgewichte hätten sich langsam, aber stetig von West nach Ost verschoben.

Einige Sensationen gäbe es schon, im Jahr 2045. Eine tägliche Übertragung von der Marsstation hat sich zur »Soap aller Soaps« entwickelt (»Ist die hübsche Astronautin Vanessa schwanger, und werden wir den ersten Marsgeborenen noch in diesem Jahr erwarten können? – Bleiben Sie dran!«). Etwa 1000 Menschen hätten einen kommerziellen Mondflug absolviert, der erste Golfplatz dort wäre gerade eröffnet worden: »Putten bei einem Sechstel G!«

Aber nichts wird so schnell normal wie das Neue, das Spektakuläre und Sensationelle. Auffälliges, gefährliches, demonstratives Verhalten hätte sich eher in den Cyberspace verlagert. Rundum-3-D-Abenteuerspiele, die das Eintauchen in komplexe virtuelle Welten ermöglichen, wären weit verbreitet. Dort kann man auch noch und wieder mit riesigen Autos über Autobahnen rasen. Leute erschießen oder zusammenschlagen geht auch. Und fremde Welten erobern.

Sonst wäre eigentlich alles ganz normal. Was nicht heißt »immer friedlich«, aber trotz allem meistens friedlich.

Der Nahostkonflikt zum Beispiel wäre immer noch nicht gelöst. Es gäbe einen Palästinenserstaat, der sich bis tief in die arabische Wüste erstreckt (die arabischen Brüder haben, teilweise mit israelischem und europäischem Geld, Territorium gespendet), Palästinas Wirtschaft würde endlich wachsen. Nach wie vor gäbe es jedoch eine Fraktion, die den mächtigen israelischen Nachbarn angreifen möchte. Gegen die Mauer zwischen beiden Staaten war die Berliner Mauer ein Mäuerchen, aber auch sie könnte Attentate nicht vollständig verhindern. Vergiftungen mit gefährlichen Viren zum Beispiel. Die Israelis wären Experten in der Bekämpfung von Biowaffen.

Immer noch gäbe es Fanatismus. Unter dem Strich allerdings, ganz generell, wäre »die Menschheit« ein bisschen weniger verrückt, aufgeregt, unruhig, hysterisch als heute. Der »Organismus der Menschheit« wäre ein Stück robuster geworden.

Kann man sich das vorstellen? Schwierig, nicht wahr? Zukunft braucht drastische Bilder. Schlachtengemälde. Anschauliche Ziffern. Hier ist eine: Hans Rosling hat den Zeitpunkt, an dem China den Westen nicht nur im Gesamtbruttosozialprodukt endgültig übertreffen wird, genau ausgerechnet. »Im Jahr 2045, im September, nachmittags so gegen drei Uhr« wird Chinas Pro-Kopf-Einkommen das Europas und Amerikas übertreffen. Bei ungefähr 50 000 Dollar.[1]

Der »Human Peak«

Eines der hartnäckigsten Gerüchte über die Zukunft ist über 200 Jahre alt. Es stammt von dem britischen Ökonomen und Pfarrer Thomas Robert Malthus. Mit seinem 1798 veröffentlichten »Essay on the Principle of Population« lieferte Malthus einen pessimistischen Ausblick auf die Entwicklung der Menschheit, der seither genauso beharrlich in unseren Köpfen herumspukt wie Spenglers Untergangsgesänge.

Malthus war der erste Professor für Wirtschaftswissenschaften in England, ein aufmerksamer Zeitbeobachter und glühender Alarmist. Zu Beginn der industriellen Revolution waren in Großbritannien Anzeichen eines steigenden Wohlstands zu erkennen. Die Geburtenzahlen waren hoch, aber anders als zuvor überlebten zum ersten Mal deutlich mehr Kinder die ersten Lebensjahre. Die Bevölkerung stieg daher merklich an, vor allem auch in den unteren, ungebildeten, armen Schichten.

Malthus entwarf ein einfaches mathematisches Zukunftsmodell. Wenn die Bevölkerungszahl weiterhin in geometrischer Progression stieg (so seine Annahme), würden bei gleichbleibender Nahrungsmittelproduktion irgendwann die Lebensgrundlagen nicht mehr ausreichen, die Bevölkerung zu ernähren. Unweigerlich müsse es zu Hungerkatastrophen kommen, mit Millionen von Toten. Damit würde, das war die implizite Botschaft, die Bevölkerung wieder auf die »rechte Zahl« reduziert. Malthus' Prophezeiung wirkt bis heute in unseren leichtgläubigen Köpfen nach.

Der Club of Rome veröffentlichte mit großem Echo in den siebziger Jahren des vergangenen Jahrhunderts Annahmen über die Bevölkerungsentwicklung auf einer empirisch professionelleren Grundlage, doch erwiesen sich die Zahlen ebenfalls als Fehlprognosen. Der Amerikaner Paul R. Ehrlich schrieb zur selben Zeit »Die Bevölkerungsbombe« und sagte gigantische Hungersnöte voraus – eine Aussage, die er bis heute wiederholt (»Ich habe mich nur im Zeitpunkt geirrt!«). Und hierzulande steht bei jeder zweiten Veranstaltung, in der es um die Zukunft geht, irgendjemand auf und redet von den viel zu vielen Kindern der falschen Leute. Und von den kommenden Rohstoffkrisen, die schreckliche Ausmaße annehmen müssen … Wenn man dann die realen Trendzahlen zeigt (die Geburtenrate fällt seit vielen Jahrzehnten stetig, auch in den armen Ländern, auch bei islamischen Minderheiten), herrscht meistens großes Staunen. Bisweilen mit einem aggressiven Unterton: Woher man diese offensichtlich gefälschten Statistiken habe?

Dass Wohlstand und Geburtenraten in enger Beziehung miteinander stehen, allerdings umgekehrt proportional, konnte Malthus zu seiner Zeit nicht erkennen. Dass sich nicht nur die Geburtenrate nach unten, sondern auch die Nahrungsmittelproduktion radikal nach oben entwickeln sollte, war in seiner Rechnung nicht vorgesehen.[2]

Die landwirtschaftliche Produktivität liegt heute nicht nur in den Industrieländern um den Faktor 10, in den Schwellenländern um den Faktor 5 höher als vor 200 Jahren. Und die Entwicklung ist noch nicht zu Ende – auch ohne gentechnisch veränderte Pflanzen existieren große Produktivitätsreserven in der Landwirtschaft, das gilt besonders in den von Kleinbauern bewohnten ärmeren Ländern. In allen Regionen der Erde – nicht nur im Westen – sind die Geburtenraten in den letzten Jahrzehnten drastisch gefallen. In Afrika haben sie sich – ausgehend von 6 bis 7 Kindern pro Frau – inzwischen halbiert. Im Iran liegt die Geburtenrate heute bei 1,65. In der Türkei bei 2,1. In Bangladesch bei sensationellen 2,28, also nur noch knapp über der Reproduktionsrate (bei 2,1 Kindern pro Frau bleibt die Bevölkerungszahl langfristig stabil). Nur noch in wenigen Regionen der Erde, in denen vollständige Not und Rückständigkeit herrschen – Jemen, Kongo, Afghanistan –, gibt es keine Anzeichen des demografischen Sprungs, in dem sich die Gesellschaft von der Großfamilien- zur Kleinfamilien-Struktur transformiert. Nur noch drei bevölkerungsstarke Länder mit über 80 Millionen Einwohnern – Pakistan, die Philippinen, Nigeria – haben heute (2011) eine Geburtenrate von über drei Kindern pro gebärfähiger Frau.[3]

Die »Megastaaten« China und Indien liegen heute mit 1,6 beziehungsweise 2,6 knapp unterhalb oder oberhalb der Reproduktionsrate – wobei in Südindien bereits europäische Geburtenraten erreicht werden und die Geburtenrate in China durch das langsame Ende der Ein-Kind-Politik wieder etwas steigen könnte. Bereits in diesem Jahrzehnt – den Zehnerjahren des 21. Jahrhunderts – wird die Hälfte der Weltbevölkerung in Nationen leben, die unter der 2,1-Grenze liegen. Einige Länder wie Japan, Südkorea, Russland befinden sich bereits auf einem massiven Schrumpfungspfad – ein Effekt, der in China in 15 Jahren eintreten wird.

Fertilitätstrends sind ungeheuer robust – weil sie genau in der Schnittmenge der Megatrends Urbanisierung, Feminisierung, Individualisierung und Alterung liegen – man müsste alle diese Trends mit einem Schlag beenden oder umkehren, um die Geburtenrate wieder auf vormoderne Werte steigen zu lassen. Es ist bis jetzt noch in keinem Land, dessen Geburtenrate unter die Reproduktionslinie gefallen ist, beobachtet worden, dass die Kinderzahl wieder drastisch steigt (Frankreich hat heute, aufgrund perfekter Ganztagsschulen und weiblicher Karriereplanung, zwei Kinder pro gebärfähige Frau, das ist, mit Island, Europarekord, dürfte sich aber kaum nach oben bewegen). Sobald eine Kultur auch nur den Hauch von Wohlstand und Differenzierung erfahren hat, ändern sich die Reproduktionsmuster nachhaltig und unwiderruflich. Ein anderes Kulturmodell entsteht, in dem Menschen intensive Bildungs- und Aufmerksamkeitsressourcen in wenige Kinder investieren.

Auch die These, dass in kommenden Krisen- und Kriegszeiten die Geburtenrate wieder nach oben schnellt, ist schlichtweg falsch. In Krisen und Kriegen, das zeigten schon die letzten Weltkriege, reduzieren sich die Geburtenraten noch einmal drastisch – jedenfalls wenn eine bestimmte kulturelle Komplexitätsstufe überschritten ist. Während in Schulbüchern und TV-Diskussionsrunden weiterhin von der »Bevölkerungsexplosion« die Rede ist, die uns mehr oder minder zwangsläufig kommende Kriege, Rohstoff- und Umweltkrisen bescheren muss (»Der Mensch plündert den Planeten«), ist die Realität eine andere. Der Bevölkerungsanstieg wird zur Mitte des Jahrhunderts hin immer flacher, bis gegen null. Ein, zwei Jahrzehnte wird sich die Anzahl der Menschen auf diesem Planeten um 9 Milliarden herum stabilisieren (gegenwärtig sind es knapp 7 Milliarden). Und dann, spätestens gegen 2070, wird die Erdbevölkerung anfangen zu schrumpfen.

Das Jahr 2045 wird uns – unsere Kinder und Enkel – also von einer etwas anderen Warte in die Zukunft schauen lassen. Es zeigt eine Menschheit kurz vor ihrem zahlenmäßigen Zenit. Dies wird die mentalen Horizonte und die Zukunftsbilder verändern. »Schrumpft die Menschheit sich zu Tode?« lautet dann womöglich eine Schlagzeile. Ökonomen rechnen mit ernstem Gesicht vor, dass im Jahr 2100 die Weltwirtschaft zum Erliegen kommen könnte – aus Mangel an Menschen. Programme zum Anregen der menschlichen Fruchtbarkeit werden angekündigt. Haben Sie heute schon an Nachwuchs gedacht?

Der multi-adaptive Markt

Als Nikita Chruschtschow, der legendäre Generalsekretär der KPdSU, auf dem Höhepunkt des Kalten Kriegs, im September 1959, zum ersten Mal Amerika bereiste, besuchte er einen Supermarkt in Manhattan. Angesichts der schieren Fülle und Vielfalt der Brotsorten wandte er sich zu seinem Gastgeber, dem damaligen Vizepräsidenten Richard Nixon, und knurrte: »Wer ist verantwortlich für die Organisation der Brotverteilung in New York? Ich möchte dieses Organisationstalent kennenlernen!«[4]

Diese Anekdote bringt uns zum Lachen. Aber vielleicht lachen wir etwas zu früh. Denn unser Verhältnis zum Markt ist auch heute, lange nach dem historischen Ende des politischen Marxismus, alles andere als eindeutig. Der Markt ist das Monster, das sich nie ganz zähmen lässt. Wir wissen nie ganz genau, was wir von ihm halten sollen. Ständig werden wir bitter von ihm enttäuscht – und unentwegt reich von ihm beschenkt. Der Ruf, den Markt zu »kontrollieren«, ertönt heute aus allen weltanschaulichen Lagern. Werden wir von heute bis 2045 eine endlose Reihung von Wirtschaftssystemkrisen, von Blasen, Pleiten und Zusammenbrüchen erleben, die uns irgendwann in eine Planwirtschaft führen wird?

Bis zum Beginn des 21. Jahrhunderts war die Entwicklung der klassischen industriellen Massenproduktmärkte ungebrochen. Die westliche Welt wurde von einer immer höher steigenden Flut von »Immer-gleicher-immer-billiger«-Produkten überschwemmt. Der Aufstieg Chinas zur Werkbank des Planeten hat diesen Prozess noch beschleunigt. In der Folge entstand eine gigantische Kapitalschwemme auf den Weltmärkten. Wie es Kondratieff in seinem Modell abbildete, entwickelten sich die Krisen vor allem durch eine Überfülle an Kapital, das keine produktiven Ideen mehr fand, in die es hätte investieren können. Das Kapital fing an, imaginäre Märkte zu erzeugen. Es fing an, regelrecht zu »spinnen«.

Genau das haben wir in der Finanzkrise von 2008 ff. erlebt. Spekulationskrisen sind historisch nichts Neues. Gefährlich – im Sinne einer Zerstörung der gesamten Ökonomie – werden Blasen, wenn die Nachfrage- und Wachstumsprozesse generell in einer kritischen Lage sind, wie 1928, als die Weltkonjunktur nur von vier, fünf westlichen Nationen bestritten wurde.

Gegenwärtig ist das jedoch nicht das Problem. Die Infrastrukturen der Schwellenländer und dazu neue Rohstoff- und Energietechniken bieten eine gewaltige Spielwiese für Investitionen. Das bringt vielleicht keinen ganzen neuen Zyklus hervor, kann aber die weltweite Wirtschaft stützen. Auch wenn diese Märkte nicht alles überschüssige Kapital abzusaugen vermögen: Es verringert auf mittlere Sicht den Druck auf den Finanzmärkten. Um Afrika aufzubauen, werden demnächst Billionen benötigt.

Der Schleifeneffekt der Megatrends verändert auch die innere Logik der Produktionsweisen und damit zum Teil der Märkte. Als Gegenbewegung zur industriellen Massenproduktion machte sich zunächst die Bioproduktion bemerkbar, die wiederum den Weg für die Rückbesinnung auf Regionalprodukte allgemein bereitete. In den gebildeten Schichten regt sich Widerspruch gegen die unentwegte materielle Statusaufrüstung, und langsam, aber sicher entwickelt sich ein auf Auswahl bedachter Konsumstil. Man gibt mehr Geld für Dienstleistungen, Bildung und Kommunikation aus als für Status- und Hedonismuskonsum. Konsumenten investieren in Wellness, Bildung, Gesundheitsfürsorge bis hin zum persönlichen Coach oder Therapeuten.

Bis zum Jahr 2045 werden sich diese Trends zu mächtigen Kultur-, aber auch Ökonomieströmungen ausgewachsen haben. Die Selfness-Märkte boomen und bilden das Rückgrat einer quartären Sinn-Ökonomie, die die industrielle Wirtschaft nicht ersetzt, sondern ergänzt. So wie die Ökologie längst zu einem Massen-Mem geworden ist, wuchern insgesamt die postmateriellen Lebensstile. Davon profitieren Gegenmärkte, die sich zum Teil über das Internet bilden, und lokale Versorgungsketten; ganz im Sinne des Glokalisierungsprinzips erlebt das unmittelbare Erzeuger-Kunden-Verhältnis auf unterschiedlichen Ebenen eine Renaissance.

Märkte sind, wie die Religion, eine Urform des Sozialen, ein Ort der Kommunikation. Regulierung ist nicht nur das schlichte Gegenteil von Markt, der auf freien Preisen beruht, die durch Interaktion entstehen, sie ist auch kaum durchsetzbar. Die vollständige Regulierung der Finanzmärkte würde am Ende eine einzige, autoritäre Weltregierung erfordern. Und selbst dann gäbe es noch den Mond. Oder die Schweiz. Regulierungsmaßnahmen müssen in Zukunft den Austausch garantieren, statt ihn zu verhindern.

Deshalb ist ein anderes Szenario als das der »gefesselten Finanzmärkte« oder des »finalen Crashs« viel wahrscheinlicher: das der mehrschichtigen adaptiven Märkte, die sich in einem Zustand ständiger Turbulenz und Krise befinden, dabei aber paradoxerweise immer mehr Robustheit entwickeln. Märkte für Arme und Reiche, für Träume und Phantasien, für Selbstgebasteltes und bezahlt mit eigenen Währungen.

Das Portobello-Prinzip

Die Sozialstruktur und Ökonomie einer Stadt wie London lässt sich heute schon mit klassischen ökonomischen Maßstäben nicht mehr beschreiben. Im Finanzdistrikt trinken immer noch (oder gerade wieder) die Banker mittags um zwei eine Flasche Champagner für 400 Pfund. Aber wer die Portobello Road hinuntergeht, der sieht eine ganz andere Welt. Eine Vielfalt von Sub- und Sub-Sub-Ökonomien. In jedem Laden findet man eine andere Ethnie, eine andere Nationalität, andere Farben, einen anderen Geruch. Menschen, die in den Läden und Pubs arbeiten, sind auf vielfältige Weise mit den Ökonomien ihrer Heimatländer verbunden. Entweder sie schicken Schecks nach Hause, oder sie können durch besondere Beziehungen günstig Waren beziehen, die sie mit einträglichen Handelsspannen verkaufen. Auf der Portobello Road gibt es Billig- und Recyclingökonomien, den üblichen McDonald's ebenso wie Starbucks. Aber auch alte Hüte aus Schottland und Regenschirme aus Taiwan. Schallplatten aus den Sechzigern. Designerkerzen aus Indien. Messingwaren aus den zeitlosen Fünfzigern.

London ist eine wahnwitzig teure Stadt. Und trotzdem kann man in ihr billig leben. Weil es diese verschiedenen Schichten des Ökonomischen gibt, die teilautonom sind und dennoch ineinandergreifen. Die eine, die Knappheitsökonomie, entstammt den Schwellenländern und Armenregionen. Die andere ist eine Sekundärökonomie mit gebrauchten Waren. Es gibt eine klassische Handwerksökonomie, in England allerdings eher in den Sektor des Handels verschoben (irgendwie sind Engländer nicht allzu oft begnadete Handwerker; warum auch immer). Und dann ist da noch die Ökonomie der globalisierten Oberschicht, in der sich die Kapitalströme des Planeten akkumulieren, aber in erratischen Zyklen auch wieder zertrümmert werden.

London befindet sich nicht in einer einzigen Zeitzone. Wenn man die Wohnungen betritt, bekommt man das Gefühl, dass sich das viktorianische Zeitalter nie richtig verabschiedet hat. Die Haustechnik entspricht dem Stand von 1920 (Wassermischbatterien sind praktisch unbekannt). Das Telefon- und Internetkabelgewirr, das sich an allen Häuserfronten entlangzieht, erinnert an Mumbai. Wer mit der U-Bahn fährt, wähnt sich mitunter in einer Charles-Dickens-Erzählung. Und trotzdem ist dies eine moderne Stadt.

Seit ich London kenne, habe ich dort drei Rezessionen erlebt. Immer wieder tauchten in den Vorgärten »For Sale!«- und »Rent«-Schilder wie Pilze nach einem Sommerregen auf. Und immer verschwanden sie wieder. Die Gelassenheit, mit der man hier »Krisen« erträgt beziehungsweise einfach ignoriert, ist legendär. Derzeit herrscht wieder Wirtschaftskrise, Sparprogramm der Regierung, alle Taxifahrer stöhnen. Aber es gibt keine Schilder mehr. »Weil die Leute sich nicht leisten können, ihre Wohnungen zu verkaufen«, wie ein Taxifahrer meinte.

In einer auf vielen Ebenen ansetzenden und funktionierenden Ökonomie herrschen ständig Krise und Boom gleichzeitig. Aber im Schnitt summt und brummt die Stadt, weil man von einer ökonomischen Ebene zur anderen wechselt. Notfalls wird Strom gespart.

Die Zukunft des Marktes wird weniger in seiner externen »Zähmung« bestehen – auch das wird sinnvoll und nötig sein, aber nur begrenzt erfolgreich –, sondern in seiner Zersplitterung in eine Vielzahl von Einzelmärkten und Subökonomien, die sich stärker mit dem Gesellschaftlichen rückkoppeln. Gegen den Markt, könnte man formulieren, hilft nur ein anderer Markt, ein subtilerer Markt, ein verrückterer Markt, der dadurch robuster wird, dass er in Subsysteme zerfällt.

Womanomics

Im Jahre 2045 werden Frauen nicht nur in Regierungen, sondern auch in den Vorständen selbstverständlich sein. Dies gilt nicht nur für die Softie-Nationen, sondern auch für die Macho-Areale dieser Erde. Und gerade in Krisensituationen. In Liberia wurde eine Frau

Regierungschefin, als die Jungs das Land durch endlose Bürger-kriege ruiniert hatten, und mit ihr zogen weitere Frauen ins Kabi-nett ein. Bei Nokia und Telekom kamen gleich mehrere Frauen in den Vorstand, als die Firmen ins Schlingern gerieten.

Frauen retten nicht nur immer wieder die Welt, ihr Aufsteigen ändert tatsächlich auf breiter Front die ökonomische Kultur. Unter-nehmen werden zu Lebensorten, die ihren Mitarbeitern auf viel-fältige Weise kooperative Arbeitsformen anbieten. Im Jahre 2045 ist »Work-Life-Balance« nicht mehr nur ein schönes Wort. Auch Chefs werden flexible Arbeitszeiten wählen.

Kann ein solcher feminisierter Kapitalismus auch ökonomisch gelingen? Das »skandinavische Prinzip« einer weichen Personal-politik kombiniert mit einer knallharten Managementpolitik (Ikea, Nokia lassen grüßen) ist inzwischen wohlerprobt. Aber das heißt eben nicht, dass es in den Unternehmen der Zukunft »sanfter« und »schonender« zugeht. Statuskämpfe und Konflikte finden nur auf vielfältigeren Ebenen statt. Work-Life-Balance kann auch heißen, dass man Phasen des Lebens als Business-Samurai verbringt, um sich dann wieder Jahre in den kontemplativen Gemüsegarten oder in die Familie zurückzuziehen. Eine »Extrembalance« eben. Frauen können genauso ehrgeizig sein wie Männer. Sie neigen teilweise mehr zur Selbstaufopferung. Aber nicht, oder nur selten, lebenslang. Feminisierte Unternehmen werden vor allem deshalb produktiver, weil sie unruhiger und damit evolutionär fitter werden.

Es wird in Zukunft »feminisierte« Unternehmen geben, die sich »von der Marktfront zurückziehen« – in Markt-Enklaven mit einer langsamen, kapitalarmen, eher sozial geprägten Ökonomie, in denen der aggressive Impuls zurückgefahren wird. Soziale Inno-vationen machen einen großen Teil des Bruttosozialproduktes aus, das inzwischen »Kreativitätsprodukt« heißt. Auf der anderen Seite blühen deshalb Macho-Unternehmen, die sich ganz bewusst männ-lich geben. Profit, nur Profit, steht bei ihnen im Vordergrund. Die Organisation ist hierarchisch, Geschäftsziel das Einmarschieren in feindliches Marktgelände. Und gerade in diesen männlich-offensiv geprägten Unternehmen werden Frauen häufig in den Topetagen arbeiten. Auch hier begegnet uns wieder das Zukunftsprinzip »Spreizung plus Differenzierung«!

Wird eine weiblichere Welt friedlicher sein? So einfach wird es nicht werden. In feminisierten Gesellschaften treten die klassischen Motive und Organisationsformen des Krieges zwar in den Hintergrund. Aber wenn »Sorgenkriege« unsere Zukunft prägen, dann haben die Militärs (männliche wie weibliche) eher mehr als weniger zu tun. Im 21. Jahrhundert gibt es weit weniger Anlässe und Motive, Kriege aus Gründen der Territorialerweiterung zu führen als Kriege zur Verhinderung von Kriegen.

Eine Tendenz wird sich verstärken, die in den blutigen Desastern von Afghanistan und Irak geboren wurde: Militärische Einsätze ähneln immer mehr sozialen Engagements, kämpfende Truppe und helfende Organisationen arbeiten eng verzahnt. In allen Kommandoebenen werden wir Frauen finden, die männlich agieren, und viele Männer, die den Weg der langsamen sozialen Verknüpfungen gehen. Wie gesagt: Das männliche Prinzip wird nicht durch das weibliche abgelöst, beide Welten durchdringen sich nur konsequenter.

Die Weltpolizei

Die Globalisierung und Feminisierung der Welt befördern auch die Entwicklung eines einheitlichen globalen Rechtsraums, in dem bestimmte Grundrechte für jeden Weltbürger garantiert sind. Schon heute zeichnet sich – allen Unkenrufen zum Trotz – der Umriss einer Weltpolizei ab, die in der Lage wäre, Völkermord überall auf dem Planeten zu verhindern. Viele der von der UNO beauftragten Aktionen der letzten Jahrzehnte waren erstaunlich erfolgreich. Und die Libyen-Befreiung hat gezeigt, wie »humanitärer Interventionismus« tatsächlich funktionieren kann.

Diktatoren lebten in den letzten Jahrzehnten nicht besonders gut. Das ist uns nicht weiter aufgefallen, weil durch die unaufhörliche Ausweitung des Medienradius der Eindruck entsteht, die ganze Welt wäre voller Finsterlinge, die ihre Schergen gegen die eigene Bevölkerung einsetzen. Dabei gab es früher viel mehr Finsterlinge.

Nur schaute ihnen keiner zu, geschweige denn, dass ihnen jemand in den Arm gefallen wäre.

Noch vor 40 Jahren, in meiner Kindheit, gab es allein in Europa sechs ausgewachsene Militärdiktaturen mit finstersten Sonnenbrillen-Gorillas an der Spitze. Auch wenn der humanitäre Interventionismus, den die Neokonservativen in der vergangenen Jahrzehnten immer wieder als eine Art heiligen Krieg inszenierten, gescheitert sein mag – die Interventionen im Irak und Afghanistan und Bosnien haben die Halbwertszeiten von Diktaturen nicht unbedingt erhöht. Und zwar weltweit.

Die Welt wird sich bis 2045 weiter integrieren – nicht ohne Krisen und Rückschläge, aber mit einer klaren Tendenz. Wir unterschätzen, was UNO, Weltbank, Weltwährungsfonds, die vielen Unterabteilungen der UNO, Internationaler Gerichtshof, aber auch die zahlreichen Zivilorganisation, inzwischen unterstützt von superreichen Spendern, heute schon für den Zusammenhalt und Ausgleich zwischen den Nationen leisten. Wir bewegen uns tatsächlich auf eine eng verflochtene Weltgemeinschaft zu, die hoffentlich zumindest die schreckliste aller menschlichen Eigenschaften, die Fähigkeit zum Völkermord, unterbindet.

Die Weltbürgerschaft wird nicht mit Kampftruppen erzwingbar sein. Aber die menschliche Zivilisation kann – und wird – eine Grenze setzen, hinter die es kein Zurück gibt. Es werden vor allem wirtschaftliche Argumente sein, die die Diktatoren von morgen zur Räson bringen. Das Jahr 2045 wird eine metastaatliche Zivilbürgerschaft kennen, die aus den Erfahrungen der Kooperation und aus den Limitierungen des Planeten Erde stammen. Die Ökologie wird uns näher zusammenbringen, egal wie sehr wir bei diesem Prozess den Schwarzen Peter immer den anderen in die Schuhe schieben.

Greenomics

Die »grüne Ökonomie« hat im Jahre 2045 den Sieg davongetragen. Alle Produkte tragen Hinweise auf Inhaltsstoffe, Wasser- und Energieverbrauch. Alle Produktionen sind Teil einer umfassenden Recycling-Wertstoff-Kette. Das Jahr 2045 wird vielleicht in die

Geschichte als »Müllspekulationsjahr« eingehen, da es inzwischen gelingt, die Müllberge und Mülldeponien gewinnbringend als Rohstoffquellen zu nutzen – die Minen des 21. Jahrhunderts. Ein Run auf die lukrativsten Deponien in den Vororten von Manila oder die Alt-Deponien Südhessens beginnt. Jeder will sich einen Claim in diesen Goldgruben sichern …

Die Vernetzung der erneuerbaren Energien ist weitgehend realisiert – eine gigantische Investition und eine ständige Baustelle, die für viel Reibung in der Gesellschaft sorgt. Energie wird teurer, immer mal wieder unzuverlässig, aber sehr wahrscheinlich nicht rationiert sein. Genauso wenig wie Nahrungsmittel heute rationalisiert sind, obwohl sie in manchen Regionen der Welt knapp sind. Aber gerade weil die grüne Ökonomie gewinnt, verändert sich die Bedeutung des Ökologischen. Wenn alles »grün« und »ökologisch« und »nachhaltig« ist, verlieren diese Begriffe ihre Relevanz.

Heute sind grüne Produkte meistens Symbolprodukte. Bionahrungsmittel sind durch die Phantasiewelt einer nostalgischen Produktionsweise geprägt, die irgendwie an Bauernhof und glückliche Kühe erinnert. Aber weder waren Kühe jemals glücklich, noch sind Bauernhöfe »ökologisch«. All dies sind lediglich kulturelle Wahrnehmungs- und Definitionsformen, die romantische Konzepte ausdrücken. »Ökologisch« ist heute noch das gut Gemeinte, aber weder besonders gut noch effektiv Funktionierende.

In Zukunft wird »ökologisch« nicht nur das gut Gemeinte, sondern das systemisch gut Gemachte sein (müssen). Im Jahr 2045 werden nicht nur Quadratkilometer große Sonnenfarmen in der Sahara stehen, deren Strom über Leitungen nach Europa und ganz Afrika gelenkt wird. Es wird auch Algenfarmen gewaltigen Ausmaßes in künstlichen Seen geben. Fischfarmen, die nebenher als Düngerproduzenten arbeiten. Die kleine Produktionseinheit kann und wird nicht die Einzige sein. Mit heutigen Bio-Nahrungsmitteln kann man neun Milliarden Menschen nur schwer ernähren. Die Landwirtschaft der Zukunft wird eine Kombination von ökologischen und hochtechnischen, von vernetzten und skalierten Produktionsweisen sein.

Anhänger von grünen Parteien, so wissen wir, gehören zu den Menschen mit dem höchsten CO_2-Lebensstil. Weil sie als gebildete Menschen mobiler sind als andere Bevölkerungsgruppen. Weil sie mehr reisen, mehr lesen, mehr Medien nutzen, mehr Einkommen haben, mehr konsumieren. Es ist die Effektivitätsfrage, die in Zukunft den grünen Maßstab setzt, nicht die Romantik. Ein Niedrig-CO_2-Lebensstil entsteht nur, wenn wir entscheidende Produktivitätssprünge bei energiesensiblen Prozessen schaffen. Bewegung von Gütern, Menschen, Ideen, Fluss und Speicherung von Daten, all das muss – und kann – um einige Faktoren effektiver werden.

Humanomics – die kognitive Ökonomie

Die Medien wimmeln von dubiosen Geschichten über bevorstehende »Superbrains«, »Braintuning« und »Mind Enhancing« – all das soll uns in Zukunft zu geistigen Turbowesen machen. Wer das menschliche Hirn verstanden hat, weiß, dass solche Prognosen Unsinn sind. Die Funktionsweisen unseres Hirns, entstanden in Millionen Jahren der Evolution, sind auf eine Weise ausbalanciert, die durch Substanzen oder andere Stimulationen eher verschlechtert als verbessert wird. So wie das »Hirntraining« per Computer keinen größeren Effekt hat, sind auch die Einwirkungen von chemischen Substanzen auf das Hirn immer entweder marginal oder katastrophal. Das Hirn ist eine Komplexitätsmaschine, die den Körper als Korrektur und Basis braucht. Jede chemische Substanz, die auf diesen Prozess einwirkt – von Cannabis über die psychotropen Drogen bis zu den LSD-Derivaten –, führt immer nur zur Verwirrung, zu Halluzinationen oder Wahrnehmungsverzerrungen. Als Mittel, um seinem Gehirn leistungsmäßig ein wenig auf die Sprünge zu helfen, wird auch in Zukunft wohl am besten das altbewährte Koffein dienen (das eher auf den Körper wirkt, aber das Hirn dabei ein bisschen »mitnimmt«). Die Steigerung der Hirnpotenziale kann jedoch am Ende nur über Organisationsweisen funktionieren – über neue Verknüpfungen von Arbeit, Bildung und Lernen. Wir denken nur so gut, wie wir uns sozial organisieren.

In den letzten Jahren ist die Selbstständigenquote in den westlichen Ländern wieder gestiegen, während sie in den boomenden Schwellenländern rapide fällt. Zwischen 15 und 25 Prozent der Erwerbstätigen haben heute einen Entrepreneur-Lebensentwurf. Sie sehen sich als »Selbstunternehmer« und Talentisten, nicht als Lohnempfänger, selbst wenn sie in einem Angestelltenverhältnis sind. Wenn die 1-Prozent-Regel hält, müsste dieser Anteil bis zum Jahr 2045 auf mindestens 40 Prozent angestiegen sein – ein typischer Tipping-Point für eine neue Arbeits- und Tätigkeitskultur. Damit wird das »eherne Gehäuse« endgültig brüchig.

Doch Ökonomie hat immer mit der Messung klarer Kenngrößen zu tun. Wenn die Humanressourcen, sprich das Wissen in den Köpfen der Arbeitskräfte, und die Fähigkeit von Menschen, kreativ zu kooperieren, die große Produktivitätsreserve der Zukunft darstellen – wie können wir diese Faktoren messen, skalieren und wirkungsvoll einsetzen?

Das Problem beginnt schon bei einer Kategorie wie »Talent«. Wie sollen wir die »innere werdende Gestalt« eines Mitarbeiters beurteilen, wenn sich das Instrument von Zeugnissen und Leistungsnachweisen dafür als völlig unzureichend herausstellt? Die Antwort ist gar nicht so schwer. Komplex denkende und fühlende Menschen konnten immer schon spüren, was in einem anderen Menschen steckt. Das Rekrutieren von Arbeitskräften in Unternehmen wird sich in Zukunft wieder mehr auf »weiche« Techniken verlassen müssen. Intuition. Gefühl. Humor und Spieltrieb. Menschenliebe.

Wenn man Menschen »ausbeuten« will, muss man sie auf neue Weise respektieren. Dieses Paradox führt in der Ökonomie der Zukunft zu einer Schleifenbewegung, in der einerseits die »menschliche Sphäre« – die Welt der Gefühle, der Kreativität – näher an »das Ökonomische« heranrückt. In der aber auch Pufferzonen zwischen Ökonomie und Menschenwelt entstehen. Freiräume, in denen die ökonomischen Gesetze teilweise außer Kraft gesetzt sind. Ein garantiertes Grundeinkommen wäre in einer Ökonomie, deren Produktivität weiter gestiegen ist, durchaus denkbar. Vorstellbar wäre auch, dass zwei Drittel der Bevölkerung ein Grundeinkommen an die Ärmsten der Welt spenden. Von denen es im Jahr 2045 weniger, aber doch noch genug geben wird ...

Soziales Unternehmertum wird eine immer größere Rolle in den Berufsbiografien spielen. Nach Sri Lanka gehen und ein Jahr für wenig Geld in einer Schule arbeiten, wird zum Standard-Lebenslauf gehören. Auch für Manager. Firmen, die »Gemeinwohl« als Geschäftsziel festgeschrieben haben, sind im Jahr 2045 keine Ausnahme mehr.

Die Zukunft der Organisationen ist von Heterarchien geprägt. Eher egalitäre, »talentistische« Strukturen, in denen man im Schwarm, im Kollektiv, im kreativen Team arbeitet und die Beute eher teilt, als sie an die Kapitalgeber abzugeben, werden ergänzt und durchdrungen von funktionalen Hierarchien, die allerdings Hierarchien auf Zeit sein werden. In der Organisationslehre nennt man das auch »Fischnetz-Organisationen«: Zu bestimmten Zeiten bilden Organisationen Pyramidenstrukturen aus, etwa wenn es gilt, einen neuen Markt zu erschließen, einen neuen Produktionsprozess zu etablieren, eine Innovation durchzusetzen oder eine Krise zu überleben. Dann gelten in Teilbereichen der Organisation regelrecht militärische Top-Down-Strukturen. Aber nach dem Erfüllen der Aufgabe lösen sich die Pyramiden wieder auf. Fluide Organisationen sind die einzigen Großorganisationen, die in den heißen Weltmärkten der Zukunft überleben.

Allerdings wird es auch andere Formen von Unternehmen geben, in denen weiche und »talentistische« Sozialtechniken keinen Sinn machen. Hochautomatisierte Fabriken, wie wir sie im Jahre 2045 verbreitet haben werden, sind von der normalen Arbeitswelt nahezu abgekoppelt. In ihnen herrschen weitgehende Menschenleere und ein total durchgestyltes, technokratisches Regime. Die Arbeitswelt in solchen Betrieben ähnelt der Arbeitswelt auf Bohrinseln im Nordatlantik, wo hochspezialisierte Fachleute für einen Monat rund um die Uhr im Einsatz sind, um dann einen Monat an einem südlichen Strand auf Firmenkosten zu relaxen. Solche Task-Force-Ökonomien bilden eine Gegenwelt, mit eigenen Regeln,

Ritualen und Wertsystemen. Wer früher gerne in den Krieg zog, findet dort vielleicht seine Bestimmung.

Human-ökonomische Wirtschaft bedeutet, dass wir es auch mit einer »Spiritualisierung« von wirtschaftlichen Prozessen zu tun haben. Das hat durchaus problematische (Neben-)Wirkungen. Denn mit dem Wegfall traditioneller Autoritäten und formaler Hierarchien entstehen neue, diffusere Machtstrukturen entlang informeller Kulturen. Viele Unternehmen treten nun als Sekten auf. Das Beispiel Apple ist da in vielerlei Hinsicht aufschlussreich und in die Zukunft weisend, da Produzent und Kunden beinahe so etwas wie eine Glaubensgemeinschaft oder geschlossene Gesellschaft bilden.

Kommunitärer Kapitalismus

Vor mehr als einem Jahrhundert, im Jahr 1893, erstellte der New-York-Times-Journalist und Schriftsteller Junius Henri Browne eine optimistische, aber irgendwie paradox klingende 100-Jahre-Zukunftsprognose:

> »Die sozialen und politischen Umstände des Jahres 1993 werden meiner Meinung nach durch deutliche Verbesserungen der heutigen Verhältnisse gekennzeichnet sein ... Das Leben wird immer mehr zur Humanität tendieren, zur Freiheit und Unabhängigkeit des Individuums. Sozialismus, der immer noch in der Luft liegen wird, findet in einer modifizierten und rationalisierten Form Anerkennung. Es werden mehr Gleichheit, Bildung und Glück existieren als in unserem ausgehenden Jahrhundert.«[5]

Das sollte sich als eine der besten Prognosen herausstellen, die jemals gemacht wurde. Browne ahnte offenbar, dass sich der innere Konflikt zwischen »Ich« und »Wir«, »Markt« und »Staat«, niemals würde auflösen lassen. Und das dies womöglich genau der Punkt wäre.

Wenn wir heute eine beliebige kapitalistische Gesellschaft analysieren, ergibt sich ein seltsames Doppelbild. Viele, sehr viele Bereiche des Gesellschaftlichen sind verstaatlicht oder in hohem

Maß vom Staat beeinflusst. Das gilt selbst für (scheinbar) radikale Marktgesellschaften wie die USA. Auch in den USA ist der Sozialhaushalt der größte Posten im Staatshaushalt. Auch in den USA gibt es ein öffentliches Straßensystem und eine sogar nach wie vor ganz und gar staatliche Post. Es gibt einen gigantischen militärisch-industriellen Komplex, der trotz mancher Privatisierungstendenzen (Söldner) nichts anderes ist als eine Kampfmaschine des Staates. Die antistaatliche Paranoia, die viele rechte Amerikaner empfinden, ist gar nicht einmal weit hergeholt. Da Amerika ein großes Land ist, sind auch seine Institutionen sehr groß. Und mächtig.

»Die Hauptsünde des Sozialismus besteht im Versuch des Staates, dem Menschen das Recht auf Scheitern zu nehmen«, sagt Glenn Beck, ein amerikanischer Tea-Party-Ultra. Man muss kein rechter Republikaner sein, um darin eine Wahrheit zu spüren. Und trotzdem ist der Satz natürlich Unsinn. Auch der Sozialstaat nimmt dem Einzelnen nicht das Recht auf Scheitern. Scheitern geht, um ein Bonmot von Woody Allen zu bemühen, immer!

Nehmen wir Schweden. Leben die Schweden im Sozialismus oder Kapitalismus? Das kommt auf den Blickwinkel an. Man kann im Grunde beides schlüssig beweisen. Brownes Ambivalenz findet sich hier aufs Schönste verwirklicht. Es geht den Menschen besser als jemals zuvor in ihrer Geschichte. Der schwedische Staat ähnelt einem Nanny-Staat. Von der Wiege bis zur Bahre wird der Bürger umsorgt. Trotz regelmäßiger Panikausbrüche, dass das System unbezahlbar sei, betonen alle schwedische Parteien unisono: Aus dem Fürsorge- muss ein Vorsorgestaat werden. Das heißt, der Sozialstaat wird nicht abgeschafft, er soll auf Effektivität getrimmt werden. Gleichzeitig sind die Schweden marktfreundlich, innovativ, individualistisch bis zum Anschlag. Und vor allem sind sie vernarrt in ihre Familie, die die Dominanz des Staates konterkariert. Und damit wieder auf ein vernünftiges Maß reduziert.

Sozialismus oder Kapitalismus? Diese Entweder-oder-Frage beschäftigte fast ein Jahrhundert lang die Welt, bestimmte jeden politischen Diskurs – und führte zu fürchterlichen Konflikten. Aber wer sie im Hinblick auf die Zukunft stellt, kommt nicht weit.

Ist China, um ein weiteres Beispiel zu bemühen, ein kommunistisches oder ein kapitalistisches Land? Finden Sie es heraus, wenn Sie mit dem Hochgeschwindigkeitszug von Shanghai nach Peking fahren – 1300 Kilometer in 5 Stunden. Alles funktioniert wie im schärfsten Kapitalismus, Fahrkartenautomaten, Bordbistro, Sauberkeit, das Business-Magazin im Abteil. Aber bei jedem längeren Halt werden die Passagiere per Lautsprecher zum Bewegen und Marschieren auf dem Bahnsteig aufgefordert.

»Unter dem Kommunismus beuten Menschen Menschen aus. Im Kapitalismus ist es umgekehrt«, lautet ein ironischer Spruch. Die Wahrheit ist noch viel vertrackter. Kooperative Systeme basieren immer auf »Ausbeutung« – aber einer gegenseitigen. Der Staat beutet seine Bürger für seine eigenen Zwecke aus, so wie die Bürger die staatlichen Leistungen ausbeuten. Alle Unternehmen beuten Kunden aus, aber Kunden machen auch gerne ein Schnäppchen. Die Frage ist nur, wie robust, wechselseitig und adaptiv die Regeln dieses Spiels sind. Ob es ein Win-win-Spiel oder ein Lose-lose-Spiel ist.

Um die wahrscheinliche Welt des Jahres 2045 zu verstehen, müssen wir uns vom dualen Denksystem verabschieden. Unsere Hirne neigen zur Polarisierung, weil Komplexität höheren Arbeitsaufwand bedeutet. Menschen lieben keine diffusen Situationen. Konservative wollen immer den Staat verkleinern, Sozialisten immer alles mit ihm lösen. Alle wollen immer dafür oder dagegen sein, sich abgrenzen und dazugehören. Aber »Gesellschaft« basiert immer auf einem produktiven Spannungsverhältnis zwischen Kultur und Natur (des Menschen), Individuum und Gemeinwesen. In der Verschränkung der gesellschaftlichen Spieler liegt die Zukunft. Junius Henri Brownes Prophezeihung können wir getrost in die Zukunft verlängern.

Die neue Bürgergesellschaft

Von dem amerikanischen Soziologen Jeremy Rifkin stammt die Formel von der »empathischen Zivilisation«. Doch wie lässt sich ein solcher Begriff jenseits einer aus Hoffnung motivierten Moral begründen? Warum sollte die Welt, die Gesellschaft, plötzlich

»emphatischer« werden. Noch ketzerischer könnten wir auch
fragen: Ist das überhaupt wünschenswert?

Heute gibt es einige Anzeichen für einen Wandel des Verhaltens.
Im Jahre 2010 unterzeichneten 69 amerikanische Milliardäre eine
Erklärung, die von den Unternehmern Bill Gates und Warren Buf-
fett initiiert worden war – dass sie mindestens die Hälfte ihres Ver-
mögens für eine gemeinnützige, global agierende Stiftung spenden
würden. Gleichzeitig entstehen überall neue Formen gesellschaftlichen Engagements, die nicht mehr in der Für-oder-Wider-Logik
von Protest, Dagegensein, Verhinderung funktionieren. Soziale
Hilfsorganisationen wundern sich über die Anzahl der bereitwil-
ligen Helfer. Vor allem die Älteren um die 60 scheinen sich sozial
engagieren zu wollen. Was früher die Bürgerinitiativen waren, sind
heute spontan gebildete lokale, oft internetbasierte Aktionsgrup-
pen, die in Eigenregie den Fluss säubern, einen Kindergarten bauen,
Bildungsbenachteiligte betreuen oder einen Nachbarschaftsgarten
managen.

Man kann diese Phänomene als temporäre Erscheinung oder als
Alibiveranstaltungen des finsteren Kapitalismus denunzieren. Schon
ist die innere Ordnung wiederhergestellt, wonach die Welt schlecht
ist und alles »den Bach heruntergeht«. Doch es gibt systemische
Gründe für die Annahme, dass empathisch geprägte Systeme an
Macht und Relevanz zunehmen. Die Evolutionstheorie lehrt uns,
dass ein wichtiger Faktor der Evolution die Reputation ist. Wir
agieren tugendhafter, wenn wir uns beobachtet fühlen, wenn wir
Anerkennung erhalten, unser Ansehen steigt. Ansehen steigert wiederum die Wahrscheinlichkeit der Zusammenarbeit im Rahmen
der »indirekten Gegenseitigkeit«, bedeutet also einen evolutionären
Vorteil, der sich übersetzen lässt in die Sphäre von Wirtschaft und
Gesellschaft. Die modernen Medien und die intensive Vernetzung,
Connectivity, verstärken Austausch und Beobachtung.[6] Bewundert
wird, wer authentisch ist, wer ein ehrliches Anliegen hat. Egal, aus
welchen Motiven heraus das Starengagement für das Operndorf in
Burkina Faso oder die Initiative gegen Kinderarmut entstand – ihre
Initiatoren werden in einer materialistischen Kultur aufgewertet.

Bis zum Jahr 2045 sollten wir also einen Wandel hin zum »empathischen Kapitalismus« und zur »neuen Bürgergesellschaft« erleben, denn Systeme, in denen Staat, Zivilgesellschaft, Individuen und Wirtschaft eng und produktiv verflochten sind, haben im globalen Wettbewerb einen Vorteil. Die neue Bürgergesellschaft zeichnet sich durch Eigenschaften aus, die wir bereits verschiedentlich angesprochen haben. Die Menschen engagieren sich stärker in überschaubaren Verhältnissen vor Ort, in der Gemeinde, der Region, was die Wirtschaft mit einschließt. Wir verabschieden uns von den schlichten Transfer-Sozialstaaten und bauen eher auf Teilhabe und Verantwortung. Der Tonfall des öffentlichen Diskurses wird sich ändern. Statt »Ich habe Angst, und der Staat ist schuld« wird es in Zukunft öfter heißen: »Und was tust du für die Gemeinschaft?« Die Phase der öffentlichen Nörgelkultur geht zu Ende. Politiker gelten in Zukunft nicht mehr unbedingt als das Allerletzte und Korrupteste. In Zukunft gibt es auch kein Unternehmen mehr ohne gesellschaftliche Mission, ohne Engagement für einen guten Zweck jenseits des reinen Produkts. Aber ein reines Alibi-Marketing-Engagement ist in Zukunft tödlich für die Firmen-Reputation.

Wäre ein solcher kreativ-kooperativer Kapitalismus in der neuen Bürgergesellschaft sozialistisch oder kapitalistisch? Beides. Soziale Fragestellungen werden auf neue Weise »sozialisiert«, Ökonomie bewegt sich in einer Marktform, die den Kräften des Wettbewerbs freien Raum lässt, aber ihr exterritoriales Dasein aufgibt. Ein Soziokapitalismus. Ein Kapitalsozialismus. Oder auch einfach: die nächste, komplexere Stufe des menschlichen Gemeinwesens.

Die spiritualisierte Gesellschaft

Welche Rolle spielt im Jahre 2045 schließlich die Religion, der Glaube, die Transzendenz?

Auch hier gibt es einen langen, polarisierten, ermüdenden Diskurs. Der Zeitgeist wechselt in regelmäßigen Abständen zwischen der Säkularisierungsthese, nach der Religion »von gestern« ist, und dem Gegenteil. Wissenschaftspublizisten wie Richard Dawkins, der in der Religion die Wurzel aller Übel und Fanatismem sieht, haben daraus einen zugespitzten ideologischen Streit gemacht. Auf der anderen Seite erlebt die Comeback-These ständig ein Comeback: Grundsätzlich und zwangsläufig steht uns eine religiöse Renaissance bevor!

Beide Lager argumentieren letztlich immer mit den Megatrends. Urbanisierung, Individualisierung, informelle Vernetzung, so sagen die einen, widersprechen dem religiösen Motiv der Delegation des Lebens an höhere Mächte. Urbanisierung, Individualisierung, informelle Vernetzung, so die anderen, machen den Menschen haltlos in einer atomisierten Lebenswelt. Individualisierte, säkularisierte Gesellschaften, so die These, gehen »aus dem Leim«, weil jeder Form der Hybris Tür und Tor geöffnet sind. Transzendenz hat eine heilsame Ordnungsfunktion, auf die menschliche Kulturen um den Preis des Untergangs nicht verzichten können.[7]

Beide Erklärungsmuster kranken am klassischen Kontextirrtum. Beide gehen davon aus, dass Religion und Glaube so bleiben, wie sie waren. Doch Religion unterliegt denselben rekursiven Trends, die sie je nach Perspektive obsolet oder unabdingbar machen: Sie globalisiert sich, sie individualisiert sich, sie feminisiert sich, sie urbanisiert sich!

Die Zukunft der Religion ist ihre Multiplikation, ihre Mutation in unendliche Glaubensvarianten. Am Londoner Flughafen Heathrow gibt es einen »multi faith room« – Globalglaube in Aktion. Wir erleben »City-Religionen«, die die schnelle Alltagserlösung versprechen, »Diät-Religionen«, die auf die rituelle Asketisierung des Lebens zielen. »Cyber-Religionen«, in denen Menschen Virtualität als übergeordneten Sinnkontext entdecken. Scientology macht den persönlichen Erfolg zur Hauptsache und ist im Grunde eine hypertrophische Psycho-Sekte, in der es um Narzissmus pur geht (man muss nur Tom Cruise bei seinem Werbeclip beobachten). Ein Teil der Form- und Ritualsehnsüchte wird, wie gesagt, in Firmenkulturen hinüberwandern: Wer jemals einer Apple-Produkt-Neuvorstellung beigewohnt hat, weiß, was Verkündung und Erlösung im hochtechnisierten Raum bedeuten. Spirituelle Praktiken geraten heute in einen gigantischen Rührmixer, und heraus kommt (meistens) ein neochristlicher Profanbuddhismus, der auf Naturglauben basiert. Wenn Menschen behaupten, an Gott zu glauben, glauben sie in Wahrheit an den »Kosmos« oder die »Schöpfung« oder die »Biosphäre« oder die »Noosphäre« (das erleuchtete Kollektivwesen des Internet).

In meiner Jugend gab es, neben diversen kommunistischen Sekten mit ihren skurrilen Marx-Exegesen, eine bunte Schar indischer Guru-Sekten, die die Technik der Meditation zu den Ego-Geplagten der westlichen Länder bringen wollten – in allen möglichen Varianten bis hin zum Dauerfliegen und dargereicht von kleinen dicken blütenbekränzten Gurus. Das war ein eher mühsames Geschäft (mit der Ausnahme der Bhagwan-Welle, die Ende der siebziger Jahre eine kathartische Massenbewegung wurde). Heute entwickelt sich die Kulturtechnik der Meditation zu dem Trendphänomen überhaupt. Die Welt geht OOOMMM. Dieses spirituelle Geräusch wird sich bis 2045 zu einem Crescendo gesteigert haben, als akustische Untermalung einer globalen Patchwork-Spiritualität, wozu auch ein asketisch-spiritueller kosmopolitischer Atheismus gehören wird.

Der langfristig komplexe Trend

Sprache, Gehirn und die Gesellschaft verbanden sich
in einem Drei-Wege-Tanz ... Das Resultat war die
Co-Evolution, eine Spirale in Richtung auf immer
höhere soziale Komplexität.

MARTIN A. NOWAK

Je eher du einen Schritt zurücktrittst und die Komplexität annimmst, desto leichter findest du einfache
Antworten ... Einfachheit liegt auf der anderen Seite
der Komplexität.

ERIC BERLOW

Hinter allem steht mit Sicherheit eine simple, wunderbare Idee, über die wir – wenn wir sie in einem
Jahrzehnt, einem Jahrhundert oder Jahrtausend endlich verstanden haben – einfach nur sagen können:
Was sonst!?

JOHN ARCHIBALD WHEELER

Der amerikanische Zukunftsforscher Herman Kahn war ein Zwei-Zentner-Mann mit erheblichem Charisma und gewaltiger Wirkung. Bilder aus den sechziger Jahren des vergangenen Jahrhunderts zeigen ihn in Posen wie Napoleon oder Churchill, allerdings hielt er statt Zigarre oder Fernrohr stets einen Bleistift in der Hand. Zeitzeugen beschreiben ihn als »röhrende Wortmaschine«, als »Super-Ego mit großem Herzen«, der unentwegt Wortspiele veranstaltete, in denen das Schicksal der Menschheit wie eine Art Slapstick verhandelt wurde. Entspannen konnte er sich, so geht die Legende, nur in seinem Schwimmbad, das eigentlich ein Atombunker war. Nachdem sich herausgestellt hatte, dass Kahns Leibesfülle nicht durch die Einstiegsröhre im Garten passte, hatte er kurzerhand einen Durchbruch vom Keller zum Bunker geschaffen – und den »atomic shelter« in ein Schwimmbecken umgebaut.[1]

Wie wohl alle unruhigen Geister, die der menschlichen Kultur eine kreative Dimension hinzufügen, erlebte Kahn in seiner Jugend das, was man salopp einen »Knacks« nennt. Seine Eltern ließen sich früh scheiden, die Familie zerbrach, und Kahn flüchtete sich in Bücher und Träume über die Welt von morgen. Nach einem Physikstudium und einem kurzen Versuch als Immobilienvertreter wurde er in die Weiterentwicklung der Wasserstoffbombe involviert, wechselte aber schnell in die Abteilung für kriegsstrategische Fragen und wandte sich der Spieltheorie zu. Was würde passieren, davon handelten Kahns Planspiele, wenn Tausende Nuklearraketen zum Einsatz kämen, die sich in den sechziger Jahren in den Arsenalen von Ost und West angehäuft hatten? Wie viele Tote, zerstörte Städte, verstrahlt Dahinsiechende wären als Drohpotenzial genug, um die andere Seite vom Erstschlag abzuhalten? Kahn gründete

seine Planspiele auf zwei Prämissen: Ein Nuklearkrieg sei erstens
führbar. Und könne, zweitens, gewonnen werden. Auch wenn
Hunderte von Millionen Menschen stürben – irgendwie ginge das
Leben weiter. Mehr noch: Wenn man die Bevölkerung nicht darauf
vorbereite, würde man dem Gegner – der Sowjetunion – leichtes
Spiel lassen. Und die Wahrscheinlichkeit erhöhen, dass es irgendwann tatsächlich zu diesem Ereignis käme. Also müsse man sich auf
das Schlimmste vorbereiten, um das Schlimmste zu verhindern.

Aus der Person Herman Kahns – vermischt mit dem des genia-
lischen Spieltheoretikers John von Neumann und des deutschen
Raketentechnikers Wernher von Braun – formte Stanley Kubrick
die Hauptfigur des irren Wissenschaftlers in »Dr. Seltsam oder
wie ich lernte, die Bombe zu lieben«. Dieser legendäre Film setzte
Kahns Szenarien in eine fiktive Handlung um. Ein klitzekleines
Missverständnis führt dazu, dass die »Doomsday-Maschine«, die
den Atomkrieg verlässlich verhindern soll (durch garantierte Zerstörung der ganzen Welt bei einem Angriff), am Ende losgeht. It's
the communication, stupid! In der Schlusssequenz reitet ein texa-
nischer Bomberpilot jauchzend auf einer Wasserstoffbombe in die
nukleare Hölle.

Im Nebenberuf war Kahn ein rundum optimistischer Prophet
der Zukunft. Zu seinen Lieblingsprognosen gehörten fliegende
Autos, aber auch die garantiert wirksame Schlankheitspille spätestens bis zum Jahr 2000 (er starb 1983 im Alter von nur 61 Jahren,
nicht zuletzt weil seine Gesundheit durch Übergewicht angegrif-
fen war). Immer wieder beschäftigte er sich mit einem ominösen
»Übertrend«. Er nannte ihn den langfristig komplexen Trend. In
seinem Weltbestseller »Angriff auf die Zukunft« heißt es:

»Der langfristig komplexe Trend begann in der westlichen Kultur
vor etwa tausend Jahren … Alle Universalhistoriker, die ernsthaft
den Aufstieg und Verfall der Kulturen im vergangenen Jahrhundert diskutiert haben, haben einige Merkmale des komplexen
Trends erkannt und ihnen eine außergewöhnliche Bedeutung
zugemessen. Er setzt sich wie folgt zusammen:

1. Anwachsende sensualistische (empirische, diesseitige, humanistische, pragmatische, manipulierende, auf Verträgen beruhende, epikureische) Kulturkreise.
2. Bürgerliche, bürokratische und leistungsorientierte Eliten.
3. Institutionalisierung der technologischen Veränderungen in Forschung, Entwicklung, Innovation, Verbreitung.
4. Verwestlichung, Modernisierung und Industrialisierung.
5. Verstädterung und Suburbanisation.
6. Zunehmende Bildung und Ausbildung, »Wissensindustrien«.
7. Erneuernde und manipulierende Sozialtechniken: zunehmende Anwendung der Rationalität auf soziale, politische, kulturelle und wirtschaftliche Bereiche.«[2]

Kahn ging davon aus, dass eine neue Metawissenschaft, die »Universalhistorik«, diese Entwicklungen in ihren tieferen Zusammenhängen beschreiben könne. Die Atombombe war für ihn in gewisser Weise die Aufgabe, die die Menschheit durch Klugheit zu lösen hatte. Der atomare Untergang war wie ein Spiegel, in dem sich Homo futurus selbst erkennen könne. Würde die Menschheit diese Prüfung bestehen, so war sich Kahn sicher, würde ihr Weg zu den Sternen führen. Und der langfristig komplexe Trend, der Megatrend aller Megatrends, würde sie dorthin bringen.

Was ist Komplexität?
Mit der Komplexität geht es uns wahrscheinlich so wie jenem Richter, der in einem schwierigen Strafverfahren auf die Frage des Verteidigers, wie er denn, bitte schön, Pornografie korrekt definieren wolle, lapidar antwortete: Wenn ich es sehe, erkenne ich es!

Wir wissen instinktiv, was Komplexität von Einfachheit unterscheidet. Städte sind komplexere Lebensräume als Dörfer. Ein Handy ist komplexer als ein Stein. Und dennoch wird »komplex« immer wieder mit kompliziert verwechselt. Kompliziert sind Dinge, deren Komplexität sich uns nicht erschließt. Ein komplizierter Gegenstand – oder Sachverhalt – ist ein nervendes Problem, das wir uns nur schwer vom Hals schaffen können. Komplexität ist in vielerlei Hinsicht das Gegenteil von Kompliziertheit. Komplexität zeichnet sich durch eine Fülle von Einzelteilen, aber auch eine Menge stabiler Verbindungen zwischen diesen Teilen aus. Um es systemtheoretisch auf den Punkt zu bringen: Komplexität ist durch Feedback »erlöste« Kompliziertheit.

Versuchen wir einmal, ein Plastiklineal senkrecht – also mit der schmalen kurzen Kante – auf den Tisch zu stellen. Unmöglich, es fällt um. Jetzt versuchen wir, das Lineal senkrecht auf der Hand zu balancieren. Haben wir als Kind tausendmal gemacht (und dabei versucht, einen Zeitrekord aufzustellen). Und siehe: Es geht. Das Lineal bleibt nicht auf der Hand stehen, weil wir es exakt ins Gleichgewicht bringen. Genau das wäre die »lineare Lösung«, die ebenso wenig funktioniert wie Zielmanagement oder versicherte Liebe, Planwirtschaft oder gesteuerte Innovation. Das Lineal bleibt deshalb in der Senkrechten, weil es wackeln kann. Es wird zu einem System mit den Bewegungen unserer Hand. Augen und Hirn prognostizieren, wohin das Lineal fallen wird, und die Hand steuert dem entgegen. Das ist ein Feedback-Loop.

Die »dynamische Adaptivität durch Feedback-Schleifen« ist das innere Wesen der Komplexität (und in gewisser Weise das Zentrum dieses Buches). Sie ist der Grund, warum manche das Einradfahren beherrschen. Oder Märkte funktionieren. Menschliche Kulturen gedeihen. Megatrends zu Veränderungen in den gesellschaftlichen Systemen führen. Und warum die Zukunft verstanden werden kann.

Das Einfache im Vielfältigen

Ist ein Passagierjet komplexer als eine Bakterie? Das ist eine schwierige Frage. Er hat sehr viele Teile unterschiedlicher Größe, Form und Funktion. Er ist kompliziert, wenn man ihn in seine Einzelteile zerlegt. Wenn er im Hangar steht, ausgeweidet und ausgeschlachtet, ist ein Passagierjet nichts als ein »Wartungsphänomen mit Aktionsdefizit«. Wenn er fliegt, wird er zum Teil eines größeren Systems, bestehend aus Tausenden von Instrumenten, Technikern und Organisatoren, das ihn gewissermaßen »in der Luft hält«. Wenn ein Einzelteil ausfällt, springt ein anderes ein. Wenn der Pilot einen Flughafen nicht anfliegen kann, wird ein anderer seine Landebahn zur Verfügung stellen. Ein funktionierender Jet wird in gewisser Weise »lebendig«, indem er Teil eines (komplexen) äußeren Systems wird, das seine Kompliziertheit »erlöst«.

Die innere Differenziertheit einer Bakterie ist womöglich sogar noch höher als die eines Flugzeugs. Allein der Gencode, die DNA, besteht aus Informationsmengen, die das Volumen einer technischen Anleitung für Flugzeuge übertreffen. Eine Bakterie ist eine Proteinfabrik, die von innen durch genetische Prozesse gesteuert wird und nach außen durch Botschafterproteine kommuniziert. Wenn man eine Bakterie mit einem atomaren Skalpell »auseinanderschneidet«, bleibt nur ein Haufen sinnloser Moleküle übrig. Nur wenn eine Bakterie in einer Umwelt lebt, wird Komplexität daraus.

Es handelt sich also um verschiedene Arten von Komplexität, die sich stufenweise in unterschiedlichen Umwelten und von unterschiedlichen Systemplattformen (biologisch, mechanisch) aus entfalten. Komplexe Systeme kann man mit folgenden Eigenschaften beschreiben: Ihre Struktur ist differenziert und vielfältig. Sie verfügen über »Feedback-Loops«, die für positive wie negative (dämpfende und verstärkende) Rückkopplungen sorgen. Sie besitzen im Fall biologischer Organismen die Fähigkeit zur Selbstregulation. Sie können zwischen stabilen und chaotischen Zuständen hin- und herwechseln.[3]

Komplexität entsteht aus Differenzierung und Konnektivität. Das »Design« eines Systems oder eines Organismus verleiht den vielen interagierenden Teilen Stabilität. Man könnte dieses Phänomen auch »systemische Eleganz« nennen. Schönheit, die in der Funktionalität angelegt ist. Und für diese aus der Evolution geborene Eigenschaft haben wir einen siebten Sinn.

Die große Drift

Kehren wir in den Orbit zurück, zu jenem magischen Leuchten der Zivilisation. Warum sind wir hier? Warum existieren die komplexen Strukturen des Lebens auf der Erde? Das tiefe Staunen über die Tatsache, dass wir existieren, über das, was Leben und Bewusstsein ausmacht, hat auf unterschiedlichen Pfaden zu den Religionen geführt. Menschen konnten sich über Äonen hinweg ihre Existenz nur als »gegebene« vorstellen, als Copy-und-Paste-Modell des Göttlichen. Noch heute scheitern viele Hirne an der Vorstellung einer evolutionär, das heißt »zufällig« entstandenen Komplexität. Wie und warum kommt es zu derart steil aufragenden Türmen der Komplexität, wenn das Ganze nicht »designt« wurde?

Die Antwort findet sich an den Schnittstellen von Evolutionswissenschaft, Systemtheorie und Quantenphysik. Nach dem Urknall – oder was auch immer das Universum in Gang setzte – entstanden zunächst Atome einfacher Ordnung. Durch die Gesetze der Schwerkraft und der Wellenphysik wurde durch Kernreaktionen in Sternen wie unserer Sonne ein Teil von ihnen zu komplexeren Atomarten umgewandelt. Aus »einfachen« Wasserstoff-Atomen entstanden Helium-Atome und dann weitere Elemente. Sobald unterschiedliche Mengen von Elektronen um unterschiedliche Kombinationen von Protonen – Atomkerne – rotieren, ergeben sich immer höhere Wahrscheinlichkeiten für Verbindungen. Aus einfachen Atomen wurden schließlich komplexere Moleküle und letztlich die Grundbausteine des Lebens wie die Aminosäuren. Irgendwann entwickelten sich Zellen, die durch Membranen, also molekulare Übergangsbarrieren, von ihrer Umgebung getrennt sind und ein eigenständiges System bilden, den Anfang komplexerer Organismen.

»Alles in der Welt begann mit einem Ja. Ein Molekül sagte ja zu einem anderen, und das Leben begann«, formulierte die existenzialistische Autorin Clarice Lispector.[4] Aber warum geht diese Entwicklung immer weiter? Die Gesetze der Thermodynamik sagen uns doch, dass sich alle energetischen Prozesse irgendwann in ein Gleichgewicht begeben müssen. Komplexe Systeme sind jedoch immer energieaufwendiger als einfache. Das menschliche Hirn ist ein wahrer Energiefresser – es verbraucht 25 Prozent unserer Körperenergie bei einem Körperanteil von nur einem Fünfzigstel. Komplexe Zivilisationen brauchen, wie wir gesehen haben, gewaltige Mengen von Energie, um sich selbst erhalten zu können. Genau hier setzen die Kulturpessimisten und Untergangspropheten an: »Das kann auf Dauer nicht gutgehen«, sagen sie uns, und nehmen diverse menschengemachte und natürliche Katastrophen (Zweiter Weltkrieg, Hiroshima, Klimawandel, Tsunami) als Beweis dafür, dass die »Entropie« am Ende siegen muss.

Das Computerspiel »Spore« simuliert die Evolution von der Ursuppe bis in eine interstellare Zivilisation. In Spore beginnt man als Bakterie. Im Prinzip könnte man auch die ganze Zeit unverändert in der digitalen Ursuppe herumschwimmen und es sich gutgehen lassen. Aber wenn in unserer Spore-Ursuppe aufgrund winziger Abweichungen manche Bakterienarten besonders fröhlich gedeihen, verschieben sich zwangsläufig Gleichgewichte, bis Instabilitäten entstehen.[5] Sprünge in Richtung Komplexität entstehen immer dann, wenn ein Gleichgewicht durchbrochen wird. Dafür reicht schon der Erfolg einer Variante. Weil sie sich besser ernähren, gedeihen und fortpflanzen kann, werden bestimmte Ressourcen knapp. Die Antwort der Evolution auf Knappheit ist immer Spezialisierung und Differenzierung. »Going Nische« sozusagen. Eine Bakterie entwickelt zum Beispiel die Strategie, sich mit einem Säuremantel gegen Fressfeinde zu schützen. Ein anderer Organismus nutzt Gift zur Verteidigung, ein weiterer Panzer. Augen bedeuten einen erheblichen Überlebensvorteil. Ein Hirn ermöglicht eine bessere Koordination verschiedener Sinneseindrücke und Aktionen als eine reine Nervenverdickung. Reflexe sind gut. Aber verarbeitete Reflexe sind noch besser, sie ermöglichen Abwägung, Varianz und Strategie. Bei diesem ganzen Gewusel »springt« das evolutionäre System in immer höhere Komplexitätsformen, weil sich darin neue Räume für das Überleben erschließen.

Es ist keineswegs so, dass das Universum Komplexität »braucht«. (Im Bereich der nächsten hundert Lichtjahre besteht das Universum um uns herum aus Gasen, Geröll und anderen einfachen Strukturen – und kommt wunderbar damit zurecht.) Aber dort, wo einige Bedingungen zusammenkommen – Wasser, Kohlenstoff, Energie, relative Konstanz von Druck und Temperatur –, entstehen Türme

˙ von Komplexität aus dem Gesetz des akkumulierten Zufalls. Weil Evolution stets Zwänge mit Zufällen und Möglichkeiten kombiniert, steigt die Wahrscheinlichkeit für Komplexität.

Wenn Herman Kahns pessimistischste Atomkriegsszenarien schreckliche Realität geworden wären, hätte die Komplexitätsentwicklung auf diesem Planeten womöglich tatsächlich einen Rückschlag erlitten. Aus den radioaktiven Ruinen des Dritten Weltkrieges wären vielleicht die Zähesten von uns in eine neue Runde gestartet. Oder die robusten Kakerlaken als Sieger hervorgegangen. Wer weiß, was in hundert Millionen Jahren aus ihnen geworden wäre?

Falken und Tauben: Das Vielfalt-Prinzip

Noch einmal zurück zur Ausgangsfrage dieses Buches: Warum leben wir heute nicht, wie unsere Jäger-Sammler-Ahnen, in einem Gleichgewicht zwischen uns und der natürlichen Umwelt? Müsste sich nicht im Adaptionsprozess eine einfache Lebensweise per Pfeil und Bogen und Wurzelsammeln als evolutionär unschlagbar erweisen? Welche »evolutionäre Berechtigung« haben komplexere Gesellschaften gegenüber weniger komplexen, wenn sie doch dauernd nur Krisen stiften und Ressourcen verbrauchen?

Die Frage führt uns zu den grundlegenden Fehlannahmen der meisten Zukunftsdiskurse: Erstens, dass das »Ziel« der Evolution das Gleichgewicht ist. Zweitens, dass es objektive »Grenzen der Ressourcen« gibt. Drittens, dass Komplexität instabil und Einfachheit stabil sein muss.

Etwas Nachhilfe kann uns hier das Tauben-Falken-Spiel bieten, das vom Evolutionsbiologen John Maynard Smith entwickelt wurde.[6] Stellen wir uns einen Planeten vor, auf dem nur raubtierhafte Vögel existieren. Falken, die aggressiv Jagd auf Beute machen. Da der Planet endlich und begrenzt ist, kommt es dabei immer zu Kämpfen und Verletzungen der Jäger untereinander. Auf diese Weise entstehen durch natürliche Selektion unglaublich fitte, muskulöse (wahrscheinlich auch sehr gut aussehende) Falken. Macho-Falken eben, und superfitte Falkenweibchen, die um ihren Nachwuchs kämpfen können. Ein äußert einfaches Evolutionssystem, das allen Dominanzdenkern sicher Freude macht. *Survival of the brutish. Evolution mit roten Klauen.*

Irgendwann jedoch würde einer dieser Falken, der vielleicht individuell nicht ganz so fit und schön, dafür aber clever ist, ein wenig zögern. Er würde aus der Ferne Beute erspähen, aber sich nicht gleich darauf stürzen, sondern erst zuschlagen, wenn sicher kein anderer Falke in der Nähe ist. Auf Dauer würde dieser Falke wahrscheinlich ganz gut genährt und damit im Fortpflanzungsvorteil sein. Er muss ja nicht ständig kämpfen, um zu fressen. Und so entstünde über Varianz und Selektion eine evolutionäre Abspaltung, die Taube. Die Tauben-Variante würde sich wahrscheinlich bald schneller vermehren als die Falken. Wahrscheinlich würden sich ihre Augen eher in Richtung »Rundumsicht« spezialisieren, während sich die scharfen Falkenaugen besonders gut auf Beute in der Ferne fokussieren können (und dabei die Tauben im Gebüsch übersehen). Die Tauben würden immer besser zu kooperieren lernen. Und die Falken ihre Schnäbel und Krallen noch weiter zuspitzen. Deja vu?

Wie zwangsläufig ist diese Entwicklung? Könnte es nicht auf ewig beim alten einfachen Falkenmodell bleiben? Ein reiner Falkenplanet wäre das, was man in der Evolutionsbiologie »evolutionär instabil« nennt. Aufgrund der ständigen Kämpfe muss die Zahl der Falken sehr gering bleiben. Das Risiko, dass die Falken alle aussterben – durch eine genetische Mutation oder eine Umweltveränderung, eine Naturkatastrophe oder Krankheit –, würde sich im Laufe der Zeit potenzieren. Systeme ohne Vielfalt haben keine gute Zukunftsprognose!

Umgekehrt könnte man jetzt denken: Weg mit den blöden Falken! Wäre ein reiner Tauben-Planet nicht viel besser? Weil Tauben durch ihren Hang zur Kooperation immer eine Win-win-Situation herstellen, müssten sie doch irgendwann den Planeten komplett übernehmen! Ganz im Sinne einer grünen, solidarischen, nachhaltigen Zukunft!

Die Spieltheorie zeigt uns, warum auch dies in eine instabile Situation führen muss. Wenn alle unentwegt nur turteln und kooperieren und vertrauen und teilen und verteilen, kann ein Falke (oder eine Taube, die falkenhaft handelt) jede Beute abgreifen, ohne auf irgendein Misstrauen oder eine Gegenstrategie zu treffen. Die Konsequenz wäre ein »Durchmarsch« (»The winner takes it all«), ein Kippen des Systems in die andere Richtung. »Nach einem Himmel der Kooperation folgt immer eine Hölle des Betrugs«, formuliert Martin A. Nowak das Dilemma in »Supercooperators«.[7]

Ein kleines politisches Beispiel aus der jüngsten Geschichte: Die finnische Politik ist seit Jahrzehnten stark durch Kooperation und Vernunft geprägt. Finnen sind krisenerprobt, tanzen einen skurrilen Tango, lachen und trinken oft, sind Europafreunde, haben das beste Schulsystem der Welt, ein festes soziales Netz und keine Angst vor der Atomkraft. Sie sind frauenfreundlich und wahnsinnig nachbarschaftlich. So konnte die Partei »Die echten Finnen«, eine fremdenfeindliche, populistische, rechte Rüpel-Partei, im Jahr 2011 auf einen Schlag 19 Prozent der Wählerstimmen in Finnland erringen. Von heute auf morgen. Zu viele Tauben machen sehr wirkungsvolle Falken.

Nicht Optimierung, in welcher Richtung auch immer, sondern Ausdifferenzierung ist der stabilste Pfad der Evolution. Das Tauben-Falken-Spiel illustriert, warum die perfekte Gesellschaft – sei es eine Jäger-und-Sammler-Idylle, der Kommunismus, die »grüne Solidargesellschaft« oder die vollendete Hierarchie – nie existieren wird. Jede Kultur bringt Störungen hervor. Jede Zivilisation braucht eine gewisse Anzahl von Feinden, Gegnern, Widersachern, die sie zu effektiveren Strategien anregt, ihre Fitness trainiert. Um sich auf dem komplexen Pfad bewegen zu können, benötigt die (soziale) Evolution Widerstände. Oder noch einmal eine Ebene höher: Komplexe Systeme müssen störbar bleiben, um ihre Komplexität zu bewahren.

Wandel und Stagnation

Von John Nash, dessen Leben in »A Beautiful Mind« verfilmt wurde, haben wir einen weiteren Schlüssel zum Verständnis komplex-dynamischer Systeme erhalten. Mit dem »Nash-Equilibrium« lässt sich errechnen, wann innerhalb eines Systems von Akteuren tatsächlich auch einmal ein (temporär) stabiles Gleichgewicht entstehen kann. Das ist der Fall, wenn keine der Spielparteien (oder »Evolutionsteilnehmer«) durch eine Änderung seiner Strategie noch Vorteile erzielen könnte.

Für unseren Tauben-und-Falken-Planeten lässt sich das Nash-Equilibrium relativ leicht ausrechnen: Es entsteht bei einem Verhältnis von zwei Drittel Tauben und einem Drittel Falken.[8] Bei diesen Anteilen entstünde ein klassisches Kurvenschema, wie wir es überall aus der Natur kennen. Mal vermehren sich die Gazellen, mal die Löwen. Mal die Vögel, mal die Mücken – aber das Ganze bleibt im schwankenden, zyklischen Gleichgewicht. Dies könnte immer so weitergehen, allerdings nur wenn alle Umweltparameter auf unserem Falken-Tauben-Planeten bis auf alle Ewigkeit konstant blieben.

Weil genau das ziemlich unwahrscheinlich ist, setzt sich die Evolutionsgeschichte immer weiter fort – und produziert auf Dauer Komplexität. Kontinente verbinden sich. Fremde Populationen wandern ein. Das Klima ändert sich. Das Zentralgestirn flackert. Kometen schlagen ein. In diesem Tohuwabohu arbeitet die Evolution weiter auf Hochtouren an ihrem einzigen »Ziel«: dem Überleben. Die Komplexität unserer Vogelpopulation wird weiter steigen, weil die Störung weitergeht. So könnte es zum Beispiel eine Gruppe von Tauben geben, die Falken- und Tauben-Verhalten kombinieren. Die Falben oder Kampftauben. Unter dem Motto »Wir verhalten uns prinzipiell passiv, aber in bestimmten Situationen kämpfen wir gemeinsam gegen die Falken« könnten diese »Kombinierer« evolutionäre Fitness entwickeln. Es könnte auch »Tarnfalken« geben, die so tun, als ob sie aggressiv seien, in Wirklichkeit aber lammfromm agieren – Vorsprung durch Täuschung. Oder Tauben, die sich Falken als Sklaven halten, und so fort.

Je differenzierter die Strategien werden, desto flexibler kann das ganze System auf Umweltveränderungen reagieren. Desto unwahrscheinlicher wird das Aussterben. Aber auch ein verheerender Krieg innerhalb des Systems. Differenzierung senkt auf geheimnisvolle

Weise den Aggressionsdruck. Wenn nur Falken und Tauben auf unserem Planeten flattern, werden die Tauben ziemlich oft verfrühstückt. Wenn es aber neben Falken und Tauben auch Fauben und Talken und vielleicht noch Fautalken und Taukenfauben gibt, sieht die Sache schon wieder anders aus...

Teilung und Verbindung

Von Thomas Schelling, einem der Begründer der strategischen Spieltheorie, stammt das erklärende Modell für diesen Effekt. Schelling war Berater einiger US-Regierungen; unter anderem arbeitete er im Beraterstab von John F. Kennedy während der Kubakrise, als die Welt kurz vor einem Nuklearkrieg stand. Durchaus möglich, dass wir dem Einfluss dieses Mannes auf die Politik die Verhinderung einer Menschheitskatastrophe verdanken.

Schelling fragte sich schon in den sechziger Jahren, warum es in großen Städten immer wieder zum Phänomen der Ghettos kommt. Warum drängen sich die Türken in »Klein-Istanbul« in Berlin, die Chinesen New Yorks in Chinatown, die Schwarzen in Harlem, anstatt sich in einem ausgewogenen Mischungsverhältnis zu assimilieren? Ein echtes Zivilisationsproblem, das immer wieder zu sozialen Spannungen und Ausbrüchen von Fremdenfeindlichkeit führt. Schelling entwickelte daraufhin auf seinen vielen Flugreisen auf einem kleinen, zusammenklappbaren Schachbrett das »Segregationsmodell«.[9] Dabei setzte er eine Alltagsbeobachtung um: Wenn ein Mitglied der Kultur A in einem Umfeld lebt, in dem einige Mitglieder der fremden Kultur B wohnen, macht ihm dies nichts aus. Er kann die »anderen« tolerieren oder sie gar als Bereicherung empfinden. Er beginnt sich jedoch unwohl zu fühlen, wenn er ausschließlich von »Bs« umgeben ist. Auf seinem Schachbrett mit gemischter Bevölkerung legte Schelling nun Regeln fest. Zum Beispiel: Wenn eine Spielfigur von mehr als drei »Fremden« direkt umgeben ist (von vier möglichen direkten Nachbarn), zieht sie in eine Gegend um, in der wiederum mindestens drei direkte Nachbarn der eigenen Kultur wohnen. Auf diese Weise enthalten wir auf Dauer das typische Ghetto-Bild, wie es für so gut wie alle

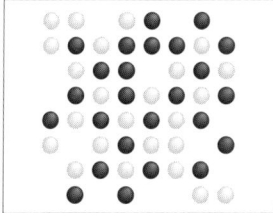

Ausgangslage
eines »Separationsspiels«

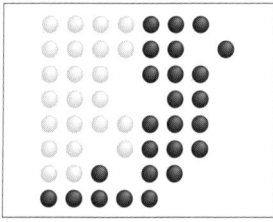

Ergebnis des Separationsspiels
nach Umsetzung der Umzugsregel

großen Städte üblich ist. Die Komplexität der Gesamtgesellschaft sinkt, die Kultur polarisiert sich.

Jetzt starten wir das Spiel mit einer anderen Ausgangslage. Wir nehmen drei Ethnien (oder Kulturen oder Religionen). Auf den ersten Blick schon wird deutlich, dass das Ergebnis ein völlig anderes sein wird. Höhere Ausgangsvielfalt dämmt den Segregationseffekt ein. Es kommt nun allenfalls zu vereinzelten Umzügen, denn nun sind alle Nachbarn von zwei anderen Kulturen umgeben, und die Entscheidung umzuziehen, fällt nicht mehr so einfach. In der Folge bleibt es bei einem höheren Mischungsgrad, sprich kultureller Komplexität.[10]

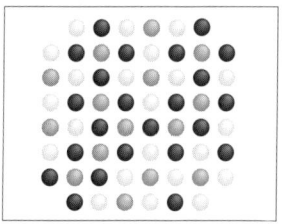

Ergebnis des Separationsspiels
mit drei Parteien

Das Beispiel verdeutlicht erneut den Vorteil der Diversität, sprich Komplexität in der sozialen Evolution. Ein Stadtstaat mit 15 gemischten Ethnien wie Singapur oder eine echte Multikulturstadt wie London mit ihren mehr als 100 »communities« aus aller Herren

Länder bilden ein zwar irgendwie chaotischeres, aber alles in allem stabileres Gemeinwesen (obwohl auch dort sich Zorn und Konflikt aufstauen können, wie die jüngsten Londoner Unruhen gezeigt haben) als Städte mit einer monochromen oder bipolaren Bevölkerung. Problematisch sind vor allem Mehrheiten-Minderheiten-Konstellationen, bei der die eine Gruppe die andere dominieren kann. Deutsche gegen Türken in Berlin – wenn es den Propagandisten dieser Frontlinie gelingt zu suggerieren, dass dies der entscheidende Kulturkonflikt ist (die Kopftuchmädchen-These), dann erleben wir über kurz oder lang Gewalt. In rein monokulturellen Strukturen kommt es, wie die Geschichte zeigt, eher zu Stagnationen der soziokulturellen Entwicklungen generell.

Komplexe Systeme sind, wie wir schon mehrfach festgestellt haben, »ausgangssensibel«. Bei Agenten-Simulationen entwickeln sich, je nachdem, wie die Agenten anfangs verteilt sind, im weiteren Verlauf völlig verschiedene Muster. Das erklärt die Varianz des Spiels namens »Zivilisation« zumindest zu einem gewissen Teil: Bei schlechten Ausgangsbedingungen sind die Chancen weiterer Verschlechterung höher (das Schweden-Beispiel bildet den anderen möglichen Pfad ab). In einer Umgebung mit mehr als zwei ethnischen Gruppen entwickelt sich Toleranz als ein kulturelles Mem leichter, aber auch »zwingender«; es wird schwieriger, eine Gruppe zu unterdrücken. Toleranz führt wiederum zur schnelleren Aufnahme neuer Ideen und so zu einer dynamischeren und stabileren Entwicklung.

Als Terroristen 2001 das New Yorker World Trade Center zerstörten, aktivierten sie in New York dieses Resistenz-Mem der Vielfältigkeit. Der Terrorangriff wurde zum Katalysator intensiv empfundener Gemeinsamkeit, mit deren Hilfe sich die Stadt in vielerlei Hinsicht neu erfand. Die New Yorker sahen im Spiegel des Terrors die Vorteile ihrer Verschiedenartigkeit – aber auch das, was sie verbindet. Aus diesem Grund hat der Terrorismus in offenen, individualisierten Gesellschaften keine Chance – er differenziert eher das Wir, als dass er neue Eindeutigkeiten schafft.

Ein gutes Beispiel für die Vorteile der Pluralität ist auch die Entwicklung unseres Verhältnisses zu Homosexuellen. Es erfordert eine Menge kultureller Vermittlungsleistungen – mentaler Komplexität –, um das Tabu zu durchbrechen, das mit Homosexualität verbunden ist (schließlich ist sie ein Affront gegen das Fertilitätsgebot, das wir in unseren Genen mit uns tragen). Woher stammt die zunehmende Akzeptanz der »gay culture«, wie wir sie in allen Wohlstandsgesellschaften beobachten können? Es ist kein Zufall, dass in schwulen Milieus überdurchschnittlich viele Künstler, Designer, Kreative zu finden sind. Außenseiter müssen besonders innovativ agieren, um ihre Chancen zu wahren. Die Integration von kreativen Außenseitern bringt der Gesellschaft überdurchschnittlichen Gewinn – und erhöht ihre kreative Fitness in der globalen Konkurrenz. Indem wir Homosexualität akzeptieren, lernen wir, die »evolutionäre Fitness« der Kultur von einer komplexeren Warte aus wahrzunehmen. Wir verstehen, dass wir persönliche Vorteile aus Unterschieden generieren können!

Auf Dauer ist die Komplexität also die robustere, stabilere Strategie. In der langen Geschichte der Menschheit haben immer Gruppen und Individuen einen Vorteil davongetragen, die über die Grenzen ihres Clans, ihres Stammes hinaus kooperierten. Sie trafen sich vielleicht heimlich mit Mitgliedern des anderen Stammes. Trieben irgendwann Handel statt Krieg. Kommunizierten mit Fremden, obwohl dies dem Kodex widersprach. Und trugen so letztlich zum Wohlstand bei. Die Systemtheorie zeigt uns, dass dies auch in Zukunft so sein wird, nicht trotz, sondern wegen aller Rückschläge, die zu erwarten sind.

Komplexität und Krise

»Seit der Vertreibung des Menschen aus dem Paradies stellt die Krise und nicht die Routine den Normalfall menschlichen Lebens dar«, sagt der Soziologe Bruno Hildenbrand. Der Begriff »Krise« ist in unserer Wahrnehmung mit einer natürlichen Stressreaktion verbunden. Wenn sich Dinge in unkontrollierbarer Weise verändern, schütten unsere inneren Alarmsysteme Substanzen aus, die uns kampf- oder fluchtbereit machen. Aus der Sicht der Komplexitätstheorie bedeutet »Krise« jedoch etwas völlig anderes als im üblichen Sprachgebrauch. Krisen sind Störungen, die Anreizimpulse in Richtung höhere Komplexität setzen. Die »Krise Europas« zum Beispiel ist ein Hinweis darauf, dass etwas am europäischen Integrationsprozess nicht stimmt. Man kann Europa entweder weiter und wahrhaft integrieren oder es dekonstruieren. Dem Prinzip der Evolution, auch der sozialen Evolution, ist es letztlich »egal«, welche Lösung sich durchsetzt (Dekonstruktion heißt immer auch: neues Spiel, mögliche neue Komplexität).

Der Kapitalismus – ich bevorzuge den Terminus Marktwirtschaft, obwohl auch der nicht immer der Realität entspricht – hat in seiner Geschichte unzählige Krisen erzeugt, die Teil seiner Komplexitätsentwicklung sind. Kapitalismus ist ein lernendes, offenes System, oder sagen wir, er kann es zumindest sein. Entscheidend ist, dass wir Krisen auf andere Weise zu lesen lernen.

Nehmen wir die Aufstände in der arabischen Welt seit 2011. Nur wenige Ökonomen oder Politiker sahen diese Prozesse voraus. Existierten nicht in Ägypten, Libyen und anderen arabischen Ländern seit vielen Jahrzehnten stabile politische Systeme, traditionell geprägt, mit einem Patriarchen an der Spitze, der im »Besitz der ganzen Herde« ist? Dass diese Systeme kleptokratische Züge aufwiesen, fiel nicht weiter auf. Die nordafrikanischen und arabischen Gesellschaften wirkten stabil, weil ihre Autoritätsstrukturen historisch gewachsen waren.

Von innen her hatte sich diese Kultur jedoch längst verändert. Die allmähliche Integration der Maghreb-Länder in die globale Wirtschaft, moderne Medien, das rapide Sinken der Geburtenraten (in Tunesien und Iran deutlich unter die Reproduktionsrate) führten zu einem Bruch innerhalb der islamischen Gesellschaften. Herrschaftssystem und Soziokultur passten von einem bestimmten Punkt der Entwicklung an nicht mehr zusammen. Die Megatrends der Individualisierung, der Feminisierung, der Konnektivität transformierten die Gesellschaft, während die Regimes in den alten Strukturen verharrten. Der Druck im Kessel stieg.

Das Prinzip der »Komplexitätsdissonanz« (»complexity mismatch«) findet sich in der Logik aller ernsthaften Krisen – politischen wie sozialen, persönlichen wie technischen. Das »Gesetz der erforderlichen Variabilität« (»Law of Requisite Variety«; der Begriff stammt von John Casti) besagt, dass das regelnde System mindestens so komplex sein muss wie das »geregelte«. Dies erklärt zum Beispiel den Verlauf des Atomunglücks von Fukushima. Nicht nur die technischen Systeme waren unterkomplex und versagten angesichts von Erdbeben und Tsunami, auch die Managementsysteme erwiesen sich als überfordert.

Wenn wir nüchtern die Lage begutachten, müssen wir eingestehen, dass es vor allem die Brüche sind, die uns in Richtung Zukunft bewegen. Im Kleinen wie im Großen. Erst das Nicht-mehr-Funktionierende forderte uns zu komplexerem (koordinierterem, strategischerem, »intelligenterem«) Verhalten heraus. Ob aus der Krise Katastrophe oder Komplexität erwächst, aus der kaputten Kindheit große Leistung oder großes Verbrechen folgt, ist nicht immer vorhersehbar. Aber auf lange Sicht, im evolutionären Maßstab, ist die Wahrscheinlichkeit des Komplexitätsgewinns größer. Aus Millionen von »Spielen« selektiert die Geschichte immer wieder einen kleinen, aber entscheidenden Strukturvorteil. Dahinter steckt ein weiteres, tiefes Geheimnis der Komplexität: das Wunder der Emergenz.

Emergenz und Resilienz

Emergenz benennt einen Aspekt komplexer Systeme, den man auch als »lebendige Robustheit« oder »adaptive Kreativität« übersetzen könnte. »Emergenz«, schreibt die Systemwissenschaftlerin Sandra Mitchell, »bedeutet, dass die Wechselbeziehungen zwischen den Einzelteilen zu neuen Eigenschaften führen können, die keines der Einzelbestandteile besitzt.«[11] Den Forschungen des dänischen Systemphysikers Per Bak und anderer zufolge entstehen Veränderungen innerhalb solcher Systeme spontan. Bak sprach von »selbstorganisierter Kritikalität«, um zu beschreiben, dass die Veränderung nicht vorhersehbar ist, und er verdeutlichte es am Beispiel des Sandhaufens: Wenn Sandkorn auf Sandkorn auf einen Sandhaufen gestreut wird, tritt irgendwann ein Zustand der »akkumulierten Veränderungsbereitschaft« auf. Das nennt man »Kritikalität«. Jedes zusätzliche Sandkorn erhöht dann die Wahrscheinlichkeit, dass eine ganze Kaskade von Sandkörnern ins Rutschen gerät. Instabilität ist also nicht nur das Resultat, sondern die Bedingung für Komplexität. Leben existiert in jenen Zuständen, in denen der Sandhaufen bereits rutscht oder ins Rutschen kommen kann. »Die Welt tendiert weder dazu, völlig zufällig noch völlig statisch zu sein – sie existiert zwischen diesen Zuständen«, schreiben die amerikanischen Systemwissenschaftler John H. Miller und Scott E. Page in ihrem Buch »Complex Adaptive Systems«.[12] Per Bak selbst zog aus seinen Forschungen folgenden Schluss: »Wenn diese Erkenntnisse wahr sind, dann müssen wir akzeptieren, dass Instabilität und Katastrophen unvermeidlich sind – in der Biologie, der Geschichte, der Ökonomie. Wir müssen auch alle Vorstellungen langfristiger Voraussagbarkeit und Determiniertheit überwinden.«[13]

Emergente Systeme kennen also nicht einen zentralen Kontrolleur. Sie lassen sich auch im eigentlichen Sinne nicht »steuern« oder »kontrollieren«. Sie können sich, und das unterscheidet sie eindeutig von mechanischen Prozessen, spontan reorganisieren. Das heißt nicht, dass Komplexität prekär, flüchtig und unaufhörlich vom Zerfall bedroht ist – eine Art unnatürliche Pestbeule an der »natürlichen« Ordnung des Einfachen. Sie ist vielmehr eine im Verlauf der Evolution herausgebildete Robustheit gegenüber Veränderungen. Eine andere Beschreibung dafür lautet: Resilienz.

Das lateinische Verb »resilire« bedeutet abprallen, zurückspringen. In der Werkstoffkunde benennt es die Eigenschaft elastischer Materialien, ihre ursprüngliche Form wiederzuerlangen. Schon Anfang der siebziger Jahre benutzte die Entwicklungspsychologin Emmy E. Werner den Begriff, um zu erklären, warum manche Kinder, die unter widrigen Umständen aufwachsen, dennoch später zu gesunden und selbstbewussten Persönlichkeiten heranreifen. Seither forschen Psychologen daran, welche Faktoren zusammentreffen müssen, damit Menschen nicht an Trauma- und Krisensituationen zerbrechen. Aber längst hat der Begriff seinen Weg in die umfassende Systemforschung gefunden. Resilienz ist heute ein Thema, das die Stadtplanung betrifft, die Ökonomie, die Architektur, Unternehmen, unser ganzes Kultursystem. Konferenzen zum Thema »Resilient Cities« fragen danach, wie es katastrophengebeutelten Städten wie Hiroshima, Banda Aceh oder New Orleans gelingt, sich wieder zu erholen. Die englische »Sunday Times« brachte 2010 eine Geschichte über die zehn »most resilient« Fußgängerzonen Großbritanniens, die sich dem Niedergang der Provinzinnenstädte entgegenstemmen.[14]

Wenn wir Resilienz verstehen wollen, dürfen wir nicht auf modische Vernetzungsklischees hereinfallen. Vernetzte Systeme können sogar besonders instabil sein. Da in ihnen oftmals simple Verstärkungsmuster herrschen, kann sich das System hochschaukeln, bis es einen kritischen Bereich erreicht – und sich selbst zerstört. Börsencrashs und Wirtschaftskrisen entstehen durch unkonditional vernetzte, sprich opportunistische Marktteilnehmer. Firmen schlittern in den Ruin, wenn alle Führungskräfte die gleiche Mentalität haben.[15]

Die Resilienz eines Systems – Organismus, Organisation oder Gesellschaft – besteht in einer Kombination von Differenzierung, Autonomie und Vernetzung. Zukunftsfähig sind Organisationen, in denen die einzelnen Subsysteme eine gewisse Selbststeuerungsfähigkeit aufweisen. Wenn wir unsere Zivilisation resilient machen wollen, wird es vor allem darum gehen, verfilzte Systeme zu vermeiden, in denen jeder Impuls sofort kaskadenhaft durch das ganze System hindurchwandert.[16]

Resilienz wird in den nächsten Jahren den schönen Begriff der Nachhaltigkeit ablösen. Hinter der Nachhaltigkeit steckt eine alte Harmonie-Illusion. Dass es einen fixierbaren, dauerhaften Gleichgewichtszustand geben könnte, in dem wir uns mit der »Natur« ausgleichen können. Dass wir das Lineal auf seiner schmalen Kante aufstellen können. Doch lebendige, evolutionäre Systeme bewegen sich immer an den Grenzlinien des Chaos. Auch dort können sie robust sein – im Wandel. Wenn wir ihr Wesen besser verstehen lernen, können wir ihre Architektur sogar in diese Richtung beeinflussen. Oder zumindest unser persönliches Leben.

Von der Welle zur Spirale

Ich bin kein Freund endgültiger Weltbeschreibungen. Modelle, in denen das Welträtsel mit zehn »bullet points« auf einer Powerpoint-Folie erklärt wird, rufen meine spontane Aversion hervor. Es gibt jedoch ein Modell, das alle Grundüberlegungen und Erkenntnisse aus der Spiel-, Evolutions- und Systemtheorie in ein angemessen komplexes und doch anschauliches Bild fasst.

Was müsste es leisten können? Es müsste sich von den alten, linearen Weltmodellen verabschieden. Es müsste sowohl die Kontinuität als auch die Brüche darstellen, die im Wandel der Welt existieren. Es müsste die Fallen eines idealisierten, romantischen Denkens vermeiden. Und es müsste das »östliche« und »westliche« Denken auf einer neuen (eben komplexeren) Ebene vereinen.

Das indische »kalachakra«, das Rad der Zeit, verbindet Anfang und Ende mit einer endlos gekrümmten Linie. Alles kehrt wieder. Und nichts verändert sich wirklich. Der Einzelne kann sich läutern und anpassen an das ewige Werden und Vergehen. Aber in diesem statisch-zyklischen Denken gibt es weder Fortschritt noch Wandel. Komplexität kann allenfalls auf der rein geistigen Ebene entstehen – und muss sich am Ende im Nirwana selbst widerlegen.

Im typisch »abendländischen« Denkmuster hingegen, das mit Augustinus' ausdrücklicher Verneinung der zyklischen Existenz beginnt, ist die Zukunft eine immerwährende aufsteigende Linie. Die westlichen Fortschrittsbilder und Kulturmodelle sind durchtränkt von dieser Linearität, die uns ebenso wenig weiterführt wie die Kreisbahn der ewigen Wiederkehr.

Es ist Zeit, diese beiden geistigen Traditionen der Menschheit auf einer höheren Ebene zu vereinen. Die fraktale Mathematik und die Komplexitätstheorie geben uns dafür die Instrumente in die Hand, nun brauchen wir noch ein plausibles Symbolgebäude. Das »Spiral Dynamics«-System (nicht zu verwechseln mit der deutschen »Spiraldynamik«, einer Variante der Körpertherapie) nutzt die Metapher der Spirale. Eine Spirale ist im Prinzip endlos, aber nicht linear. Sie ist zyklisch, aber nicht geschlossen. Es ist kein Zufall, dass Spiralen mit ihrer Fibonacci-Mathematik Grundformen der Evolution prägen: Schneckenhäuser, die Blüten von Sonnenblumen, Küstenlinien, Galaxien ... [17]

Ausformuliert wurde das Spiral-Dynamics-Modell von zwei Amerikanern: den Managementberatern Don Beck und Chris Cowan. Beide streiten sich, so geht das Gerücht, schon lange über die wahre Urheberschaft. Und natürlich gibt es teure Seminare und teure Broschüren; das Weltgeheimnis ist immer ein Riesengeschäft. Als eigentlicher Urheber, als Urvater der »spiral dynamics« muss jedoch ein in Vergessenheit geratener Entwicklungspsychologe aus den sechziger Jahren gelten, dem der Rummel um seine Theorie immer schon suspekt war: Clare W. Graves.

Graves ist der letzte Wahrheitssucher, dessen Wege und Werke wir auf der Reise dieses Buches kennenlernen. Und wieder handelt es sich um einen Kauz, einen Sonderling. Jemanden, der nie wirklich im Rampenlicht stand. Und vielleicht gerade deshalb dem Kern des Welträtsels ziemlich nahe kam.

Clare W. Graves wurde 1914 geboren. Über seine Kindheit in einfachen Verhältnissen in der Provinz von Indiana ist wenig bekannt. Der Zweite Weltkrieg muss den jungen Psychologen jedoch sehr beeinflusst haben – das Nachdenken über »den Menschen« durchdringt sein Lebenswerk. 1945 bekam er seinen Doktortitel und lehrte sporadisch an verschiedenen amerikanischen Universitäten. Er liebte die Lehre und seine Studenten, konnte aber mit dem Status eines Professors wenig anfangen. Er arbeitete eine Zeitlang als Berater für die Industrie und verschiedene Institutionen wie zum Beispiel Kliniken. Graves schaffte es erfolgreich, sein Werk vor der großen Welt zu verbergen. Man sagt, dass seine Texte (über Motivation und Leistung) nur in der »Harvard Business Review« veröffentlicht wurden, weil sein Installateur, ein Abonnent des Blattes, einen empörten Leserbrief an die Zeitschrift schrieb – wieso ein solches Genie dort kein Forum erhalte? Die letzten drei Jahrzehnte seines Lebens lebte er, auch aufgrund einer angegriffenen Gesundheit, abgeschieden mit seiner Frau auf einer kleinen Farm im Hudson Valley, mit Pferden und einer namenlosen Katze. Dort schrieb er an seinem Zentralwerk, das unvollendet blieb: »Up the Existential Staircase«. [18]

In den fünfziger Jahren entwickelte Graves seine »Emergent Cyclical Levels of Existence Theory« – eine ganzheitliche, evolutionäre Existenztheorie des Menschen. Ein wahrhaft ehrgeiziges Unterfangen. Graves nannte es ein »biopsychosoziales Entwicklungsmodell«.

Menschen reagieren auf Herausforderungen der Umwelt, indem sie Strategien bilden und Lösungen suchen. Dabei entstehen »mindsets«, das heißt Haltungen und Mentalitäten, die auf dem Weg der sozialen Kopie zu Kultur- und Zivilisationsmodellen mit den entsprechenden Soziotechniken werden. Diese wiederum verändern die soziale Umwelt und erzeugen so neue Herausforderungen ... In den Worten von Graves: »Die Lösungen von gestern sind die Probleme von heute, die Lösungen von heute die Probleme von morgen.« Der Prozess der stetigen Adaption und neuerlichen Entstehung von Problemen pendelt dabei zwischen den Polen »Ich« und »Wir«. Menschen sind einerseits Individuen, die autonome Coping-, das heißt Bewältigungsstrategien entwickeln, aber eben auch Gruppenwesen, die immer neue Organisationsweisen erzeugen. In der Wechselwirkung zwischen beiden Aspekten entsteht soziale Komplexität.

Zeit seines Lebens – er starb 1986 – wehrte sich Graves fast schon verzweifelt gegen den Determinismus, ebenso wie gegen jeden spirituellen Missbrauch seiner Theorie. »Die Natur des Menschen«, formulierte Graves, »ist keineswegs fixiert oder festgesetzt. Sie ist ein offenes System, kein geschlossenes.« Obwohl er reihenweise psychologische Tests auf der Grundlage seines Spiralmodells durchführte, ging Graves nicht davon aus, dass man es praktisch, etwa im Rahmen von Therapien nutzen könne. Er ahnte die »Scientology-Falle«. Er warnte ausdrücklich davor, es als Kategorialsystem zur Beurteilung von Menschen zu verwenden.

Zur besseren Illustration von Graves' endloser Spirale wählten Beck und Cowan Farben für die verschiedenen Abschnitte. Das menschliche Leben in seiner biopsychosozialen Ganzheit beginnt in der Urzeit, mit den elementaren Bedürfnissen nach Überleben, Ernährung und Geborgenheit.

Beige: Unser inneres Selbst entsteht in einem Zustand des archaischen Egoismus. Es geht in dieser Phase ums nackte Überleben in einer feindlichen Umwelt. Instinkt, Angst, Not und Fortpflanzung prägen diesen archaischen Ausgangspunkt. Zwar leben Menschen auch hier schon in Sozialsystemen, diese haben sich jedoch noch kaum ausdifferenziert. Das Dasein ist tribal in einem rudimentären Sinne.

Purpur: In der zweiten Phase entdecken Menschen ein höheres »Wir«. Sie suchen in der Gemeinschaft nach übernatürlichen Erklärungen, um ihre Ohnmacht zu überwinden. Sie »formulieren« Außenkräfte, mit denen sie sich verbünden können, um die Angst und Verlorenheit zu überwinden, um endlich mächtig zu werden. Brauch und Beschwörung, Religion, Zugehörigkeit und Magie stellen die tragenden Kräfte dieses Spiralabschnitts dar. In der Kindheit findet diese Phase im Alter zwischen sechs und zwölf Jahren statt, wenn wir uns mit »magischen Kräften« auseinandersetzen. In der Zivilisationsgeschichte entstehen nun die ersten Kulte und Religionssysteme. Die »vertikale Spannung« der Kultur entsteht.

Rot: Es folgt die Phase der Suche nach unmittelbarer Wirksamkeit im Ich-Prinzip. Die Phase »Rot« signalisiert Strategien des Wollens und Erzwingens, der Eroberung und Weltmächtigkeit. Menschen entdecken, dass Zorn und Gewalt Wirkungen haben, dass sie nicht passiv oder gar Opfer sein müssen, dass Dominanz möglich ist. Das Pendel schwingt zurück zum Ego, das nun sein Begehren, aber auch seine Ängste in Strategien der Durchsetzung und Macht umformt. In der Entwicklungspsychologie ist dies eine Mischung aus Trotz- und »Halbstarken«- oder «Heroismus«-Phase (praktisch alle neuen Hollywood-Filme »sehen rot«).

Blau: In der nächsten Phase bildet sich ein neues, komplexeres Wir aus der Idee der differenzierten Organisation. Wollen äußert sich durch kollektive Strukturen. Macht wird zur Institution. Die soziale Welt wird in Pyramiden organisiert. Gehorsam und Autorität bilden die Prinzipien einer strategischen Ordnung. Staatliche Strukturen entstehen. Gesetze, Regeln, Normen werden entwickelt, um einerseits das »rote« Macht-Ich zu bändigen und zu kontrollieren, andererseits die Dominanz beizubehalten. Man könnte diese Phase auch die »hierarchische Ordnungsphase« nennen.

Orange: Das Pendel schwingt zurück auf eine neue Ebene der Ich-Entdeckung. Das Individuum befreit sich aus den straffen Bindungen der Macht, es entwickelt Autonomie, indem es beginnt, eigenständig zu denken und zu agieren. Die Vernunft, die Leistung, der Fortschritt, der individuelle Wille, triumphieren über das Kollektiv des Glaubens und das Blau der Machtstrukturen. Rationales Handeln tritt an die Stelle der Unterwerfung. Fortschritt und Wohlstand, Leistung und Wille bestimmen nun den Zukunftshorizont. Dies ist die Phase des aufgeklärten Individualismus, in dem der Einzelne seine Abgrenzungen zur Welt erlebt und kultiviert.

Grün: Verbundenheit und Zugehörigkeit werden nun auf einer neuen Ebene re-kombiniert – der Ebene der Empathie und der Gemeinschaft ohne Machtdominanz. An die Stelle der blauen Organisationspyramide tritt die Gruppe, das spontane Netzwerk der Gleichen und Gleichgesinnten. Das Orange der Rationalität wird durch Verbindung und Verbindlichkeit relativiert. Gleichberechtigung, Toleranz und Emotion bilden die Parameter einer neuen Wir-Vision, deren Ziel die Harmonie ist. Wir wenden uns wieder Mythen zu – Mythen der Natur, des Ausgleichs, der Balance.

Gelb: In der nächsten Stufe sucht das Ich nach neuen Kombinationsformen, die die Harmonie unterbrechen und überschreiten. Ein komplexerer, subtilerer Individualismus entwickelt neue Formen der Eigenverantwortung und reflektierten Selbstentfaltung – kombiniert mit Elementen der Freiheit, Flexibilität und Mobilität. Es ist die kreative Phase, in der Innovation, Dynamik und Veränderung regieren und in der wir die neuen Selfness-Techniken erlernen.

Türkis: Schließlich kommt es zu einer neuen universalistischen Phase, die von ganzheitlicher Spiritualität, Netzwerk-Bewusstsein und tiefer Konnektivität bestimmt ist. In der etwas aufgeregten neo-spirituellen Sprache nennt sich das auch »chaordisch« (ein Begriff, der die Balance von Ordnung und Chaos bezeichnen soll). Viele glauben, dass diese erneute Wir-Phase ein »planetares« Bewusstsein mit sich bringen wird, also die Globalisierung endgültig als mentale und spirituelle Struktur verankert und uns als Menschheit »eins werden lässt«.

Koralle oder »Silber«: Darüber befindet sich eine weitere, unbekannte Stufe der Entwicklung, über die heute wenig ausgesagt werden kann. Eine Art »meta-mächtiges« Ich, das über neue Psychotechniken verfügt, löst sich aus dem planetaren Bewusstsein heraus und wird »kosmisch«. Nun ja. Von Übermensch bis Quantenwelt bietet diese Stufe mannigfachen Raum für Spekulationen.

Es ist verblüffend, wie genau diese Spirallogik sowohl auf die individuelle Entwicklung wie auf die Evolution von Technologie, Gesellschafts- und Organisationsformen zutrifft. In ihnen zeigen sich die zitternden Linien der Wohlstandsentwicklung ebenso wie das Stufenmodell unserer Lebensläufe (Säugling-Kleinkind-Trotzphase-Pubertät-Erwachsensein-Partnerschaft-Verantwortung-Weisheit) ebenso wie die Transformationen von der tribalen in die agrarische in die industrielle Kultur. »In jedem Stadium der menschlichen Entwicklung«, schrieb Graves, »sind wir auf der Suche nach einer Lösung, nach einer Bestimmung… Aber in jeder Stufe finden wir zu unserer Überraschung, dass die Lösung, die wir finden, nicht die ist, nach der wir suchten. Jede Stufe lässt uns ratlos und unzufrieden zurück, und eine neue Herausforderung wartet auf uns. Leben ist eine Herausforderung, die niemals endet.«

Man kann das spiraldynamische Modell als elitäres Weltordnungsmodell benutzen, mit dem Dominanz legitimiert wird – wir hier oben, ihr da unten. Oder als billigen Horoskop-Ersatz – *sind Sie schon grün oder tun Sie nur so?* Es ist nur »wahr« und nützlich, wenn wir all diesen Versuchungen tapfer widerstehen und begreifen, dass alle diese Stufen zur menschlichen Existenz gehören. Graves selbst war in dieser Hinsicht gelassen und souverän, ja betrachtete sich mit Ironie. In Bezug auf sein Modell stufte er sich auf der dritten, roten Stufe ein: »Ich wurde in einer sehr strengen Dreier-Stufen-Welt groß … und das verlangt, dass man daraus ausbricht. Mein Problem ist das, mit dem die meisten von uns konfrontiert sind – bis zu einem gewissen Grad bin ich geknebelt durch meine eigenen Existenzbedingungen. Wenn ich einmal die Probleme meiner finanziellen Sicherheit gelöst habe und für meine Familie sorgen kann, dann werde ich mich auf einer höheren Stufe bewegen können. Ich wäre gerne auf sechs oder sieben, aber das ist schwer, wenn man mit Unterricht seinen Lebensunterhalt verdient.«[19]

In uns allen steckt für immer ein angstvoller (beiger) Primat, ein magischer (lilafarbener) Gläubiger, ein »roter«, zorniger Machtmensch, ein ordnungssuchender »Blauer« und so fort. Leben in der Spirale ist immer eine Mischform: Wir können emotional »grün« sein und doch »blau« handeln. Wir können in einer »grünen« Kultur leben und doch »rot« agieren (Falke unter Tauben). Oder uns ins offene »Gelbe« wenden, während wir immer noch mit dem stählernen »Blau« alter Hierarchien kämpfen. Oder liebäugeln. Meistens beides. Problematisch ist immer das Monochrome – selbst auf einer »hohen Stufe«.

Die wahre Antwort auf die Frage, warum wir nicht alle Jäger und Sammler geblieben sind, lautet also: weil wir es tatsächlich immer noch sind. Keine der Schichten wird jemals ganz »überwunden«, abgelegt. Das Band der biopsychosozialen Evolution hat kein definierbares Ziel, ebenso wenig wie Galaxien und andere Spiralformen im Universum ein »Ende« haben. Es ist ein vielfach verflochtenes Band.

Ein neues Zukunftsmodell

Wir sind am Ende unserer Reise in die Komplexität angekommen. Resümieren wir und blicken wir »zurück nach vorn«: Zukunft entsteht nicht in kausalen Ketten, die linearer Logik folgen. Auch nicht in Sprüngen der Überwindung menschlicher Restriktionen, wie es uns die Propheten der Hypertechnologie glauben machen wollen. Zukunft entsteht synthetisch: in Schleifenbewegungen, die das Alte auf einer komplexeren Ebene mit dem Neuen verbinden.

Komplexität ist nicht das »Ziel« dieser Entwicklung. Sie ist vielmehr eine Art Kollateralbonus. Komplexität entsteht als Abfallprodukt (natürlich kennt die Evolution weder Abfall noch ist Komplexität ein »Produkt«) im Wirken der Evolution. Von den unzähligen »Spielen« der biologischen und sozialen Evolution führen einige in höhere Komplexitäten. Komplexere Systeme weisen, wie wir gesehen haben, höhere Freiheits- und Resilienzgrade auf. Sie werden deshalb tendenziell öfter ausgelesen und verstetigt.

Die Megatrends sind, rekapitulieren wir das hier noch einmal, die Agenten, die Treiber dieses Prozesses. Sie erhöhen die systemische Spannung in den sozialen und ökonomischen Systemen. Der Megatrend Globalisierung verändert die Ordnung der Räume, in einem geistigen Sinn zudem die inneren Horizonte und Bezüge, und fordert und erzwingt auf diese Weise neue Kooperationen in unseren ökonomischen, politischen und kulturellen Systemen. Der Megatrend Frauen verändert die Art und Weise, wie Männer und Frauen zusammenleben und damit auch, wie Familien sich innerhalb der Arbeitswelt und der Wirtschaft organisieren. Das zwingt unser soziokulturelles, aber auch unser Wertesystem zu höherer Komplexität. Der Megatrend Gesundheit verändert nicht nur den Medizinsektor selbst, sondern auch die Art und Weise, wie wir mit unserem Körper, unseren physischen Ressourcen, unserem Alterungsprozess umgehen – er macht uns »selbst-bewusst«. Der Megatrend »Neue Arbeit« verändert unsere Grundeinstellungen zur Arbeit und zum Erwerbsprozess – und macht neue Konzepte kreativer Kooperation erforderlich. Megatrends sind, so betrachtet, nichts als der Komplexitätsdruck, der auf unsere Kultursysteme einwirkt. Sie sind wie der Wind, der den Wandel hin zu mehr Komplexität treibt.

Die Kondratieff-Zyklen sind, um in diesem Bild zu bleiben, die Wellen, die Kräuselungen und Turbulenzen, die sich zyklisch auf den Oberflächen der sozialen Ökonomie bilden. Neue Technologien verbinden sich mit veränderten Formen sozialen Verhalten zu höherer Produktivität. Beides, Techniken und Soziotechniken, muss jedoch zusammenfinden, damit neuer Wohlstand durch die »Entfesselung der Produktivkräfte« entsteht. Wohlstand erhöht die Freiheitsgrade, die Menschen als Individuen haben. Und dies wiederum verstärkt die Megatrends der Individualisierung, der sozialen Differenzierung, der Konnektivität der Kulturen …

Wie und wann genau aus diesen Prozessen Sprünge der Komplexität werden, ist nicht bestimmt. Evolution funktioniert nicht vorherbestimmt. Das heißt auch, dass »Scheitern« jederzeit möglich ist. Aber jedes Scheitern erzeugt sofort neue Kaskaden von Prozessen, die in höhere Komplexität führen können. Nicht müssen! Wie in einem Würfelspiel die Chance für eine Sechs bei jedem Wurf gleich bleibt, so steigt doch die Chance auf eine Sechs im Verlaufe vieler Würfe!

Das globale Leuchten, das unsere Astronauten aus dem Orbit sehen können, ist das Ergebnis dieses »wahrscheinlichen Zufalls«: des langfristig komplexen Trends. Das Resultat dessen, was Zellen lebendig macht, Galaxien bewegt, fraktale Muster auf Sonnenblumen oder Küstenlinien zeichnet – und die menschliche Kultur auf Dauer zu immer komplexeren Verknüpfungen bringt. Das Leuchten wird nicht erlöschen. Es wird seine Farbe ändern, vielleicht auch seine Intensität. Es wird manchmal flackern. Aber irgendwann, in 1000 oder in 100 Millionen Jahren, wird es auch auf anderen Planeten, anderen Himmelskörpern entflammen. Wenn es dort nicht schon längst angekommen ist. Das Wunder der Komplexität ist kein Zufall. Es ist das zwangsläufige Resultat gehäufter Zufälle auf einem kleinen, blauen, unglaublich bedeutsamen Planeten am Rand einer ganz normalen Galaxie.

Ein Dank
und einige Empfehlungen zum Weiterlesen

Zuerst geht mein Dank an John Naisbitt, den »Erfinder« der Mega-trends, den ich als humorvollen, entspannten Zeitgenossen kennen-gelernt habe. Ich wünsche John (und seiner Frau Doris Dinklage) viel Glück in ihrem neuen Lebensmittelpunkt in China, wo John das tut, was ein Trendforscher auch in seinem dritten und vierten Lebensabschnitt tun muss: Trends erforschen. Einen herzlichen Dank auch an meinen Lieblingsastronauten Thomas Reiter, der mir einen genauen Blick aus dem Orbit ermöglichte. Ich danke John Casti für vielfältige Inspirationen. Des Weiteren gilt mein Dank meiner Lektorin Julia Hoffmann für die Unterstützung bei der etwas schweren Geburt dieses Buches und Daniela Lupp für die Recherchen. Meinem Agenten Michael Meller für seinen trockenen transatlantischen Humor. Und meiner liebenswürdigen Chefassis-tentin Adele Steiner, die mir in den kritischen Phasen des Buches den Rücken freihielt.

Meiner Frau Oona danke ich wie immer nicht für ihre Geduld, sondern für ihr immerwährendes Mitmirsein, ihr leuchtendes Wesen und ihre zahlreichen Anregungen. Und ihr tapferes Enga-gement beim Bau unseres »Future Evolution House«, in dem dieses Werk überwiegend entstanden ist und über das sie selbst ein Buch schreibt, das demnächst erscheinen wird. Meinen Kindern Julian und Tristan, dass sie im wahrsten Wortsinn »Stören-Friede« sind. Meinem Schwiegervater Paul Strathern für vielfältige Lesetipps und manchen Gedanken, der in dieses Werk Einzug gehalten hat.

Es ist inspirierend, alte Freunde nach Jahrzehnten wiederzufin-den (»Das Prinzip Rekursion«). Danke, Dieter und Hendrike, für die schöne Woche auf Gomera – einige entscheidende Passagen wurden dort geschrieben.

Wer die Zitathinweise in den Fußnoten liest, stellt fest, dass der geografische Zentralpunkt der Werke, die dieses Buch inspirierten, irgendwo auf der Mitte des Atlantiks zu liegen scheint, etwa auf halber Strecke zwischen London und New York. Mein Faible für englischsprachige Sachbuchautoren stammt teilweise aus meinem Leben in einer deutsch-englischen Familie, geht aber auch darauf zurück, dass im deutschsprachigen Raum wenige Ansätze einer ganzheitlichen Weltwissenschaft existieren. Autoren, die eine Brücke zwischen den Geistes- und Naturwissenschaften schlagen und die den Mut haben, anschaulich über wissenschaftliche Erkenntnisse zu schreiben, sind rar. Es herrscht der Hang zu hermetisch-akademischer Spezialisierung. In der angelsächsischen Welt hingegen verlaufen die Grenzen zwischen wissenschaftlicher Journalistik und Forschung nicht so starr; Professoren können, nein müssen dort durchaus populäre Bücher schreiben.

Umso mehr möchte ich die deutschsprachigen Autoren preisen, die sich einem neuen, interdisziplinären Denken geöffnet haben, von der journalistischen wie der wissenschaftlichen Seite aus. Zum Beispiel meine alten Bekannten Dirk Maxeiner und Michael Miersch. Der Kreis um die Zeitschrift »Novo«. Der Multinaturhistoriker Josef H. Reichholf, der Hirn-, Emotions-, Kognitionsforscher Gerald Hüther. Und natürlich viele aus meinem Netzwerk rund um das Zukunftsinstitut, ich nenne stellvertretend Holm Friebe von der »Zentralen Intelligenz Agentur«.

Es ist unmöglich, alle Autoren und Werke zu würdigen, die dieses Buch inspiriert und beeinflusst haben. Doch einige Schlüsselwerke (meist) neueren Datums möchte ich ausdrücklich zur Lektüre empfehlen. Viele liegen nur oder vorerst nur in englischer Sprache vor.

Der Engländer Tim Harford hat mit seinen verhaltensökonomischen Büchern schon seit Jahren den Ökonomiediskurs um eine erfrischende psychologische Seite erweitert. Auf Deutsch erschienen sind »Ökonomics« und »Die Logik des Lebens«. Kürzlich hat er seine Arbeit um einen sozio-evolutionären Ansatz ergänzt mit »Adapt – Why Success Starts with Failure«, London 2011.

Der New Yorker Journalist kanadischer Herkunft David Brooks ist mit seinem Porträt der Bobos, der »Bourgeois Bohemians«, bekannt geworden. Jetzt hat er ein Schlüsselwerk auf der Grundlage der Kognitions- und Evolutionspsychologie geschrieben, das angeblich als neue »Bibel der Konservativen« fungiert, aber alles andere als konservativ ist. Wer wissen will, wie Menschen »ticken« in Leben, Liebe, Biografie, Beruf, wie sich Charakter entwickelt, welche Rolle das Schicksal oder Emotionen spielen, dem sei dieses fulminante, sehr gut erzählte Buch ans Herz gelegt: »The Social Animal. The Hidden Sources of Love, Character, and Achievement«, New York 2011.

Martin A. Nowak ist ein mathematischer Evolutionsforscher und Spieltheoretiker. Der Amerikaner Wiener Herkunft hat sein ganzes Wissen über die menschliche Kooperation in ein lebendiges Buch gepackt und dabei klugerweise mit einem Wissenschaftsjournalisten kooperiert. Geschildert werden die zentralen Wirkweisen der sozialen Evolution, die uns in die Zukunft geleiten: »Supercooperators. Altruism, Evolution and Why We Need Each Other to Succeed«, London 2011.

Malcolm Gladwells Bücher sind auch auf Deutsch erschienen (so zum Beispiel »Überflieger« und »Blink«). Besonders empfehlenswert finde ich jedoch eine Sammlung seiner »New Yorker«-Essays, in denen es aus verschiedenen Perspektiven um Systeme geht. Hier verbinden sich Literatur, Journalismus und Wissenschaft zu einer wunderbaren Synthese: Malcolm Gladwell, »Was der Hund sah«, Frankfurt / Main 2010.

David Deutsch ist ein brillanter »Alleswisser«, der sich ursprünglich mit Quanteninformationstheorie beschäftigt hat. In seinem neuen Buch geht er weit über die Physik hinaus und wird zum Philosophen und Kognitionswissenschaftler, der auch einen Blick auf das menschliche Wissen in die Zukunft wirft: »The Beginning of Infinity. Explanations that Transform the World«, London 2011.

Daniel Gilbert hat mit seinen Büchern über Glück und Zufall die »Choice Theory«, die Entscheidungswissenschaft, bereichert. Warum entscheiden sich Menschen unter welchen Umständen

wofür? Auf Deutsch ist von ihm erschienen: »Ins Glück stolpern«.
Ein anderer Autor auf diesem Feld ist Dan Ariely (auf Deutsch liegt
vor »Denken hilft zwar, nützt aber nichts.«). Sein neuestes Werk
beleuchtet die positiven Aspekte der menschlichen Irrationalität:
»The Upside oft Irrationality. The Unexpected Benefits of Defying
Logic at Work and at Home«, New York 2010.

   António Damásio forscht über das menschliche Bewusstsein.
Sein neues Werk ist eben auf Deutsch erschienen: »Selbst ist der
Mensch« – ich habe es im Text des Öfteren zitiert. Einen ähnlichen,
noch tieferen philosophischen Ansatz über Art und Ursprung des
Bewusstseins bietet Douglas Hofstadter, der Autor des legendären
Kultwerkes »Goedel, Escher, Bach«: »I'm in a Strange Loop«, New
York 2008.

   Der Entwicklungspsychologe und Autismus-Spezialist Simon
Baron-Cohen forscht an den Grenzlinien von Hirn, Hormonen und
Welterkenntnis. Sein neues Buch hat, obwohl der Titel irgendwie
nach Harry Potter klingt, zentrale Erkenntnisse über Empathie
und Mustererkennung zu bieten. Es erklärt, warum es das Böse in
der Gesellschaft gibt, aber auch, warum manche Menschen genial
sind und andere nicht, wie der Unterschied zwischen Männern
und Frauen beschaffen ist und vieles mehr. Und das auf gerade 200
Seiten: »The Science of Evil«, New York 2011.

   Eines der besten Bücher über das Wesen der Komplexität: Neil
Johnsohn, »Simply Complexity«, London 2007.

   Wer tiefer in die Spieltheorie einsteigen will, dem sei ein Autor
empfohlen, der das schwierige Thema unterhaltsam bewältigt:
Tom Siegfried, »A Beautiful Math. John Nash, Game Theory, and
the Modern Quest for a Code of Nature«, Washington 2006.

   Ein Klassiker der dynamischen System- und Chaostheorie, an
dem man schwer vorbeikommt, ist Per Bak: »How Nature Works.
The Science of Self Organized Criticality«, New York 1996.

   Zu erwähnen sind noch die »Neuen Großhistoriker«, die in den
letzten Jahren versucht haben, eine integrierte Weltgeschichte zu
schreiben, in der Geschichtswissenschaft, Ökonomie, Soziologie und
Ökologie in ein neues, eben komplexes Verhältnis gesetzt werden:

Erik Händeler, »Die Geschichte der Zukunft«, Moers 2009.

Jared Diamond, »Arm und Reich: Die Schicksale menschlicher Gesellschaften«, Frankfurt/Main 2005.

David Landes, »Wohlstand und Armut der Nationen: Warum die einen reich und die anderen arm sind«, München 2009.

Ian Morris, »Wer regiert die Welt? Warum Zivilisationen herrschen oder beherrscht werden«, Frankfurt/Main 2011.

Niall Ferguson, »Der Westen und der Rest der Welt«, Berlin 2011.

Zum Schluss will ich auf ein wunderbar mutiges Buch hinweisen, das die »spiral dynamics« auf aktuelle gesellschaftliche und spirituelle Themen übersetzt: Marion Küstenmacher, Tilmann Haberer, Werner Tiki Küstenmacher, »Gott: 9.0. Wohin unsere Gesellschaft spirituell wachsen wird«, Gütersloh 2010.

All diesen Autoren und vielen mehr, die ich hier aus Platzgründen nicht aufzählen kann, die jedoch auf dem Weg in ein neues Weltverständnis an meiner Seite wandern, wünsche ich viele Leser und spannende neue Erkenntnisse.

Anmerkungen

Einleitung

1 Mitchell, Sandra: Komplexitäten: Warum wir erst beginnen, die Welt zu verstehen. Frankfurt 2008.

ERSTER TEIL

Kapitel 1: Im Orbit

Kapitel 2: Wege des Wohlstands

1 Folliet, Luc: Nauru, die verwüstete Insel. Wie der Kapitalismus das reichste Land der Erde zerstörte. Berlin 2011. Siehe auch die Reportage »Pazifikinsel Nauru: Mist, waren die reich« von Christoph Gunkel. In: Spiegel online, 11. 05. 2011.

2 Die meisten der Daten stammen aus: Ridley, Matt: Wenn Ideen Sex haben. Wie Fortschritt entsteht und Wohlstand vermehrt wird. München 2011, ergänzt um Recherchen des Zukunftsinstituts, z. B. aus der Mega-trend-Dokumentation; www.zukunftsinstitut.de/verlag/studien_detail. php?nr=88³; Spahl, Thilo: Globale Ernteschlacht. In: Focus, 16. 5. 2011.

4 Siehe www.gapminder.org. Die in diesem Kapitel enthaltenen Grafiken entstammen dieser Website und sind im Internet animiert.

5 Der konservative Pietismus Spener'scher Art kam bereits Ende der 1680er Jahre nach Schweden und half, das freie berufliche Fortkommen zu fördern und damit auch Wirtschaft und Kultur zu entwickeln. Vgl. Montgomery, Ingun: Der Pietismus in Schweden im 18. Jahrhundert. In: Brecht, Martin (Hg.): Geschichte des Pietismus: Der Pietismus im 18. Jahrhundert, Band 2. Göttingen 1995, S. 492 f.

6 Service, Elman R.: The Law of Evolutionary Potential. Indianapolis 1960.

7 Vgl. Fukuyama, Francis: Trust. The Social Virtues and The Creation of Prosperity. New York 1996, S. 26.

8 Das Grundlagenbuch dazu: Motianey, Arun: SuperCycles – The New Economic Force Transforming Global Markets and Investment Strategy. New York 2010.

Kapitel 3: Der Untergangsmythos

1 Vgl. u. a.: Felken, Detlef: Oswald Spengler – Konservativer Denker zwischen Kaiserreich und Diktatur. München 1988, S. 252. Ein wahrhaftes Schlüsselwerk zu Spengler und seinen Theorien: Henschel, Gerhard: Menetekel – 3000 Jahre Untergang des Abendlandes. Frankfurt 2010.
2 Zitiert nach Henschel, S. 193.
3 Mazzarino, Santo: The End of the Ancient World. New York 1966, S. 171.
4 Phillips, David A.: The Growth and Decline of States in Mesoamerica. In: Journal of the Steward Anthropological Society 10, S. 138.
5 Seston, William: Verfall des Römischen Reiches im Westen. Die Völkerwanderung. In: Propyläen Weltgeschichte: Rom – Die römische Welt, Band 4. Berlin 1963, S. 584.
6 Morris, Ian: Why the West Rules – For Now. New York 2010, S. 195.
7 Tainter, Joseph: The Collapse of Complex Societies. Cambridge 1988.
8 Darwin, John: After Tamerlan – The Rise and Fall of Global Empire. London 2008, S. 492.
9 Vgl. hierzu: Schwartz, Glenn; Nichols, John J.: After Collapse. The Regeneration of Complex Societies. Tucson 2007.

Kapitel 4: Der Tanz der Evolution

1 Peters, Thomas J.; Waterman Jr., Robert H.: In Search of Excellence. New York 1982.
2 Siehe die Experimente von John Endler; www.pbs.org / wgbh / evolution / sex / guppy / low_bandwidth.html.
3 Frydman, Roman; Goldberg, Michael; Phelps, Edmund: Imperfect Knowledge Economics. Exchange Rates and Risk. Princeton 2007.
4 Vgl. hierzu: Spork, Peter: Der Zweite Code. Epigenetik – Oder wie wir unser Erbgut steuern können. Reinbek 2009.
5 Vgl. Siegfried, Tom: A Beautiful Math. John Nash, Game Theory, and the Modern Quest for a Code of Nature. Washington 2006.
6 Siehe http://zia.hss.cmu.edu/miller/papers/aaa.pdf.

ZWEITER TEIL

Kapitel 5: Was sind Megatrends?

1 Vgl. Naisbitt, John: Megatrends. Bayreuth 1982.
2 Vgl. Naisbitt, John; Aburdene, Patricia: Megatrends 2000. New York 1990.
3 Siehe z. B.: Die IZA / SOEP-Statistik. In: Wirtschaftswoche Global, Die neue Macht des Arbeitnehmers, 12. 9. 2011, S. 57.
4 Alle Daten verfügbar bei www.gapminder.org.

5 Nowak, Martin M.; Highfield, Roger: Supercooperators. Altruism, Evolution, and Why We Need Each Other to Succeed. New York 2011, S. 262 (die so genannte »Corinna-Gleichung«).

Kapitel 6: Die neue Globalisierung

1 Siehe die Filme und Berichte auf www.thetoasterproject.org/.
2 Vgl. die TED-Rede von 2006: Hans Gösta Rosling shows the best stats you've ever seen.
3 Heine, Heinrich: Lutetia (II). Paris, den 5. 5. 1843.
4 Ich habe diesen elementaren humanen Bewältigungsprozess im »Buch des Wandels« genauer beschrieben.
5 Darwin, Charles: The Descent of Man and Selection in Relation to Sex. Whitefish 2004, S. 116.
6 Ghemawat, Pankaj: World 3.0. Global Prosperity and How to Achieve It. New York 2011.

Kapitel 7: Der Megatrend Frauen

1 Siehe z. B.: Knödel, Susanne: Männer nur für die Nacht. In: Die Zeit, Nr. 40/1998.
2 Das Meinungsforschungsinstitut World Public Opinion Org International fand in einer Umfrage im Jahr 2008 heraus, dass weltweit eine Mehrheit für gleiche Rechte von Frauen besteht, und zwar auch in den islamischen Ländern: 80 Prozent in der Türkei, 89 in Mexiko, selbst im Iran 78 und 90 Prozent in Ägypten sind für eine Gleichstellung der Frauen (nach Rifkin, Jeremy: Die empathische Zivilisation. Frankfurt 2009, S. 335).
3 Sogar männliche Grüne Meerkatzen präferieren Autos als Spielzeug. Sind sie Opfer männlich-chauvinistischer Zoowärter? Mädchen, die eine organische Hormon-Fehlsteuerung aufweisen, die ihre Körper zu viel Testosteron produzieren lässt, spielen ebenfalls lieber mit dem Bagger. Vgl. New Scientist, 5. 3. 2011, S. 43.
4 Cohen, Simon Baron: The Science of Evil. New York 2011.
5 Ebd., S. 18 ff., S. 112 ff.
6 Pinker, Susan: Das Geschlechter-Paradox. Über begabte Mädchen, schwierige Jungs und den wahren Unterschied zwischen Männern und Frauen. München 2008.
7 Shields, David: The Thing About Life Is That One Day You'll Be Dead. New York 2011, S. 50.
8 Vgl. www.darrenbarefoot.com/archives/2010/08/what-are-the-messages-of-cosmo-and-maxim.html.
9 Siehe z. B. eine Studie des deutschen Instituts für Arbeit und Gesundheit (IAG) der gesetzlichen Unfallversicherung im Jahr 2011: www.dguv.de/inhalt/presse/2010/Q2/rr_multitasking/index.jsp; auch geschildert in Focus vom 22. 6. 2010, »Frauen können es auch nicht besser«.

10 Die Psychologen Leaper und Ayres fanden heraus, dass Männer sogar
    etwas mehr reden als Frauen. In: Psychologie Heute, März 2008, S. 24.
11 Vgl. Brooks, David: The Social Animal. New York 2011, S. 8.
12 New Science, 5. 3. 2011, S. 45.
13 Übersetzung in: Psychologie Heute, März 2008, S. 28.
14 Journal of Personality and Social Psychology, 94/1, 2008, S. 168 ff.

Kapitel 8: Individualisierung – das Abenteuer Selbst

1 Schnabel, Ulrich: Fatale Nächstenliebe. In: Die Zeit, 20. 1. 2011, S. 31. Siehe
   auch: De Dreu, Carsten K.W.: The Neuropeptide Oxytocin Regulates
   Parochial Altruism in Intergroup Conflict Among Humans. In: Science,
   11. 6. 2010.
2 Vgl. Brooks, David: The Social Animal. New York 2011, S. 74.
3 Schon in den dreißiger Jahren erforschte H. M. Skeels Waisenkinder und
   wies nach, dass nichtadoptierte Kinder einen radikal geringeren IQ aufwiesen. In: TCB Chronicles: Quirmbach, Doug: The Orphans of Iowa;
   www.parentsinaction.net/english/Mind/iowa.htm.
4 Vgl. Brooks, David: The Social Animal. New York 2011, S. 287.
5 Gilbert, Elizabeth: Committed: A Skeptic Makes Peace with Marriage.
   New York 2010, S. 43.
6 Johnson, Steven: Everything Bad is Good for You. London 2005. Die
   Reportage erschien in National Geographic, September 2011, S. 96:
   Gorney, Cynthia: Machisma – How a mix of female empowerment and
   steamy soap operas helped bring down Brazil's fertility rate and stoke
   its vibrant exonomy.
7 Kurzban, Robert: Why Everyone (Else) is a Hypocrite. Evolution and the
   Modular Mind. Princeton 2011.

Kapitel 9: Das neue Altern

1 Nach Berechnungen des Max-Planck-Institutes für demographischen
   Wandel. In: Die Zeit, 7. 4. 2011, S. 18.
2 Die jüngste ausführliche »Methusalem-Studie« der Forscher um Paola
   Sebastiani von der Boston University hat weltweit das Erbgut von über
   100-Jährigen untersucht. Hunderte von Gensequenzen scheinen für die
   »basale Lebenserwartung« verantwortlich zu sein. Neueste Erkenntnisse
   aus der Epigenetik zeigen, dass diese Sequenzen durch Umweltfaktoren
   ein- oder ausgeschaltet werden können. Die US-Forscher sind dennoch
   überzeugt, das Erreichen eines Alters mit »77-prozentiger Treffsicherheit«
   voraussagen zu können. Diese Trefferquote bezieht sich jedoch nicht auf
   Einzelne, sondern auf eine Gruppe von tausend Probanden, die zwischen
   1890 und 1910 geboren und unter ähnlichen Umweltbedingungen auf-
   gewachsen sind.
3 Vgl. z. B.: Vaupel, James W.: Biodemography of Human Ageing.

24. 3. 2010; www.nature.com/nature/journal/v464/n7288/abs/
nature08984.html.

4   1970 wurden 21332 Verkehrstote gezählt, bei 20,8 Millionen Fahrzeugen
(10 Todesopfer je 10000 Fahrzeuge). Seitdem ist – mit wenigen Ausnahmen – die Zahl der Verkehrstoten kontinuierlich gesunken, trotz weiter
steigendem Fahrzeugbestand. Bei 52,3 Millionen Fahrzeugen gab es 2010
weniger als einen Toten pro 10000 Fahrzeuge.

5   Siehe Die Zeit, 4. 5. 2005; www.zeit.de/2005/19/B-Vaupel.

6   Siehe z. B. die ausführliche Studie von Karsten Hank: How »successful«
do older Europeans age? Findings from SHARE. Journal of Gerontology,
Social Sciences, 66B (2), S. 230–236.

7   Age and Happiness, Economist, 16. 12. 2010.

8   Ich habe diese Stufenleiter im »Buch des Wandels« genauer beschrieben;
siehe dort S. 173 ff.

9   Langer, Ellen J.: Counterclockwise. Mindful Health and the Power of
Possibility. New York 2009.

10   Wexler, Bruce E.: Brain And Culture. Neurobiology, Ideology, and Social
Change. Cambridge, Mass. 2008.

11   Kuntze, Sven: Altern wie ein Gentleman. Zwischen Müßiggang und
Engagement. Gütersloh 2011.

Kapitel 10: Die große Urbanisierung

1   Khanna, Parag: Wie man die Welt regiert. Eine neue Diplomatie in
Zeiten der Verunsicherung. Berlin 2011.

2   Perry, Alex: Making over Lagos – The governor has a simple plan –
turn one of the worst cities into one of the best. It might work. Time,
30. 5. 2011, S. 43 ff.

3   Glaeser, Edward L.: Triumph of The City. How Our Greatest Invention
Makes Us Richer, Smarter, Greener, Healthier, and Happier. New York
2011, S. 7.

4   West, Geoffrey: The Suprising Math of Cities And Corporations, TED
Talk 13/2011.

5   Harford, Tim: Adapt. Why Success Always Starts with Failure. New York
2011.

6   Siehe: www.ted.com/talks/paul_romer.html.

Kapitel 11: Connectivity – Wie alles zusammenhängt

1   Vgl. Werner Herzogs Dokumentarfilm »The Cave of Forgotten Dreams«
von 2010.

2   Gleick, James: The Information. A History, a Theory, a Flood. New York 2011.

3   Zitiert nach Gleick, Information, S. 8.

4   Loewenstein, Werner R.: The Touchstone of Life. Molecular Information,
Cell Communication, and the Foundations of Life. New York 1999, S. 9.

DRITTER TEIL

Kapitel 12: Kondratieffs Fall

1 Zu Kondratieffs Theorien und ihrer Bedeutung für heute empfehle ich zuallererst das Werk von Erik Händeler, z. B. Die Geschichte der Zukunft. Sozialverhalten heute und der Wohlstand von morgen. Moers 2005–2010.

2 McCraw, Thomas: Prophet of Innovation: Joseph Schumpeter and Creative Destruction. Cambridge, Mass. 2007, S. 9.

3 Zu Schumpeters Leben vgl. Schäfer, Annette: Die Kraft der schöpferischen Zerstörung. Frankfurt 2008. Siehe auch Strathern, Paul: Schumpeters Reithosen. Die genialsten Wirtschaftstheorien und ihre verrückten Erfinder. Frankfurt 2003.

4 Zitiert aus Wikipedia, Stichwort »Kreative Zerstörung«.

Kapitel 13: Die technische Illusion

1 Kurzweil, Ray: Singularity is Near. London 2006; Warwick, Kevin: I, Cyborg. Champaign 2004.

2 Vgl. www.newamerica.net/node/29013.

3 Siehe zu dieser Debatte auch mein Buch »Technolution – die Evolution der Technologie«. Frankfurt 2007.

4 Huebner, Jonathan: Entering the Dark Age of Innovation. In: New Scientist, 2. 7. 2005.

5 Vgl. Burnett, Bill: Building new knowledge and the role of synthesis in innovation. In: International Journal of Innovation Science, Bd. 1, Nr. 1, 2009.

6 Lanier, Jaron: Gadget. Warum die Zukunft uns noch braucht. Frankfurt 2010, S. 233.

7 Siehe Spiegel online 20. 07. 2011, Misshandelte Mütter bekommen ängstliche Kinder, und: Translational Psychiatry (2011) 1, e21; doi:10.1038/tp.2011.21/19 July 2011/Radtke/Ruf/Gunther u. a.: Transgenerational impact of intimate partner violence on methylation in the promoter of the glucocorticoid receptor.

8 Lanier, Gadget, S. 88.

9 Die besten Studien zur Aufmerksamkeitsforschung: Clifford Nass, Stanford University, Iring Koch, RWTH Aachen, David Meyer, University of Michigan, Rene Marois, Vanderbildt University. Vgl. auch Ernst Pöppel im Interview, »Facebook ist Selbstprostitution«, Frankfurter Allgemeine Zeitung, 11. 5. 2010.

10 Vgl. Dambeck, Holger: Gemeinsam sind wir dümmer. In: Spiegel online, 17. 5. 2011. Der Grund dafür, dass Menschen kollektive Opportunisten sind könnte evolutionär begründet sein. Gemeinsame Erinnerungen wären demnach wichtiger als Wahrheit, vgl. Die Welt, 4. 7. 2011.

Anmerkungen

11 Siehe Lobo, Sascha: Onliner gegen Offliner. Wer nicht meiner Meinung ist, muss dumm sein. In Spiegel online 22. 6. 2011.
12 Siehe z. B. www.wissenschaft-online.de/artikel/894626n.
13 Economist, 12. 3. 2011, S. 72.
14 Vgl. First break all the rules – The charms of frugal innovation. A special report on innovation in emerging markets. In: Economist, 15. 4. 2010.

Kapitel 14: Die neuen Knappheiten

1 Vgl. www.ted.com/talks/hans_rosling_and_the_magic_washing_machine.html.
2 Appleby, Joyce: The Relentless Revolution: A History of Capitalism. London 2010, S. 5.
3 vgl. www.standardchartered.com/id/_documents/press-releases/en/The%20Super-cycle%20Report-12112010-final.pdf.
4 Smith, Laurence C.: Die Welt im Jahr 2050. Die Zukunft unserer Zivilisation. München 2011, S. 94.
5 siehe www.desertec.org/de/.
6 Siehe z. B. zur »neuen Alchimie«: Nerenberg, Jenara: Rare Earth Race. A Japanese Scientist Produces an Artificial Alternative for Palladium. www.fastcompany.com/1713841/japanese-scientist-artificially-produces-rare-earth-like-metal.
7 Vgl. Heilung, die von innen kommt, in: Die Zeit, 20. 7. 2011.
8 Siehe z. B. Economist, 17. 2. 2011, Divorce and Marriage – less than there used to be.

Kapitel 15: Das eherne Gehäuse der Hörigkeit

1 Weber, Max: Gesammelte politische Schriften. Tübingen ⁵1988, S. 63.
2 Castel, Robert: Die Metamorphosen der sozialen Frage: Eine Chronik der Lohnarbeit. Konstanz 2000, S. 20 u. 336.
3 Mäder, Markus: Vom Herzchirurgen zum Fernfahrer. Der Spurwechsel des Dr. med. Markus Studer. Zürich 2010, S. 213.
4 Siehe auch: Robinson, Ken: In meinem Element. Wie wir von erfolgreichen Menschen lernen können, unser Potenzial zu entdecken. Göttingen 2010.
5 Ax, Christine: Die Könnensgesellschaft. Mit guter Arbeit aus der Krise. Berlin 2009.

Kapitel 16: Die Ära der Soziotechnik

1 Feil, Naomi; Klerk-Rubin, Vicki de: Validation: Ein Weg zum Verständnis verwirrter alter Menschen. München 2005.
2 Zitiert nach Brooks, The Social Animal, S. 148.
3 Damasio, Antonio: Selbst ist der Mensch. München 2011, S. 38.

4   Nowak, Martin A.: Supercooperators. Altruism, Evolution and Why We
    Need Each Other to Suceed. London 2011.
5   Vgl. Nowak, Supercooperators, S. 51 ff u. S. 67.
6   Harford, Adapt, S. 142; s. a. Svennsson, Jakob und Reinikka, Ritva: Local
    Capture. Evidence from a Central Government Transfer Program in
    Uganda. In: Quarterly Journal of Economics, Mai 2004 (http://people.
    su.se/~jsven/p679.pdf).
7   Kuntze, Sven: Altern wie ein Gentleman. München 2011, S. 8.
8   Thaler, Richard H.; Sunstein, Cass R.: Nudge. Wie man kluge Entschei-
    dungen anstößt. Berlin 2009.
9   Der Begriff stammt vom amerikanischen Wissenschaftsjournalisten John
    Brockman, vgl. www.edge.org.
10 z. B. Mallika Sarabhai: Dance to change the world; alle Beiträge auf TED.
    com.

Kapitel 17: Das Jahr 2045

1   Vgl. www.gapminder.org/videos/hans-rosling-asias-rise-ted-india/.
2   Lutz, Wolfgang; Sanderson, Warren S.; Scherbov (Hg.): Sergei. The
    End of World Population Growth in the 21st Century – New Challenges
    for Human Capital Formation & Sustainable Development. London
    2004.
3   Vgl. www.gapminder.org.
4   Kaletzky, Anatole: Capitalism 4.0. London, 2010 S. 42.
5   Walter, David: Today Then. America's best minds look 100 years into the
    future on the occasion of the 1893 World's Columbian Exposition. Helena,
    MT 1992.
6   Nowak, Supercooperators, S. 60 ff.
7   Mehr zu dieser Fragestellung in Dennett, Daniel: Den Bann brechen. Reli-
    gion als natürliches Phänomen. Frankfurt 2006. Und natürlich in Richard
    Dawkins wütenden Werken.

Finale: Der langfristig komplexe Trend

1   Vgl. Ghamani-Tabrizi, Sharon: The Worlds of Herman Kahn. Cambridge,
    Mass. 2005. Siehe auch Strathern, Oona: Die Visionäre. Wien 2008.
2   Kahn, Herman: Angriff auf die Zukunft. Wien/München/Zürich 1972,
    S. 20 f. (Im Original: Things to Come, New York 1972).
3   Die beste Erklärung findet sich in: Johnson, Neil: Simply Complexity,
    A Clear Guide to Complexity Theory. Oxford 2007.
4   Siehe z. B. Why this World: A Biography of Clarice Lispector. Oxford 2009.
5   Siehe auch Johnson, Simply Complexity, S. 71.
6   Smith, John Maynard: Evolution and the Theory of Games. Cambridge
    1982.
7   Nowak, Supercooperators, S. 49.

8   Vgl. Siegfried, Tom: A Beautiful Math. New York 2006, S. 77, 233 ff.; eine
    konkrete mathematische Rechnung des Nash-Equlibriums findet sich im
    Nachwort.

9   Diese Anekdote stammt von John Casti, der Schelling persönlich kennt
    und sie mir erzählte.

10 In ihrer Studie »Cyclic Dominance and Biodiversity in Well Mixed Popula-
    tions« (Physical Review Letters, Vol. 100, 2008) beleuchten Jens Christian
    Claussen und Arne Traulsen die Stabilität komplexer Systeme in Bezug
    auf ihre innere Vielfalt. In coevolutionären Prozessen kann sich eine hohe
    Stabilität entfalten, wenn die innere Differenzierung hoch genug ist. Ab
    einer gewissen Differenzierung »schwingt« ein System in einen Zustand
    höherer Stabilität. Dann sind evolutionäre Strategien, die vorher nur in
    Nischen entstanden, auch langfristig erfolgreich.

11 Mitchell, Warum wir erst beginnen, die Welt zu verstehen, S. 47.

12 Miller, John H. und Page, Scott E.: Complex Adaptive Systems. Princeton
    2007.

13 Bak, Per: How Nature Works. The Science of Self Organized Criticality.
    New York 1996, S. 32.

14 Dank für diesen Textabschnitt an Holm Friebe, siehe auch Trendupdate 1,
    Juli 2011.

15 Vgl. Buldyrev, Sergey V.; Parshani, Roni; Paul, Gerald; Stanley, H. Eugene;
    Havlin, Shlomo: Catastrophic cascade of failures in interdependent net-
    works. In: Nature, 464, Nr. 7291, 2009.

16 Vgl. Perrow, Charles: The Next Catastrophe. Reducing Our Vulnerabili-
    ties to Natural, Industrial, and Terrorist Disasters. Princeton 2007:
    Siehe auch Vespignani, Alessandro: The fragility of interdependency.
    In: Science, 328, Nr. 5976, 2010.

17 Die Fibonacci-Folge ist eine unendliche Folge von Zahlen, bei der sich
    die jeweils folgende Zahl durch Addition ihrer beiden vorherigen Zahlen
    ergibt: 0, 1, 1, 2, 3, 5, 8, 13 usw. Die Zahlenverhältnisse der Fibonacci-Folge
    stehen auch in engem Zusammenhang mit dem Goldenen Schnitt.

18 Zum Folgenden vgl. die Gedenk-Website: www.clarewgraves.com/. Siehe
    auch die Nachlassveröffentlichung The Never Ending Quest, herausgege-
    ben von Cristopher Cowan und Natasha Todorovic, Santa Barbara 2005.

19 Zit./übers. nach Steed, Nicholas: The Theory that Explains Everything.
    In: Maclean's Magazine, 1967 (Reprint).

Personenregister